ZHEJIANG UNIVERSITY

Professional Guide

教授带你"逛"专业

修订版

浙江大学本科生院 / 组编

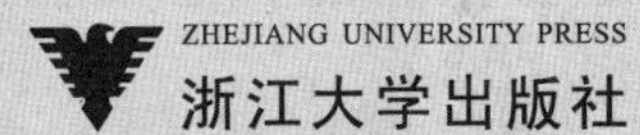

ZHEJIANG UNIVERSITY PRESS

浙江大学出版社

图书在版编目(CIP)数据

教授带你"逛"专业 / 浙江大学本科生院组编. 修订本. —杭州：浙江大学出版社，2020.12
ISBN 978-7-308-20983-0

Ⅰ.①教… Ⅱ.①浙… Ⅲ.①浙江大学—专业—介绍 Ⅳ.①G647.32

中国版本图书馆 CIP 数据核字(2020)第 264989 号

教授带你"逛"专业(修订版)

浙江大学本科生院 组编

责任编辑 徐 霞
责任校对 陈静毅 高士吟
封面设计 春天书装
出版发行 浙江大学出版社
(杭州市天目山路 148 号 邮政编码 310007)
(网址：http://www.zjupress.com)
排　　版 杭州中大图文设计有限公司
印　　刷 浙江省邮电印刷股份有限公司
开　　本 787mm×1092mm 1/16
印　　张 27.25
字　　数 698 千
版 印 次 2020 年 12 月第 3 版 2020 年 12 月第 1 次印刷
书　　号 ISBN 978-7-308-20983-0
定　　价 58.00 元

本书编委会

校训

求是·创新

抗战期间，竺可桢校长率师生辗转数千里西迁办学。一九三八年七月九江沦陷后，浙江大学师生迁抵广西宜山，在这西迁历程中最艰难的时期，竺可桢以"求是精神"激励师生在危难中奋发，并提出以"求是"为校训。在同年十一月十九日的校务会议上，决定了"求是"两字为浙大校训。一九三九年二月四日，竺可桢在对一年级新生所作的题为"求是精神与牺牲精神"的演讲中，对"求是精神"作了明确的阐述："所谓求是，不仅限为埋头读书或是实验室做实验。求是的路径，《中庸》说得最好，就是'博学之，审问之，慎思之，明辨之，笃行之'。单是博学审问还不够，必须审思熟虑，自出心裁，独著只眼，来研辩是非得失。"

一九八八年五月五日，校长路甬祥主持召开校务会议，会议提出，在新的历史时期，浙江大学的校训为"实事求是，严谨踏实，奋发进取，开拓创新"，简述为"求是·创新"。

校歌

应尚能 谱曲
马一浮 作词

大不自多，海纳江河。
惟学无际，际于天地。
形上谓道兮，形下谓器。
礼主别异兮，乐主和同。
知其不二兮，尔听斯聪。
国有成均，在浙之滨。
昔言求是，实启尔求真。
习坎示教，始见经纶。
无曰已是，无曰遂真。
靡革匪因，靡故匪新。
何以新之，开物前民。
嗟尔髦士，尚其有闻。
念哉典学，思睿观通。
有文有质，有农有工。
兼总条贯，知至知终。
成章乃达，若金之在熔。
尚亨于野，无吝于宗。
树我邦国，天下来同。

（第二版）

逛专业星空　跨专业研修

大不自多，海纳江河。走过一个多世纪的浙江大学以海纳百川的宽阔胸怀孕育了一代又一代的求是学子，竺可桢、蒋梦麟、马寅初、钱三强、苏步青、王淦昌、束星北、谈家桢、李政道、谷超豪……灿若星辰的50多万浙大人在历史的苍穹中熠熠生辉。

浙江大学是中国学科最齐全的综合性研究型大学之一，涵盖了哲学、经济学、法学、教育学、文学、历史学、艺术学、理学、工学、农学、医学、管理学等12个门类的130多个本科专业，专业之间既相互独立、富有特色，又相互联系、彼此支撑，宛如星空中各自闪烁、彼此照亮的繁星。当你进入浙江大学，当你在这迷人的浩瀚专业星空中畅游时，你一定会找到指引人生目标的独特星象，一定会浸润在灿烂星光中砥砺前行！

大学专业传授给你的不仅仅是知识与技能，更多的是教会你认识世界、改变世界、成就未来的方法。多年来，浙江大学始终致力于培养造就具有国际视野的高素质创新人才和未来领导者，浙江大学的多学科汇聚优势，综合交叉的专业生态系统，整合培养的教育教学体系，共同支撑起拔尖创新人才和未来领导者的培养目标。在基础科学领域，你将探索和发现大自然的奥秘、人类自身的奥秘；在工程科学领域，你将认识和实践新的工程技术、新的发明创造；在社会科学领域，你将理解和掌握建构和平、公正、高效社会秩序的方法；在人文艺术领域，你将领略和思考文学之炫彩、哲学之深邃、史学之凝重、艺术之灵动。浙江大学的任何学科专业，都将提供知识—能力—素质—人格四位一体的全人教育，并且突出国际视野、创新创业能力、跨文化认知和交流能力的培养塑造，这是培养未来领袖人才的基本要求。

当前，教育、科技和经济发展的新趋势体现了对未来人才需求的新特点。未来人才的培养，不仅需要高质量的通识教育，而且需要高水平的主修专业和跨专业培养。特别是未来对人的素质和能力的需求更加突出，对能够进行有效跨专业培养的需求更加突出，这将是高等教育进一步深化改革的关键突破口。在浙江大学的学习具有更多的可能性，你可以选择辅修、双修、联合培养等不同培养方式，也可以进入混合班、工高班、强化班等特色培养平台，还可以利用本硕连读、本博贯通等多种培养通道，体验跨专业研修、跨学科学习、跨领域合作、跨文化交流的精髓，这是成就跨专业拔尖人才的独特优势。

《教授带你“逛”专业》一书将以独到的视角，充分展示浙江大学广袤的学科专业空间，并由各专业学术大师、知名教授解读专业的奥妙，让广大考生和家长能够全面客观了解浙江大学的专业信息。希望这本“好看、接地气”的专业介绍书能够帮助你认识专业、了解浙大，帮助你学会选择、成就未来。愿你成为浩瀚星空中最耀眼的那一颗！

浙江大学校长

2016 年 4 月

（第一版）

打开一扇窗　看大学的专业

在进入大学前，对“大学”“专业”的了解常常是模糊的，或者是概念性的。中国高等教育已进入大众化阶段，规模居世界首位，越来越多的年轻人进入大学深造，很多同学都很困惑：如何在大学选择专业？

“国有成均，在浙之滨”，具有117年历史的浙江大学，秉承求是创新精神，致力于创造与传播知识、弘扬与传承文明、服务与引领社会，积极推动国家繁荣、社会发展和人类进步。浙江大学学科涵盖哲学、经济学、法学、教育学、文学、历史学、理学、工学、农学、医学、管理学、艺术学等12个门类，125个本科专业，是国内学科门类专业最齐全的高校之一。浙江大学致力于培养和造就具有国际视野和创新精神的领导者，我们首先应帮助年轻人打开大学的窗，了解认识大学的专业。

本书突破传统的专业介绍方式，带着问题走进专业、深入专业，从学生的视角，针对专业选择中年轻人的疑问和困惑，提供直观易懂的参考意见和建议。比如说：某个专业的学习(研究)对象；其核心、特色课程；选择这个专业的学生需要具备什么特质；在学习的过程中，可能会遇到的困难和挑战；社会上对这个专业的理解误区；在社会的发展和进步中，需要这个专业的人才来解决的问题；以及毕业生就业主要面向什么行业，并请教师和同学谈专业的感受和最吸引他们的地方等。

为了系统梳理和回答这些问题，浙江大学本科生院和学校新闻工作团队于2013年末启动了一项“教授带你‘逛’专业”的学生实践项目，30多个院系的120多位专家教授与学生记者共同参与采访和编写，希望对关注专业选择的大学生、准大学生及其家长有所帮助。

本书通过“身在专业”的名师大家和同学的生动经历，引领大家“逛”专业，用通俗易懂的语言为您答疑解惑，使从来没有接触过专业的人也能很快了解并理解专业。例如“临床医学”的专业导游由中国工程院院士郑树森教授担任，他在“医学吸引我的”这一问题中谈到：“在浙江医科大学(现浙江大学医学院)上学时，给我们上课的一位外科学老师不仅手术做得好，而且讲课条理清晰，风度翩翩，非常儒雅。我当时就被吸引了，下定决心要成为像老师一样的外科医生。毕业后做了十年普外科医生后，知难而上，读了肝胆胰方向的研究生。博士毕业后，我发现肝胆胰里最有挑战的是肝移植，所以1990—1992年我到香港大学玛丽医院做博士后，专门研究肝脏移植。1993年开展了浙江省第一例肝脏移植。经过多年移植的经验积累，我们制定的肝癌肝移植杭州标准得到国际移植界的认可成为国际标准……可以这么说，30年以前，我们是学生，30年以后的今天，我们与西方发达国家平等而互相尊重地交流。”我相信，当你读完这段话，一位院士的成长历程和专业发展过程已经呈现在你面前，你是否想成为更优秀、更出色的下一个科学家呢？

因此，《教授带你“逛”专业》这本书既很深又很浅：深的是为你介绍专业的，都是站在本学科最前沿的一流专家教授和“身在专业”中的学生，提供了最新和最权威的专业信息；浅的是本书用问答方式、浅显易懂的朴素语言，让你“一看就明白”。这也是编写这本书的初衷：深入浅出、通俗易懂。

希望这本好看、好懂、好用的“专业指南”，能在你选择未来发展方向时，助上一臂之力。

浙江大学校长

林建华

2014年4月

于浙江大学紫金港校区

目录
CONTENTS

人文学院 / 1
汉语言文学 / 2
古典文献学 / 6
历史学 / 10
哲学 / 13
外国语言文化与国际交流学院 / 17
英语 / 18
翻译 / 24
俄语 / 28
日语 / 34
德语 / 37
法语 / 44
西班牙语 / 48
传媒与国际文化学院 / 51
新闻学 / 52
传播学 / 55
艺术与考古学院 / 59
文物与博物馆学 / 60
艺术与科技 / 64
书法学 / 67
经济学院 / 71
经济学 / 72
金融学 / 75
财政学 / 78
国际经济与贸易 / 81
光华法学院 / 85
法学 / 86
教育学院 / 89
教育学 / 90
体育教育 / 94
武术与民族传统体育 / 97
运动训练 / 100
管理学院 / 103
工商管理 / 104
信息管理与信息系统 / 108
会计学 / 113
公共管理学院 / 119
行政管理 / 120
劳动与社会保障 / 123
土地资源管理 / 127

农林经济管理 / 131
信息资源管理 / 134
政治学与行政学 / 138
社会学 / 141
数学科学学院 / 145
数学与应用数学 / 146
信息与计算科学 / 150
统计学 / 153
物理学系 / 157
物理学 / 158
化学系 / 161
化学 / 162
地球科学学院 / 165
地理信息科学 / 166
大气科学 / 170
地质学 / 174
心理与行为科学系 / 177
心理学 / 178
机械工程学院 / 183
机械工程 / 184
材料科学与工程学院 / 187
材料科学与工程 / 188
能源工程学院 / 191
能源与环境系统工程 / 192
车辆工程 / 197
过程装备与控制工程 / 201
电气工程学院 / 205
电气工程及其自动化 / 206
电子信息工程 / 210
自动化(电气) / 213
建筑工程学院 / 217
建筑学 / 218
城乡规划 / 221
土木、水利与交通工程 / 224
化学工程与生物工程学院 / 229
化学工程与工艺 / 230
生物工程 / 234
海洋学院 / 239
海洋工程与技术 / 240
海洋科学 / 243
航空航天学院 / 247
工程力学 / 248
飞行器设计与工程 / 253
高分子科学与工程学系 / 259
高分子材料与工程 / 260
光电科学与工程学院 / 265
光电信息科学与工程 / 266
信息与电子工程学院 / 269
信息工程 / 270
电子科学与技术 / 275
微电子科学与工程 / 279
控制科学与工程学院 / 283
自动化 / 284
机器人工程 / 289
计算机科学与技术学院 / 293
计算机科学与技术 / 294
软件工程 / 297
信息安全 / 300
工业设计 / 304
产品设计 / 307
图灵班 / 310
生物医学工程与仪器科学学院 / 313
生物医学工程 / 314
生命科学学院 / 317
生物科学 / 318
生态学 / 321
生物系统工程与食品科学学院 / 325
食品科学与工程 / 326
农业工程 / 329

环境与资源学院 / 333
环境科学 / 334
环境工程 / 338
农业资源与环境 / 342
农业与生物技术学院 / 347
农学 / 348
园艺 / 351
植物保护 / 355
茶学 / 358
园林 / 362
动物科学学院 / 367
动物科学 / 368
动物医学 / 374
医学院 / 379
基础医学 / 380
预防医学 / 383
口腔医学 / 386
临床医学 / 389
药学院 / 395
药学 / 396
浙江大学爱丁堡大学联合学院 / 401
生物医学 / 402
生物信息学 / 405
浙江大学伊利诺伊大学厄巴纳香槟校区联合学院 / 409
电气工程及其自动化 / 410
电子与计算机工程 / 412
机械工程 / 414
土木工程 / 416

教授带你“逛”专业

人文学院

School of Humanities

- ☞ 汉语言文学
- ☞ 古典文献学
- ☞ 历史学
- ☞ 哲学

专业名称：汉语言文学
专业导游：胡可先教授

选择浙江大学汉语言文学专业的N个理由

学脉悠远，中国顶尖。 发端于之江大学(1920)及国立浙江大学(1928)，历浙江师范学院、杭州大学、浙江大学各阶段，传承百年，积淀深厚，是学校重点建设的"双一流"基础学科，教育部学科排名为A，居于中国高校第一方阵。

实力强劲，平台强大。 师资力量雄厚，学科优势明显，科研学术水平雄踞全国第二，教学质量声誉卓著。拥有2个教育部重点研究基地、1个国家级重点学科、5个省级重点学科、1个一级学科博士点、1个博士后流动站。

资源优异，报考热门。 本专业是国家一流本科建设专业、国家基础学科拔尖学生培养计划2.0建设专业、国家文科基础学科人才培养和科学研究基地、国家级人才培养模式创新实验区，作为全校23个热门专业之一，是教学实力最强、教学资源最多、学生深造前景最好的标志性专业。

Q1：汉语言文学专业的学习(研究)对象是什么？

汉语言文学专业是中华民族用以了解历史、研究文化的一门工具学科，对于提高学习者的自身素质和促进社会发展有着极其重大的人文价值和社会价值。汉语言文学是研究中国的古今语言和文学的一门基础学科，具体范围包括文艺学、语言学和应用语言学、汉语言文字学、中国古典文献学、中国古代文学、中国现当代文学、比较文学与世界文学等。

通过汉语言文学的专业训练，可以具备扎实的中国语言功底和较强的文学写作与评析能力，拥有宽广的知识面，养成优秀的人文素质。

浙江大学汉语言文学专业还包括影视与动漫编导、编辑出版两个模块方向。除了学习汉语言文学基础课程外，影视与动漫编导方向将系统学习影视策划、编导、动漫制作的专业理论与实践技能；编辑出版方向将系统学习编辑出版学基础理论与知识体系，把握数字出版发展前沿，接受编辑出版业务能力的训练。

Q2:汉语言文学专业本科核心课程有哪些?

专业核心课程:文学理论、中国古代文学史、中国现当代文学史、世界文学史、语言学基础、古代汉语、现代汉语、中国古代文论、西方文论。

通识核心课程:当代文学前沿问题研究、唐诗经典研读、宋词经典研读、文学与人生、汉语诗体演变研究、中国传统戏曲、中国古代小说鉴赏、外国文学名著导读、古汉语与古诗文赏读、六经通论、庄子研读。

Q3:汉语言文学专业的学生需要具备什么特质?

汉语言文学包容中国文化的浓烈氛围和恢宏崇高的民族精神,熔历史与现实、文学与语言于一炉,是中国五千年文明中最有价值的瑰宝,对于来自不同地域、拥有不同语言背景的学子都具有巨大的吸引力。学生要加强基础学习,把握中国语言文学的主流;重视原典阅读,提高根源性学养,培育良好的研究习惯与学风,以练就攻读原典的看家本领,进而在学习和研究中举一反三;提升人文素养,通过学习,清楚地认识到汉语言文学的独特价值和重要地位,培养文化本位和文化自信,提升通达的见识,养成批判的精神,激发独立的思想,以达到基础、通识和素质综合训练之目的。

汉语言文学专业学生的精神气质是博雅与专精的融合。通过奠定学术基础、注重经典、抓住主流、重视前沿,拒绝空泛化和浅俗化,加强自己的定力,养成研究性学习的习惯,提升自己的人文境界。同时,还应培养宽广的心胸、高尚的情趣,有对现实的热情、对世界的理解、对社会的责任。

Q4:汉语言文学专业有哪些对外交流项目?

本专业与世界一流大学有密切的合作交流,所有教师均有与世界一流大学开展合作研究及学术交流的经验。近年针对本科生主要推进的对外交流项目有:哈佛大学东亚语言与文化系访学项目,斯坦福大学东亚语言与文化系访学项目,新加坡国立大学中文系交流项目,首尔大学、东国大学合作交流项目,以及香港大学、香港中文大学、台北大学、台湾清华大学等交流项目等。

Q5:汉语言文学专业的深造与就业前景怎样?

汉语言文学专业旨在培养能扎实掌握汉语言文学的学科专业知识,具备高度的人文素养和深广的研究能力,富于创新精神和引领气质,品德高尚,思维活跃,格局弘阔,以高素质、厚基础、宽口径、复合型为特征的精英化人才。

本专业毕业生的去向大致有三个方面:一是深造,直接攻读博士学位或进入研究生阶段学习;二是留学,赴欧美、日本等国家和地区继续深造;三是就业,在新闻出版、文艺宣传、教学科研等文化研究单位,从事编辑、采写、企宣、文案、教师等与专业基础尤其是文字能力密切相关的工作。以 2014 届基地班学生为例:全班学生 30 人,本校直博 5 人,本校保研4 人,外校保研 4 人,考研录取 3 人,出国留学 5 人,公务员 4 人,银行系统 2 人,中学教师 2 人,其他就业 1 人。

在长远方向上，本专业将致力于进一步提高学术专业人才的培养，如开设汉语言文学拔尖班和本硕博贯通一体化培养班等，将保持接近100%的深造比例。

■ 汉语言文学专业最吸引我的——

浙江大学汉语言文学专业已有近百年的历史，浙学的影响，名师的垂范，使它逐渐形成了求是、求实、求真的学术传统。这一传统，在本专业的"三古"即古代文学、古代汉语、古典文献领域表现最为突出。被誉为"一代词宗"的中国古代文学学科夏承焘教授的词学研究、王焕镳教授的先秦诸子研究、胡士莹教授的话本小说研究在海内外素负盛名；汉语史学科姜亮夫教授、蒋礼鸿教授、任铭善教授、郭在贻教授在传统训诂学、音韵学、经学、敦煌语言文字及汉魏以来方言和俗语词研究领域做出了重大贡献；比较文学与世界文学学科孙席珍教授的外国文学与现代文学研究等在学术界占有较高的地位。在这里学习，能够感觉到时刻都在大师们的注视下，能让我们产生极高的荣誉感和拼搏的动力。

——2015级本科生　邵瑞敏

《诗经》里说："夙兴夜寐，毋忝尔所生。"汉语言文学专业为我们施展才华、实现价值提供了不可多得的平台。求是创新，修辞立诚，这里有一流的学术训练，练就了学友们扎实的学术功底，打开了宽广的学术视野。或许很多人选择的专业方向最终不会成为自己未来的职业，但无论未来从事什么职业，都离不开自我和心灵的建设，汉语言文学正是这样一门关乎心灵、关乎生命本真的学问。

——2012级本科生　徐焕

孔子十五岁有志于学，我十九岁有志于学中文。孔子一生不动摇，凡人如我能从汉语言文学中得益的是，我将不再局限于中文了。它打开了我的视野，让我看到了更多，我想学历史，学哲学，学艺术，我想创事业，我想爱智慧。学问在当代以学科形式传播，千万学问不离语言文字。跃出汉语言文学，融入广博的人类文明，观看它并成为它的一部分。汉语言文学是一间屋子，我在其中长大，打开门，世界都是似曾相识的。

——2013级本科生　张育源

相对于严谨踏实的普通班和基地班，影视班为我们提供了一个更为有趣的平台。我们立足于汉语言文学核心主干课程，打下扎实基础，我们也学习影视动漫编导的专业课程，做到学以致用。此外，影视班也许是汉语言文学专业中最为活跃的群体，班里同学能够一起写剧本、拍片、剪片，不失为大学生活中一段独特而宝贵的回忆。

——2013级本科生　屠亦真

当我还是一名本科生时，就常常有人一脸惊讶地问我，你们汉语言文学专业都学些什么？是不是每天都是看小说？我不会告诉他们，徜徉在中国古代文学、中国现当代文学和世界文学作品之中的乐趣，不会告诉他们中西方文论是多么精彩，不会告诉他们古代汉语、现代汉语、文字训诂学是多么博大精深，我只告诉他们，这个世界还有诗和远方。系统学习了汉语言文学的课程以后更加感受到我们的古代文化就像酒，保存得越久越醇香，因此我选择了直接攻读中国古代文学专业的博士学位，研究唐代文学。逻辑思维的锻炼，大量的阅读培养起我们"文本处理器"一般的大脑和解读各种不同形式文本的能力，也更加真切地体会到了《论语》中所说的"仰之弥高，钻之弥坚"。

——杨琼　博士

（2013 届本科生，现任职于浙江大学中国语言文学博士后流动站）

专业名称:古典文献学
专业导游:方一新教授　陈东辉副教授

选择浙江大学古典文献学专业的N个理由

平台高端一流。本专业是创建于1983年的全国重点学科,是全国高等院校古籍整理研究工作委员会直接联系的五个古典文献学专业之一,全国学科排名中屡次名列第一,拥有教育部人文社会科学重点研究基地,在学术界久负盛誉。

师资实力雄厚。本专业拥有一支学术研究方向齐备、整体实力强大的师资队伍,在中古语言文献、近代语言文献、敦煌文献、佛教文献、经学文献以及出土文献等领域具有突出的研究重点和专长,学术成果丰硕。

培养特色鲜明。古典文献学教学、研究与古代汉语紧密结合,以利于学生深造及从事古籍整理工作;充分发挥小班化教学优势,使每一位学生都能接受完备的学术训练;拥有专业图书8万余册,资料丰富齐全,在全国名列前茅。

Q1:古典文献学专业的学习(研究)对象是什么?

古典文献学是关于中国古代文献研究和整理的一门学问,其研究内容包括古文献的形体(含古文献的载体、体裁和体例)、古文献整理的方法、古典文献学的历史、古典文献学的理论等。古典文献学专业的学生除了需要学习目录学、版本学、校勘学等知识,还需要同时学习古代汉语、古代文学、中国文化史等方面的知识,以便于今后进一步深造及从事相关专业工作。根据培养要求,本专业的本科毕业生应该具有文、史、哲的基本知识,阅读古籍的基本能力,从事古籍整理研究以及用书面形式表达研究成果的基本能力。上述知识和能力应该互相结合,融会贯通。

Q2:古典文献学专业本科核心课程有哪些?

古典文献学专业核心课程有:古典文献学、目录学、版本学、校勘学、训诂学、文字学、音韵学、汉语史、古籍整理概论、先秦古籍经典导读、简帛文献导读等。

Q3:古典文献学专业的学生需要具备什么特质?

热爱中国传统文化、喜欢读书、善于钻研的同学都适合选择古典文献学专业。本专业学习氛围浓厚,专门制定有《浙江大学中文系古典文献学专业本科生指定阅读书目》,包括必读书 10 种、选读书 20 种,积极引导学生认真阅读最有价值的经典著作。

刚进入古典文献学专业学习时,有的同学听到有些课程的名称(如音韵学、训诂学等),或许有畏难情绪。其实任课老师都会充分考虑广大同学的实际情况,采用小班化教学,加强课堂讨论,使上课成为一个培养创造性思维的过程,充分发挥学生学习的主观能动性,使同学们对专业学习产生兴趣,从而取得良好的效果。同学们会顺利、愉快地学完各门专业课程,大多数同学还会选择进一步深造。

同时,本专业的教学工作还注重理论与实践相结合,学院每年组织学生赴西安(或曲阜)、宁波天一阁、湖州嘉业堂等地参观文物古迹,开展现地教学活动。此外,除了通常的班主任之外,本专业还为每个年级的古典文献班配备了专业指导老师,对学生的专业学习及考研等进行有针对性的指导。

Q4:古典文献学专业有哪些对外交流项目?

本专业教师与美国、日本、英国、法国、挪威、韩国等国家的著名大学的学者有密切的学术联系,每年均有多位国外著名学者来本专业讲学,国际交流频繁。本专业每年也有多位毕业生赴美国、英国、德国等国家的著名大学继续深造。在读期间,学生均可申请短期赴国外著名大学交流。

Q5:古典文献学专业的深造与就业前景怎样?

古籍整理研究、古籍出版以及图书馆古籍工作等,都十分需要古典文献学专业的毕业生,有的岗位还指定只要本专业毕业生。包括中华书局、上海古籍出版社在内的全国多家出版社曾多次表示,高素质的古籍编辑比较缺乏,这既给本专业的毕业生提供了机遇,同时又对本专业的人才培养提出了更高的要求。近年来,全国各地为了认真贯彻国务院颁发的《关于进一步加强古籍保护工作的意见》,正在大规模开展古籍普查以及编纂《中华古籍总目》等工作,古典文献学专业的毕业生在其中发挥了主力军的作用。

本专业毕业生目前分布在全国 20 多个省(区、市)的高校、科研院所、新闻出版、图书文博、党政机关、公司企业等机构,不少已成为所在单位的中坚力量,承担重要的领导责任。无论是在学术机构,还是在新闻界工作的毕业生,都同样成绩突出,并能在工作中充分发挥专业特长。许多用人单位反映,古典文献学专业的毕业生基础知识扎实,思维敏捷,适应性强。

本专业毕业生保送录取为硕士生及直博生的比例也较高,除了本校之外,每年均有多名学生被保送到国内外著名高校。

古典文献学专业最吸引我的——

中国古书十分难读：一则书籍浩博，不知所择；二则文辞古奥，难于尽晓。不得其要，白首难通。中国古书又万分好读：浙大恰好有“古典文献学”这个专业，所授语言与文献，堪称读书学习之津梁。回想我初入学，看这些古书，不外乎是零碎断片的杂货、陈旧呆板的古董。本科数年，学习文字、音韵、训诂，始能沟通异代；学习版本、目录、校勘，方知考镜源流。回头看这些杂货、古董，件件都是奇货。古典文献学专业所做的，正是在零碎断片中建立体系，在陈旧呆板中开发活泼。

——2012 级本科生（2018 级博士生） 刘丹

古典文献学是一门给人熏陶，使人沉淀的学问。一杯香茗，一卷古书，片言只字，便能推敲良久。一次次古今的对话，使人在浮躁的氛围中沉心静气，在激进的节奏中扎实严谨。许多人认为这是冷门学科，须坐冷板凳，而这也是我选择它的初衷。古典文献学又是一门基础而丰富的学科。通过学习专业核心的文字学、音韵学、训诂学、版本学、目录学、校勘学等课程，我们能打下良好扎实的古典文献和古代汉语基础。这对于将来不论是继续古典文献学、汉语言文字学以及古代文学、古代历史等方向深造，还是进入社会从事相关职业工作的同学而言，都是实用的工具和宝贵的知识。

——2013 级本科生（2017 级直博生） 金龙

古典文献学专业不妨取一个“实”字来概括。“实”谓朴实、踏实、厚实。说它朴实，是因其继承了乾嘉朴学的优良传统，实事求是，无征不信；说它踏实，是因其始终以踏踏实实读书为第一要务；有了文献学和语言文字之学这两件厚重的利器，传统文化和古书爱好者不仅能知其然，更能知其所以然。浙大古典文献学专业历史悠久，师资雄厚；课程体系完备，内容丰富；采取小班化教学，兼顾专业培养的知识性、探究性、实践性多个维度。在古典文献学这片广阔天地里，莘莘髦士定能发现无比精彩的世界。

——2014 级本科生（北京大学 2018 级硕士生） 李泽栋

古典文献的学习需要耐心和沉静，但却是越学越有趣的学问，能在浩繁卷帙中遨游，进入古人的精神世界，发现古人的智慧。这就是一场探险，循着字词、音义、版本、图录的线索，能解开古典文化的奥秘，知道古人如何吟诵风骚，《论语》在讲什么，宋人怎样刻书，清人怎样考据……我享受这样的过程，丰富多彩的专业知识能加深人文底蕴，成为人生财富；实事求是的学科精神让我去思考，去传承，承担人生使命。

——2015 级本科生 殷可

对于古典文献学这一学科，我所看到的是它带着长者的深沉智慧、文人的儒雅风骨、历史的灿烂光辉以及少年的意气风发，在新的时代前行，低调而昂扬，值得我们将最真诚的情感倾注其中。很幸运我在每一个人生的路口都做了正确的选择，才能遇见这个专业，以及与它相关的精彩。在训诂、音韵、文字的研究中，我们传承着大家呕心沥血、皓首穷经的绝学；在目录、版本、校勘的学习里，我们见证了古人独树一帜、精益求精的风格。由浮躁走向沉静，由浅薄走向深刻，这是这个专业带给我的，也是我希望通过自己的学习和研究传承下去的。

——2015 级本科生　王璐

专业名称:历史学
专业导游:刘进宝教授

选择浙江大学历史学专业的N个理由

理由一:1936年8月,浙江大学正式创设史地系,著名学者钱穆、谭其骧、沈炼之等曾任教于此,留下丰厚的学术积累。如今,历史学系已建立完善的教学、科研体系,1994年被国家教委批准为国家文科基础学科人才培养和科学研究基地。

理由二:历史学系课程设置通观明变,尽显史学特质。在课程设置上贯彻理论与方法、通史与专门史、历史与现实等方面的有机结合,培养学生以贯通的视野和发展的眼光在历史、现在与未来之间建立有机关联。

理由三:历史学系师资完备,力图以史家的格局超越学科界限,开设高水平专业研究课程,既传授历史学的系统性知识,又立足国内外学术前沿,以跨学科研究的方法与视角,培养学生全球史的视野与批判性思维。

Q1:历史学专业的学习(研究)对象是什么?

历史学是一门相当古老的学问。除了传统的"资治",即"以史为鉴"的功能外,在现代学科体系中,它具有重要的基础性地位,欧美著名大学中都设有实力雄厚的历史学系。历史学的研究对象相当广泛,凡是业已逝去的人类社会各个方面以及人与自然互动的历程皆可纳入历史学的研究范畴。从传统角度来看,政治史、经济史、军事史、外交史等是历史学研究的主流。近几十年来,随着文化史、社会史、妇女史等学科的兴起,历史学更加注重跨学科借鉴,研究对象日益多样化。另外,史学研究的方法理论以及史学自身的发展演变都是历史学不可或缺的一部分。

Q2:历史学专业本科核心课程有哪些?

历史学专业的本科核心课程主要有:中国古代史、中国近代史、中国现当代史、中国历史文选、中国史史料研读、世界古代中世纪史、世界近代史、世界现当代史、世界历史文选、世界史史料研读等。

Q3:历史学专业的学生需要具备什么特质?

进入历史学专业的学生,需要逐渐改变中学应试教育背景下被动式学习、等待式学习和死记硬背历史知识的状况。历史学专业要求学生要善于独立思考,增强问题意识,积极利用各类图书资源和数据库资源,接受系统的历史学专业训练,重新梳理历史知识体系。从研究角度来看,应遵循"继承与发展"的专业特性,平时还要重视材料尤其是原始材料的积累,逐渐养成严谨、踏实的作风,并遵守学术规范。

Q4:历史学专业有哪些对外交流项目?

历史学专业的对外交流项目:历史学系与斯坦福大学、哈佛燕京学社、香港中文大学等世界一流大学与学术机构有着长期且持续的师生互访机制与交流平台。

Q5:历史学专业的深造与就业前景怎样?

浙江大学历史学专业既为国家战略提供智力支持,又为学术的薪火相传培育英才。毕业生的去向大致为两个方面:一是赴国内外一流大学深造,攻读硕、博士学位;二是就业,进入国家行政部门、企事业单位以及文教机构,服务社会。

■ 历史学专业最吸引我的——

三年多的本科历史学教育给我带来了什么呢?从技术层面上讲,除了知识储备的扩充,查找、搜集信息能力的提升之外,最关键的是学会用"历史的眼光"分析现象,包括历时性思考、本质性分析,避免片面和肤浅。而信息的残缺也提醒我保持谦卑,慎下结论,做好被反驳甚至被反转的心理预期。从形而上的层面上讲,我认为自己最大的收获是遍观兴衰荣辱、"惯看秋月春风"的从容和豁达,是对过往的人事之"温情与敬意"。无论是波澜壮阔的政治斗争,抑或是异象纷呈的社会现象,还是沧海桑田的地理变迁,历史研究的庞杂对象让我时刻感觉充实和惊奇,与先人无止境的对话让我感慨,吾道不孤。

——2015 级本科生　张柯

研习历史是一种独特的生命体验,它使你周围的时空发生弯曲,带你进入时间的遗骸。历史学是关于过往的人的学问,它是温情脉脉的,赋予贵族与贫民同样的关怀,它重新理解高贵者,也将无名者重新复活,历史曾予其以卑微,历史学却重新发掘其生命的尊严;它是冷峻睿智的,人物、事件转瞬即逝,历史学却要从卷帙浩繁的档案文书中推理社会变迁的脉络,在破碎的过往中编织出批判性的意义之网。尽管经历着后现代的冲击,对"人"的关怀仍是历史学安身立命之本,历史学家在过往中理解人的本质,阐释人类族群何以成为现在的模样，重新思考至善与良知。从这个意义上说，历史学是一切关注人类社会的人必备的知识储备。

——2016 级本科生　叶竞成

我选择历史学专业的原因，一是从小拥有不错的史实记忆能力；二是初高中以来历史一直是我的优势科目；三是自发地怀有对历史事件、社会时政求真但尚未激发的原初渴望。虽然入学仅短短一年，我对当下专业学习的研究方法、思维模式还知之甚浅，对日后严谨求实、艰深坎坷的学术道路仍敬而畏之，但至少对历史学的概念、特点与任务有所明晰，意识到一般意义上人们所理解的“历史”与作为一门学科的“历史学”之间的差别。我认为历史学本身即代表“求真”，但要真正做到“求真”二字恐非易事。史料的佚失、记忆的模糊、书写的失实以及话语的受缚，自始至终困扰着渴望一展学术宏志、成一家之言的史学家们。罗新有言，为求史实之真实，行史家之美德，怀疑、批判与想象力三者不可缺一。身为初学者的我们应学会“开卷有疑”，将问题意识贯穿始终；应学会“破而能立”，让批判思考成为习惯；还应学会“天马行空”，承前人之学勇发新见。怀此坚定初心，方能担起历史学人之责，破愚暗以明斯道；才能践行脚踏实地之诺，守慧趋之久成家。

——2018 级本科生　鲍炜纲

历史学在文科类的专业中有着独特的气质，它真实地扎根于过去而且并不如何热衷于创造未来。每一次搜集校勘史料、每一次抽离式的冷眼旁观、每一次敬畏历史的谦卑都潜移默化地培养着学生历史的视野和心胸，旁观者式的千帆阅尽留下的绝非一肚子的年代和事件，而是去留无意、宠辱不惊的处世之风。

那么，历史究竟有什么用呢？就像每一部穿越剧都会上演同样的戏码，没人会先去思考“我是谁”，弄清楚“这是哪一年”才是人潜意识里最保险和紧要的问题。这是人们回溯历史的本能，在混沌的时间里，只有公共的历史认同能打下定位身份的烙印。学历史，就是为自己、为民族、为国家找到时间长河里的坐标，所行虽远，终可停泊。

——2017 级本科生　范存鑫

专业名称：哲学
专业导游：王俊教授

选择浙江大学哲学专业的N个理由

理由一：浙江大学哲学专业学科方向完整，目前有45位全职教师，其中包括文科资深教授、浙大求是特聘教授等杰出人才以及来自欧美和日本的4位全职外籍教师，在外国哲学、逻辑学等领域具备国内顶尖水准。

理由二：国际化是本专业的一大特征。哲学系与哈佛大学、牛津大学、剑桥大学、东京大学、柏林自由大学等众多国际一流学校的哲学系有着长期合作关系。在2018年QS学科排名中，本校哲学系进入全球排名Top 100，本科生就读期间享有众多海外交流的机会。

理由三：本专业一方面致力于极富时代特征的跨学科发展，语言认知、人工智能、休闲旅游等跨学科课程拓展了学生的学术视野和就业前景，另一方面又有古希腊语、梵文、巴利文等“绝学”课程，为有志于绝学传承的学子打下坚实的学术基础。

Q1：哲学专业的学习（研究）对象是什么？

哲学是人类知识系统中最为基础的部分，它不研究特定的某一类具体事物或者问题，而是关注最普遍的真理和最高的理念，关注我们生活的整体意义。哲学面对的始终是人类生活和历史的重大问题，触及我们理解世界、理解自身以及关乎生活秩序的边界性问题。在我们每个人的生活中，在国家和民族共同体的生活中，总有各种各样边界性的问题需要我们思考和回答，人是什么，国家是什么，意识是什么，还有正义、道德、自由、文化、语言等等。这些问题在我们的生活中无处不在，但要直面去思考时又觉得难以捉摸，这就是哲学研究的对象。这些问题在人类历史上长久地存在，在任何时代都没有一个准确的答案，但是我们总是要不断地尝试去回答，这就是哲学的任务。

此外，在科学技术高度发展的今天，与之相关地产生了一些新问题，比如人工智能的问题、医学伦理的问题，这些也需要哲学专业人才参与解决。

在现代学科知识体系中，哲学的独特性在于它的基础性、开放性和非功利性。它不是传授现成的方法，而是致力于培养人的思考能力、反思和批判的精神，这是所有学科的基础。同时，它并不直接教授具体技能，而是培育人的整体质素、感受力、好奇心、反思能力、人文素养等，提升人的思辨能力和格局。

从古希腊到启蒙时代，哲学教育都是教育中最核心的部分。在现代大学中，哲学系的水准也是衡量一所综合性大学整体水准的重要指标。

Q2：哲学专业本科核心课程有哪些？

哲学专业本科核心课程分成四块：第一是导论式课程，介绍哲学学科的基本知识，引导新生较快进入哲学专业的学习，包括哲学问题和逻辑学导论；第二是专业必修课，主要有中国哲学史、西方哲学史、现代西方哲学、伦理学导论等，致力于强化专业基础知识；第三是专业模块课，包括原著选读、理论哲学、实践哲学和逻辑学等四个模块，可供学生在每个模块自由选择、深化学习；第四是专业选修课程，如亚里士多德哲学、美国哲学、印度宗教哲学、儒家哲学等，主要是在具体研究领域和主题上进一步深化。

Q3：哲学专业的学生需要具备什么特质？

哲学专业的学习对于人的智力和思考来说是一项挑战，它要求学习者有敏锐的感受力、深入的思考和分析能力，以及出众的创造力和想象力。此外，它也需要学习者具备良好的交流能力，即清晰准确的表达能力和良好的倾听能力。这些特质也是在哲学学习中不断形成和加强的。

Q4：哲学专业有哪些对外交流项目？

哲学专业的国际化发展在人文学科中处于领先的地位。目前，我们与哈佛大学、东京大学、牛津大学、伦敦国王学院、柏林自由大学、哥廷根大学等高校均有本科生交流项目。此外，我们还与台湾辅仁大学、台湾中山大学、香港中文大学等高校有本科生交流项目。

Q5：哲学专业的深造与就业前景怎样？

哲学专业的毕业生有非常丰富的发展可能性。在继续深造方面，哲学专业的毕业生可以选择几乎所有人文社科专业继续深造，本科的哲学训练会为更高阶段的学习奠定良好的理论基础。在择业方面，哲学专业的毕业生适合于到各类文化机构、政府机关、事业单位、出版社等工作，有能力承担各类设计、策划、管理、文字、咨询等类型的工作。此外，今天哲学专业在社会上的需求度也在不断提高，哲学策展、哲学治疗、基础教育中的哲学教育等新的工作岗位和形式的出现，为哲学专业毕业生提供了广阔的就业前景。

近年来，我们每年都有众多毕业生选择在美国、英国、日本等国外的名校，或者北京大学、复旦大学、中国人民大学等国内顶尖高校继续深造，有相当一部分取得博士学位后在国内外大学任教。本科毕业后选择就业的则有考取公务员、进入事业单位或到知名大公司工作的，发展前景十分广阔。

■ 哲学专业最吸引我的——

我不同意哲学被边缘化的说法，情形倒可能是，我们的时代是“哲学普遍化”的时代。在现代技术加速推进、世界巨变、生命本质变异的未来新文明时代，哲学在新的生命规划、生活世界的重建、个体自由的维护等方面都将有大作为。

——孙周兴　教授

（1989届哲学系研究生，长江学者特聘教授，现为同济大学人文学院教授，浙江大学求是讲座教授）

面对广袤的宇宙，漫长但又如白驹过隙的生命，以及内心的挣扎和渴望，我们总会有迷茫的时刻和一探究竟的冲动，而把这种冲动付诸实践的努力就意味着一种哲学思考的道路。这种道路可以在学院之外完成，也可以借助专业学习实现。进入哲学专业并不表明我们在练习一门赖以生存的技能，而是表明，我们对自己的生存本身进行反思。在反思中，生存的意义和无意义，充实和空虚的可能性向我们展现出来，我们可以从中主动地选择生存的道路，因而不再是一个在生命上“盲目”的人，而是一个自觉与自由的人。这大概就是哲学一直吸引我的地方。

——刘万瑚　讲师

（2009届哲学系本科生，现任教于北京师范大学哲学学院）

哲学的魅力在于，它把生活的选择权完整地交到你手中。你得以从细碎的琐事和被动的焦虑中解脱出来，找到属于自己的追求和价值，以及自己镶嵌在世界的方式。

——2016级本科生　蒋楚楚

曾有人问我为什么选择哲学专业，我回答道：“在我心中，它是一门包罗万象的学科。”哲学家们希求为这个纷乱琐碎的世界理出头绪，在斑驳丛杂的表象之下抓住本质，从而描绘出人类的理想国度。哲学没有标准答案，每一位哲学家都是开疆拓土的勇士，他们一步一步冲破了思想的藩篱，拓宽了思想的边界。争论与辩驳，扬弃与融合，这是哲学之树长青的根本缘由。以世界为舟，以爱智为桨，以星辰为指引，哲学家们踏上征途——能与他们同路，是我的幸福。

——2018级本科生　钱妤雯

外国语言文化与国际交流学院

School of International Studies

☞ 英语

☞ 翻译

☞ 俄语

☞ 日语

☞ 德语

☞ 法语

☞ 西班牙语

专业名称:英语
专业导游:高奋教授

选择浙江大学英语专业的N个理由

专业发展前景无限。外语学院英语专业成功入选首批国家级一流本科专业建设点。所在外国语言文学学科在教育部第四轮学科评估中列入A类。学位授权体系健全,科研成绩显著,教学传统优良。毕业生深造率高,职业发展好。

师资力量雄厚。拥有全国一流师资队伍,包括国家级教学名师和教学团队,百千万人才工程国家级人选、教育部青年长江学者、浙江省特级专家等,为高端外语人才的培养提供了保障。

国际化程度高。旨在培养专业知识扎实、人文素养深厚、具有国际竞争力和未来领导者发展潜质的复合型高端英语人才。外籍教师占比较高。与多所国外高校和国际组织建有长期合作关系,出国交流学习的在校生比例较高。

Q1:英语专业的学习(研究)对象是什么?

英语专业的研究对象是英语国家的文学、文化学、语言学、翻译学和经济贸易,以英语语言为基本媒介。学生在读期间,主要进行下列五个方面的探索:

(1)阅读、理解、赏析英语国家的小说、诗歌、戏剧等文学作品,体悟英语国家的人们对天、地、人的关系的理解,感受他们心底最真挚的情感和思想,洞察他们对真、善、美的艺术表现和深刻见解,掌握文学分析和评论。

(2)阅读、考察、分析英语国家的文化现象,了解他们的生活习俗、知识信仰、艺术创造和道德法律,感悟文化表象之后的深层内涵和价值,辨析中国与英语国家文化之间的异同,掌握文化研究。

(3)细致分析和综合研究英语的语言结构与基本规律,知晓它的历史演变、社会功能,学习语音学、词汇学、语义学、语用学、语篇分析和二语习得等,参悟英语国家的话语和思想的构成规律及运行机制,掌握语言学研究。

(4)实践汉语与英语之间的交互翻译,了解两种语言在语法结构、文化背景和审美理念上的异同,辨明语言翻译的障碍和误区,探索中英互译的技巧和要义,熟练掌握翻译实践能力和翻译理论。

(5)了解中国与英语国家经济贸易的现状,熟悉经济贸易的过程、基本商务技能和商务交往能力,培养从事国际贸易实务的能力。

总而言之,英语专业是综合性专业,它引领你由内而外全面把握英语国家的文化和思想精髓。它不仅引导你感悟英语国家文艺的美、情感的真与思想的善,而且助推你穿越表象进入本质。它在提升你的语言表达的同时,帮助你实现自我认知,提升你的感悟力、分析力、翻译能力和商务能力等。它的目标在于,培养具有国际竞争力和未来领导者发展潜质的复合型高端英语人才。以英语专业为基础,辅以国内外继续深造,培养出国家急需的高层次人才。

Q2:英语专业本科核心课程有哪些?

英语专业主干课程:英语文学名著精读、英国文学史、美国文学史、当代语言学、文化学、翻译学导论、综合英语系列课程。

Q3:英语专业的学生需要具备什么特质?

学生主要学习英语语言文学相关方面的基本理论和基本知识,接受英语听、说、读、写、译等方面的良好技巧训练,掌握一定的科研方法,具有从事管理、研究、教学、翻译等工作的专业知识、能力和优秀的人文素质。成为专业知识扎实、人文素养深厚、具有国际竞争力和未来领导者发展潜质的复合型高端英语人才。

毕业生应获得以下几方面的知识和能力:

(1)掌握中国与英语国家进行政治、经济、文化、科技交流所需要的文学、语言学、社会学、文化学、翻译学、经济贸易及文理交叉学科方面的基础知识;

(2)具有扎实的英语语言基础和熟练的听、说、读、写、译能力;

(3)具有一定的第二外国语实际应用能力;

(4)掌握人文社会科学研究的基本方法和具有一定的科学研究的能力;

(5)具有批判思维。

Q4:英语专业有哪些对外交流项目?

1. 短期交流项目

(1)国际劳工组织联合国大学生夏令营(意大利都灵)。根据外语学院与国际劳工组织的协议,自2015年起面向全校选拔优秀学生赴意大利都灵参加联合国系统唯一的培训机构——国际劳工组织国际培训中心的“联合国青年领袖精英班”,旨在开拓浙大学生的国际视野,提高其参与全球治理的素养与能力,提升全校学生的国际化水平。浙大国际组织精英人才培养计划的学生优先。

(2)丹麦奥胡斯大学“国际交流和跨文化交际能力”暑期项目。根据外语学院与丹麦奥胡斯大学的协议,外语学院自2015年起面向外语学院选派5名优秀学生赴丹麦奥胡斯大学参加“国际交流和跨文化交际能力”暑期课程学习。该课程提供跨国公司或国际组织典型和丰富的跨文化挑战的实例,通过多种渠道和授课方式让学生了解和应对具体项目和案例。

(3)美国华盛顿大学暑假STEP交流项目。根据浙江大学与美国华盛顿大学的校际协议，外语学院自2016年起面向全校选拔优秀本科生赴美国华盛顿大学参加STEP(Short Term English Programs)暑期交流活动。STEP项目主要以美国文化、商业和学术学习为中心展开语言学习，同时展开丰富的实地考察活动。

(4)牛津大学展望计划暑期和冬季访学项目。根据浙江大学与牛津大学的协议，外语学院自2016年起面向全校选派本科生、研究生赴牛津大学相关主办学院参加牛津展望计划暑期和冬季访学项目。该项目将提供由牛津大学相关主办学院开展的内容多样而富有启发性的学术课程、讲座、研讨会和小组讨论，旨在一个纯英语的授课环境里提高学生们的独立思考能力、演讲能力、团队合作以及领导能力。

2.交换生项目

浙江大学外语学院与香港城市大学本科生交流项目。根据外语学院与香港城市大学本科生交流项目协议，外语学院自2016年起每学年可派遣5名本科生赴香港城市大学进行半年的交流学习。

3.学位项目

(1)英国曼彻斯特大学“2+2”“3+1”“4+1”项目。根据外语学院和英国曼彻斯特大学联合培养项目协议，进入“2+2”项目培养的学生，一、二年级在浙江大学外语学院学习，三、四年级在英国曼彻斯特大学艺术、语言与文化学院学习，毕业时完成项目要求的学生可同时获得浙江大学文学学士学位和英国曼彻斯特大学学士学位；进入“3+1”项目培养的学生，可于三年内在浙江大学修完本科学位授予要求的所有学分，包括完成毕业论文，获得浙江大学本科学位后，可直接申请到曼彻斯特大学修读硕士学位；进入“4+1”项目培养的学生，四年内获得浙江大学本科学位后，可直接申请到曼彻斯特大学修读硕士学位。

(2)英国南安普顿大学“3+1”“1+1”项目。根据外语学院与英国南安普顿大学的协议相关规定，该项目主要包括以下几种模式。

“3+1”模式：外语学院的本科生三年内修完浙江大学本科所有课程与本科学位授予要求的学分后，可申请修读英国南安普顿大学的研究生课程与学位。完成两校学位授予要求后，可获得两校颁发的相应的本科生和研究生学位证书。

“1+1”模式：外语学院注册在读研究生第一年在浙江大学修读浙江大学课程，第二年可以申请修读英国南安普顿大学开设的研究生课程与学位。在同时满足浙江大学与南安普顿大学研究生学位授予要求的条件下，包括修满两校研究生学位授予要求的学分与完成两校要求的毕业论文，可获得两校颁发的研究生学位证书。

(3)美国夏威夷大学马诺阿分校“3+2”二语习得硕士衔接项目。根据外语学院与美国夏威夷大学马诺阿分校签署的协议，外语学院本科生可在大三第一学期申请参加该项目，符合申请条件并最终被录取的学生将于次年秋季开始其在夏威夷大学马诺阿分校二语习得学习研究所的学习，完成所有课程并达到硕士学位授予要求后，可以获得夏威夷大学二语习得硕士学位(MA in Second Language Studies)。

(4)美国林顿州立学院“2+2”项目。根据外语学院和美国林顿州立学院联合培养项目协议，进入“2+2”项目培养的学生一、二年级在浙江大学外语学院学习，三、四年级在美国林顿州立学院学习。毕业时完成项目要求的学生可同时获得浙江大学和美国林顿州立学院本科学位证书。

(5)国际组织精英人才计划(与曼彻斯特大学联合培养)。根据外语学院与曼彻斯特大学联合培养协议，浙江大学国际组织精英人才培养计划每年可派遣3名本科生赴曼彻斯特大学进行“3+1”学位学习，学生在曼彻斯特大学学习一年，专业为冲突管理等直接面向国际组织的硕士专业，学生满足协议相关要求，毕业后可获得浙江大学的本科学位和曼彻斯特大学的硕士学位。

Q5：英语专业的深造与就业前景怎样？

毕业生就业集中在文化教育、大众传媒、对外交流、经济贸易、科学技术、公共事业等领域。多年来，本专业毕业生一次就业率保持在较高水平，其中每年有50%以上的学生选择在国内或国外继续深造，除本专业外，还有较大比例的学生选择了理、工、农、医其他学科的专业深造，展示了复合型人才培养的成效。

■ 英语专业最吸引我的——

回望在浙江大学英语专业学习的这四年时间，我可以清晰地感受到自己的成长。除了听、说、读、写等语言基础能力的训练，英语专业更设置了语言学、翻译、文学等多个维度的课程，使我有机会接触与英语相关的各方面知识，既可以品味Beowulf的传奇故事，又可以理解信达雅在翻译实践中的具体应用。

英语专业更是一个提供无限想象的平台。学院鼓励学生进行跨学科尝试，在实践中探索未来的各种可能。在大学期间我修读了金融的相关课程，加入商科社团，打商赛，做实习，尝试着接触、理解真实世界的商业运行，慢慢地，“尽职调查”“战略规划”“内部收益率”这些名词不再是书本上空洞的文字，而是成为实实在在的项目经历，能够真正地帮助我判断自己的兴趣所在。正是因为这些尝试，我本科毕业后将修读伦敦商学院(LBS)和复旦大学管理学院联合开办的国际商务硕士双学位——全球化经营与管理方向。

在我眼中，英语专业作为人文学科，不限于知识的传递，更多的是思想的塑造。在学习过程中接触到的观念潜移默化地对我的生活态度产生了影响，让我学着在压力面前保持镇定，继续坚持，以更加开放包容的心态面对生活中的人和事。因此欢迎学弟学妹报考浙大英语专业！

——2016级本科生　董雨霏

进入英语专业学习的经历为我开辟了一条道路，指引我披荆斩棘，追寻语言的真谛。语言是什么？四年之间，外语学院一位位笃定且慈爱的指路人带我走近真正的答案。在英语技能课中，我们锻炼听、说、读、写、译，了解到英语是我们对外交流的必需工具，是我们远游广阔天地的船桨；在文学课中，我们追随文学家的脚步从古走到今，反复思量诗人短短几行字中的深意，明白英语是丰沛情感的承载体，是联结人心的纽带；在语言学课中，我们了解语言的发展历程，解析语言通过声、形、义以及具体语境所表达的层层含义，感悟英语是富有生命力的有机体，是人类宝贵生活经验的集合，是一代代人了解世界的窗口；在文化学及国际交流课中，我们在各个角落、各个时空找寻文化的影子，探究文化交流的形式与意义，发现英语是文化传播的媒介，是充满艺术性的文化具象。语言是与学习者关系最密切的学问，是学术和人性最好的结合。在这条英语学习的路上，我渐渐开辟更多思维方式，勇敢表达自己的观点，拓宽了自己的心胸。我在毕业之后即将攻读剑桥大学教育学院的二语语言教育硕士学位。

——2016 级本科生　宫凯璇

高考后，我们大多怀抱对大学生活的期待与憧憬，基于相对稚嫩、浅薄的人生阅历，我们尽管迷惘却亟须独立自主地做出一个关键选择。如今我以一个即将从英语专业毕业的学生的角度来看，她的包容度是很广的。本科初期，同学们来自五湖四海，通过高考或是保送进入外院，语言能力、视野格局等并不相同。外院专业课实行小班教学，老师们给予每个学生因材施教的引导。课上也并非只是枯燥的专业知识的传输，更是一种人文素养的熏陶、批判思维与国际视野的塑造。这种博雅的通识教育防止我们局限、淹没于专业课程中，有相对足够的时间与客观的条件来自由选择(全校范围内选课)是否继续探索，相对适合高考后处于迷茫状态的我们。

我的同学们有在研究生阶段就读语言学、笔口译、文学、文化学等专业相关方向的，也有就读金融、国贸等商科专业的，还有跨大类就读计算机科学等相关专业的。这与相对高效的专业培养方案有关，英专在大二、大三就开设专业高级课程，分文化学、文学、翻译等方向，给我们留下充分的时间考虑本专业的方向选择，或是辅修、尝试其他专业。我就是在英美政府与政治课程中了解到由法系不同而引起的社会意识形态、政府运作方式等中西差异，产生对普通法与大陆法的兴趣，最终决定研究生深造方向。

英专的语言学习十分扎实，是个人一辈子的财富。如夏令营中，不管是模拟法庭还是法律写作，英专扎实的语言基础、演讲等综合能力相对弥补了我非法学本科的短板。除语言学习方面，外院的国内外交流项目、莎剧比赛、演讲辩论比赛等皆锻炼学生们公众演讲、处理文化差异、有效社交等能力。在外院的学习环境下，英专的学生们自然而然地锻炼出更为综合的自身能力、拥有广阔的选择空间以及自我探索的时间和精力。

感谢外院、英专的老师们，让我慢慢从一个语言、社交能力并不突出的平凡学生，怀揣着不平凡的梦想，得以笨拙却始终深受鼓励地探寻出一条属于自己的道路。

——2016 级本科生　邱敏敏

大家好，我是吴博晋，2017 年进入浙江大学，现就读于外语学院英语专业。很高兴以这种方式同诸位分享我对浙大英语专业的一些个人理解与感受，如果这些信息还能为各位在将来求学时提供一些帮助，那便再好不过了。

在浙江大学英语专业学习是一件很享受的事情。相较于其他语言专业，英语专业的最大优势是学生在进入大学之前已经接受了将近十年的英语基础教育。比起其他语言的从零开始，学生可以更快地用英语在大学四年中学习并表达更深邃的思想，有更大的发展空间。而浙江大学的英语专业在此基础上更加注重学生的基础素质培养和多元发展。我们的课程设置在第一年以夯实英语基础能力为主，之后三年根据学生不同的兴趣方向提供相应的系统性课程内容。课程覆盖的方向很广，包括文化学、英语文学、翻译、国际组织、语言学等等。而在这些课程之余学生还有充足的空间去提高自己的能力，参加比赛或者创立研究项目。以我为例，我迄今为止代表学院参加了“外研社杯”全国大学生英语演讲比赛（获全国亚军），“21世纪杯”全国大学生英语演讲比赛（获全国一等奖），“外研社杯”全国大学生英语辩论比赛（获全国二等奖），世界大学生辩论赛（WUDC）以及其他各项英语赛事。这些比赛可以提高学生的英语能力，增强思维的灵活性，也会为之后的工作或者求学提供帮助。同时，我还加入了浙江大学的国际组织精英人才培养计划（简称“国精班”），学习有关国际组织与国际事务的课程，受益匪浅。在浙江大学英语专业，同学们可以拥有充分的发展空间，在获得扎实学术水平的同时也能在自己感兴趣的领域有所作为。

近年来，有种观点一直存在，且流传颇为广泛——目前社会上英语人才过剩，因此英语专业学生毕业后很难在就业市场上找到位置。这种观点所描述的现实并不准确，一是目前英语从业者虽多，但大多数水准并不高，高素质的英语人才仍非常受欢迎；二是目前我们对于语言专业人才的需求仍然非常大，这方面仍存在很多机遇。但反过来看，作为英语专业的学生，同在其他专业一样，在校四年也要对自己严格要求。如果因为自己在进入大学之前就已经拥有不错的英语水平而就此停滞不前，后果也将十分严重。浙江大学英语专业为学生提供了一个好的学习平台，但只有持之以恒，才能有所收获。

以上是我对浙江大学英语专业的一些个人观点，希望可以对诸位有所帮助。我也希望会有更多的学子来到外语学院，选择英语专业，探索人生的更多可能。

——2017级本科生　吴博晋

专业名称：翻译
专业导游：郭国良教授

选择浙江大学翻译专业的N个理由

一流学者领衔的高水平师资团队。既有译著等身的资深专家，也有在口笔译实践和研究方面成绩卓著的中青年专家，更有强大的全校通识教育师资团队，为培养社会急需的高层次复合型翻译人才提供强大依托。

中国译界高端学术与实践交流平台。浙江大学中华译学馆，以译学并重、中外互动为宗旨，在译、学与中外文化交流三方面积极展开工作，已成为翻译界的翻译研究新基地、翻译教育新课堂和翻译实践高层次互动平台。

国际化能力导向的丰富实践与交流机会。本专业将提供与学生国际化能力培养相关的多层次课程体系，提供丰富的翻译实践机会，与牛津大学、加州大学伯克利分校等一流大学以及联合国等国际组织建立合作关系，为学生提供丰富的海内外实习与交流机会。

Q1：翻译专业的学习（研究）对象是什么？

翻译专业学生的学习对象首先是英语与母语，通过课程学习与课后练习，提升学生的英语听、说、读、写能力，同时提高母语水平，为学业与职业发展打牢地基。然而，有双巧手并不意味着能弹好钢琴，不学习系统的翻译技巧、方法与理论，不掌握百科全书式的知识与敏锐的跨文化意识，即使拥有出类拔萃的双语能力，也不一定能做好翻译。因此，学生还需要针对以下几方面进行学习。第一，学习口笔译基本技能、方法和策略，进行特殊的思维训练，锻炼双语转换能力，同时，学习如何运用翻译技术和工具提高翻译质量与效率，了解语言服务业的基本情况和翻译行业的运作流程，成为一名合格的应用翻译人才。第二，学习中西翻译史，了解翻译基础理论，并要掌握人文社会科学研究的基本方法，学会运用翻译理论来指导翻译实践与研究。第三，学习新闻、旅游、经贸、法律等其他专业领域的知识，学习英汉语言文化与思维方式的差异，学会使用两种及以上不同语言和文化的思维方式，最终实现语言、符号、文化和意义的有效转换。

Q2：翻译专业本科核心课程有哪些？

校级核心课程：英汉互译（基础、中级和高级）、交替传译。

院级核心课程：文学翻译、计算机辅助翻译。

新增特色课程：翻译工作坊、语料库与翻译、口译笔记、口译与心理等。

跨学科/行业课程：旅游学、新闻学概论、国际经贸概论、会展翻译、法律翻译、影视翻译、国际政治理论、情绪智能管理、中国传统文化与公共外交等。

Q3：翻译专业的学生需要具备什么特质？

翻译专业的学生需要具有良好的综合素质，具备扎实的中英文语言功底，掌握口译/笔译基本技能、方法和策略；具备一定的翻译理论素养及研究基础；具备良好的跨文化交际能力；具备使用翻译工具与翻译技术提供翻译服务的能力；具备多学科融合的能力；具备较为宽广的百科知识和良好的思辨能力；具备深厚的文化底蕴和人文素养；掌握人文社会科学研究的基本方法，具有一定的科学研究能力；具备全球视野和跨文化交际能力；具备较强的独立思考能力、工作能力和沟通协调能力。

Q4：翻译专业有哪些对外交流项目？

翻译专业学生（人次）在四年大学期间出国交流比例高达109%。对外交流项目众多，可分为寒暑假短期交流项目、半年交流项目和一年交流项目，合作学校包括牛津大学、曼彻斯特大学、杜伦大学、伦敦政治经济学院、巴黎政治学院、里昂大学、蒙纳士大学、哥本哈根大学、维尔茨堡大学、加州大学洛杉矶分校、加州大学伯克利分校、英属哥伦比亚大学、阿尔伯塔大学、渥太华大学以及香港大学和台湾政治大学等。院级重点项目包括巴斯大学“3＋1”“4＋1”“1＋1”口译项目，曼彻斯特大学“2＋2”“3＋1”项目，南安普顿大学“2＋2”“3＋1”“1＋1”项目，香港城市大学“2＋2”“3＋1”“1＋1”项目，北卡罗来纳州立大学技术传播项目，美国蒙特雷国际研究院交流项目，牛津大学展望计划寒暑假项目。同时，作为浙江大学国际组织精英人才培养计划（国精班）的主力军，翻译专业每年均有多名学生通过选拔进入各类国际组织实习与交流。例如，外语学院与国际劳工组织国际培训中心设立了联合国青年领袖精英班合作项目，每年选派30人以上的学生，由老师带领前往欧洲进行为期三周的访问交流，在国际劳工组织国际培训中心（意大利都灵）和联合国日内瓦办事处接受联合国官员培训。此外，学生还有机会赴联合国粮农组织、国际劳工组织、世界卫生组织和纽约联合国总部等国际组织实习，获得较为丰富的国际组织相关知识和经验，提升跨文化交流技能，成长为未来构建中国话语体系、进一步提升中国在国际组织的代表性与影响力的全球治理人才。

Q5：翻译专业的深造与就业前景怎样？

学生可前往英国、美国、澳大利亚、加拿大等国家以及我国香港和台湾等地区的一流大学继续深造，攻读口笔译或其他人文社科的硕士学位或博士学位，可在国内涉外、涉译企事业单位直接就业，也可在本校或其他“985”高校继续深造。四年来，翻译专业一次就业率都在95%左右，历届毕业生走向呈现多元化。部分学生选择在国内外口笔译精英大学读研（国内的浙江大学、清华大学、中国人民大学、上海交通大学、上海外国语大学、北京外国语大学、广东外语外贸大学等；英国的巴斯大学、曼彻斯特大学、爱丁堡大学、纽卡斯尔大学、威斯敏斯特大学、萨里大学等；美国的蒙特雷国际研究院），部分学生选择跨学科读研（英国的剑桥大学、牛津大学、杜伦大学、伦敦大学、谢菲尔德大学等；美国的斯坦福大学、加州大学伯克利分校、哥伦比亚大学、华盛顿大学、杜克大学、卡内基梅隆大学等；澳大利亚的墨尔本大学；中国的香港浸会大学），部分学生选择在国内企事业单位就业（阿里巴巴、网易、优步、腾讯等互联网企业，四大会计师事务所，新东方、学而思等大型培训机构，中大型翻译公司，主流媒体，银行，房地产公司，外贸公司等）。

■ 翻译专业最吸引我的——

最高境界学翻译。仍然记得大一开学第一天上的第一节翻译课，真是一个大大的“下马威”，对于我们这些 freshmen 来说新鲜、新奇又倍感压力。老师列出了翻译的无数种说法，翻译的无数种形式、种类等闻所未闻的新事物，最后列出了学习语言的若干阶段，语重心长地指着最后一个方格说，“以英文学英文那是武功里的最高境界”。

那些话一直在我耳边回响。一开始，是老师打开了半扇门，我们透过门缝望进去，这个全新的翻译世界是那么神奇。从注意用词（diction）到注意语调（tone），从句法到语篇，从文学翻译到应用文体翻译，从翻译实践到翻译学……

——2011 级本科生　吴奕霏

选择翻译专业，更多的是对自己的一次挑战。翻译不仅要求英文好，中文佳，更要求你在不同语言、不同思维模式和不同文化背景之间相互转换。翻译带给我的挑战，让我在大学的四年中，不断努力提高自己的英语水平，主动吸收广泛的知识。翻译专业也给予了我众多的出国交流的机会，让我可以在不同的文化背景下，切身体验同当地人思维模式的碰撞，从而在翻译中更加得心应手。翻译界有一句名言一直是我努力的方向，那就是“Know something of everything，everything of something”。除了语言和文化的要求外，想要做好特定文本的口笔译，亦需要你对特定领域的背景有着详细的了解，比如法律、金融、医学、环境等。在翻译实践的过程中，你可以跨界同各个领域的专业人士进行思想的碰撞，积累丰富的知识，让自己更加充实！

翻译永无止境，在“浙里”，由翻译走向世界！

——2012 级本科生　王佳楠

选择翻译专业，一方面是基于儿时的梦想，因为小时候总是十分艳羡那些会说英语的人，久而久之对语言的热爱便在心里扎下了根。而另一方面是由于翻译自身具有的挑战性。大学接触翻译专业后，发现学习翻译是一个永无止境的过程。在学习过程中，为了查一个词背后的文化含义，我们需要阅读许多资料，也经常会因功力不够，无法准确流利地进行口译，而倍感挫折。但是翻译的乐趣也就在这儿——不断地挑战自我，看看自己的潜能到底有多大。翻译需要长期的积累，而在这一过程中，我们也蜕变为更好的自我。翻译还为我打开了新世界的大门，让我能更深刻地去理解中西方文化及思维上的差异，感受两种语言独特的魅力。

——2013 级本科生　周忆瑜

在“浙里”，不仅有一流的翻译专业教师给予你学业和生活上的指导，还时常有机会聆听文学大师、翻译大家的前沿讲座。同时，浙里译翻译工作室也为同学们提供了绝佳的学以致用的实践平台：G20 峰会材料翻译、诗画浙江材料翻译、文学作品翻译、世界工业设计大会听译、杭州大数据与人工智能陪同口译……翻译总让我们紧跟时代潮流，使我们不仅仅是旁观者和见证者，也成为亲历者和贡献者。

——2015 级本科生　倪雪琪

专业名称:俄语
专业导游:王永教授

选择浙江大学俄语专业的N个理由

前景广阔。作为联合国六大工作语言之一,俄语的地位不容小觑。中俄关系在我国外交领域占重要地位,中俄政治关系处于历史性高峰,“一带一路”倡议为俄语专业带来更广阔的前景。

平台宽厚。依托学校开放的办学理念及学科齐全的优势,浙大俄语专业拥有比专业外语院校更广阔的平台和更多元的选择;多专业的辅修机会、多渠道的出国交流、高端的学术会议、丰富的文化活动,让你成为具有国际视野的“外语+其他专业”复合型人才。

教育贴心。实施贴心的小班化教学和个性化设计。教师会根据不同学生的特点为他们设计个性化的培养方案;这里师生、校友关系密切,情谊深厚,浙大“俄语家”的每位成员,都能感受到家一般的亲切感和归属感。

Q1:俄语专业的学习(研究)对象是什么?

俄语专业的学习对象除了俄语语言,还要学习同俄语国家相关的国情、文学、经贸、传媒等知识。有学生编过一段顺口溜:“俄罗斯的司机不是文学家就是艺术家,不是艺术家就是教育家:别林斯基、柴可夫斯基、陀思妥耶夫斯基、马雅可夫斯基、苏霍姆林斯基,好像还有……卡巴斯基。”这当然是对俄罗斯众多帅哥“斯基”和美女娇“娃”们的调侃,但同时也道出了他们的心声:俄语学习过程中最吸引人的就是博大精深的俄罗斯文学和艺术。每一种语言都是一种特殊的工具,好比一把钥匙。因此,当我们掌握了俄语,就拿到了开启俄罗斯这扇厚重大门的钥匙,让我们得以享受种种珍奇异宝的魅力,并从中获得立命之本。

苏俄文学对中国文学的影响非常大。老一辈的鲁迅、瞿秋白、巴金,当代作家王蒙、铁凝、张抗抗等,均深受苏俄文学的影响。鲁迅的译著达300多万字,其中苏俄作品占一半以上,他把俄国文学称为“我们的导师和朋友”。张抗抗在读过《日瓦戈医生》后写道:“在我临近40岁的时候,我重新意识到俄苏文学依然并永远是我精神的摇篮。”

很多同学在中学语文学习中了解了奥斯特洛夫斯基的《钢铁是怎样炼成的》,或许也听说过列宾的名画“伏尔加河上的纤夫”。但俄罗斯文学艺术宝库远比这些丰富灿烂得多。普希金、托尔斯泰、柴可夫斯基、梅耶荷德、塔可夫斯基……这些享誉世界的文学家和艺术家所创作的作品，让多少读者和观众为之陶醉。在这些作品里，凝聚着对社会、人的生命和宇宙万物深切的关注和深邃的思考，不仅带给我们精神上的愉悦，同我们进行心灵上的交流、精神上的对话，还能开启心智，解答人生问题，让我们的内心豁然开朗。

Q2：俄语专业本科核心课程有哪些？

俄语专业培养方案中的课程设置是为“宽、专、交”的复合型人才量身定制的。

“宽”，俄语专业的学生除了必修全校性的通识课程外，还有外语大类必修课程：世界文学史、中外文化精粹、外译中国经典原著精读等。在外语类课程方面，俄语专业的学生还要继续学习大学英语课程；如果英语非常好，也可以选修日语、德语、意大利语等其他语种或英语专业开设的通识课。

“专”，开设了旨在培养扎实的俄语语言基础和应用能力的课程，如基础俄语、高级俄语、俄语视听说、俄语阅读与写作、俄语翻译理论与实践、俄罗斯文学史、俄罗斯文化、俄语口译等。

“交”，指俄语和其他学科交叉的课程，如俄罗斯大众传媒、旅游俄语、当代俄罗斯社会、经贸俄语实务等。

Q3：俄语专业注重学生哪些素质的培养？

俄语专业以“宽出口”“高素质”为培养目标，为国家培养具有家国情怀、高度的社会责任感、开拓创新意识强、国际视野开阔、兼具人文与科学素养及团队合作精神的俄语专业人才和复合型俄语人才。

“宽出口”，是指俄语专业培养的学生可以从事多个领域的工作或继续深造。俄语专业采用小班化、个性化的教学模式，指导学生根据自己的兴趣及特长制订个性化学习计划，鼓励学生走不同的道路。对于有研究潜质的学生，通过指导完成大学生科研训练计划(SRTP)、“省创”、“国创”等科研训练项目，激发学生的学术兴趣，培养其科研能力；对有志于毕业后从事其他领域工作的学生，帮助他们合理设计辅修或双学位学习计划，充分利用浙大多学科的宽阔平台，走复合型人才之路。综合性大学的专业学习是通识教育、博雅教育而非职业教育的观念越来越受到浙大学生的认可。

“高素质”，是指俄语专业的毕业生应是人群中的佼佼者。俄语专业历来具有优良的学科传统：踏实、勤奋、勇于创新，有高度的责任心和集体主义精神。一代又一代的浙大俄语人将这一优良传统不断发扬光大，从教学理念、课外活动、国际交流等方面入手，着力培养学生的国际视野、人文与科学素养、开拓创新意识及团队合作精神。俄语专业的教师自身都从事俄罗斯文学文化的研究，他们深刻地体会到，俄罗斯文学可以让人们从中领悟人生哲理，从中找到精神力量，得到心灵的滋养；俄罗斯文化可以培养人坚强的意志和乐观主义精神；俄罗斯艺术可以让人深刻地认识到什么是美，什么是善，什么是关怀。这种积淀可以成为毕业生立足于社会的深厚基础，无论毕业后从事的工作是否同俄语有关，都能对自己的工作和事业抱有一份执着与热爱，在任何一个工作岗位上一步一个脚印，不断向前迈进。因此，俄语专业秉承着素质教育无处不在的理念，将俄罗斯文学艺术和社会文化知识融于语言实践课的教学中，并在课外通过举办读书会、专业技能竞赛、与学长座谈、新年晚会、“走进俄罗斯”

等活动，让学生积极参与其中，既可以锻炼学生的组织工作能力，发挥各自特长，又可以让他们从阅读经典中深入了解俄罗斯文化的深厚内涵，接受文化熏陶，提高自身的文学艺术修养。此外，俄语专业还着力培养学生的社会服务意识，带动学生热爱公益事业。

正因如此，浙大俄语专业的毕业生得到兄弟院校的普遍好评，认为他们“综合素质高，综合能力强”，体现出“高素质，高能力”的特点。

Q4：俄语专业有哪些对外交流项目？

2004 年及 2007 年，浙江大学分别与圣彼得堡国立理工大学及莫斯科大学签订了校际交流协议；2016 年，又升格为战略合作伙伴关系。自 2007 年起，俄语专业所有学生在学期间就都有出国留学的机会，成为外语学院首个实现本科生和硕士生 100% 留学机会的专业。近年来，俄语专业还得到了国家留学基金委的大力支持，每年有两个公派留学的名额。因此，我们的学生除了被派往上述两个签署了校际交流协议的学校，还被公派到俄罗斯国立师范大学、坦波夫国立大学、俄罗斯远东联邦大学、莫斯科国立师范大学、俄罗斯喀山联邦大学、俄罗斯人民友谊大学等俄罗斯高校留学。公派项目由国家资助国际旅费，免学费，还提供每个月几百美元的生活费。校际交流项目互免学费。此外，经济较为困难的学生还可以获得俄语专业独有的“白桦林思源基金”资助出国留学。

Q5：俄语专业的深造与就业前景怎样？

俄语专业学生毕业后继续深造的比例为 30%～50%。深造学校既有国内的，又有国外的；深造学科既有俄语语言文学，也有传媒、法律、哲学、艺术等。近年来我校俄语专业学生毕业后选择继续深造的学校和学科主要有：北京大学、北京外国语大学、上海外国语大学等校的俄语语言文学，清华大学、中国传媒大学的新闻传播学，中国人民大学的法学，复旦大学的国际贸易学；伦敦国王学院的数字文化与社会，哈佛大学的俄罗斯东欧中亚研究等。

俄语专业毕业生历年来就业情况良好，就业率达到 100%，近年来更是供不应求。俄语能够敲开各个行业的大门，因为国家各个行业的俄语人才紧缺，军事、外交、金融、贸易、传媒、教育等都需要俄语人才，尤其是“一带一路”倡议的实施，更加大了俄语人才的需求。外交部、商务部、新华社等各大部委每年都会招收俄语毕业生从事和俄罗斯有关的工作；各大国企和各大民营企业均需不断拓展俄罗斯市场，如阿里巴巴、联想、中兴、华为、吉利集团等都在俄罗斯有市场，非常需要俄语专业人才。由于浙大的俄语专业毕业生业务水平高、素质好、能力强，深受用人单位的好评，成为各单位独当一面的业务骨干。

此外，毕业生也可以到私企从事中俄贸易的工作。我们从事对俄贸易的毕业生基本上都直接当老板，成为成功的驻外企业家。另外，俄语专业毕业生若从事对口工作，其收入一般都高出平均水平。

在我们的校友中，有北京外国语大学教授兼诗人汪剑钊（1985 届）、新华社塔什干分社首席记者董龙江（1993 届）、中国航天科工集团有限公司高级工程师陈亮（2000 届）、中央电视台俄语频道新闻制片人杨懿俊（2006 届）、中国驻乌克兰大使馆随员李东宁（2012 届）等；成功创业的校友更是不计其数，如上海中亿科技投资集团有限公司董事长杨旭明（1989 届）、俄罗斯 Kidsland 公司董事长沈维军（1989 届）、杭州皮塔斯贸易有限公司总经理张俊义（1993 届）、杭州新虎贸易有限公司董事长叶胜虎（1995 届）等。

Q6：俄语似乎很冷门，使用范围很小，学俄语有前途吗？

一提到俄语，00 后的同学们或许会有这是一种“爷爷奶奶”辈语言的感觉，尤其在南方，俄语似乎毫无用武之地。其实，俄语的“隔代感”是由于 20 世纪 60—70 年代中苏交恶，80 年代以后又曾盛行全盘西化的发展倾向造成的。在东北以及新疆地区，俄语一直比较热门，而在经济发达、外贸业务活跃的江浙及广东一带，现在对俄语的需求同样非常大。

中国历来非常重视同俄罗斯的关系。2013 年 3 月，习近平对俄罗斯进行国事访问，这是他就任国家主席后出访的首个国家。2003 年，胡锦涛当选国家主席，就任后首次出访的国家也是俄罗斯。中国对俄罗斯的重视是同俄罗斯在国际事务中的重要地位以及中俄关系的特殊性分不开的。一方面，中俄边境线之长，两国间政治外交、经济贸易、文化交流关系之重要，使两国联系格外密切。中俄高层领导人的互访和会晤，不仅有力地推动了两国战略协作伙伴关系的不断发展，同时也促进了双边贸易的发展。另一方面，俄罗斯的科技实力不容小觑。他们在核物理、航空航天技术、军工技术、生物工程、激光技术、微电子技术方面都保持着相当强大的科技潜力，先后有 19 人获诺贝尔奖。包括中国“第一太空人”杨利伟在内的中国航天员均在俄罗斯接受过培训。

此外，中俄两国文化交流也有悠久的历史。近年来，两国互办“国家年”“旅游年”“青年友好交流年”“媒体交流年”，进一步推动了两国在教育、文化、体育、旅游、媒体、电影等领域的各项合作。2019 年 6 月，习主席访俄期间两国确立的中俄新时代全面战略协作伙伴关系，为俄语专业提供了更为广阔的发展前景。

可以说，俄语专业的前途是由中俄两国的全面战略协作伙伴关系、中俄经贸的互补性以及两国的文化交流传统引导的。

Q7：浙江大学俄语专业是新设专业吗？

当然不是！浙大的俄语专业可谓历史悠久，始于 1949 年 9 月成立的浙江大学外文系俄文组。浙大是全国“985”高校中较早设立俄语专业的大学之一。多年来，浙大俄语专业为我国经济文化建设输送了大量俄语人才。浙大俄语学科的奠基人是 20 世纪 30 年代来自拉脱维亚的德梦铁先生（1903—1969），在浙大西迁湄潭期间，她同化学系的王琎教授喜结连理，成就了一段美好的跨国姻缘。至 20 世纪 60 年代末，浙大俄语专业师资队伍中一大批中坚力量都出自她的门下。

1977 年恢复高考招生后，浙大（当时的杭州大学）俄语专业成为国家教委批准的全国首批（共 26 个）俄语专业招生的定点单位之一。目前，浙大俄语专业是中国俄语教学研究会常务理事校单位，有硕士点和博士点，并在外语学院博士后流动站接收博士后，在全国俄语界有很大的影响。

Q8：浙江大学的俄语专业有什么特色？

前面讲到，俄语专业以“宽出口”“高素质”为培养目标，为此而设计的人才培养模式具有贴心的小班化教学和个性化设计、高端的国际交流与合作、丰富多彩的课外活动等特色。此外，俄语专业还在师资队伍、专业文化、基金资助等方面构建了实现这一培养目标的保障体系。

俄语专业拥有一支精良的师资队伍，具有高学历、年轻化、创新意识强的特点。教师清一色都是高水平大学毕业的博士，德才兼备，敬岗爱业，富有团队合作精神和开拓创新意识。语言能力强，知识面宽，具有很高的业务水平和学术水平。人均科研产出在全国俄语界名列前茅。

俄语专业致力于打造“俄语家”文化。这里，老师之间、同学之间、师生之间关系融洽，亦师亦友。老师关心学生的成长，注意聆听同学们的心声，不让任何一个同学脱离大集体，力求兼顾到每一个人，发掘他们身上的闪光点。“俄语家”既温馨和谐，又充满朝气、锐意进取精神。

“俄语家”的每位成员对俄语专业都有很强的认同感，而走出“俄语家”的校友也怀抱回馈母校之心。2007 年，校友杨旭明和沈维军解囊 50 万元，设立了外语学院第一个教育基金“白桦林思源基金”；2008 年，杨旭明捐款 10 万美元，为学院设立了“中亿助学基金”；2013 年 4 月，又有 6 位校友共同出资 85 万元注入外语学院教育基金；2017 年 4 月，俄语专业校友捐赠 180 万元，成立了浙江大学求是人文发展基金。俄语专业校友设立的基金不仅为学院的建设和发展做出了很大的贡献，还为俄语专业的莘莘学子提供了强有力的奖励和资助。

■ 俄语专业最吸引我的——

是缘是情是童真，还是意外；

有泪有错有付出，还有忍耐。

如果说最初选择俄语，是因为她本身的美，那么在学习俄语的两年多时间里，俄语对我的意义就逐渐明朗丰满起来：是自己练习变位变格、看起来差不多又差很多的单词时抓耳挠腮的样子；是被这个横跨欧亚大陆国家的绝美自然、人文风光陶醉的样子；是想到各个伟大的“斯基”和普京男神崇拜的样子；是我们这亲如一家的小集体在俄语所乐呵呵吃盒饭的样子。

我才知道无论我在哪里，俄语不仅仅是吸引我，她已经是我的一部分。

——2013 级本科生　林语涵

在我看来，一位优秀的学者和导师，是可以在他人一生中的某一阶段充当“引路人”的角色的。我的导师就是在我 20 岁出头的年纪里，遇上的难能可贵的一位引路人。在俄语学科，导师们不仅和我们分享自己学术道路上的经验和乐趣，指点我们找到自己热爱的方向，更致力于为每位同学打开一扇又一扇窗，将快乐和幸福带给大家。

——2010 级本科生(2014 级研究生)　李培

当我第一次踏进这所中国南方第一学府时，我从没想过她会在今后的日子里成为我日夜怀念的对象。浙江大学赋予我的太多太多，以至研究生开学两个月来，我每天都会不停止地想念这所学校，想念她所带给我的一切……

作为浙江大学外语学院俄语专业毕业的学生，我在修习俄语专业的同时还选择了法学作为自己的辅修专业，并被保送至中国人民大学攻读法律硕士学位。四年来，浙大俄语专业带给我的不仅仅是专业的学习，更多的则是丰满了整个人的厚度：这里有良好的教育资源，在高质量小班教学的同时保证每一位学生都可到俄罗斯高校进行交流学习乃至毕业后继续深造；这里有真正如慈母般的导师，在你彷徨无措时给你引航向上的引导，无条件地支持你去做所有你想做的、喜欢做的事，并真正将你当作自己的儿女一般，希望你的足迹遍布全国乃至全世界各个领域；这里有遍布五湖四海的师兄师姐，在你需要的时候义不容辞，跋山涉水为你带来温暖和帮助；这里还有陪你一起学、一起疯、一起闹的兄弟姐妹，即使以后天各一方仍初心不忘……所有的这一切只因我们有一个共同的名字“浙江大学俄语专业学生”。浙大俄语专业就像是我们在大学里找到的家，四年朝夕相伴已将烙印永存，从此她便融入血液。

——2009 级本科生　丁泓序

每当我沉醉于柴可夫斯基的《第五交响曲》，每当我徜徉在叶赛宁的诗意空间，每当我与俄罗斯的伙伴们快乐互动，我总是心存感念，感念于此生与俄语结缘，感念于多年前在西子湖畔与俄语的那场美丽相遇。

刚开始学习俄语的那段日子漫长而又纠结。不寻常的发音、复杂的语法还有前途未卜的隐忧，总让人轻易就产生退缩的想法。是浙大俄语专业老师们的温暖鼓励与循循善诱，让我们逐渐感知俄语的美妙，让我们不断坚定对未来的信心。不知不觉中，我们爱上了这门语言，也爱上了可敬可亲的老师们。治学严谨、为人谦和，是浙大俄语专业老师的标签。他们对事业全情投入，他们对学生亦师亦友。在他们的培养下，我们掌握了俄语这门利器，也拥有了步入社会的敲门砖。

毕业多年，尽管我们的工作与俄语或远或近，但大学四年的所学所悟一直在深深地影响着我们。我们以身为浙大俄语人而自豪，我们为与俄语结缘的青春而骄傲。

今天，俄语专业的学生拥有更为光明的未来。中俄两国全面战略协作伙伴关系不断深化，“丝绸之路经济带”的建设也将为我国发展及与俄语国家的关系带来新的机遇。俄语人才必将大有可为。愿有更多的学弟学妹与浙大俄语结缘。有了优秀的你们，浙大俄语专业必将薪火相传，生生不息。

——1996 级本科生　陈亮

专业名称：日语
专业导游：阿莉塔副教授

选择浙江大学日语专业的N个理由

历史悠久，影响力大。 本专业创办于1960年，是当时浙江省唯一招收日语专业本科生和硕士生的教学科研机构，也是全国最早开设日语专业教学的机构之一。1978年正式招收四年制本科生，1999年起招收硕士研究生。在全国综合大学同行中处于前列。

突显小班教学优势，注重个性培养。 本专业每届招收22人，实施小班化教学，特别适合外语学习，学生课上日语实践机会多，教师重视个性培养，实施以人为本的教学方针，培养优秀的知日派人才。

赴日交流活跃，跨学科学习气氛浓厚，毕业前景广阔。 本专业学生在校期间每人均有赴日知名高校交流半年至一年的机会。近年来，毕业后选择赴日深造以及国内读研的比例高达60%，并发挥跨专业、跨学科的优势，能在多种专业就读和就业。

Q1：日语专业的学习（研究）对象是什么？

本专业的学习（研究）对象是围绕全面了解日本而设置的，以日语语言为基本媒介，包括日本的文学、语言学、文化学、中日翻译学、日本国情学。在以下培养目标的指引下，培养学生的能力：

（1）以培养掌握扎实的日语技能，具备日语语言、文学、文化、历史、经济、社会等全方位的知识，能胜任对外经贸、外事、教育等工作的复合型人才为目标。

（2）本专业充分发挥依托浙江大学强大的多学科、跨学科的学习环境优势，注重培养具有实际技能、眼界开阔、适应力强的可塑性人才。

（3）通过日常教学加之半年至一年的赴日留学经历，侧重培养具有深厚中日文化底蕴和文学涵养、熟谙日本国情、具有跨文化交际能力、熟练掌握运用日语语言的能力和技能的复合型日语高级人才。

（4）在教学上，不仅重视对学生知识的传授和实际交流能力的培养，而且注重灌输“有礼、守时、谦虚、公德意识强”等日本文化中的精华。整体办学思路有利于培养高素质、宽视野、能力强、具有创新意识的知日派人才。

（5）鼓励本科生辅修或攻读第二专业，以满足社会对具有多学科交叉以及多门外语综合能力人才的需求，培养从事以日语为主进行全方位交际和研究的高端复合型人才。

Q2：日语专业本科核心课程有哪些？

本专业的核心课程分为五大类：精读类，包括基础日语、综合日语、中级日语、高级日语；听说类，包括日语视听说、同声传译；文学类，包括日本文学史、日本文学选读；语法类，包括实用语法、日本古文法；综合类，包括日语泛读、日语阅读与写作、日语翻译理论与实践、日本概况。

特色课程分为四大类：研究型，包括日本文学研究方法、日本文化专题研究、日本词汇学；自学型，包括日本生活与习俗；讨论型，包括日本影视赏析、日本动漫文化赏析；实用型，包括日语演讲与辩论、日语专业八级。

Q3：日语专业的学生需要具备什么特质？

当然最重要的是要喜欢，具有高度的专业认同感，学习积极性自然就能调动起来。本专业入学时有两个起点，一是零起点（人数较多），二是有一定基础（初中或高中学过），所以培养方案也相应地制定了两个，因材施教，各取所需。

Q4：日语专业有哪些对外交流项目？

本专业充分利用浙江大学与日本著名高校签订的本科生交换项目，时间为半年至一年不等，合作高校如下：京都大学、早稻田大学、大阪大学、九州大学、北海道大学、东北大学、名古屋大学、庆应义塾大学、筑波大学、静冈大学、福井大学、茨城大学、宇都宫大学等。另外，还可以利用一年两度的暑期和寒假短期交流项目，赴京都大学、香港中文大学等名校进行交流。

Q5：日语专业的深造与就业前景怎样？

本专业学生知识全面、择业面广。毕业后可从事与日语、英语有关的对外经贸、会计、外事、管理、文秘、教育、旅游、新闻等工作，也可在房地产、跨境电商等领域拓展渠道，还可赴国内外著名高校继续深造，攻读文、史、经、哲、法、农等学科的硕士学位。

日语专业毕业生历年来就业情况良好，升学以及就业率稳定在100％，就业实绩在国内和省内均处前列。近年，40％～50％的人选择就业，50％～60％的人选择考研。国内就业单位主要有日企、进出口公司、会计师事务所、房地产公司、银行、跨境电商企业、学校等，地点多在北京、上海、广州、杭州等大中城市。近年随着日本少子化社会结构的变化，直接赴日本就业的人数在逐年增加。毕业生深受用人单位的好评，多数两三年后即可成为业务骨干。另一方面，选择考研的学生，大部分选择赴日本、美国、英国等国家的一流大学以及浙江大学、北京大学、复旦大学、上海外国语大学等国内知名高校继续深造。

■ 日语专业最吸引我的——

在学习日语的时候，很容易产生敬畏感和尊敬感。“原来日本人的思维、习惯有这么多是我误解了的啊！”不知不觉地，学习日语帮助我打开了视野，能够尝试从日本的角度来看一些我们习以为常的问题。日语作为一门语言，其背后是日本的思维模式和文化，给我们带来更多种认识世界的可能。我想这是学习日语最大的收获。

——2010 级本科生　郭普伦

在文化体验上，日语拥有东方哲学的隽永和时代赋予的活力。用熟悉的汉字窥视扶桑国的严谨和温柔，用朴素的元音解读现代二次元的时尚和萌动，为期一年的日本名校交流将是你深化异文化了解和丰富国际视野的旅程；在职业发展上，日语具备其他小语种无法比拟的广泛适用性。无论是外资金融还是国企行政，优秀的日语专业学生都能借助存在感极强的中日经贸和资本，获取不局限于中日双边的丰富的择业机会和广阔的发展平台；不管你是追求恬静悠长的文艺小清新，还是渴望大展宏图的未来经理人，日语无疑将是人文学生通向辉煌的一条风景秀美的捷径。

——2010 级本科生　陈俊亦

在最青春的年纪里，遇见最美丽的日语。从近乎苛刻的敬语表达里，学会日本的谦虚与礼仪，又从当下的日本文化里，看到日本的极简主义。日语所的老师们有着日本人的温和又带着日本人的严谨，生活上像父母一样关心我们，学术上毫无保留地指导我们。最喜欢的是和老师谈论文，从下午一直谈到晚上，通过老师的点拨，思维得以扩展，从最开始的一点头绪，到观点逐渐丰满，最后整篇论文框架的形成，是满满的收获和满满的感动。老师们驾驶着日语所这艘大船，带我们驶向东方日本文化的海洋，也带我们驶向国际化的远方。

——2014 级本科生(2018 级研究生)　吉倚林

在日语所，每个同学的机遇都很多。日语所既有丰富而高端的出国交流项目，也时不时会有各种访问团的到来。小到本所的忘年会，大到校长都会出席的校际交流日，乃至更高级别的会议、比赛你都可以亲身组织并参与。

同班同学们的发展都有自己鲜明的特色：有的同学文学素养深厚，专注于日本文学、文化；有的同学跨专业探索传媒、金融、心理学、法律等各自感兴趣的领域。在日语专业学习从不意味着只关注语言，而是帮助你用新的角度认识世界，这是一个解放思想而使其更自由的过程。听起来或许会有些泛泛而谈，但经历这一切，会使四年后的你惊叹于自己曾经的幼稚，有感于自己的惊人成长。

——2015 级本科生　陈沐熙

专业名称：德语
专业导游：李媛教授

选择浙江大学德语专业的N个理由

选择德语专业有非常多的理由，每位考生心中也一定有自己的理由，我作为专业导游在这里向各位考生分享我的三个理由。

理由一：德国、奥地利和瑞士等德语国家是世界上极富人文情怀和科学精神的国度。它不仅是马克思主义和科学社会主义的发源地，也是康德、黑格尔、尼采、海德格尔等无数哲学家的故乡，更是歌德、席勒、卡夫卡、巴赫、贝多芬和莫扎特等大文豪和音乐家生活过的地方。德意志还是现代科学的发源地，多少年来，德意志这片哲学、文学和艺术的沃土孕育出爱因斯坦、普朗克、伦琴等无数举世闻名的科学家，诺贝尔奖获得者有近百名来自德国。你难道不想探索其中的奥秘吗？

理由二：德国、奥地利和瑞士等德语国家工业、经济和教育事业高度发达，自然环境优美，人文底蕴丰厚。德国历史上曾经是二次世界大战的发源地，而今天德国是欧盟的火车头，德国人对历史的反思赢得世人的尊重，德国的经济奇迹让世人惊叹，德国现代教育为世人开创科学人才培养的模式，“德国制造”成为世人的学习楷模。难道你不想打开德式思维这扇神秘的大门吗？

理由三：德语是打开德意志文化和德语区国家大门的钥匙，全世界有近2亿人使用德语。德国高校还是中国学术大师的摇篮，季羡林、蔡元培、陈寅恪、冯至、林语堂、王淦昌、李国豪等大师年轻时都曾求学德国。德国人的严谨、务实与德语密不可分，歌德和海涅美轮美奂的诗歌离不开优美的德语，德语区国家民众的智慧和素养与德语、与作为现代大学以及职业教育起源国德国的教育体制紧密相关，难道你不想有朝一日去德语区国家享受免费的优质公立高等教育资源，饱览德奥瑞优美的自然风光和人文风情吗？

Q1：德语专业的学习（研究）对象是什么？

根据学科目录，我们的学科是外国语言文学下面的德语语言文学，国际上相应的学科一般被称作“German Studies”，因此也可以把它翻译成“德国学”。浙江大学是中国第一个开设具有鲜明学科交叉特点的“German Studies”专业的高校。也就是说，浙大的德语专业是德语国家的“Germanistik”（日耳曼语言文学）的本土化发展，扎根中国大地。浙大德语专业的特征是研习德国和其他德语国家的一门综合性学科，具有本科、硕士、博士三个层次的人才培养平台，我们的学生不仅要掌握德语和英语，还要研习德语国家的文化、语言、文学，研习这些国家的政治制度、历史、媒体和当代社会问题，以及它们与中国的关系问题，这是我们学科的定位。

Q2：德语专业本科核心课程有哪些？

“German Studies”专业课程设置的特色是基础宽厚、学科交叉和能力导向。本科生一、二年级的主要任务是把德语学好，把德语国家的国情了解清楚，掌握基本的科学研究工具和方法。到了三、四年级则是培养运用方法和工具的能力，从而为毕业后继续深造或走向工作岗位奠定基础。为了达到这一目标，我们设置了一系列的研讨课和实践课，比如专业核心课程综合德语、文本阐释学、西方文论、科学研究方法导论、中德跨文化研究等，其中，科学研究方法导论被列为省级一流课程；另外还设置了一些以德国问题为导向的研究型课程，如当代德国社会与文化、欧盟研究、中德关系研究、中外文化传播等；还有一些与经济生活、中德经济合作相关的课程，如经济德语，该门课程是省级精品课程。所以，本专业采取的是与学校的大类培养、平台培养、专业培养相吻合的“宽、专、交”的培养模式。

Q3：德语专业的学生需要具备什么特质？

我们正处在新的历史发展时期，我们的专业要为实现“中国梦”，让中国文化走出去，向世界讲好中国故事，传播好中国声音而培养人才，这也是我们学科新时代的使命、责任和担当。在这样的时代背景下，提升软实力，打造软能力，是培养未来德语人才的“密钥”。从长远来看，仅凭一门外语无法承担起历史和社会赋予我们的重任。因此，德语专业的学生要注重综合能力的培养，交叉知识结构的构建，要成为“一专多能”“一精多会”的新型高端外语人才。

我们的学生首先要学会思考，其次要学会批判、反思、研究，再就是要学会如何找到问题和解决问题。因此，本科三、四年级时，我们会结合教育部设置在我们研究所的国别与区域研究中心，带领学生研究一些涉及德国和中德关系的问题，如德国社会制度、德国社会发展、中德文化、中德经济、德国历史发展等。我们也鼓励学生利用浙大的优质教学资源，进行第二学位和辅修学位的修读，在学有余力的情况下，根据个人兴趣爱好去修读国际组织和国际发展、法学、社会学、经济学、政治学甚至是理工科类的第二专业。浙江大学具有这样的交叉学习环境，给我们专业的本科生提供了这样一种可能性。

这种综合能力培养注重的不仅是语言能力的提升，而且是针对文化、艺术、历史、社会问题以及国际关系、国际政治这些方面的能力和素质培养，也就是软能力培养，让学生能逐步适应国际社会和国际机构、组织的人才选用标准。我们的专业是在中国和平崛起的时代，在中国全面走上世界舞台的时代，在中国软实力全面提升的时代最能体现时代精神的学科之一。我们专业培养的学生将来是要“担大纲，挑大梁”的。

此外，我们学科特别强调文化的本体性。我们不是在德语国家学习德国学，而是在中国学习德国学，因此我们专业特别注重中华文化的培养。我们的母语是中文，我们的立场是坚守中华文化五千年的历史，是对中国特色社会主义道路的认同。在中国综合国力不断提升的时期的大学生一定不能忘记自己身上的使命。每一位学习德语专业的同学都不能忘记我们是中华儿女，是中国文化的传人。2015年以来，我们专业还选派本科生、研究生参加“国际组织精英班”，为中国未来向国际组织和国际机构输送人才做好准备。至今每年都有学生被外交部录取或赴国际组织实习。

学德语是为了什么？其中很重要的一点是要把中华文明传播出去，把中国走向世界的这一副担子接过来。我们的毕业生当中有继续攻读汉语国际教育硕士学位的，有去孔子学院工作的。有的学生在学习期间就作为国家汉办的海外志愿者，去主动传播中国文化；有的学生在校期间就被外交部选中，成为未来的外交官；有的学生被国际组织录取为实习生，在国际舞台上贡献中国力量。我们强调的软能力不仅是指能接受西方优秀文化的能力，更是知己知彼的能力。在让我们的学生成为“德国通”的同时，更要让他们成为一个真正了解中国的“中国通”。只有这样，才能提升自己的软能力，才能形成自己生成知识的能力，才能不断创新。这种感觉在本科四年中可能不会有，因为这并不是灌输很多知识后就能获得的感觉，而是掌握了很多能力，使学生在大学期间获得一种思维深度、一种知识储备，并在一定的语境下发酵、爆炸，产生巨大的能量。德语专业的人才培养目标是，培养具有国际竞争力的德、智、体、美、劳全面发展的高素质创新型人才和未来领导者。

Q4：德语专业有哪些对外交流项目？

本学科还拥有非常优质的国际合作资源，与德语国家多所精英大学具有良好的长期合作关系。例如，与德国柏林自由大学联合培养德国学生，受中国留学基金委的支持，该校每年有10名学习“中国学”的德国学生来我们专业，与中国学生同堂学习。此外，我们与慕尼黑大学有“本硕直通车”合作项目，浙大优秀的本科毕业生可以直接赴慕尼黑大学攻读硕士学位；柏林工业大学是我们的长期合作伙伴，根据1985年由路甬祥老校长签订的合作协议，我们与柏林工业大学的硕士双学位合作项目延续至今。另外，我们与哥廷根大学、维尔茨堡大学、基尔大学、柏林洪堡大学等一系列德国高水平大学都有合作。

每一个本科生，只要进入我们专业，就可以保证获得长期或短期赴国外交流学习的机会。其中一些项目还提供奖学金，在国外交流期间所学课程可以得到浙江大学的学分认可。同时，我们与国外合作高校保持频繁的人员流动，每个学期都会有德语国家著名高校的老师到浙大联合授课、举办讲座、从事合作研究。浙江大学有面向外国学生的“中国学”专业，中国和德国的学生常常在一起相处，本科四年的学习当中，德语专业的本科生身边始终有外国同学、外国教师，拥有相互学习、同外国人打交道的机会，足不出户也能提升跨文化学习能力。

Q5：德语专业的深造与就业前景怎样？

我校的德语专业近几年来发展迅速，成为浙大文科中特别受欢迎的一个专业。我们是浙江大学最大的小语种专业，目前每年招生在40名左右。我们的本科毕业生有很好的美誉度和就业前景。去向大概分为三大类。

第一类是就业，占1/3左右，基本是进入世界500强企业（如中石化、一汽大众、西门子、博世电动等)或政府机构、四大会计师事务所、各大银行等。

第二类是赴国外继续深造。这类同学占了大多数,他们遍布世界各地,除了到德国、瑞士、奥地利等德语区国家,也有同学选择去欧美国家的一流大学深造,如美国康奈尔大学、英国帝国理工学院、伦敦政治经济学院、法国巴黎政治学院等,许多同学在硕士阶段修读非外语专业,进行跨学科学习。我们培养的学生所具备的软能力被世界多所一流高校认可。我记得有一个学生本科毕业后去了加州大学圣迭戈分校(UCSD)的国际政治专业,她的教授是克林顿政府的助理国务卿谢淑丽(Susan Shirk),专门研究中国问题。这位教授不仅接收了我们的学生,还为她提供奖学金。

第三类是留在国内继续读研究生。除了非常优秀的同学留在本专业,继续从事德语国家语言、文化、文学等相关领域的研究之外,更多同学凭借辅修专业和交叉知识能力,被保送或考取本校或北京大学、复旦大学、中国人民大学等国内顶尖高校继续攻读法学、经济学、管理学、传播学、中国学、艺术设计等不同专业的硕士学位。

Q6:德语专业的办学水平如何?

德语专业创办于1960年,现拥有学士、硕士及博士学位授予权,系全国高等教育外语专业教学指导委员会德语语言文学专业分委员会委员单位,中国德语教学研究会、中国德语文学研究会理事单位,拥有教育部国别与区域研究中心(备案)、教育部外指委德分委全国德语教师发展中心。

> 2018年德语专业以优异的成绩通过专业评估,评估组专家对浙大德语专业的评价是:德语专业的师资队伍创新意识强,学术水平高,科研成果,包括德语教学研究成果突出,在我们德语界享有美誉,受到同行的高度认可和尊敬。
>
> 德语专业课程设置先进,核心课程和个性课程共同构成先进的教学模块,这样的设计体现了人才培养的方向性、多元化和个性化。符合新时代对外语人才的新需求,可谓走在全国前列。
>
> 该专业还特别注重培养学生的“四个自信”能力,在专业教学和专业建设过程中突出培养本科生的中国文化和西方文化的交互传播能力,把“讲好中国故事”“传播好中国声音”蕴含在德语专业教学的全过程,在这个方面可以引领外语教学改革的潮流。

浙江大学德语专业拥有一支优秀的师资队伍,共有教师11名,其中包括教授4名(其中德籍1名)、副教授3名、百人计划人才1名、德国学术交流中心(DAAD)派驻的长期专家1名和短期德国专家数名。所有教师均有在德国留学和进修的经历,2/3的教师拥有海外博士学位。

■ 德语专业最吸引我的——

全球视野、文化智力为我开启了进入世界500强的大门

德语专业注重培养全球视野与开拓创新的理念和能力、过硬的专业知识技能与出色的语言能力，以及独立面对困难与良好的跨文化沟通能力。这样的培养模式使我受益匪浅，通过四年的学习，我逐渐培养了国际开放意识，学会时刻把握社会发展趋势，始终保持开拓创新的理念。德语专业多次组织学生参观杭州的德国跨国企业，为我们提供了国际交流的机会。这些经历对于我现今的工作影响颇深，让我对世界性企业，特别是德国公司产生了浓厚的兴趣，同时对国际一流企业的管理及运作模式有了一定的了解。因此，我大学毕业后的就业单位也都是世界500强的企业。

——张如锋

（曾任职世界500强企业——LG电子中国有限公司杭州分公司产品经理，现就职于世界500强企业）

高素质、复合型、专业化的培养令我在外交战线游刃有余

德语专业为我们提供了扎实的专业知识训练、博大深厚的人文环境和汇通中西的国际平台。进入外交部后才知道，浙大德语的人才培养模式与“高素质、复合型、专业化”的外交队伍培养目标不谋而合，其毕业生的素质和能力也得到高度认可。

——林胜克

（现就职于中国外交部政策规划司。曾先后在外交部欧洲司，中国驻奥地利、德国大使馆工作。多次被评为年度优秀公务员）

综合能力和创新思维使我在完全陌生的领域也能快速入门

在本科学习阶段，我们的专业一直强调不仅要学习专业知识，更要学会“学习”，掌握方法，开阔眼界，只有这样才能不断适应知识的更新和环境的变化。启发性的教学方式和对学生创新精神的鼓励，使我逐步培养起独立思考、分析解决问题的能力。在德国留学阶段，我攻读了传媒学硕士学位，其间在德国奔驰公司完成了实习，毕业后到德国西门子公司从事工业软件本土化工作。无论是新专业，还是新行业，甚至完全陌生的领域，我都能够很快入门，掌握方法，理解原理，这都得益于在本科阶段所培养的能力和思维方式。

——徐蕾

（毕业后赴德国柏林工业大学攻读硕士学位，现就职于德国波恩世界500强企业——西门子公司，担任工业部软件系统管理师）

德语和德国——一本厚厚的书

在这里，我学习德语，同时也学习由这种语言所衍生出的文化，由这种文化所衍生出的德国社会、德国政治、德国历史。在这里，我有机会赴德国一流大学学习，亲身感受

“德国”这两个字的深刻含义，也可以在浙大与来自德国的老师、学生面对面交流。在这里，我可以通过授课式的学习，从在各个领域具有深入研究的老师那里获得知识，也可以通过自主研讨式的学习，自己寻找答案，获取信息。一种语言只是一张薄薄的纸，而在这里我得到了厚厚的一本书。

——陈昳舟

（毕业后赴美国康奈尔大学攻读工商管理硕士学位，现任职浙江大学）

它教会我的最重要的东西，就是从变革中获得热情，同时把热情融入手中之事

浙大德语专业有很好的老师。我们班每个同学的个性是那么不一样，但在这里都得到了很好的保护和发展。老师们给予我们的不仅是包容，更多的还有记挂和担忧，保证我们行驶在各自的轨道上，而不会偏离航线。

德语教学上更注重语言实践能力和跨文化交际能力的培养，这也是我在工作中最需要的。国际广播电台除了有中国同事还有很多外籍员工，其中一些与我成了非常好的朋友。对异文化的理解是快乐交谈的基础，而不理解的部分则提供了探讨的可能性，并加深了各自对本国文化的理解。

国际广播电台正处于一个向全媒体发展的阶段，因此对人的综合素质有越来越高的要求。德国学的学习教会我的最重要的东西，就是从变革中获得热情，同时把热情融入手中之事。

——武诗韵

（现就职于中国国际广播电台）

这里是我科研之路的起点

通常德语专业的同学本科期间都有机会到德国交流学习半年，我当时选择了柏林洪堡大学。德国学研究所的老师们积极鼓励我们出国交流时带着科研课题出去，以便合理地规划自己半年的交流生活，更好地利用当地的资源优势。我的本科毕业论文大部分德文资料都是在柏林交流学习时，在导师指导下，通过与洪堡大学教授交流、向当地大学生发放问卷、进行采访积累获得的。这样的经历让我在国外交流的半年里不仅提高了语言沟通能力，也学会了如何独立地、科学地进行一项研究。

——赵静

（浙江大学与柏林工业大学硕士双学位生，现为德国弗莱堡大学博士研究生）

多维的视野，先进的理念，促成跨专业转型

在学期间，我曾赴德国柏林工业大学进行交流学习，而出于对德国文化和学习氛围的喜爱，我利用一年后的暑期又赴德国基尔大学参加国际夏令营。这些经历让我开拓了眼界，锻炼了意志，更让我在欧洲的多元中感受到文化的碰撞。

——倪镘钰

（毕业后赴德国曼海姆大学攻读企业管理硕士，现任职于德国慕尼黑亚马逊公司）

深度国际化的平台为我提供了参与全球治理的机会

我在这里学到的不仅仅是严谨的德语语言，更是独具一格的研究方法和思维方式。除了德语课堂、出国交流、企业或机构培训基地等，德语所还为我们提供了接触国际组织、国际社会的机会，这在很大程度上激发了我结合个人兴趣点寻找到未来的工作方向。在为搭建工商界沟通交流合作、共同参与国际规则制定和全球经济治理的平台上，德语所的学习经验令我获益匪浅、充满信心。

——孙珺

（本科毕业后保送浙江大学德语专业研究生，修读浙江大学与柏林工业大学硕士双学位项目，现任中国国际商会合作发展部项目经理）

它犀利了我的思维，宽阔了我的胸怀，把我带上学贯中西的征途

在浙大德国学研究所的学习，不仅仅是一门语言知识的学习，它更启蒙了我批判科学的思维意识。这里多元的学习平台为我打开了一扇认识世界的新窗户，让我看到了中德文化的多样性，触碰到语言文学的魅力，练就了科学严谨的工作方法。得益于浙大德国学研究所与德国柏林工业大学的合作，我有幸留学德国。在浙大的学习拓展了我的视野，犀利了我的思维，也宽阔了我的胸怀，为我开启了格物致知的人生，把我带上学贯中西的征途，使我一生受益。

——徐爱真

（毕业后赴柏林工业大学攻读博士，现任青岛科技大学中德科技学院德语中心常务主任）

专业名称:法语
专业导游:赵佳教授

选择浙江大学法语专业的N个理由

理由一:国际化的教学。所有教师基本在法国名校获得博士学位,拥有在海外学习、工作的经历。常年聘请多名外教。与巴黎政治学院(具有"法国总统的摇篮"的美誉)等多所法国知名高校建立合作关系,学生具有百分之百的海外交流机会。

理由二:教学和科研能力优秀。形成了以翻译学和文学为主导的学科研究方向。以浙江大学文科资深教授许钧教授为主导的翻译学研究处于国内外领先水平。法国文学研究在国内也具有一定影响力。教师获得多项教学改革项目和教学比赛奖项。

理由三:具有本、硕、博三个人才培养层次。

Q1:浙江大学法语专业的学习(研究)对象是什么?

关于法语的基本理论和实践应用能力;关于法语国家和地区的文化传统和社会现状的知识和分析能力;跨文化能力;科学研究能力;其他外语、社科及自然科学知识。

Q2:法语专业本科核心课程有哪些?

法语专业的本科教育首先旨在锻造学生扎实的法语基本功。我们注重对学生听、说、读、写、译的训练,开设有基础法语、高级法语、笔译理论和实践、法语口译、法语视听说等核心课程。此外,法语专业积极拓宽专业课的课程种类,已相继开出法国和欧盟问题研究、法国文学史、法国概况、法语区概况、法国电影史、学术写作与研究方法等课程,其中法国和欧盟问题研究一课入选浙江大学"原味课程"项目。通过修习广泛的课程,学生在文学、语言、文化、政治、经济、翻译等方面有较深入的涉猎和一定的研究。

Q3:浙江大学法语专业的学生需要具备什么特质?

法语专业的学生应当是基础过硬、中外文化底蕴深厚、具备人文和科学素养、具有全球竞争力和健全人格的高端外语人才。

Q4:法语专业拥有哪些对外交流项目?

法语专业已与法国多所大学建立了长期的国际交流关系,如巴黎政治学院、索邦大学、南特高等商学院、鲁昂高等商学院、鲁昂大学、里昂第三大学、巴黎第十三大学等,能够保证学生百分之百具有交流机会。同时,本专业积极邀请国内外知名学者来校讲学,开展交流活动。邀请过包括诺贝尔文学奖得主勒·克莱齐奥、法国费米娜文学奖得主弗雷斯特、法国鲁昂大学副校长菲利普·拉内、比利时皇家科学院院士德莎诺、法国著名语言学家曼戈诺等国际知名学者前来讲学。

Q5:法语专业的深造与就业前景怎样?

本专业毕业生是符合人才市场需要的高质量的综合型外语人才,能适应中国与法语国家进行政治、经济、文化交流的工作。本专业历年来就业率高,毕业生深受用人单位的好评。法语专业众多毕业生进入国内外一流大学的经贸、金融、法律、文化、语言、传媒等多个专业继续深造,例如多名毕业生被法国著名高等商学院 HEC、ESSEC 与巴黎政治学院等录取,前往法国一流学府继续深造。也有学生在哈佛大学、波士顿大学等英美著名高校深造。选择就业的毕业生进入国家部委、金融界、媒体、一流外企、高等院校、出版社等不同领域施展才华。近几年,法语专业也有几位"牛人"自主创业,已获很大成功!

Q6:浙江大学法语专业的发展历程和现状如何?

隶属浙江大学外国语言文化与国际交流学院的法语专业,始建于 1993 年。设立法语专业是法国诺曼底大区政府与浙江省人民政府 1992 年签署的一项文化合作协议,也是中法长期合作的硕果之一。本专业是全国高等学校法语教学研究会理事成员。

本专业拥有教学科研人员 9 名,其中许钧教授为浙江大学文科资深教授、博士生导师。他在翻译理论研究领域有重要建树,在国内外译界具有重要影响。担任 A&HCI 刊物 META 编委,联合国教科文组织主办的 SSCI 刊物 Babel 编委,以及国内包括《外语教学与研究》《外国语》《外国文学》等十余种学术刊物的编委或顾问。赵佳教授是浙江大学"求是青年学者""仲英青年学者",并入选浙江省 151 人才工程第三层次培养人员。法语专业基本每一位教师都获得了法国名校的博士学位,有的教师还有在法语国家工作的经历,教师们的教学经验丰富,科研成果丰硕,教师队伍具有年轻化、高学历的特点。另外,法语专业长期聘请 3 位外籍教师参与本学科的教学研究工作。

浙江大学法语专业是浙江省最早招收法语专业本科生以及唯一招收法语专业硕士和博士研究生的教学科研单位。自 1993 年起,每年招收 4 年制本科生 1 个班,现有 4 个年级 4 个班,在校本科生百名左右。2006 年开始,招收法语语言文学方向的研究生,每年招收 2～4 名研究生。2017 年开始,具有招收博士生的资格。此外,本专业还承担全校本科生的二外法语教学及全校硕士和博士研究生的二外法语教学工作。总计每年有学生 300 多人通过通识课程学习法语。法语在浙江大学很热门,是同学们喜欢学习的一门外语。

Q7:浙江大学法语专业的培养目标和特色是什么?

浙江大学法语专业发挥浙江大学综合学科的优势,注重人文素质和跨文化沟通能力的培养，实施跨学科交叉和学生自主学习的教学模式，培养符合人才市场需要的高质量的综合型外语人才，能够满足中国与法语国家进行政治、经济、文化交流发展的需要。

学生在修读法语专业的同时，可以选择自己感兴趣的专业进行辅修，或攻读第二专业、第二学位。法语专业30%～40%的学生拥有跨专业修读的经历，专业涉及金融、经济、管理、国际关系、教育学、法学、工业设计、药学等。外语学院特色项目“国际组织精英人才培养计划”旨在培养学生具备进入国际组织任职的能力，可在国际组织实习或任职，也可在政府部门、外交部、外事机构、企事业单位从事高端国际化工作，成为国际组织的后备人才。该项目目前已经具备多层次的课程体系、强大的海内外合作伙伴，能够提供丰富的国际组织实习机会。

Q8：浙江大学法语专业有哪些教学成果？

法语专业学生在各类全国性学科竞赛中获得了优异的成绩。如在第30届韩素音国际翻译大赛中包揽法译汉第一名、第二名；在第31届韩素音国际翻译大赛中包揽一等奖、二等奖、三等奖和优胜奖。在“卡西欧杯”全国演讲比赛中曾获得过一等奖、二等奖、三等奖。在2015年外交部新闻发言人大赛中获得全国第二名。在“永旺杯”全国多语种口译大赛法汉交传比赛、全国法语之星风采大赛中获得过二等奖、三等奖。法语专业学生在创业创新活动中也表现出优秀的素质，曾在在杭高校大学生“沃土杯”创业大赛中获得一等奖，在浙江省第十届“挑战杯”大学生创业大赛中获得金奖，在首届中国（杭州）旅游创客大赛获得三等奖等。

■ 法语专业最吸引我的——

感谢法语专业教会我一门新的语言，打开一扇认识世界的窗户，也更增添了一份丰富人生的可能。在语言学习的过程中，有对语法、单词的枯燥记忆，也有对异域文化的有趣探索，受益于法语所老师的指点，在语言学习的道路上，我和同学们不仅收获了外语知识，也养成了不畏枯燥、乐于探索的学习习惯。毕业后，每每回忆起清晨的读书声，还有听写前的小紧张，对于法语所老师的感激之情便涌上心头。

——2006级本科生　吴笛

九年前，我在启真湖畔，开始像婴孩一样“咿呀学语”；现如今，我在塞纳河边，用镜头和声音去记录法兰西。浙大法语专业——我求学、求知和职业发展的“母亲”，就像埃菲尔铁塔一般，始终在我心中屹立不倒、稳如坐标。您教会了我世界上最美丽的语言，我定要用她去为您创造更多的美丽。

——2006级本科生　邹合义

得益于法语专业各位老师的悉心培养和浙大法语专业丰富的资源，我非常荣幸在大四时，能作为浙江大学的代表进入中国法语教学研究会每年举办的最高赛事的决赛，并取得不错的成绩。这要感谢法语系老师和同学们背后强大的支持，而决赛成绩也再次体现了我校外语学院教师们在教学上所付出的辛勤劳动，以及浙江大学法语系在中国高校法语研究中的重要位置。如今离开母校，离开法语系，在法国 ESSEC 高等商学院继续深造的同时，我时常怀念大学四年的法语学习时光，它让我具备扎实的法语能力，能够游刃有余地学习更多，感受更多。

——2009 级本科生　李函铮

我始终感到很幸运，试想多少人可以拥有四年的时间学习一门自己真正热爱的专业。直到今天我仍然满心骄傲于我选择了法语。

这个决定是果断且坚定的——我喜欢所有国际活动中的那句悠扬的“Mesdames et Messieurs”（女士们、先生们）；喜欢塞尚、莫奈不愿细说的画意；喜欢巴黎圣母院里悲恸敲钟的怪人；喜欢环法自行车赛；喜欢戛纳电影节；喜欢在商厦里看到品牌下写着“Paris”（来自巴黎）；喜欢法国女人天寒地冻时仍然只着一件风衣露着小腿和脚踝的优雅……这些喜欢是对一种品质生活的美好向往，但学习法语一定不是通往贵族生活的保证。它带给你的，是思辨的乐趣，是对于自由和独立精神的珍视，是对于细节和美的感知。

在浙江大学学习法语是一段非常难忘的回忆。语言不需要做实验，不需要写报告，我们需要什么？早起看实时转播的新闻，阅读小说和诗，针对社会问题进行辩论，看电影、听音乐，和外国人聊天。一门西方语言包罗的永远不是一个领域，无论教科书、电视机，还是法国人，都是学习的渠道。我再也想不到比这更快乐却更深层的学习方式了。学习法语不是教你一味求异，唯西是崇，相反，它提供给你生活的多重选择，展示了世界的多重面目。在中文、法文的无数次碰撞和选择中，你逐渐变得自在，掌握法语规整严密的语法和读懂中文留白的意蕴，都是教你学会如何将事情做到极致，甚至很多时候比科学更为极致。因为语言一面是看得见，可供归纳的，还有一面是超越规则，依靠想象和情感无限延伸的。学法语会变得浪漫，吸收进去的是字句语法，表达出来的是更灵动的情感。

一门语言打开一片新天地。法语，一门曾经的宫廷使用语，殖民扩充了它的使用疆土，直至五大洲。如今，在外交、法律领域，法语仍是最受偏爱的语言。当你能够自如地使用这门语言时，你便能将自己的“国土”不断向外扩张。

我的朋友来自欧洲的法国、比利时、瑞士，非洲的摩洛哥、阿尔及利亚、卢旺达，北美的加拿大，亚洲的越南。我曾经以为难以逾越的文化鸿沟，都由于我们能够使用同一种语言而消失了大半。接下来，我将继续学习英、法两门外语，以中文为母语，结合一门专长，在世界的舞台上，在国际组织、地域性的组织中做出贡献。道路悠长且艰辛，法语为我铺下了第一块砖，我始终满心感激。

——2010 级本科生　许姗姗

专业名称：西班牙语
专业导游：卢云副教授

选择浙江大学西班牙语专业的N个理由

师资力量强大。本专业具有高水平研究型且教学经验丰富的优秀师资队伍，所有中外教师均为国内外知名大学博士毕业。教师研究领域多样化，主要为西班牙语语言文学、西班牙语国家国别与区域研究、西班牙语对外教学、语言学、教育学、历史等。

海外交流项目多。浙江大学和诸多西语国家有合作交流项目，如马德里理工大学、巴塞罗那大学、巴塞罗那自治大学、格拉纳达大学、萨拉曼卡大学、阿尔卡拉大学等，经常进行教学和学术方面的交流，学生出国交流率达到100%。

文化活动丰富。本专业建有"浙江大学西班牙语"公众号以及面向全校的"西班牙语协会"等；经常邀请知名学者进行讲座、研讨会等学术活动；积极参加全国性学科竞赛，并定期举行专业内部学科竞赛，如语音大赛、诗歌朗诵大赛、戏剧表演大赛等。

Q1：西班牙语专业的学习（研究）对象是什么？

西班牙语专业的学习（研究）对象是西班牙语国家的语言、国情、文学和文化。学生在读期间，以西班牙语为媒介，要进行下列几个方面的探索和学习：

（1）了解和掌握西班牙语的语音、语法以及相关的语言学知识，知晓西班牙语的历史演变和社会功能，能够熟练地运用西班牙语和母语国的人们进行顺畅的沟通和交流。

（2）阅读、理解和欣赏西班牙语国家的小说、诗歌、散文等文学作品，体悟西班牙语国家的人们对人生、社会和自然关系的理解，感受他们的思想和情感，了解他们的民族特点和文化特征。

（3）学习和了解西班牙语国家的文化现象，了解他们的风土人情、生活习俗、宗教信仰等，洞察这些文化现象的内涵以及价值，并且能够辨析中国与这些国家文化之间的异同。

（4）了解和熟悉西班牙语国家的政治经济发展的特点，尤其是要了解这些国家和中国的外交关系和贸易往来，熟悉经济贸易的过程，掌握基本的商务和外交技能。

Q2：西班牙语专业本科核心课程有哪些？

西班牙语专业本科核心课程包括基础西班牙语、高级西班牙语、西班牙语阅读、西班牙语报刊阅读、西班牙语语法、西班牙语语音、西班牙语听说训练、笔译理论与实践、口译技巧、西班牙概况、拉美概况、西班牙文学史与名著选读、拉美文学史与名著选读、研究方法和论文写作等。

Q3：西班牙语专业的学生需要具备什么特质？

都说兴趣是最好的老师，所以最重要的是学生对专业的喜爱和认同。无论是对多掌握一门语言的热情，或是对西语文学的兴趣，或是对西语文化的好奇，或是对拉丁音乐和舞蹈的喜爱，这一切都可能成为学生学好西班牙语的重要推动力。此外，还需要的特质就是坚持，在学习期间碰到困难，能够不畏惧、不逃避。有了这两个特质，相信所有学生都能在西班牙语专业取得好的成绩。

Q4：西班牙语专业有哪些对外交流项目？

浙江大学西班牙语专业与西班牙多所学校有合作交流项目，包括萨拉曼卡大学、阿尔卡拉大学、萨拉曼卡主教大学、格拉纳达大学、马德里理工大学、巴塞罗那大学、巴塞罗那自治大学、圣帕布罗大学等。

Q5：西班牙语专业的深造与就业前景怎样？

由于国家经济政治发展的迫切需要，以及国内西班牙语人才缺乏的现状，西班牙语专业学生的就业情况还是比较好的。2014 年的数据显示，西班牙语专业的一次就业率达到了 95%以上；学生的就业渠道也比较宽，包括国家部委（如外交部和商务部）、中外知名企业（如中国航空技术有限公司、华为技术有限公司、恒大集团、招商银行、百度等），以及其他类型（如中学、新华社、人民日报等事业单位等）。根据标准排名（中国）研究院发布的《2015 年中国高校毕业生薪酬排行榜》，在本科毕业生薪酬最高的 100 个专业排名中，西班牙语专业毕业生毕业 5 年后的平均月薪排名第二。

■ 西班牙语专业最吸引我的——

学习语言如同发现另一个自我，而西班牙语，则释放了我性格里热情奔放的那一面。这种被称为“与上帝对话”的语言给我带来了全新的思维方式和至高的审美体验，走近它，了解它，品味它，每一步都是妙不可言的感受。西语的浪漫最是直白却又耐人寻味，博尔赫斯隽永的文字带我游览布宜诺斯艾利斯的花园，聂鲁达动人的诗句与我共赏智利的春天。回望过去的西语学习生涯，酸甜苦辣，各有其味，但绝无一丝一毫后悔之意。我相信，在这与西语互相辨认的时光行程中，我们终将以热泪盈眶为最后依归！

——2016 级本科生　徐佳轩

学习西语的感觉是奇妙的，仿佛“城市，人民，从记忆里剥落，向我航行”。地球对跖点那一端的缤纷文明，伊比利亚半岛上的热情国度，那些词汇、笑语、生活的碎片、文化的花朵……一时翻腾涌来，令人因惊喜而晕眩。从此，你透过它观察世界，世界从你脚下展开。或许学习一种语言的确能潜移默化改变人的性格，而西语中的阳光总能融进人的血液里，浙大西语所的老师除了学识渊博之外，也都兼有一份热情与温柔。

——2017 级本科生　吴宁馨

回想在浙大西语专业度过的时光，西语系举办了好几次名师名家讲座，令人印象深刻的是北外的董燕生老师和北大的范晔老师，他们那种对事业的认真和热爱深深地打动了我，他们把西语的美和西语国家民族精神的美通过译作和讲座传递给我们，更激发了我学习西语的热情。如果说精彩的讲座像除夕的烟花点燃我内心的激情，那么在幕后组织这些讲座的专业老师们给我们的帮助就像春风化雨润物无声。西语系就像一个大家庭一样，大家都在齐心协力让浙大西语这艘船开起来，这个家庭的温暖让我很安心地想在西语的道路上一直走下去。

——2016 级本科生　张奕言

我们时常举办西语讲座，也有幸见到许多知名的西语圈专家，感受他们对西语的热爱，对人生的感悟，使我们受益良多。不仅如此，2017 年暑假，我们 2016 级的学生在西班牙阿尔卡拉大学参加夏令营活动，真实地接触到西班牙人民的生活。在西班牙的学习和生活，让我们对其他民族文化有了更深的认识，也使我们的视野变得更开阔。作为开设不久的专业，我们西语系犹如新生的芽儿，在“浙里”沐浴着阳光，吸收着甘露，焕发着无限的生命活力。随着国家对西语人才的需求逐渐增加，浙大西语系拥有着美好的前途和未来。

——2016 级本科生　陈卢炯

如果当初选择西班牙语时，我还有些许的漫不经心，那么学习了近一年半之后的我会说，能够学习西班牙语是一件非常幸运的事。这是一门遍及 20 多个国家和地区，拥有近 5 亿使用人口的语言。当然，在我看来，西班牙语的曼妙绝不仅限于它广泛的使用范围，更在于它独特的表达方式与语言背后的文化风情。

西班牙语的发音除了颤音之外是众多语言中较为简单的，这使得拥有英语基础的我们在一开始接触它时，就能很快地掌握基本的发音和规则。试想一下，在其他一些小语种的同学还在学习书写基本的字母，练习陌生的音素时，你就能凭借英语的基础，快速地朗读出一段文字，哼唱一小段西语歌曲时，你将获得怎样的成就感？

独特的地理位置以及特殊的历史进程使得西班牙及其前殖民地国家在当今世界文化中独树一帜。如果你对欧洲的印象是缄默与高冷，那么你可以试着往南走，走到伊比利亚半岛上的西班牙去感受弗拉门戈的热情似火，去感受斗牛场的豪迈奔放，去感受阳光下、海滩边的午后闲暇时光……如果你向往中、南美洲那片瑰丽的广袤土地，那么西班牙语可以把你带往那里，去感受神奇的古老文明，去领略独特的自然风景，去品尝可口的地域美食……迈出这一步，在你面前打开的将是一个新的世界！

——2016 级本科生　魏浚桐

传媒与国际文化学院

College of Media and International Culture

- ☞ 新闻学
- ☞ 传播学

专业名称:新闻学
专业导游:韦路教授

选择浙江大学新闻学专业的N个理由

历史悠久。浙江大学新闻学专业最早可追溯至1922年之江大学创办的新闻科。1958年,杭州大学正式创办新闻学专业。经过近一个世纪的筚路蓝缕、风雨兼程,浙江大学已经发展成为国内领先、国际知名的新闻教育重镇,新闻学专业入选国家级一流本科专业建设点。

群英荟萃。国有成均,在浙之滨。从这里走出了陈独秀、邵飘萍、胡乔木等传媒历史文化名人,也活跃着一批在新闻学领域蜚声中外的顶尖学者。一代又一代的杰出校友,像一颗颗星辰闪耀在各行各业。这里已经成为天下英才心向往之的学术殿堂。

交叉引领。以培养"智媒"时代的卓越新闻传播人才为目标,以传媒+信息交叉培养模式为基础,造就具有宽广的文化与科学基础、扎实的专业理论知识、高超的传媒实践技能、卓越的创新创业能力,德智体美劳全面发展、具有全球竞争力的高素质传媒创新人才和领导者。

Q1:新闻学专业的学习(研究)对象是什么?

新闻学专业的学习(研究)对象主要包括:新闻传播事业的历史与现状,新闻学理论知识与研究方法,融媒体时代的新闻传播实践策略、业务技能和政策法规,新闻、媒介、传播和社会。

Q2:新闻学专业本科核心课程有哪些?

本专业的核心课程涵盖马克思主义新闻观、新闻史论、新闻业务、研究方法等课程。从2020年开始,新闻学专业将从数据新闻和国际新闻两个方向培养人才。数据新闻方向培养大数据时代会使善用"十八般兵器"的全媒化复合型新闻传播人才。国际新闻方向主动服务国家对外开放战略和"一带一路"倡议,培养新时代国际新闻传播"预备队"和"后备军"。

Q3：新闻学专业的学生需要具备什么特质？

浙江大学新闻学专业要培养德智体美劳全面发展、具有全球竞争力的高素质新闻传播创新人才和领导者。学生需要具备五个方面的特质：一是德才兼备，以德为先，学艺先学做人；二是人文底蕴，文史哲艺涉猎宽广；三是专业素养，新闻理论实践样样精通；四是社会洞察力，深入生活，了解基层；五是家国情怀，有以天下为己任的魄力和担当。

Q4：新闻学专业有哪些对外交流项目？

除浙江大学提供的众多校际交流项目之外，新闻学专业还与宾夕法尼亚大学、威斯康星大学、南洋理工大学、香港浸会大学、香港城市大学、台湾义守大学、台湾政治大学、台湾师范大学等海内外高校合作开展暑期交流和学期交换项目。

Q5：新闻学专业的深造与就业前景怎样？

2019届新闻学本科毕业生深造率为43.75%，其中国内深造率为25%，出国深造率为18.75%。学生就业前景极佳，毕业生受到中央和地方主流媒体、政府部门、重点国企、头部民企和社会组织的青睐。

■ 新闻学专业最吸引我的——

新闻学是一门探究如何做新闻、如何传播新闻、如何审视新闻媒体逻辑及其影响的学科。新闻学能够开启一扇窗，告诉我们那些纷繁复杂的新闻信息是如何来的，为何而来，又当如何面对。十多年前，我怀着透过新闻来了解世界的朴素念头进入新闻学专业，如今虽未成为新闻人，却成了教授新闻、研究新闻的传道者。在多年的专业浸润中，它培养了我审慎乐观的人生态度；它让我了解到了社会的多元、人性的复杂；它始终提醒着我要对权力保持警惕，应以柔软和乐施的心对待弱者，并保有维护社会正义的勇气。

——李东晓　副教授

新闻学能够开启一扇窗，帮助人们更好地了解各个领域的前沿知识，看到这个社会最真实的一面，也能够让人变得客观理性，冷静而不冷血，犀利而不激进。新闻要求真实、追求真相。在这个信息爆炸的时代，如何从千头万绪的信息中敏锐地捕捉到线索，如何身处纷繁复杂的环境依然保持客观独立的思考，是每个人都需要面对的问题。如果说直面现实是重要的人生课题，是人们走向成熟、拥抱世界的第一步，那么新闻学会让人们更有勇气去触摸真实的世界，面对真实的自己。

——高芳芳　副教授

从便士报中看见来时路，理解言论自由的来之不易。在议程设置里辨清真假事，让理论再构我们对世界的理解。新闻理论告诉我仰望星空，新闻实践提醒我脚踩大地。当我用笔和相机记录下时代的脉动时，我从象牙塔中往外窥见一个不一样的世界。个体群体、大事小事，促使我思考我能为社会做些什么。哪怕只有微薄，都足以让我感动和欣慰。期望社会公平正义，是这个学科一直以来的终极梦想。作为新闻人，我们永远在路上。路上有无限可能，而我们终将获得成长。

——2016 级本科生　潜霁暄

理论基础让我更为深刻理解新闻与传播过程；实践经验让我明晰新闻人更为真实真切的力量。仰望星空，脚踏大地。我记得新闻专业主义的理想，记得采访时一个个鲜活的生命。我想，以笔和相机记录世界，为社会留一份历史底稿，是每位新闻人一生的追求。用理性和平等与世界交流，打破刻板主义下的偏见，成长为一个更为善良、更有同理心的人或许是新闻学带给我最好的礼物。而在这个信息爆炸的后真相时代，如何保证新闻的真实、客观，生产有意义的新闻内容，如何促进建构一个更为理性的公共话语讨论空间，或许是每位新闻学子值得思索的问题。新闻人永远在路上，为使命、为社会、为理想。

——2017 级本科生　孙嘉蔓

我喜欢将新闻人的工作称之为记录历史，今天的新闻就是明天的历史。学习新闻学就是让我们学会用双脚去丈量每一个新闻现场，用眼睛去发现每一个新闻细节，用大脑去推敲每一个新闻事实，用笔尖去记录这个波澜壮阔的时代。新闻为普通人建构了一个了解世界的窗口，让我们窥见了纷繁复杂的世界。同时新闻也是矗立在时代前方的灯塔，一篇篇内参和调查性报道是新闻工作者对时代的深刻反思，新闻人通过自己的努力去发现社会、影响社会，甚至是改变社会。新闻不会因为"人人都有麦克风"而式微。正是由于互联网时代的众声喧嚣，新闻更应该成为一股清流，传递事实真相，记录时代脉搏，发现社会问题，为社会正义发声。新闻和学习新闻的我们正处于最好的时代。

——2018 级本科生　辛剑鸿

专业名称:传播学
专业导游:赵瑜教授

选择浙江大学传播学专业的N个理由

这里有梦想! 如果你一直期待直抵心灵的交流,并以此影响他人、改变社会,传播学就是你的首选专业!视听传播、策略传播和跨文化传播三个方向的学习,将帮助你更好地用语言、图形、影视自我表达并影响世界。

这里有技术! 大学期间你将接触用户调查、图形处理、影视制作等多种工具,R语言、Photoshop、Final Cut Pro等将成为你的得力帮手!

这里有实力! 师资队伍中包括浙江大学文科资深教授等诸多名师,老师们不仅科研成绩突出,上课还很会讲段子,一定不会让你的大学生活枯燥乏味。

Q1:传播学专业的学习(研究)对象是什么?

传播学是研究人类如何运用符号进行社会信息交流的学科。学习对象主要包括三个层次:①社会信息系统的构成及其运作机制,掌握不同传播层次的社会过程及行动规律;②信息传播的技巧及其运用,不仅要提高个人的传播能力,也要从组织和社会的角度学习提升传播效果的方法;③传播的工具和符号,学习使用话语、图形和视听等方式更好地进行传播。

Q2:传播学专业本科核心课程有哪些?

传播学专业分为视听传播、策略传播和跨文化传播三个方向。核心课程包括大众传播通论、现代广告学、广播电视学、跨文化传播、媒体融合、传播心理学、传播思想史、社会科学研究方法、公共演讲等,有趣的专业选修课则有影视摄像与后期制作、剧本写作、策略传播文案写作、传播与经济全球化等。

Q3:传播学专业的学生需要具备什么特质?

我们欢迎有表达欲、理解力和行动力的你!学习传播学需要充沛的激情,而这种激情的持久有赖于内心的表达欲。这并不必然要求你性格外向,而是要求你具有自我表达并与他人交流的诉求。传播学需要对社会进行反思,因此思考力和理解力是我们着力培养的专业品质。传播学强调实践,老师们会引导你学习各种传播工具,爱动手的你一定会很喜欢!

Q4：传播学专业有哪些对外交流项目？

除浙江大学提供的众多校际交流项目之外，传播学专业还与宾夕法尼亚大学、威斯康星大学、南洋理工大学、香港浸会大学、香港城市大学、台湾义守大学、台湾政治大学、台湾师范大学等海内外高校合作开展暑期交流和学期交换项目。

Q5：传播学专业的深造与就业前景怎样？

本专业的一级学科是新闻学与传播学，浙江大学拥有一级学科博士点、硕士点，国内和国外名校也有对应的硕博点。近年来，本专业学生的升学率为50%～60%，也就是说，大部分学生都成功进入国内外高校进一步深造。学生的就业面十分宽广，任何需要新闻、宣传、公关的企事业单位都需要本专业的人才。近年来就业的学生大部分进入了互联网企业、电视台、各级宣传部门和其他企事业单位。

■ 传播学专业最吸引我的——

电影对你意味着什么？那个银幕里的时空，是否也承载着你心中的无限向往？或许你也曾想过，要掌握视与听的奥秘，在流动的光影里，讲述你心中的多彩故事。那么，欢迎报考传播学专业视听传播方向，让我们在影像的世界里，开拓人生的无限可能。

——顾晓燕　副教授

传播学是研究信息传播机制、揭示传播过程与效果的学科，在经济高度发展、市场分工细化、传播手段日益多样的今天，具有重要的理论及现实意义。传播学专业的学习，应兼具文化力、创意力、传播力、整合力，既掌握科学的研究方法，又兼有人文、艺术关怀。随着我国国际化进程的发展，在国际舞台上讲好中国故事，用国际的视角来传播中国的声音，应该成为传播学专业同学的使命。我本人专注于研究传播技术对于受众行为、认知的影响，探究以传播媒介为依托，提升大众网络使用安全、健康促进的有效路径。欢迎各位同学走进浙大传媒与国际文化学院，一起来探索传播学研究的未知边疆。

——陈宏亮　百人计划研究员

我们要塑造的是这样一批学生：他们具有博大的心胸、辽阔的全球化视野、扎实的传播学知识素养和卓越的跨文化传播能力。他们之所学和之所实践，既可以为进一步到国内外名校研学提供后坐力，又可以适应现代社会对传播学人才的即时要求。

——刘翔　副教授

传播学专业视听传播方向是最靠近幸福的地方，它让曾经在理工学海里挣扎的我停止随波逐流，找到属于自己的居所。作为一位影视重度爱好者，专业课程使我重拾影像背后的意义，它是感悟社会的方式，是思想抒发的代笔，是表达世界的五官。不知不觉间，我会开始注意宿舍楼下慵懒午睡的小猫，开始关注每一件在生活中与我邂逅的故事，并思考着怎样通过镜头来传递它们与我的点滴牵连。

传播学专业视听传播方向不仅仅是研究广播、电视这两种媒介，它更像是技术与艺术的巧妙融合，让我们理解媒体的独特魅力，并将我们心中所思所想通过影像的视听语言呈现，一帧一帧，不可或缺。如果影视是你的乐趣，那我想传播学一定也可以成为你毕生愿意探索的方向。

——2016 级本科生　毛露瑶

传播学专业策略传播方向最吸引我的是——它的变与不变。它随着传统行业兴起，随着新兴技术变革，面对变化的时代和群体，不断更迭。因此，这门专业的课程设置必须尽可能地覆盖多个学科，涉及将来可能应用的多方面知识，而最重要的，便是由此培养出快速学习和适应的能力。这对于将要从事商业或创业的个人来说，是非常受用的。同时，作为将来传播媒介的发声者，重要的是个人操守与原则，这是策略传播的伦理，亦是社会责任，秉持一份关怀大众的初心，做一个有温度的策略传播人。

——2016 级本科生　夏乐怡

传播学专业跨文化传播方向培养学生作为传播者的专业能力，致力于使学生具备较高的人文素养及跨文化交际等方面的专业知识与能力。深入本专业的学习，你所获得的将是文化传播、跨文化交际等各项能力及视野的全面提升。在我国综合实力、国际影响力不断提高的背景与“一带一路”的倡议下，跨文化传播已成为当今时代与社会的刚需，本专业就业形势良好、前景广阔。

——2016 级本科生　蔡和畅

艺术与考古学院

School of Art and Archaeology

- ☞ 文物与博物馆学
- ☞ 艺术与科技
- ☞ 书法学

专业名称：文物与博物馆学
专业导游：张颖岚教授

选择浙江大学文物与博物馆学专业的N个理由

本专业具有优良的学术传统和发展态势。1949年前的浙大就建有考古学科，夏鼐、沙孟海、吴定良、向达、钟敬文等学者曾在此任教，培养出王仲殊、石兴邦、黄盛璋、毛昭晰等一批著名文物、博物馆、考古学家。创办于1978年的文物与博物馆学本科专业，是全国高校同类专业中创办时间最早的专业。2008年建立文物与博物馆学系，构建了集人才培养、科学研究、文化传承、社会服务于一体的学科构架。2016年，考古学被列入浙江大学"双一流"学科建设计划。多年的建设与积累，在博物馆学、文化遗产研究、科技考古、文物保护等方向形成了特色与优势。

本专业拥有丰富的教学实践和研究资源。拥有国家文化遗产保护科技创新联盟、石窟寺文物数字化保护国家文物局重点科研基地。与浙江、陕西、山西、新疆等省(自治区)以及故宫博物院、中国文化遗产研究院、敦煌研究院、浙江省文物考古研究所、浙江省博物馆等文博考古机构，美国、英国、荷兰、澳大利亚、以色列、日本等国家的著名高校、文博考古机构建立了紧密的合作关系。学校还专门建立艺术与考古博物馆。拥有考古学一级学科博士点、硕士点，文物与博物馆学专业硕士点。这些为学科发展、人才培养、就业深造等提供了强有力的支撑。

Q1：文物与博物馆学专业的学习(研究)对象是什么？

文物与博物馆学专业研究的核心是文化遗产，包括物质文化遗产(如古代建筑、古陶瓷等)和非物质文化遗产(如传统工艺、民俗节庆等)。学生既要学习文化遗产发现与获取的基本知识与技能，如田野考古、人类学调查等，也要学习文化遗产研究与保护的基本知识与技能，如文物研究与鉴定、文物科技与法律保护等，更要学习文化遗产传播与利用的基本知识与技能，如博物馆展示、博物馆数字化等。文物与博物馆学专业具有很强的交叉性和包容性，既适合具有人文背景的学生，如博物馆学与文化遗产方向，也适合具有理工基础的学生，如文物科技保护与科技考古方向。

Q2:文物与博物馆学专业本科核心课程有哪些?

文物与博物馆学专业有文物学概论、博物馆学概论、考古学概论、文物保护学概论等专业核心课程,还有中国古文字学、中国青铜器、中国古陶瓷、中国古建筑、博物馆展示、博物馆数字化、科技考古、人类学等研究性、实践性及双语教学课程。

Q3:文物与博物馆学专业的学生需要具备什么特质?

如果你既有广泛的兴趣又有钻研精神,如果你既有较好的人文修养又有审慎的理科思维,如果你既是一个富有想象力的梦想家又是脚踏实地的实干家,当你希望了解人类的过去,探索沉睡千年的古代世界,保护珍贵的文化遗产,鉴别文物真伪与价值,或者设计梦想中的博物馆时,无论你之前是文科生还是理科生,这里都是你施展才华、实现梦想的地方。

初入本专业时,你或许会遇到一些困难。从学习(研究)对象和主要课程设置已可以看出,文物与博物馆学专业具有广博性、跨学科性的特点。学生可能会因涉及的领域较多、内容庞杂而无所适从,这就需要你尽早有意识地在自我摸索、与老师的沟通中寻找到最感兴趣的方向。另外,不同课程之间的跳跃性较大,有的抽象而概括,有的具体而细碎,有的可能需要一点艺术细胞、数理基础,如何在“形而上”与“形而下”的两种思维中转换,如何将理论知识应用到实践中去,都需要适应和摸索。但克服困难的过程,也是不断自我突破和完善的过程,会充满乐趣。

Q4:文物与博物馆学专业有哪些对外交流项目?

目前,本专业已与美国、英国、荷兰、澳大利亚、以色列、日本等多个国家和地区的大学、文博考古机构建立了合作关系,每年暑期均组织学生前往相关的大学、文博考古机构进行交流学习。近几届的本科生出国交流率达到100%。

同时,本专业还不定期地与海外高校联合举办文化遗产与博物馆学、科技考古与文物保护领域的工作坊。

Q5:文物与博物馆学专业的深造与就业前景怎样?

与一般的人文类专业不同,文物与博物馆学专业有特定行业——文物、考古与博物馆系统作为专业支撑。所以,毕业生除了有很多的机会到本校和其他国内外一流高校的文物与博物馆学、考古学、人类学等学科进一步深造,攻读研究生外,最主要的去向是文物行政管理部门,如国家文物局、浙江省文物局、杭州市园林文物局等;还有各类博物馆,如浙江省博物馆、杭州市博物馆、中国丝绸博物馆等。他们大多成了文物与博物馆系统的骨干力量。譬如,目前有许多毕业生担任了各类博物馆馆长。此外,一些高校、报社、海关、文化创意公司以及金融、互联网等行业也可见到本专业毕业生的身影。从近几届本科毕业生的去向来看,直接进入就业领域的学生比例在30%上下,进入海内外著名高校继续深造的比例在70%左右。

在30多年以前,人们对文物与博物馆学了解还不多,不太清楚文化遗产为何物,但随着文化遗产继环境后成为世界最热门的话题,人们在认识上的误区越来越少。当然,现在社会上可能还会有一部分人认为文物与博物馆学专业很冷门,毕业生很难就业。实际上,相比之下，文博专业学生的就业前景很不错，当今的文化遗产热、博物馆热、文物收藏热的兴起已经显示了这一专业的潜力。就拿2012年国家文物局的统计看，全国共新建了395座博物馆，平均每天增加1.08座，对从业人员的需求量可想而知。

■ 文物与博物馆学专业最吸引我的——

作为一个人类学毕业的老师，我选择进行博物馆和非物质文化遗产研究的一大原因是，文化遗产的发现、解读、展陈、传播、维护、管理等不是简单的“人与物”之间的关系，而是“人—物—人”之间的关系。通过物质的和非物质的形式，博物馆和文化遗产向我们讲述了一个个关于人类生活百态的“故事”。拿非物质文化遗产中的手工技艺来说，各地、各民族的手工技艺虽然千差万别、斑斓纷呈，却或多或少地传达着相近的价值观；在漫长的人类进程中，某些手工技艺或退出历史舞台，或演变成当代精美的手工艺品，发生改头换面的变化。“人”在这背后起着至关重要的作用。能在探古问今的旅程中，解开有关“人”与“物”的诸多谜语，让我乐此不疲。

——傅翼　副教授

文物与博物馆学涉及许多学科的知识，极具综合性，总能给你新鲜感。你会在课堂上学习理论知识，会外出参观调研博物馆、考古工地，还会披上白大褂亲身实验。博物馆是外出旅游必打卡点，我们是“专家”，也是“小白”，我们透过文化遗产感受其背后的历史，我们通过学习专业知识得以拥有广阔的视野。

——2014级本科生(2018级硕士生)　金瑶

在这里，能有一群一起逛博物馆而不会厌倦的伙伴，一起在考古工地抗暑解乏的“战友”，能有一个去了解每一件文物背后故事的梦想。文博带给我们的是永不停歇的好奇与想象，是透过历史遗留与先人的对话，是对历史、对文化的敬畏与对未来的期待。它是一门让我了解历史沧桑的厚重，但又使我时刻保持“年轻”的学科，正因如此，所以热爱。

——2015级本科生　张恒源

文物与博物馆学专业带我们进入了一个神秘又有趣的世界，围绕着历史与文物，进行着理想与感性的思维碰撞。我们还有很多机会走出校园，走入博物馆，走入考古工地，和老师、同学们一起去看不同的风景，留下大学生活宝贵的回忆。

——2015级本科生　施鑫莹

在文物与博物馆学的专业学习中不仅有不同学科理论和方法的学习，还有大量学以致用的实践环节和拓展眼界的参观活动，这让我们的学习过程充满探索和趣味。

——2016 级本科生　方思晔

作为一个喜欢动手做实验的文科生，最开始选了文物与博物馆学专业也算是“曲线救国”。但是深入了解后，我发现我们的课程以及实践环节真的很有趣，系里的老师也都很好。随着国家对文化遗产越来越重视，我觉得我们专业的未来也会越来越好。

——2017 级本科生　张珍

专业名称：艺术与科技
专业导游：李承华副教授

选择浙江大学艺术与科技专业的N个理由

理由一：随着大设计时代的到来，设计已经成为一个覆盖范围广阔的产业体系，新时代的设计亟待构建人文艺术与技术科学之间的有机关系，以便更好地满足社会对于设计的需求。鉴于此背景，艺术与科技专业成为浙江大学2020年新增设的本科专业。浙江大学历来注重于建立“设计艺术与人文知识体系”+“科学与技术知识体系”的综合交叉设计人才培养模式，强大的综合学科优势将为艺术与科技专业提供良好的支撑，也将为选择艺术与科技专业的同学提供展开设计科学研究和实践的高水准平台。

理由二：艺术与科技专业旨在建立科学、设计、艺术三者之间的关联，加强传统设计的技术性变革，强化创新设计的内涵与外延，推动艺术与科技的融通关系。因此，艺术与科技专业通过对原有设计专业方向（视觉传达、数字交互、环境空间、综合艺术）的整合，创设了信息与交互设计、空间与展示设计、媒介与艺术设计三大专业模块，每个模块下均设置专业工作（实验）室，进行学科交叉的联合项目制研究。进入高年级之后学生将通过主修+辅修的工作（实验）室学习方式，深入进行整体设计思维训练，了解设计交叉研究的工作方法，掌握设计服务背后的技术手段，提出设计解决方案，关注技术进步和美感价值创造。

Q1：艺术与科技专业的学习（研究）对象是什么？

艺术与科技专业提倡宽基础的交叉知识结构，并着眼于社会经济发展大局和趋势，要求学生能够在新的经济形态下发挥更大的设计价值。艺术与科技专业的学习和研究将围绕信息与交互设计、空间与展示设计、媒介与艺术设计三大模块进行专业交叉训练，在原有视觉传达、数字交互、环境空间、综合艺术的基础之上融汇并强化在设计心理学、信息设计技术与方法、现代空间展示技术、设计社会学、智能设计方法、创新设计思维与认知等方向的研究与探索，也将深入服务国家与地方设计战略、服务经济发展。

①信息与交互设计模块：本模块关注数字化时代背景下的各种静态与动态界面设计，以跨学科方式和大设计视野，一方面从传统平面设计和版式设计中汲取基本理念和技能，另一方面以信息数据、用户界面、交互反馈、可视化为根本焦点，借助最新的计算机技术，实现兼具优秀设计审美与优异用户体验的信息交互设计产品。②空间与展示设计模块：本模块课程以当代新的空间系统（即当代日渐交融的建筑空间、开放空间、展示空间、数字虚拟空间的系统性整合）为设计研究对象。学生通过对该系统的认知、分析、设计实践的学习来实现设计能力的提升，突出数据采集与分析思维的训练，虚拟仿真实验及数字化表现技术的应用。③媒介与艺术设计模块：本模块将设计与媒介艺术二者紧密结合，以数码科技为其承载、纽带和强化手段，在艺术与科技的交叉氛围中研究和创作数字媒介与数字艺术装置作品，聚焦于视觉设计思维和技法在当代富媒体语境中的应用，同时将传统设计议题（如平面、品牌、图案、海报、书籍等）提升到新形态、新层次。

Q2：艺术与科技专业的培养目标是什么？

艺术与科技专业各模块均实行学术理论和设计实践并行的教育模式，以文化传承与科技创新并重的理念，倡导艺术与科技的深层结合以及传统与现代的融会贯通，培养具有较为宽广的艺术与科学交叉理论知识和扎实的专业技能，具备多学科交叉知识结构和持续创新能力，拥有国际视野、团队合作理念和优秀人格特征，并对设计有敏锐感悟力的创新创业型设计人才，能在政府机构、学校、设计院所、企业等单位从事教学、科研、设计及管理工作。

Q3：艺术与科技专业本科核心课程有哪些？

艺术与科技专业本科基础模块课程主要有：科学艺术交叉创新、设计心理学、创新设计思维与方法及设计技法类课程。在三大专业模块中，信息与交互设计模块主要开设有交互设计、界面设计、网页设计、数据可视化、信息编排、用户研究与用户体验等课程；空间与展示设计模块主要开设有环境审美传统与革新、空间数字化营造与创新、现代展示技术与方法、公共空间研究方法等课程；媒介与艺术设计模块主要开设有创意形态学、动画设计、影像设计、艺术装置设计、品牌全案等课程。

Q4：艺术与科技专业的学生需要具备什么特质？

艺术与科技专业要求我们深入地研究设计、媒体和技术融合的动态领域，学生将通过具有跨学科背景的理论课程，结合设计项目制驱动的实践课程，培养和发展自身的知识结构和设计能力。因此，学习本专业的学生首先需要保有对设计进行科学研究的高度兴趣和持久、专注的学习能力以及较强的团队协作能力；其次，需要理解与认同设计学作为新兴交叉学科，其融汇艺术与科学、人文与技术、社会和商业的新时代身份属性，并以严谨理性的方式，运用科学有效的设计方法指导个人的设计研究与实践；最后，始终以创新精神审视设计，打破传统设计的思维研究范式，保持设计创意创新创造的活力。

Q5：艺术与科技专业有哪些对外交流项目？

本专业与海外高水平综合院校相关设计专业或专业艺术设计院校建立了较广泛的合作

关系，不定期进行师生互访与专业讲座、交流活动，如德国柏林艺术大学、美国布朗大学、美国俄亥俄大学、英国曼彻斯特大学、日本多摩美术大学、意大利威尼斯美术学院等。

Q6：艺术与科技专业的深造与就业前景怎样？

艺术与科技专业的毕业生主要就职范围是文化创意、科技综合、新媒体产业的相关教育、科研机构，或相关企业、政府部门，包括视觉/景观及建筑设计公司、数字媒体、IT公司的品牌传播、空间展示、用户体验与产品开发部门，以及影视动画公司、数字娱乐相关公司、媒体艺术机构等。本专业学生大多数选择读研、保研或继续出国深造，从事相关设计领域或跨学科的深入研修。同时设计艺术系与国内外多家专业机构和公司建立了长期稳定的合作关系，建设有联合设计实践基地，尤其在对与国外交流方面表现积极，为本专业学生的进一步发展开发资源、创造机会。

■ 艺术与科技专业最吸引我的——

自20世纪美国学者赫伯特·西蒙提出“设计科学”的概念以来，设计学逐渐形成了独立的交叉学科体系。进入21世纪后，“大设计时代”赋予设计学科更为广阔的涉及面向，随着5G+物联网、新材料、基因工程、量子技术等领域研究的不断深入，科学、设计、艺术三者之间呈现出前所未来的结合空间。在20世纪的全球设计教育探索中，从包豪斯到乌尔姆，都没有真正实现三者的融合。因此，艺术与科技专业将重点塑造新时代设计人才的科学精神、人文素养和设计创新三大素质，“创新”这一设计艺术的灵魂将在三者结合过程中展现出无限的可能。

——李承华　副教授

本专业的课程内容设置几乎涵盖了环境设计的所有类别，从古典园林到现代景观雕塑小品，大到城市规划设计，小至空间装置设计，使同学们能在学校学习的四年时间里找到自己最喜欢的设计方向并打下良好的设计基础。比起实践课程，在专业课的学习过程中老师更加注重培养我们对于理论知识的学习热情，拓宽我们的眼界并且教会我们将书中的知识转化为自己的设计方法并融入课程设计中。除了基础的专业课程，学校设置的培养方案使我们有机会参与到其他专业的学习课程当中，收获更多的实用技能。

——2016级本科生　俞则宁

专业课程遍及理论与实践，有助于学生更好地理解设计学。学院总是开展各种学术讲座，给了学生更多与学术大咖的交流机会。通过不断的理论学习、实践训练，再与他人的交流碰撞，我在此学习受益良多。

——2018级硕士生　邓蕊

专业名称:书法学
专业导游:汪永江副研究员

选择浙江大学书法学专业的N个理由

理由一:浙江大学的书法学学科在全国处于领先水平。它是人文社科类省级重点学科。浙江大学在美术学领域有醇厚的历史积淀,马一浮、陆维钊、沙孟海等蜚声中外的艺术大师都曾在浙江大学任教。

理由二:浙江大学书法学学科以"重基础、重传统、重人文、重交叉、重特色、重创新"为办学理念,以"以学带术"为教学宗旨,依托我校强大的人文科学和自然科学底蕴,培养能较为全面理解和掌握美术学的专业基本理论,具有较好的中国书法鉴赏能力以及较强的书法创作能力,能立足书法理论研究的前沿进行学术研究的高级专门人才。

理由三:浙江大学美术学学科目前有中国古代艺术研究所、中国书画文物鉴定研究中心、艺术与考古博物馆、中国书画创作研究中心等教学科研平台。以这些平台为依托,浙江大学美术学学科建立起与国际著名学府(如哈佛大学、普林斯顿大学、牛津大学等)相关院系及世界著名博物馆(如美国大都会博物馆等)的密切合作与交流。

浙江大学美术学学科拥有一支国际化的师资队伍,该学科招收美术学专业本科、硕士、博士、博士后,主要研究方向有中国书画篆刻理论研究、中国书画篆刻创作研究、中国美术史与美术考古、故宫学与中国古书画研究等。

Q1:书法学专业的学习(研究)对象是什么?

2011年国务院学位委员会、教育部颁布了《学位授予和人才培养学科目录(2011年)》,原属文学门类的艺术学科被独立出来,成为新的第13个学科门类,即艺术学门类。其中,书法学专业又是艺术学门类下的五个一级学科之一。其研究对象是书法篆刻创作实践与理论研究。

美术学涵盖了视觉造型创作与美术史论研究的广泛领域,是艺术学领域的支柱学科之一,在我国文化事业的建设和发展中起着重要的作用。

Q2:书法学专业本科核心课程有哪些?

书法学专业有中国书法史、古代书论、古文字学、当代书法评论、诗词题跋、书法美学、书法批评史等理论课程,以及楷书、篆书、隶书、行书、草书、篆刻等实践课程。

Q3:书法学专业的学生需要具备什么特质?

首先,要有对中国传统文化艺术的热忱,具备文人的气质,立志成为艺术家的决心。只有这样,才能毕生从事书法专业,乐此不疲、有所成就。再者,要有长期进行书法篆刻专业训练的童子功,全面的五体书、篆刻的修养,对笔墨的敏感性。只有这样,才能有更高的学习效率,达到更高的专业研究层次,具备更大的培养价值。最后,要有传统艺术的情怀,人文精神的追求,民族文化复兴使命的担当。只有这样,才能培养出书法专业的顶尖人才,符合当代书坛需要的人才,对未来书法有所贡献的人才。

Q4:书法学专业有哪些对外交流项目?

书法学专业的对外交流项目资源主要集中在大英博物馆、日本国立美术馆、韩国国立现代美术馆等海外收藏中国书画的机构,具体交流机构正在联系中。

Q5:书法学专业的深造与就业前景怎样?

书法学专业本科生的深造以进一步考取研究生为主要途径,基于本校综合的艺术实践教学与理论教学能力,在后期升学方面的优势是较为明显的。就业途径除了自主择业以外,主要集中在出版社、报社、艺术馆、博物馆、书画院等创作研究机构以及拍卖行、画廊等商业机构,在就业单位的反馈来看,本专业毕业生的人品、专业水准及工作能力方面是被肯定的。

■ 书法学专业最吸引我的——

我想大概是"进可攻,退可守"。何谓"进可攻"呢?主要指的是书法学这个专业的多学科交叉特性。比如,爱好美学的,将来可以去研究艺术美学;爱好法律的,可以去研究艺术法;爱好管理科学的,可以去研究艺术品管理;爱好经济的,可以去研究艺术品市场;爱好材料科学的,可以去研究笔墨、纸张……何谓"退可守"呢?主要是指我们可以通过书写,疏泄郁闷,畅情达意。有个典故叫"解衣般礴",出自《庄子》,说的是艺术家进入旁若无人、物我两忘、酣畅淋漓的创作境界。实际上,这种境界我相信很多有过书法创作经验的人都有体会,艺术创作的过程是非常愉快而永有遗憾的,这引领我们不自觉地不断追求"止于至善"。在这个过程中,所有烦恼和功名利禄都自然地被抛却脑后,从而达到艺术创作的巅峰状态。

——陈谷香　副教授

浙江大学书法学专业与国内同专业相比拥有自己的特色，独特的地理位置塑造了书法学专业的学科气质。艺术与文学相辅相成，艺术与考古学院的老师都是在专业领域有着重大成就且具有家国情怀的“文人”。与师范类学院相比，浙大注重“以学带术”的引导方向，将理论与实践相结合，提高学生的专业素养；与其他的综合性大学相比，浙大拥有着更多的学习资源。在专业课中，不仅有五体书和篆刻课程，而且开设诗词题跋、中国书法史以及艺术概论等课程，为专业素质培养打下基础。培养方案为我们提供了比较绘画学、西方美术史、书法批评史等个性课程，面向国际，开拓思维。除了修读本专业的课程，我们还可以选修其他专业的课程，并且每位同学都有至少一次出国交流学习的机会，以开阔艺术系学生的眼界。面对这样的一个好的平台，又怎能不心动呢？

——2018 级本科生　尚文龙

浙大书法学有许多吸引我的地方，首先，这里有许多大牌又不耍大牌的老师们。在专业上，他们有很深的学识和高超的笔墨技法，在此我们可以学到很多理论与实践知识；在生活中，他们对待学生更像是朋友，没有架子。其次，这里有良好的学习环境。书法学有专门的教室，在大学期间，可以体会到不同于其他专业的同学情，方便同学之间交流与互相学习。最后，浙江大学有着丰富的学习资源，并且有自己的博物馆——艺术与考古博物馆，经常有各位学术大咖举办讲座，并且收藏有国内首次公开的颜真卿《西亭记》。

——2019 级研究生　孙浩

经济学院

School of Economics

- 经济学
- 金融学
- 财政学
- 国际经济与贸易

专业名称:经济学
专业导游:叶建亮副教授

选择浙江大学经济学专业的N个理由

理由一:经济学是社会科学"皇冠上的明珠",是继续学习其他社会科学的基石。具备经济学专业基础,将更有利于你在包括经济学在内的社会科学领域里继续深造学习和研究。

理由二:经济学既有人文社会科学经世济民的情怀,也有自然科学理性缜密的思维,是最接近自然科学的社会科学。

理由三:经济学专业,将教会你理解人类理性行为背后的逻辑,洞悉国际经济风云变化的规律,从而获得透过纷繁芜杂经济现象直达本质规律的思维及分析工具。

Q1:经济学专业的学习(研究)对象是什么?

总体而言,现代经济学是研究资源配置的学科,也是理解人类理性选择行为的科学。在人文社会科学领域,经济学是一门最接近自然科学的学科。也正因为如此,1968年瑞典国家银行在其成立300周年之际,增设了"瑞典国家银行纪念阿尔弗雷德·诺贝尔经济学奖(The Sveriges Riksbank Prize in Economic Sciences in Memory of Alfred Nobel)",与物理学、化学、生理学或医学等自然科学领域的诺贝尔奖一样,其被称为诺贝尔经济学奖(Nobel Economics Prize)。

Q2:经济学专业本科核心课程有哪些?

经济学专业本科核心课程主要有微观经济学、宏观经济学、政治经济学、发展经济学、产业经济学、国际经济学、数理经济学、计量经济学、区域经济学、新制度经济学、信息经济学、行为经济学、实验经济学、博弈论、经济思想史、本土化与现代经济学、中国经济等。这些课程涵盖了经济学的重要领域和前沿领域。专业课中大部分的课程采用了与国际一流大学经济学专业同步的教材,并有部分课程进行全英文授课。

Q3:经济学专业的学生需要具备什么特质?

经济学专业青睐于具有如下特征的学生:

(1)有严密逻辑思维能力的人。经济学的课程体系注重对学生的逻辑思维训练,尤其是形式化逻辑的训练。因此,需要学生具有良好的和严密的逻辑思维习惯,在观察和分析问题时,能层层剖析、逻辑一致地加以研究。

(2)对理论学习具有较强兴趣的人。经济学是社会科学的基础学科,经济学专业的培养以扎实的理论训练为重点,为下一步相关学科的学习、研究和实践奠定雄厚的基础。因此,经济学专业侧重基础技术训练和理论训练,而不是实用操作导向的训练。我们希望经济学专业本科毕业的学生能胜任社会科学领域各类研究生项目的学习和研究工作,胜任金融和经济部门管理咨询和决策研究工作,胜任政府经济综合部门决策管理工作。

(3)有良好人文关怀和科学精神的人。经济学作为最接近自然科学的社会科学,是将自然科学的科学精神和人文社会科学的人文关怀结合得最紧密的学科。我们立足于严密的逻辑训练,培养学生实证探索的科学精神。同时立足于经济学的现实问题,不断激发学生探索和观察现实世界的好奇心,关注和认识人类社会的普遍问题,使得科学精神和人文关怀有机统一。

(4)有国际视野和良好沟通能力的人。我们在课程设置上不断追求与国际接轨,使得本科生能接受与世界一流大学经济学专业相近的理论训练。同时,通过合理的知识培养体系、创新的培养方法(各种学术讨论、科研训练等),着力培养学生的团队合作、科研创新和国际化能力,促成学生在本科毕业之后能胜任国内外(主要是海外)大学研究生项目,走向国际。

Q4:经济学专业有哪些对外交流项目?

经济学专业注重学生国际化视野和能力的培养,并为学生构建了比较多元的国际化交流渠道。在学校和学院层面,每年都有大量的对外短期交流项目,遍布全球各地。同时,更为重要的是,我们与哥伦比亚大学、图卢兹大学、蒂尔堡大学、新加坡管理大学,以及台湾淡江大学、香港中文大学等大学建立了紧密的联合培养关系,每年可以派送学生前往这些大学进行不少于一个学期的长期学习交流。经过学校、学院以及教师和校友等各个层面的共同努力,目前,本专业基本上能使每一位学生在大学期间至少有一次国(境)外交流学习的机会。

Q5:经济学专业的深造与就业前景怎样?

经济学专业主要为学生深入学习社会科学提供扎实的基础理论培养和技术训练。因此,我们的毕业生主要以继续深造为主。近几年浙江大学经济学专业本科毕业生中,大约80%的学生选择继续攻读研究生,其中约2/3的学生申请到了海外大学的研究生项目,其中有麻省理工学院、斯坦福大学、芝加哥大学、加州大学洛杉矶分校(UCLA)、哥伦比亚大学、约翰斯·霍普金斯大学、康奈尔大学、南加州大学、伦敦政治经济学院、早稻田大学、新加坡国立大学等世界一流大学的研究生项目。少数直接就业的本科毕业学生主要在银行、证券公司和政府机构工作。

■ 经济学专业最吸引我的——

增长、均衡、发展、资源配置……这些曾经陌生又晦涩的字眼现已变成了我生活中的一部分，通过提出假设和构建模型来进行严密的推理，在数学公式与经济原理之间寻找世界运行的规律，这个过程虽困难重重，但偶有成果便是酣畅淋漓。经济学对世界的解释是独特而理性的，大到国计，小到民生，都可以找到经济学理论的切入点进行研究。学习经济学，不仅让我对这个世界了解得更透了，而且也让我对自身的认识更加明晰。经济学，是一门让人活得更明白的学问。

——2011 级本科生（经济学试验班） 张梦莹

对于经济学专业的介绍，我觉得可以从“成本”和“收益”两个方面来回答。“成本”即学经济学需要我们付出什么，或者说哪些同学适合学经济学；“收益”即学经济学将带给我们什么，换言之即学经济学后未来有哪些发展方向。

我先从成本端说起。一言以蔽之，经济学是我们经院里最苦、最累、最难、最虐的一个专业，没有之一。在其他专业的同学“浪花朵朵飞”的时候，我们经济学专业的同学会巴不得坐穿自习室的板凳，和微观、宏观、计量、博弈论等强敌肉搏血拼。所以，选择经济学的同学一定要不怕寂寞，而且脚踏实地，做好接受无数次打击、一遍遍跌倒再爬起的准备。再说收益端。在直观的毕业去向上，经济学专业继续深造的比例是经院里最高的。积极的一面即经济学为我们提供了良好的学术训练，让我们有志、有能力、有竞争力地继续深造；消极的一面即经济学对本科直接就业的帮助并非很大。再谈一谈抽象层面的收益。其实我已经差不多忘记了本科所学的 99%的内容，所有知识点在我脑海中只剩下一个个熟悉而陌生的名词。剩下的 1%，我觉得它已经融入了我的三观、性格、眼界、心境中了。没有任何一门社会科学，像经济学一样具有如此令人惊叹的逻辑体系和分析框架，尽管它不完善，和现实世界存在差距，但它充满了吸引力。

希望各位学弟学妹能够充分结合自己的兴趣、性格和规划，慎重思考后做出选择，并且对自己的选择负责。我们很不希望大家盲目地选择经济学专业，但很欢迎大家明确地选择经济学专业。

——2014 级本科生（经济学试验班） 凌奕奕

专业名称:金融学
专业导游:朱燕建教授

选择浙江大学金融学专业的 N 个理由

在国际知名的《泰晤士报》和 QS 世界大学学科排名中,本校金融学专业排名全球 51～100 名,在国内屈指可数。

优秀师资。集聚了省特级专家、浙大求是讲座教授、省万人计划学者等多位有重大国际影响力的学术大师,45 岁以下教师中在国外著名高校(如纽约大学、密歇根大学、威斯康星大学等)获得博士学位的占 80%。

顶尖科研。本专业的教师们在国内外顶尖学术期刊发表科研论文,研究领域包括量化金融、公司金融、资产定价、风险管理等;本专业打造了独具特色的计量金融和量化金融团队,专注于大数据分析和数字金融的理论与实务研究。

高质培养。浙大社科大类各省最高分中有 70% 被本专业录取。本专业与哥伦比亚大学、威斯康星大学、杜兰大学、新加坡管理大学等国际一流高校建立紧密的联合培养模式,同时确保 80% 以上的学生有出国(境)访学的机会。

Q1:金融学专业的学习(研究)对象是什么?

金融学是学习和研究不确定性条件下资金如何最优配置的学科,也就是如何最高效率地把资金供给者的资金配置给资金需求者,通过降低交易成本和提升配置效率提升整体社会福利,是一门非常具有实践意义的学科。

(1)从金融产品(工具)上讲,主要是学习和研究基础金融产品(如贷款、股票、债券等),以及建立在基础金融产品上的金融衍生工具的定价问题。

(2)从金融主体上讲,主要是学习和研究实体公司企业的投融资问题,证券、基金、保险、银行、信托等金融机构的投融资问题以及各类监管部门的职能。

(3)从金融市场上讲,主要是学习和研究借贷市场、各类基础金融产品和衍生品市场的功能、交易机制、运行效率和风险管理等。

Q2:金融学专业本科核心课程有哪些?

金融学专业本科核心课程分为以下三类。

(1)基础理论类:微观经济学、宏观经济学、金融学、公司金融、证券投资学、资产定价、行为金融、国际金融学、金融工程学、固定收益证券分析和模型。

(2)分析技能类:计量经济学、中级计量经济学、金融计量模型、会计学、中级财务会计学、经济统计软件及应用(SAS、R、Stata 和 Python 程序)。

(3)金融实务类:前沿金融实务专题、商业银行经营与管理、保险学、投资银行理论与实务、比较金融制度、经济法、国际财务管理、信托与租赁、衍生品与风险管理、期货市场理论与实务、社会调查和专业实习。

Q3:金融学专业的学生需要具备什么特质?

金融学专业的学生既要与数据打交道,又要与人打交道,因此既要对数字敏感,又要有良好的人际交往能力和抗压能力。

(1)严谨的逻辑思维。金融学具有严谨的理论发展脉络,并在不断突破创新,这是本专业学生需着重学习并在将来服务于社会的理论基础,要求学生具备建立在优秀的数理功底基础上的严谨的逻辑思维能力。

(2)敏感的信息认知。金融学是不断接受信息、处理信息、生产信息和发布信息的学科,要求学生对信息,尤其是数据信息有敏感的认知,并能熟练运用数据库、计算机技术分析金融市场、实体企业和金融产品,兼备文理工综合素质。

(3)良好的团队精神。学生毕业后在银行业、证券业、保险业及其他投资行业的工作中,需要善于与他人沟通、交流、合作,既能够担当团队成员的职责,又要具备一定的团队领导力。

Q4:金融学专业有哪些对外交流项目?

本专业一贯重视对学生的国际化培养,对标国际一流金融学本科专业,精心设置培养方案,在学校和学院两个层面建立国际联合培养和国际访问交流机制。本专业与哥伦比亚大学、威斯康星大学、杜兰大学、新加坡管理大学等国际一流高校建立紧密的联合培养模式,同时确保 80%以上的学生有出国(境)访学的机会。这些访学的高校包括加州大学(伯克利分校、洛杉矶分校、戴维斯分校)、哥伦比亚大学、伊利诺伊大学、剑桥大学、牛津大学、帝国理工学院、多伦多大学、澳大利亚国立大学、悉尼大学、新加坡管理大学,以及台湾大学、香港大学、香港中文大学等。

Q5:金融学专业的深造与就业前景怎样?

金融学专业毕业生的深造和就业前景具有以下几个特点。

(1)境外深造比例高。本专业“国际化”与“中国特色”相结合的教育方式成效显著,将近一半学生赴境外深造,进入斯坦福大学、哈佛大学、康奈尔大学、卡内基梅隆大学、麻省理工学院、纽约大学、哥伦比亚大学、芝加哥大学、新加坡国立大学、南洋理工大学、伦敦政治经济学院、帝国理工学院、香港大学、香港科技大学等国际著名高校攻读硕士和博士学位。在获得硕士、博士学位后,金融系校友遍布海内外的金融机构、政府部门和高等院校,使用国际主流的金融方法帮助解决具有中国特色的金融问题。

(2)国内保送读研易。选择在国内攻读研究生的本科毕业生有 1/4 左右,除了在本校攻读研究生外，这些学生被推荐到清华大学、北京大学、复旦大学、上海交通大学、中国人民大学等国内著名高校攻读硕士或者博士研究生。

(3)直接工作单位优。直接工作的同学就业单位分布在银行(四大国有银行及招商银行、民生银行、平安银行、汇丰银行等)、证券(中金、中银国际、永安期货等)、基金(广发基金、华夏基金、富国投资等)、保险(太平洋财险等)、会计师事务所(普华永道、安永华明、德勤华永、天健等)、咨询公司(麦肯锡、贝恩、淡联等)、大型企业(通用、腾讯、网易、阿里巴巴等)和各级监管部门。

■ 金融学专业最吸引我的——

我是从 1987 年开始从事金融学专业相关教学工作的，几乎所有的专业课程我都教过。金融学的内涵可以用“资金融通”和“风险管理”这八个字来概括，它就像是一只“无形的手”，对社会资源进行优化配置。如何让学生理解这只“无形的手”，我们除了增设新课与讲座以介绍学科发展的新成就外，还特别开设了以国际化方式教学的金融学试验班。我觉得金融学最有意思的是它每时每刻都在发展，对学生来讲，每天怎么都学不够；对我们老师来讲，也是如此，每次备课都要更新内容，这样的教与学是不会枯燥的。

——杨柳勇　教授

课内的知识体系涉及经济、金融、会计等方面，为理解经济运行的逻辑、衔接实务领域奠定了良好的基础，有助于日后有意识地、有针对性地扩展知识外延。老师们可敬可爱，也很关注学生们的成长。优秀的同龄人和学长学姐们在不同方面有着各自成熟的想法和擅长的领域，让自己可以看到生活的更多可能，也在自己迷茫和疲惫的时候获取莫大的力量。

——2016 级本科生　方艺璇

“浙里”有翔实细致的理论知识，严谨踏实的实证计量，妙趣横生的案例分析，丰富多彩的展示活动，一步一脚印，让我们在理论实践中进步收获。“浙里”有认真的老师们，为我们传道授业、答疑解惑，推演计算、剖析案例；“浙里”也有亲切的同学们，我们互相学习交流，排忧解难共同成长。经院为我们敲开了金融学的大门，怀揣着执善向上的热忱，点燃了经世济民的情怀，我们也将不负使命，勇敢向前。

——2016 级本科生　周欣吾桐

专业名称：财政学
专业导游：周夏飞副教授

选择浙江大学财政学专业的N个理由

以生为本的师资团队。财政学系教师坚守“教学第一”，关注人才培养，深受学生喜爱。财政学系教师获得的教学奖项等级与频次都较高，主要有宝钢优秀教师奖、唐立新教学名师奖、永平教学贡献奖及浙江大学优质教学一等奖。在这里，你会感受到一个大家庭的温暖。

特色鲜明的课程体系。财政学专业的课程体系不仅包括公共经济学、税收学、政府预算、公债学等关注国家财政运作的课程，而且涵盖了会计学、税法、公司财务、税收筹划等涉及企业理财分析的课程，培养学生既统筹全局又关注实务的财税思维。

能力卓越的培养定位。浙江大学财政学专业是全省最早创办的，专业建设始终跟踪学科发展前沿，一直坚持学生的能力培养应该高于知识传授的理念，为国家输送了大量具有全球竞争力的应用型、复合型、创新型高素质财税人才。

财政学专业能让你小至修身、齐家，大至治国、平天下！

Q1：财政学专业的学习(研究)对象是什么？

大家可能了解也可能听说过这些机构和名词：财政局、税务局、税收、拨款、国债、赤字、预算、转移支付……这些都是财政术语。在现代社会，民众把税款交给政府，让政府提供国防、治安等公共产品，与此相关的收入组织、支出安排等活动，就是财政活动。所以，财政学属于应用学科，主要研究财富在国家、企业及个人之间的分配和使用方式。宏观上研究如何合理分配国家财富，主要涉及国家的财政税收方面的问题，如公共资源的配置、税收政策的制定等；微观上研究如何处理企业和个人理财中的税务问题，如针对企业解决一些企业税收和会计等问题。

确切地说，财政是公共财政，它既是一个经济范畴，又是一个公共管理范畴。学习财政学，既要掌握经济学、财政学、财务管理学等方面的基本理论和基础知识，又要在预算管理、税收管理和财务管理等业务方面受到系统的训练，具有理论分析和实务操作的基本能力。

Q2:财政学专业本科核心课程有哪些?

财政学专业本科核心课程有:微观经济学、宏观经济学、计量经济学、公共经济学、税收学、税法、政府预算管理、中级财务会计、公司理财、税收实务与案例、公债学、财政管理专题、国际财务管理、国际税收、公共选择理论、税收筹划、税收实务与案例、公共经济学文献选读与论文写作、税收政策前沿专题、面板数据分析与 Stata 应用等。这些课程体现了政府理财与企业理财兼顾、研究能力与应用能力并重的特色。

Q3:财政学专业的学生需要具备什么特质?

学习财政学的学生,第一要对财税现象和问题有浓厚的兴趣,有较好的数理分析基础。因为财政学是经济学的一个分支,很多财税现象总是跟经济问题和政治问题相联系的,要跳出财政看财政,“就经济论财政”,“就政治论财政”。第二要耐心和细心,对数字不烦躁。无论是税收征收还是预算安排、支出监督,都要与数字打交道,要静得下心,沉得住气。倘若一见数字“头就大”,那么还是不要选择这个专业。第三要有较强的沟通能力。财税工作最终是与人打交道,并不是宅在办公室里就可以解决问题的,必须学会主动与人交往和沟通,及时化解矛盾。

Q4:财政学专业有哪些对外交流项目?

浙江大学财政学专业在人才培养的国际化方面推出了很多举措。一是推进双语和全外文课程,目前开设的有国际税收、公共选择、国际财务管理、税收学、财政管理专题等,培养学生研读国外经典文献的能力。二是强化国际前沿热点问题研讨交流,提高学生思考问题的广度。三是依托浙江大学与经济学院建立的对外交流平台,为学生赴海内外知名学府深造或夏令营交流提供可能,包括哥伦比亚大学、加州大学伯克利分校、蒂尔堡大学、帝国理工学院、香港大学、香港中文大学、台湾大学等。另外,围绕“一带一路”国际学术交流,浙江大学与“一带一路”沿线国家发起建立了多个“一带一路”学术交流与夏令营活动项目,增加学生对“一带一路”沿线国家的文化、经济和法律制度、风土人情的了解,增进文化交流与民心相通。

Q5:财政学专业的深造与就业前景怎样?

财政学专业的毕业生出路好,选择余地大。以 2017 届 37 位毕业生为例,出国深造与国内保研、读研的占 51.3%;进入公务员队伍的占 13.5%;进入国际四大会计师事务所的占 18.9%;进入银行、证券、大型企业及其他领域的占 16.3%。再以 2019 届 31 位毕业生为例,出国深造与国内保研、读研的占 48.4%;进入公务员队伍的占 6.45%;进入国际四大会计师事务所的占 6.45%;进入银行、证券、大型企业及其他领域的占 38.7%。公务员主要在财政、税务等部门,也有在审计、国有资产管理等部门及其他综合性经济职能部门。国内外深造的高校主要包括:曼彻斯特大学、哥伦比亚大学、新加坡国立大学、墨尔本大学、悉尼大学和我国香港科技大学、清华大学、浙江大学、复旦大学、中国人民大学、上海交通大学、上海财经大学、中央财经大学等。

合理的课程体系及注重能力培养的目标定位,使得财政学专业的毕业生具有非常优秀的特质，主要表现在：一是适应能力强，不仅可以去政府、事业单位等公共部门就业，也可以去金融机构、企业等经济部门就业；二是竞争能力强，财政学专业的学生参加公务员考试经常获某一考区的第一名、第二名，参加注册会计师考试有很高的通过率，在工作中也能快速地从同行中脱颖而出。公共经济与企业运作的融合，税收政策与财务管理的兼顾，综合素养与创新能力俱佳，这样特质的毕业生同行赞誉度高，就业前景宽广，必将成为各行各业的财税精英。

■ 财政学专业最吸引我的——

作为浙江大学竺可桢学院的一员，在大二选择专业时，我没有挤金融学专业的独木桥，而是毫不犹豫地选择了财政学专业。为什么会有这样的选择呢？因为我觉得，同金融学和会计学这样的专业相比，财政学专业课程设计更加宽泛，对相关经济议题均有涉猎。这样的设计和培养，容易让学生视野更加开阔，看待问题也容易站得更高。如果说，金融学和会计学专业的毕业生在专业领域"技高一筹"的话，财政学专业的毕业生可以说是"道高一丈"，看得高、看得准，不管是就业还是继续深造，都游刃有余。浙大毕业后，我申请到美国哥伦比亚大学的研究生。在美国攻读硕士学位期间，我有幸师从经济学领域最杰出的教授，也有幸和来自全球不同国家、不同背景的同学共同学习。在浙大财政学专业学习时打下的坚实基础和深厚学养，让我在哥伦比亚大学这样的世界顶级院校和肤色不同的精英学子 PK，依然毫不逊色。所以，选择财政学吧，合理的课程设置、敬业的专业老师、良好的学习氛围，一定不会让你失望！

——2012 级本科生(2016 级美国哥伦比亚大学研究生)　赵洞天

我在一次偶然的机会参加了财政学专业宣讲会，在听到学长学姐们的介绍之后，我毅然选择了财政学。在课程设置方面，财政学专业既有审计学、中级财务会计学、公司理财等实务课程，又有公共经济学、公债学、政府预算管理等理论课程。完善的课程设置让财政学学子能够掌握丰富的财税知识和经济理论。在就业方面，财政学的就业领域非常广，身边的同学有选择去四大会计师事务所、银行等金融机构，也有选择参加国考进入国税局等政府机构工作，当然也有很大一部分同学选择继续留在名校读研深造。财政学专业四年的学习是我最宝贵的经历，更是因为财政学有认真负责的老师、热情开朗的同学。进入财政学专业学习，是我大学生活所做的最正确的决定！

——2013 级本科生(2017 级研究生)　朱卢敏

专业名称：国际经济与贸易
专业导游：陆菁教授

选择浙江大学国际经济与贸易专业的N个理由

师资强大，厚积薄发。本专业为经济学院唯一的教育部特色建设专业和浙江省重点学科，现有教师23人，其中教授8人（包括领军人才、浙大求是特聘教授各1人），副教授8人，讲师3人，研究员4人。

国际视野，面向世界。本专业在教学和科研上，立足本土，面向世界，坚持“厚基础、宽口径、跨学科、复合型”的办学特色，与美、英、德、日等国的多所知名高校和研究机构建立有紧密的合作关系，培育高素质复合型人才。

开拓创新，勇立潮头。本专业基于宽广而扎实的经济学基础，结合国际经贸理论与商贸实际，紧跟数字贸易的发展潮流，为国家输送大批兼具创新能力与开拓意识的急缺人才。

Q1：国际经济与贸易专业的学习（研究）对象是什么？

国际经济与贸易专业以国际经济关系为研究对象，主要探讨各国之间商品、服务的交换，国际投资、国际资本和劳动力流动的动因和影响，以及各种国际交易活动所引起的国际收支问题。改革开放40多年来，中国已经成为世界第一大出口国、第二大进口国，经济规模总量位居世界第二位，对外开放、国际经济贸易投资的蓬勃发展是中国经济腾飞的关键。如何深入探索国际经济贸易理论，如何系统学习相关实务，是新一阶段中国经济理论发展非常重要的研究领域。

Q2：国际经济与贸易专业本科核心课程有哪些？

国际经济与贸易的课程设置注重科研能力和学术能力的培养，囊括三大模块：一是经济学系统的基础理论训练，旨在培养学生理性的思维方式和缜密的经济学分析方法；二是国际经济理论，专门介绍国际经济运行的机理与发展，引领学生追寻该领域学术前沿；三是国际经济、贸易和国际投资运行的实务模块，涉及国际经济中的货物贸易、服务贸易、国际投资、跨境资本流动实务中的各环节，包括商务、营销、商法、商务沟通、外汇、国际结算、物流、电子商务等，运用案例、团队合作、阅读及写作训练、上机、实训、实习等多样化教学方法，在教学语言上做到全英、双语兼有，学生在课堂上即可受到国际化的熏陶。前两个教学模块，需要学生具备较好的数理基础，在作业、课程论文和毕业论文中需要有较强的数学、经济学、英语文献查找和模型推导、数据分析的能力，数学基础薄弱的学生会感觉到学习有点困难。第三个模块，需要良好的英语水平和跨文化的学习能力及适应能力，在大学二年级设置了第二外语的学习要求，依托校内资源，目前有4～6门语言课程可选。

国际经济与贸易专业本科核心课程有：国际贸易学、中级国际贸易学、产业组织理论、国际贸易实务、国际商务、国际商法、国际金融、国际营销、中国对外经济贸易、国际电子商务等。

Q3：国际经济与贸易专业的学生需要具备什么特质？

国际经济与贸易专业是一个“热情、开放、多样化、有人情味的专业”（学生评价），兼具经济学与管理学特色，既需要数理基础之上的理性思维，也需要有个人创造的热切激情。本专业有50％的外籍学生，未出校园已国际化。多语言交流是必备的基础技能，要求学生具备较高的跨文化的包容性和适应能力。

因课程多需要组队合作完成课堂作业，经过两年的专业熏陶，学生性格多数偏外向，跨文化能力强、团队协作性好，具备一定跨文化团队领导力，兴趣广泛，社交活跃，积极参加兼职和实习活动。

Q4：国际经济与贸易专业有哪些对外交流项目？

作为研究国际经济运行规律的专业，拓宽学生国际化视野，掌握多门语言技能、培养学生具备跨文化团队协作能力和领导力，是国际经济与贸易专业打造国家一流学科的核心教育内容。浙江大学与境外高水平大学之间签订了校际合作协议，经济学院亦有不少院级境外合作项目，学校、学院均鼓励学生在校期间100％出境交流。依托院校的交流合作平台，本专业学生目前可参加与哥伦比亚大学、威斯康星大学、新加坡管理大学、早稻田大学、神户大学等建立的紧密联合培养项目。此外，还有众多交流、交换项目，如美国的哥伦比亚大学、加州大学（伯克利分校、洛杉矶分校和戴维斯分校）、威斯康星大学麦迪逊分校、伊利诺伊大学厄巴纳香槟校区（UIUC），英国的牛津大学、剑桥大学和帝国理工学院，德国的慕尼黑大学，荷兰的蒂尔堡大学，加拿大的多伦多大学和不列颠哥伦比亚大学（UBC），澳大利亚的澳大利亚国立大学和悉尼大学，新加坡的新加坡管理大学，中国的香港大学、香港中文大学、台湾大学和淡江大学等。若本专业学生掌握了第二门语言，亦可选择参加西班牙、法国、意大利、北欧三国、“一带一路”沿线俄语国家的交换项目。

Q5：国际经济与贸易专业的深造与就业前景怎样？

高就业。随着全球经济的复苏和中国经济的稳定增长，尽管国际经济与贸易专业的学生众多，但该专业仍高居“最热门就业专业”前列，足见社会对高水平商务人才的渴求程度和本专业就业的广泛适应性。2015年中国对外直接投资已经超过国外直接投资（FDI）流入，从宏观的国际经济规则谈判和全球治理，到微观的企业境外贸易、投资和国际化运营及相关配套所有产业，都急需大量融贯中西的高素质复合型商务人才，涉及我国社会、经济、政治所有领域。如政府及事业单位海外分支机构、商贸企业、跨国公司、电子商务平台、制造业企业的国际业务、国际贸易、国际投融资、国际营销、国际供应链管理等，金融领域的国际结算、国际资本运营等，政府部门对外经济贸易监管和外向型经济相关的服务等。历年来，浙大国际经济与贸易专业毕业生的初次就业率(升学+就业)稳超95%。

多领域。国际经济与贸易涉及国际商务、国际投资、跨国资本运营、跨境电子商务、国际金融、大宗商品交易、国际教育等众多现代服务贸易领域,本科专业的就业边界已经随着中国2005年放宽国际服务业市场准入而极大拓展。2015年以来半数左右直接就业的本科毕业生,除进入大型贸易公司、外资企业和各类银行各级国际结算部门这样的传统就业领域外,还进入国际金融及投资、大型数字贸易平台企业、国际互联网企业、国际财经传媒机构,以及通过选调生方式进入各级政府相关部门工作。

精模式。国际经济与贸易专业的课程设置符合国际主流的教学模式,即"本科广博,硕博精深"。在本科阶段最大可能涉猎相关的知识,致力于学术研究的学生可寻求真正感兴趣的研究方向,进而在硕博阶段有所专攻。本科阶段的培养是逐步递进的数学模块和语言模块、系统性的基础经济理论模块、前沿性的专业理论和实务模块构成的逻辑紧密的专业培养。具备鲜明国际化特征的文理复合型教学为直接就业的本科生打造了独特的核心竞争力,使其成为深受就业市场欢迎的多学科兼顾的高端商务人才。浙江大学国际经济与贸易专业的毕业生,2/3以上进入国内外更高层次的院校继续深造。以2017届毕业生为例,36.5%成功申请境外高校深造,专业覆盖商科、金融(含金融工程)、数学、统计学、传媒和教育,出国率历来稳居全校各专业前十。部分学生学术兴趣浓厚,经过进一步的国内外深造,在国内外国际经济的研究领域已崭露头角。

■ 国际经济与贸易专业最吸引我的——

国际化程度高是国贸专业最突出的特征,无论是生源还是课程设置,都让我受益匪浅。通过国贸专业学习,我积累了经济知识,培养了商业思维、贸易理论和实践能力。贸易实务课让我们在享受贸易游戏乐趣的同时,掌握货物交易流程;国际营销课让各国同学走上讲台分享营销创意,进行跨文化思维交流碰撞;国际贸易学看似艰涩的理论模型,推导出生活中熟悉的结论……感谢老师们的悉心培养,作为国贸学子,与有荣焉!

——2013级本科生(2017级研究生)　傅诺

专业学习之前我以为国贸学的东西很宏观、很杂,进入专业班级开始专业课学习以后,才知道国贸是很能开阔视野、提升能力的专业,不仅从"三微三中"、经济软件和国际贸易学等课中学到了宏观、微观以及贸易学的基本概念、模型、发展,也在国际营销学、国际商务、商务沟通英语、国际贸易实务等操作类课程中提升了阅读、沟通、分析等方面的能力。

国贸人不仅能在专业中和博学的老师们及来自世界各地的同学们交流学习,还能在班级中感受到国贸人特有的集体感情。在与老师们和国内外同学们的共同学习和实践中,国贸人之间形成了感情深厚、氛围活跃、积极进取的独特文化,这也成为国贸专业的独特魅力。

——2014级本科生　杜顺帆

国际经济与贸易是一个十分重视实务的专业，也是一个对学生要求很高的专业。我们除了掌握基本的经济贸易理论之外，还需要了解更多关于国际贸易往来、现实社会经济发展的问题。国贸专业是学校留学生最多的专业，和留学生一起上课，了解文化差异，能有效提高我们的国际化视野和跨文化沟通合作能力，这是国贸专业所特有的优势。培养有国际化视野的未来领导者，是本专业培养的目标，也是每一个“国贸人”努力学习和追求的目标。

——2015 级本科生(2019 级上海交通大学硕士研究生)　代文操

国际经济与贸易最吸引我的是独特开阔的国际视野和综合平衡的知识体系。国贸专业不仅有多名优秀教授，还拥有最庞大的欧、美、亚留学生群体。在课堂上，国际思维由良师们精心打造；在生活中，国际视野在同学中传递共享。国贸从来都是在培养理论与实务平衡发展的综合型人才。学生不仅能修读体系完整、研究前沿的经济和贸易理论，还能尽情享受国际贸易实务、商务英语等带来的实践体验。

——2015 级本科生　徐杰

国际经济与贸易专业是一个多维度、多视角、精彩纷呈的专业，它既有经济的一面，也有商业的一面。经济类课程让我们像经济学家一样理性严谨地思考经济世界，运用数据和模型刻画经济发展的规律；而贸易实务类课程让我们真正深入国际贸易的世界，学习国际贸易的每一个环节，培养商业思维和战略眼光。在这里，我们从了解中国对外经济贸易出发，牢固掌握国际结算、国际商法、国际贸易实务等贸易基础类课程，并进一步拓展到国际营销、电子商务、服务贸易等前沿专题。国贸专业还是一个非常有爱的大家庭，在这里我们有博学热情的良师，有互助学习的益友，还有来自世界各地的留学生，使我们有更多的机会进行跨文化交流、开拓国际视野。相信通过国际经济与贸易的本科学习，我们可以成为贯通理论与实务、思维严谨而活跃、兼具本土化和国际视野的综合型人才。

——2016 级本科生(清华大学直博)　孙思炜

国际经济与贸易专业是一个培养符合未来需要的复合型人才的专业。一方面，专业学习要以扎实的数学、经济及金融学理论作为支撑，因而在专业学习之初比较强调逻辑思维，重视数理基础；另一方面，专业培养又非常重视国际贸易中的实务环节教学，包括国际贸易实务、国际结算及贸易软件应用等众多课程以实际贸易活动为前提，将理论与实践相结合，提升学生的实践能力。其次，专业的独特性还体现在专业学习内容的广泛性上。除经贸数理基础课程外，还将学习法律、营销、外语及计算机等相关知识，这些课程既拓宽了我们的视野和知识面，也为发现自我兴趣和进一步学习深造提供了重要参考和依据。此外，专业同学的组成上也非常能体现国际化特征，目前中国学生与国际学生数量基本持平，这不但为我们提供了非常宝贵的跨国交流与学习机会，也让我们的国际视野、包容性及国际化思维有了很大的提升！

——2017 级本科生　汤希珍

光华法学院

Guanghua Law School

☞ 法学

专业名称：法学
专业导游：周江洪教授

选择浙江大学法学专业的 N 个理由

昔时浙大避祸日寇，西迁宜山之际，竺可桢老校长曾有言于诸生："大学教育的目标，决不仅是造就多少专家，如工程师、医生之类，而尤在乎养成公忠坚毅，能担当大任、主持风会、转移国运的领导人才。"

光华法学院垂此，育成人才宗旨有三：**一曰训练方法引领学界。**法学院师资留学背景丰富，专业训练笃实，培养着力理论基础与实践技能的结合，重视不同法域的接轨，并依托综合性大学优势促成多专业的融通。**二曰视野方法接轨时代。**因应信息化时代的发展，法学院与阿里巴巴、浙江省高级人民法院等政企建立长期合作机制，致力于人工智能与 AI 法学领域的深耕。同时，法学院保证每位本科生在学期间享受出国交流机会，院内全英文讲授的中国法研究生课程广纳各国留学生，为学生创造多语言、多视角的交流平台，本科生毕业后的留学率超过 20%，为国内一流大学之先。**三曰服务国家奉献社会。**法学院与各级各层法院合力设立实习基地，长期为最高人民法院等单位输送优秀实习生，同时与浙江省人大合力设立专业立法研究机构，助力中央与地方立法的基础工事。

我们追求：专业精微、阔达视野、服务国家。

Q1：法学专业的学习（研究）对象是什么？

法学与我们的生活息息相关。它是一门研究法律和法律现象的学科。作为一门涉及社会规范、社会关系、社会问题的实用型社会科学，法学不仅要研究法律规范、法律关系以及法律体系的内容、结构和要素，还要研究法的实际效力、效果、作用和价值。

在法律专业学习的道路上，学生们逐渐形成一个被称为"法律人"的独特专业群体，他们通过具备三方面的基本技能成为一名合格的法律人——系统的法律知识、缜密的法律思维（这一思维以规范性思维作为基本特点）、解决争议的能力。由此，小可维护权益、化解矛盾，大可经世济民、维护正义。法律人在社会生活中扮演着十分重要的角色。

Q2:法学专业本科核心课程有哪些?

法学专业本科核心课程有:法理学、宪法学、行政法学、民法总论、经济法、物权法、债法总论、合同法、侵权责任法、刑法总论、刑法分论、商法总论与公司法、劳动与社会保障法、行政诉讼法、刑事诉讼法、民事诉讼法、知识产权法、环境资源法、国际法、国际经济法、国际私法等。

Q3:法学专业的学生需要具备什么特质?

拥有良好的沟通能力、清晰的口头表达和书面表达能力以及逻辑思辨能力是成为一名优秀法科生的标准。比如成为一名律师,你的思维只有通过清晰明了的语言、文字准确表达出来,才能让你的当事人、法官明白你的意思。

大学期间,尤其是大一、大二期间,学生可以通过参加社会实习实践等活动,提高自己的沟通能力;通过理论研讨、案例讨论、模拟法庭、“法律诊所”,培养自己的思辨能力和口头表达能力;还可以通过对案例评析和文书写作的练习,提高自己的写作能力。

Q4:法学专业有哪些对外交流项目?

除了学校组织的面向法学专业的对外交流项目外,浙江大学光华法学院与美国、德国、日本、澳大利亚、韩国等国家的20余所知名高校法学院或研究机构签订了合作协议,已形成内涵丰富、形式多样的学生交流访学体制:稳定运行的与加州大学伯克利分校、爱荷华大学、凯斯西储大学、西澳大学、悉尼大学等海外名校建立的学位项目和长学期交换项目,以及每年寒暑假期间组织的英国牛津大学暑期课程班、欧洲国际商法访学项目、新加坡商法访学项目、韩国法学冬(夏)令营、日本法学冬(夏)令营等短期的海外法律文化访学交流项目。合作项目仍在不断增加,从数量上已经能够满足学院所有学生在读期间有一次海外访学的机会,有利于拓展学生的国际视野。

Q5:法学专业的深造与就业前景怎样?

法律的触角深入社会的各个角落,诸如家庭婚姻生活、商业贸易、企事业经营、政府管理、国际争端、领土划分……这些都需要法学专业人才利用所学知识来应对出现的问题。

浙江大学法学专业读研、出国深造的比例达到50%以上。本科阶段主要培养的是从事法学研究、立法、司法、行政执法、律师事务、企事业法律事务工作的高素质应用型、复合型法律人才。所以,毕业生就业主要去政府行政部门、律师事务所、国际组织等,成为律师、法官、检察官或者公司法务人员等。

浙江大学法学院有许多优秀的校友,他们在我国的司法机关、政府部门、企事业单位中担任了重要的职务,有的甚至在中央级媒体担任了重要职务。在学界,有现任复旦大学法学院院长孙笑侠教授;在政界,有的成为市长、司长,有的成为中级人民法院的院长和地方检察院的检察长;在商界,有的成为上市公司的董事长、总经理;等等。我校的法学人才在各行各业都发挥着自己的智慧,有着出色的表现。

法学专业最吸引我的——

法律不应是一个被刻意建构的、圆融自洽的封闭体系，它的本质不脱离于生活，而恰恰是人类生活本身。法律人通过精深的规则与复杂的事实之间的互动，小可定争止纷，大可探入法意与人心的嬗变，探寻如何为人之行事增加确定性与可预期性，如何将人世生活妥善安排，起到“规范人事、服务人世”之功用。更好玩的是，法律作为社会规范的一种，还往往是民族精神、历史、文化与政治经济状况的映像。

——周淳　讲师

风会记得每一朵花的香，法学专业的学习是一个兼容并包、有容乃大的过程。知识的园圃里百花齐放，须得带着热情去做事，不断拓宽眼界，丰富自己的知识体系，试着从哲学、社会学、经济学等法学外的法律理论着手，建立起一座地基扎实、空间广阔又有一个“阳台”可以眺望远方、仰望星空的知识殿堂。

——2016 级本科生　黄味

我们生活在一个复杂的社会里，一个细心观察的人难免会产生诸多的疑惑，而法律正好提供了一个理解社会的切入视角。因为法律为社会的运行设定规则，在理解规则的情况下，我们可以解释和预测形形色色的社会事件。除此之外，法律更吸引我的是它在平衡理想与实践之间的高超技艺，每个法条蕴含的不仅是一种价值，更是一种平衡的艺术。如果你希望成为一名法律人，那么你需要的不仅是追求公平正义的一腔热血，更要有抽丝剥茧的细心和坚持不懈的恒心。

——2016 级本科生　胡寅

法学最吸引我的是她灵动多面的性格：工学面向的法学教会人最缜密严谨的思维逻辑，社会学面向的法学连接起纸面上的条文与立体的社会生活，哲学面向的法学则寄托了人们对正义的朴素向往。法学的多面个性满足了一个法律人对实用主义和人文主义的双重追求，在个人与广阔的天地间搭起了一座真实可感的桥梁，在这座桥梁上，人虽渺小，但与世界同频共振。

——2017 级本科生　章晓涵

教授带你“逛”专业

教育学院

College of Education

- 教育学
- 体育教育
- 武术与民族传统体育
- 运动训练

专业名称:教育学
专业导游:吴雪萍教授　张佳副教授

选择浙江大学教育学专业的N个理由

源远流长,人才济济。本专业可追溯到1928年国立浙江大学设立的教育系,郑晓沧、孟宪承等大批著名的教育学家先后在此执教,多年来培养的优秀人才活跃在教育研究、改革与管理的各个领域,可谓"薪火相传、弦歌不辍,群英璀璨、各领风骚"。

师资雄厚,求是育英。本专业现有教职工51人,其中高级职称比例为72.55%,拥有国内"985"高校或海外著名高校博士学位的占84.31%。2019年,本专业共有在校学生数112人,师生比为1∶2.20。近3年本科生深造率分别为60%(2017年)、62.5%(2018年)、55.1%(2019年)。

面向国际,领军时代。本专业建有联合国教科文组织(UNESCO)"亚太地区教育革新为发展服务计划"浙江大学联系中心、全球大学创新联盟亚太中心秘书处、UNESCO浙江大学创业教育教席、UNESCO中国创业教育联盟四大国际教科研合作平台。2019年学生出国交流比例达90.1%。

Q1:教育学专业的学习(研究)对象是什么?

"教育盛,虽战乱纷争仍人才辈出,民力丰沛,国体向上;教育衰,纵四海平定歌舞升平也社会浮躁,未来迷茫,振兴乏力。"大到国家的发展兴盛、社会的正气新风,小到个体的明悟致知、康健幸福,都同教育的发展息息相关。教育学正是以研究教育现象和教育问题进而探索教育规律为对象的科学。通俗地讲,人类社会为什么要有教育,教育究竟是做什么的,教育与经济、政治、文化、社会、生态的联结,教育中的"人"的生长与发展,教育领域中的历史、现实与未来的命题,教育之于社会、家庭和个体的意义,教育中的现实问题与疑难等,都是教育学所关心的话题。教育学试图通过探索人的培养与发展这个人类社会的永恒话题,来成就"为天地立心,为社稷开太平,为往圣继绝学,为生民立命,为未来创新奇,为个体寻自由"的事业。

Q2:教育学专业本科核心课程有哪些?

教育学是一个系统的学科,而又以哲学、历史学、心理学和社会学为教育学的四大基础。我们所提供的核心课程,主要包括分析教育中的形而上学问题的课程,如教育历史与文化、教育哲学与伦理等;包括分析教育中的社会现象和个体的"人"的课程,如教育心理学、教育经济学、教育社会学等;也包括探讨教育活动的具体领域和实际问题的课程,如国际与比较教育、课程理论与实践、教育理论与设计、教育领导与管理等。

Q3:教育学专业的学生需要具备什么特质?

教育学是一个承前启后、面向未来、开启风气、不断创新的事业,学教育的学生需要具备一些基本的特质。一曰抱负心与责任心。教育是一个社会的事业,学教育的人不能只关心自己的蝇头小利、前途生计,而是要"风物长宜放眼量",关心现实、社会与民生,有担当大任、主持风尚、革新现实的抱负,学教育的人要有投身教育和改革教育的情怀。二曰清醒理智的头脑和明辨是非之心。面对复杂的教育现实与问题,学教育的人要永葆好奇心,能够实事求是、求真求善,不盲从武断,又要有洞察是非、严谨整饬的头脑,这需要具有一定的逻辑思维能力。三曰创造性和开放性。学教育的人需要具有创新思维和固本图新的能力,敢于探索与挑战,不断吸收新的想法与观念。四曰行动力和实践心。教育同社会方方面面的问题紧密相关,需要能够躬身实践、习坎笃行的人。最后,教育是有关关怀和爱的学问。具有包容心、关怀心和爱护之心,愿意与人交往,是学习教育非常重要的品质。

Q4:教育学专业有哪些对外交流项目?

教育学专业目前的对外交流项目包括:

(1)与英国伯明翰大学教育学院合作建设的"2+2"双学位项目。对此项目感兴趣的学生可以前两年在浙江大学学习,后两年在伯明翰大学学习,完成所有要求的学分后获得两所大学的学位(其他学生按照传统的教育学专业培养方案在浙江大学学习)。

(2)与加拿大多伦多大学、美国夏威夷大学合作建设的本硕学位项目。

(3)暑期短期交流项目:每年暑假组织本科生赴联合国教科文组织亚太地区教育局以及美国、韩国、日本、俄罗斯等国家的著名高校开展学术交流。

Q5:教育学专业的深造与就业前景怎样?

教育学专业的毕业生可以到各级教育行政部门、各级各类院校的教育管理部门和外事部门、大中型企业培训部门从事教学、管理和科研工作,也可以到相关单位从事教育咨询与分析工作,还可以到非政府组织从事教育改革和创新的活动。除直接就业外,优秀的毕业生可免试就读本专业方向的硕士研究生或去国外大学攻读硕士学位。

毕业生们可以从事行政管理、科学研究和教育教学等工作,或成为公务员、教育管理与实践者等。

教育学专业最吸引我的——

求是育英，薪火相传。

曾经，无论是和老同学聚会，还是认识新朋友，最能聊得开的话题之一肯定是教育，从中小学经历的择校改革，到高中升学的高考制度与自主招生，大家都能畅所欲言。或许我们难以对国家的经济、政治问题高谈阔论，但起码我们能对教育热点唇枪舌剑、热议不止。

现在，我们对教育的理解不再是当年毛躁、肤浅的看法，懂得每一项教育决策背后势必会有各种利益的权衡，尽管对很多现象感到不忿，我们却逐渐学会平心静气地去分析和思考，努力找寻新的路径。或许我们的思想要达到教育大家的深度还是前路漫漫，但至少我们在仰望星空的同时会脚踏实地，在学习中搜寻理论与实践的突破口。

有人说，教育学出路多窄，哪像金融学吃香，我不期待“经济炒股投资经世济民”，但我希望“教育春风化雨教书育人”。

——2012 级本科生（2016 级研究生） 梁文倩

教育学最吸引我的，是它的仁爱、担当、善良，这些根植于学科之中，从而影响了修读这个学科的人，也可称之为学科特点吧。教育是一项仁而爱人的事业，我始终觉得，仁爱是教育的核心，是亘古不变的追求。教育是一个灵魂感染另一个灵魂，是每个国家的基础事业，担负着塑造未来的重任；每一位教育人，都温和谦逊、真诚善良，我想这就是源于教育学本身的品质。在学习它的过程中，也在被它公平的理念教化着，被它美好的品质感染着，这是修读任何其他学科都无法领会的感受。

——2012 级本科生（2016 级研究生） 冯书锦

教育学最大的魅力，在于它理智的情怀，让我从空有意气的“愤青”慢慢成长为一个“现实的理想主义者”。

教育学是一门研究人的学问，这就决定了它不是冷冰冰的，而是一门有温度的学科。教育大家们对教育的见解和对学术的坚守时时激发我；老师们对理想教育的满腔情怀和不辍追寻深深感染我；同学们对教育的关切与担当也令我振奋又动容。教育学让我在专业学习的同时，不断自我叩问，从了解自我开始，关注他人命运与社会发展，让我时常有一种得到救赎的感动与庆幸，以及推动人类共同福祉的崇高使命感。

教育学是一门具有高度综合性的学科，它兼具哲学、历史学、心理学、社会学这四大学科之基的光芒，闪耀着科学理性与人文关怀。它的包容与广博让我获得了“有边而无界”的学习体验，在教育学框架中多角度思考问题；更通过多学科交叉，让解决真实情景中的复杂教育问题成为可能。

教育学连接了理论与实践，让我在走下高阁，走进现实，意识到路漫漫其修远兮的同时，更明白吾等仍可上下而求索。课堂内外，我们学史论道，在哲学思辨中追寻教育的真谛，剑锋直指当下教育痛点；在实验室，我们和小被试一起在“游戏”中探索人类发展的奥妙，看到教育学作为一门科学的严谨和有趣；在学校，我们登上讲台，在教学实践中描摹理想教育的模样；更在寻常的生活里，在科技馆、博物馆，在与家长的交谈中，看到教育学的价值和盎然生机。

——2015 级本科生　张银露

教育学最吸引我的是“脚踏实地”的现实感与“仰望星空”的浪漫感。首先，教育学的学习是基于现实的“土壤”。教育与每一个人都息息相关，个人的成长、社会的进步都离不开教育。教育学给予我丰富的理论知识，让我从更客观、理性的角度去解构现实中的教育现象，回答复杂的教育问题，分析背后的本质逻辑。比如，很多人觉得教育者最重要的是有爱心，但是没有人告诉我们究竟具体怎么做。而教育学的学习可以帮助我们从科学的角度进行探索，找到具体而有效的方式，以做到真正的“爱孩子”。同时，学院也提供了非常多的实习机会，从教育局、学校、杂志社到国际组织，我走出了象牙塔，在客观现实的情境下，去思考问题。这些实习经历是我理解教育的一个重要窗口，让我看到了更多的教育现实，让自己的思考更“接地气”。

其次，教育学是一个浪漫的学科。我们怀揣梦想，保持热忱，在追求“好教育”的路上不断前行。教育家夸美纽斯在《大教学论》中写道：“追求伟大的事情在过去是高贵的，在现在是高贵的，到将来永远也是高贵的。”我坚信教育事业是值得每一个人去终生奋斗的事业，是一件高贵的、值得骄傲的事情。

——2016 级本科生　陈兰

专业名称：体育教育
专业导游：于可红教授

选择浙江大学体育教育专业的N个理由

历史悠久，学科积淀深厚。本专业始建于1952年，并于20世纪80年代初、2003年在体育理论二级学科分别获硕士和博士学位授予权；2010年获体育学一级学科博士授予权。是目前国内“C9高校”中唯一具有体育学本科、硕士、博士授予权和博士后流动站的系科。

交叉培养，专业特色鲜明。依托浙江大学的学科优势，致力于培养以健康为导向，融体育、健康教育理论与实践为一体，能胜任体育与健康教学、管理、科研、训练、健身指导等工作，具有创新精神和国际视野的高素质复合型人才。

国际接轨，人才素质综合。本专业与体育学科世界排名前50的知名高校建立稳定师生交流机制；聘请国外知名学者担任讲座教授，定期走进本科生课堂。顺应国际体育科学发展趋势，培养扎根于现实、具有国际视野的专门人才。

Q1：体育教育专业的学习（研究）对象是什么？

体育与健康科学素养和职业道德，体育与健康基础知识、基础理论和基础技能，学校体育与健康教学、体质健康评价与管理、课外体育活动指导和课余体育训练比赛指导，体育健康指导和健康管理等。

Q2：体育教育专业本科核心课程有哪些？

体育教育专业本科核心课程有：学校体育学、体育心理学、体育概论、运动生理学、体育科学研究方法、运动解剖学、健康教育学、运动技能学习与控制、体育课程与教学论、体育社会学、田径、游泳、体操、篮球、排球、足球、乒乓球、羽毛球、网球、武术、艺术体操、健美操等。

Q3：体育教育专业的学生需要具备什么特质？

学习体育教育专业的学生需具备以下基本特质。首先，对体育事业感兴趣。兴趣是激发学习、克服困难、坚持初心、不言放弃的内部心理原动力。其次，有责任心。教育是一个社会的事业，学教育的人要有投身教育和改革教育的情怀。最后，要勤奋好学。当今时代，知识更新迅速，作为一名体育教育工作者，只有不断学习、终身学习，才能使自己的知识体系适应时代的发展和需要。

Q4：体育教育专业有哪些对外交流项目？

体育教育专业目前与韩国的首尔大学、高丽大学、韩国体育大学，美国的伊利诺伊大学厄巴纳香槟校区、北爱荷华大学、夏威夷大学马诺阿分校，日本的广岛大学，中国的香港教育大学，爱尔兰的都柏林大学，德国的慕尼黑工业大学、拜罗伊特大学，“一带一路”沿线国家塞尔维亚诺维萨德大学等设有专业交流项目。同时，与日本的筑波大学、中国的香港中文大学等高校的交流项目正在建设中。

Q5：体育教育专业的深造与就业前景怎样？

部分学生可免试推荐到本系、国内高水平大学、海外签约学校继续深造。体育学系目前已经跟美国、德国、韩国、爱尔兰等国的高水平大学签订了合作协议。直接就业的学生主要面向学校、体育俱乐部、体育咨询教育公司、体育组织、体育品牌公司、政府事业单位及其他体育相关公司等。

■ 体育教育专业最吸引我的——

能在浙大体育教育专业学习是幸运的，更是幸福的。对于我来说，这份幸运是加倍的，因为本科毕业获得了宝贵的本校保研机会，在体育系学习了六年。在“浙里”，通过系统的专业学习，我不仅夯实了学科专业理论基础，提升了专项运动技能，还获得了许多宝贵的学习实践机会，如参加大型体育赛事的裁判工作、去名校教学实践等。我觉得自己的视野更加开阔了，学会了高效率学习，能从多角度理性地剖析体育现象和问题。此外，在导师的带领下，我们的科研能力得到了更显著的提升。通过专业学习，我不断加深了对体育学科和体育教育的认识，不断去思考为什么要成为一名体育教育工作者，怎样成为一名好的体育教育工作者，对未来的方向更加清晰。我相信，只要愿意努力，在这个平台上我们都能获得良好的锻炼机会和综合能力的提升，并且能真正学以致用。

无论在哪里，我都为自己身为一名浙大体教人而感到自豪。如果你也想成为一名体育教育工作者，如果你也想更加深刻地感受体育的独特价值和魅力，那么，体育教育专业一定能使你离梦想更近。希望幸运的你们，能在“浙里”与最好的自己相遇。

——2008级本科生（2012级研究生） 张俏

体育在我看来是这个世上最美好的教育，体育教育的目的不仅仅是健全学生的体魄，更是希望通过体育游戏的难易程度以及胜负情感变化，健全学生的心理，最终实现育人的目标。

“浙里”的体育教育专业满足了我对体育与教育所有的期待，提升素质、健全人格，给予我成长和进步的力量，让我在“浙里”找到了那个最真实的自己。更是在“浙里”遇到了一群志同道合的好伙伴，我们彼此努力发光，求是创新，想要改变体育教育的未来，承担起更大的社会责任。

——2016 级本科生　戚博特

专业名称:武术与民族传统体育
专业导游:林小美教授

选择浙江大学武术与民族传统体育专业的N个理由

历史悠久,学科积淀深厚。 本专业始建于1952年,并于20世纪80年代初、2003年在体育理论二级学科分别获硕士、博士学位授予权;2010年获体育学一级学科博士授予权。是目前国内"C9高校"中唯一具有体育学本科、硕士、博士授予权和博士后流动站的系科。

交叉培养,专业特色鲜明。 依托浙江大学的学科优势,致力于培养以健康为导向,融体育、健康教育理论与实践为一体,能胜任体育与健康教学、管理、科研、训练、健身指导等工作,具有创新精神和国际视野的高素质复合型人才。

国际接轨,运动成绩斐然。 本专业与体育学科世界排名前50的知名高校建立稳定师生交流机制;定期赴海外参加比赛、实习实训。培养了毛亚琪、王地等众多世界冠军。在冠军扎堆的地方,学习如何从成功走向另一个成功。

Q1:武术与民族传统体育专业的学习(研究)对象是什么?

国家现代化体育事业的发展需求,武术与民族传统体育领域的专项运动技能、理论知识和科研实践能力,各级各类运动训练指导和体育教育教学实践与应用能力等。

Q2:武术与民族传统体育专业本科核心课程有哪些?

武术与民族传统体育专业本科核心课程有:民族传统体育概论、体育心理学、体育概论、运动生理学、体育科学研究方法、运动解剖学、传统体育养生理论与实践、健康教育学、中国武术导论、体育社会学、竞技武术科学化训练、专项理论与实践、体能训练、太极拳、传统武术等。

Q3:武术与民族传统体育专业的学生需要具备什么特质?

学习武术与民族传统体育专业的学生需具备以下基本特质。首先,对武术与民族传统体育事业感兴趣。兴趣是激发学习训练、克服困难、坚持初心、不言放弃的内部心理原动力。其次,有责任心。武术与民族传统体育是一项具有国际影响力的事业,学武术与民族传统体育的人要有投身民族传统，保护、传承和发展武术与民族传统体育的情怀。民族的，就是国际的。最后，要有团队意识，勤奋好学。专项和理论是促进可持续发展的两个支撑点，团队是携手共进的载体。只有“两条腿走路”，才可能走得更高、更宽、更远。只有根植于传统文化，才可能不断弘扬、发展传统文化并走向世界，才能使自己适应时代的发展和需要。

Q4：武术与民族传统体育专业有哪些对外交流项目？

武术与民族传统体育专业目前与韩国的首尔大学、高丽大学、韩国体育大学，美国的伊利诺伊大学厄巴纳香槟校区、北爱荷华大学、夏威夷大学马诺阿分校，日本的广岛大学，中国的香港教育大学，爱尔兰的都柏林大学，德国的慕尼黑工业大学、拜罗伊特大学，“一带一路”沿线国家塞尔维亚诺维萨德大学等设有专业交流项目。同时，在加拿大、新加坡等国家设有实习、实训基地。

Q5：武术与民族传统体育专业的深造与就业前景怎样？

部分学生可免试推荐到本系、国内高水平大学、海外签约学校继续深造。体育学系目前已经跟美国、德国、韩国、爱尔兰等国的高水平大学签订了合作协议。直接就业的学生主要面向学校、政府事业单位、其他企业单位、体育组织等。

■ 武术与民族传统体育专业最吸引我的——

每个人心中都有一片属于自己的江湖，一份豪情，一份深情。

作为一名武术人，武术“攻守”并非只在招式动作中，勿一得之功，需守住本心。念念不忘，必有回响；方寸之间，自有天地。武术，让我学会了坚持和努力；浙大，则让我学会了面对和思考。选择武术与民族传统体育专业的初衷，是完善自己的技能和提升理论素养，弥补自身的不足。就读浙江大学，则是因为这里有着顶级的教师团队、教学资源和学术氛围。一入浙大门，便是浙大人，竺可桢老校长的“两问”和校训“求是创新”印在了每位浙大人的心中。我很感谢这段求学经历，也很庆幸选择了武术与民族传统体育专业。

——2012 级本科生(2016 级研究生)　王地

作为民族文化的重要组成部分之一，民族传统体育受到了传统习俗、道德与教育等传统文化形态的影响。同时，它也是一种民族文化的综合形态，更是一种与外界进行信息交换的文化系统。

文化需要保护，更需要传承。以中国武术为主干，但不仅限于武术的武术与民族传统体育专业赋予了我们使命感与认同感。因为它不仅涵盖了西方体育的多种运动形式，而且还拥有东方传统的运动形式、深邃的哲学思想和厚重的传统文化。因此，在武术与民族传统体育专业学习中，我们不仅可以通过理论学习了解与掌握各项民族传统体育的历史，以及传统体育的基本理论与知识，在实践课程上，我们还可以通过一招一式的练习，更好地理解每个动作背后的含义与演变，从而对传统文化有更深刻的认识。从某种意义上说，武术是传统文化的缩影，是了解中华文化的有效途径。

从武术中强调的“天人和谐”“身心和谐”“与人和谐”“刚柔相济”“进退有序”“一静一动，整体和谐”等观念来看，武术不仅是一种武技，使我们掌握技能，它更是一种生活态度，教给我们处世哲学思想。正如白岩松所说，体育首先教会孩子们如何在规则的约束下去赢，接下来教会他们如何体面并且有尊严地输。武术首先培养我们吃苦耐劳、自强不息的奋斗精神。然而在我们遇到挫折、生活碰壁时，它又会使我们回想起在武术与民族传统体育专业中所学习到的，专业老师们所教诲的武术运动背后所蕴含的更深一层的处世精神，继而我们便会豁然开朗。这正是武术的魅力所在，也正是武术与民族传统体育专业存在的重要性。

——2012 级本科生　郑雅倩

专业名称:运动训练
专业导游:张辉教授

选择浙江大学运动训练专业的N个理由

历史悠久,学科积淀深厚。本专业始建于1952年,并于20世纪80年代初、2003年在体育理论二级学科分别获硕士、博士学位授予权;2010年获体育学一级学科博士授予权。是目前国内"C9高校"中唯一具有体育学本科、硕士、博士授予权和博士后流动站的系科。

交叉培养,专业特色鲜明。依托浙江大学的学科优势,致力于培养以健康为导向,融体育、健康教育理论与实践为一体,能胜任体育与健康教学、管理、科研、训练、健身指导等工作,具有创新精神和国际视野的高素质复合型人才。

国际接轨,运动成绩斐然。本专业与体育学科世界排名前50的知名高校建立稳定师生交流机制;聘请国外知名学者担任讲座教授,定期走进本科生课堂。培养了谢震业等众多世界冠军。在冠军扎堆的地方,学习从成功走向另一个成功。

Q1:运动训练专业的学习(研究)对象是什么?

国家体育事业发展的需求,体育道德、社会责任感、团队合作精神、社会沟通能力、开拓创新意识等;运动训练的基础理论知识和专项运动技能;运动技能、体育教育和体育活动管理的专项能力;各级各类运动训练指导、运动竞赛管理和体育科学研究实践与应用能力。

Q2:运动训练专业本科核心课程有哪些?

运动训练专业本科核心课程有:体育心理学、体育概论、运动生理学、体育科学研究方法、运动训练学、运动解剖学、健康教育学、运动技能学习与控制、体育社会学、体育竞赛学、专项理论与实践、体能训练、田径、游泳、体操、篮球、排球、足球、乒乓球、羽毛球、网球、武术、艺术体操、健美操等。

Q3:运动训练专业的学生需要具备什么特质?

学习运动训练专业的学生需具备以下基本特质。首先,对竞技体育事业感兴趣。兴趣是激发学习训练、克服困难、坚持初心、不言放弃的内部心理原动力。其次,有责任心。竞技体育是一项具有国际影响力的事业，学运动训练的人要有投身竞技体育和改革竞技体育的情怀。最后，要有团队意识，勤奋好学。专项和理论是促进可持续发展的两个支撑点，团队是携手共进的载体。只有“两条腿走路”，才可能走得更高、更宽、更远。只有基于载体，不断学习、终身学习，才能使自己适应时代的发展和需要。

Q4：运动训练专业有哪些对外交流项目？

运动训练专业目前与韩国的首尔大学、高丽大学、韩国体育大学，美国的伊利诺伊大学厄巴纳香槟校区、北爱荷华大学、夏威夷大学马诺阿分校，日本的广岛大学，中国的香港教育大学，爱尔兰的都柏林大学，德国的慕尼黑工业大学、拜罗伊特大学，“一带一路”沿线国家塞尔维亚诺维萨德大学等设有专业交流项目。同时，与匈牙利、中国台湾等国家和地区设有定期交流比赛机制。

Q5：运动训练专业的深造与就业前景怎样？

部分学生可免试推荐到本系、国内高水平大学、海外签约学校继续深造。体育学系目前已经跟美国、德国、韩国、爱尔兰等国的高水平大学签订了合作协议。直接就业的学生主要面向学校、政府事业单位、体育俱乐部、体育咨询教育公司、体育组织、体育品牌公司、其他企业单位等。

■ 运动训练专业最吸引我的——

环境的熏陶能影响一个人的发展。在这座拥有“双甲历史”的学府中，我不仅得到了学识上的提升，而且在导师们的引导下，我端正了学习态度，提升了对问题的批判思考能力，能以更从容的姿态面对生活。端正的心态让我能平心静气地专注自己，我的运动成绩也有了许多的提升和突破。

这几年来，我肩负国家任务，辗转大半个地球比赛、训练，在一定程度上影响了课堂学习，但我依然坚持完成了学业。扪心自问：“累吗？”我的回答是：“累！但是值得！”成功从来都不是随随便便的，只有坚持下来的人，才能真正感受到自我成长的喜悦。

有人说，未来如同天空那飘忽不定的云彩。毕业了，要开始人生的追逐。但在我看来，自己早已走上了漫漫的追梦之旅。课堂上奋笔疾书的痕迹，科研中挑灯夜读、苦思冥想的背影，运动场上寒风酷暑中留下的汗水，都是我追逐自我之旅上扎实的步伐。也许逐梦之旅磕磕碰碰，但我坚信，经过在浙大这七年的学习和磨炼，我能够坦然面对接下来的挑战，保持不断学习进取的态度，并在今后的职业道路上学以致用，发挥社会价值，不负韶华！

——2012 级本科生(2016 级研究生)　谢震业

遇见浙江大学，能够在运动训练专业学习，对我而言是非常幸运的事！从在绿茵场奋斗的足球少年转变为一名求学者，其中经历了一些坎坷，但收获的成长更多！

我始终认为体育是最好的教育，体育教会我们的不仅仅是如何在规则的约束下去赢，更重要的是如何体面且有尊严地去输！

在浙大的求学路上，我从一无所知的少年，到如今成为攻读博士学位的专业人士；从曾经的英语“小白”到如今的沟通无碍；从懵懵懂懂到学会独立思考。这些成长都是浙江大学这个平台带给我的，我深表感谢！

我衷心祝愿大家能够来到浙大，来到运动训练专业学习，收获成长！

——2012 级本科生(2016 级硕转博)　曾越

教授带你“逛”专业

管理学院

School of Management

- ☞ 工商管理
- ☞ 信息管理与信息系统
- ☞ 会计学

专业名称:工商管理
专业导游:邢以群教授　王颂副教授

选择浙江大学工商管理专业的N个理由

在全国第四轮学科评估中,浙江大学工商管理学科为A—,综合排名跻身国内前十,入选首批国家级一流本科专业建设点。在这里,全球一流商学师资和硬软件支持为你打开一条通往复合型高级商业人才之路。你将不仅通晓企业管理各项职能,培养商业研究分析思维,掌握管理问题解决能力,更能够面对不确定性环境创造性地运用所学知识发现新规律、应对新问题、创造新价值、获得新机遇。选择工商管理专业的理由如下。

一流师资。本专业汇集省特级专家、国家"杰青"、国家"优青"等众多国内外知名的管理学家、教学名师和科研精英。授课教师拥有博士学位的超过90%,一半以上为"海归"。豪华的教师阵容能够给学生们最前沿的管理知识和商业实践。

前沿科研。本专业涉及的人力资源与组织行为、市场营销与消费行为、创新创业与战略管理、旅游管理与休闲经济等研究领域均居国际一流水平,授课老师在国内外顶尖学术期刊发表科研论文,其理论观点常见诸各大媒体。

精英化培养。本专业按照国际顶级商学院课程设计,突出商学+科技+人文综合素质和创新创业能力,集聚全校最具活力的优秀本科生。本专业与利兹大学、香港大学等多所国际知名高校建立联合培养机制,确保每位学生都有国际化学习机会。

高起点就业。本专业毕业生在读研深造、自主创业、名企任职三方面并驾齐驱。众多学子不仅申请到斯坦福大学、康奈尔大学、香港科技大学或北京大学、清华大学等名校继续深造,也涌现了一大批优秀的创业明星,同时在阿里巴巴等领袖企业、麦肯锡等知名咨询公司、中金等投资机构中也有较多校友。

Q1:工商管理专业的学习(研究)对象是什么?

工商管理着重于探讨如何对企业组织和商业的运行进行合理的资源配置、协调合作和监督执行以实现价值创造的理论与方法。工商管理专业的学习内容涵盖了诸如战略管理、人力资源管理、市场营销、生产运作、项目管理等传统企业职能管理的主要环节,因此也常常被用来指代狭义上的整个管理学科(其所对应的专业硕士就是大家所熟知的工商管理硕士MBA 和高级工商管理硕士 EMBA)。随着全球经济增长模式的变革,创新驱动的新经济已经成为当前乃至未来的主要增长方式,创新精神与创业能力是目前全社会最迫切需要的,而浙江大学工商管理的专业特色就是注重创新创业教育。

一言以蔽之,工商管理专业就是学习如何通过掌握商业规律和管理理论来创造价值、影响和改变世界。

Q2:工商管理专业本科核心课程有哪些?

工商管理专业教育致力于赋予学生创造商业价值的工具、知识与思维,除了侧重于让学生了解企业和经济体如何运作外,更着重于让学生学会如何从商业的视角和利用系统管理的思维来观察和影响周围的世界。因此其核心课程有:战略管理、创业管理、创新管理、领导力开发、市场营销、运营管理、财务管理、人力资源管理、信息管理、项目管理、设计思维、商业模式设计与创新、伦理与社会责任、大数据与商务智能等。

Q3:工商管理专业的学生需要具备什么特质?

工商管理是一个宽口径的专业,对学生的性格和文理偏好并没有特别的要求。本专业更看重学生的学习意愿、成就动机、自我控制以及对自己未来的规划能力。具体而言,选择浙江大学工商管理专业的学生需要具备以下四方面特质。

第一,富有责任感。诚信、勤奋、自律,并且能够对他人的行为和处境保持较高的敏感性,愿意去思考商业活动中个体行为背后的动因,具有较强的人文关怀和社会责任感。比如,关心如何改善人们的生活、减少不同地区的经济差异等。

第二,学习兴趣强。关心周围世界的快速变化,喜欢探究新技术、新模式对整个经济和社会产生影响的背后原理,如互联网、大数据、共享经济等对社会关系、组织结构、消费偏好等方面的深刻改变。

第三,沟通能力强。喜欢与人沟通,能够条理性地分析事物和表达观点。经过训练,可以进一步掌握商业分析与沟通表达能力,形成自己的逻辑体系。

第四,有创新意识和创业精神。有较强的成就动机,不墨守成规,喜欢打破旧有的刻板规则;有较强的主动学习意愿与能力,不浅尝辄止、人云亦云,能够主动规划自己的未来发展方向。

Q4:工商管理专业有哪些对外交流项目?

第一,长期访学项目:本专业学生可至慕尼黑工业大学、麦吉尔大学、杜兰大学、利兹大学、隆德大学、蒂尔堡大学、洛桑大学、早稻田大学等 20 多所合作院校进行为期一学期的交流学习。

第二,短期交流项目:斯坦福大学设计思维夏令营、新加坡科技设计大学“设计+创业项目”、海峡两岸暨香港地区创新创业夏令营(杭州、台湾、香港三地轮流举办)、英国剑桥大学“人文+科技”项目。

第三,浙大—硅谷暑期实习项目:每年择优录取本专业同学,暑期赴硅谷实习。硅谷暑期实习内容包括:参与合作伙伴日常运营管理及在孵项目的相关工作;向风险投资人及资深创业者展示自己的创业想法或项目,并得到1对1深度指导和加速孵化训练;硅谷著名高校(斯坦福大学、加州大学伯克利分校)及创新型企业(谷歌、苹果、脸书等)参访考察;硅谷创新创业生态系统及最新创新创业趋势专家讲座;硅谷及旧金山风土人情社会考察等。

Q5:工商管理专业的深造与就业前景怎样?

浙江大学工商管理专业的毕业生,就业领域非常宽,而且起点高。毕业主要去向包括:进一步深造读研,或者进入管理咨询公司、商业研究分析机构、大型企事业单位、创业和高成长性企业、金融证券或投资公司等。

值得一提的是,近年来工商管理专业的海外留学比例不断提高(海外商学院有多个方向均可对接工商管理专业)。由于本专业在课程设置上不仅强调分析研究能力与创新能力的培养,还专门设置了对接商学院科研细分领域的研究前沿专题课程,并鼓励学生从大二开始可以选择学院内的不同科研团队进行科研项目实习。这种学习背景和科研经历,大大提高了海外名校商学院的申请成功率;同时,特别优秀的学生还可以获得国内和校内推荐免试直博生的机会。与此同时,由于工商管理专业的学生商学面广、基础扎实,因此特别适合企业作为未来高级管理人才进行培养使用(俗称管培生)。为此,浙大管理学院也致力于与著名企业合作,与著名企业开展管培生的定向培养,为工商管理专业的同学提供更高的起点。

■ 工商管理专业最吸引我的——

世界很大,要多探索;学海无涯,要勤思考。毕业多年,在全球各地辗转,感受了不同的商业人文气息,也收获了人生的一个个阶段性的成就。感谢工商管理专业给予我国际化商业综合能力的培养;只要有工商这个家,心中就会充满温暖的力量。希望学弟学妹们能多走走、多看看,体会不同的价值观,拓展自己的视野。

——2008级本科生　吴钇凡

(曾任特斯拉美国供应链系统分析师,现居澳大利亚悉尼,从事媒体数字化转型工作)

在管理学院学习,你需要有强大的克制浪费时间的欲望的能力。因为在你身边,全是善于管理时间、在各个方面都非常出色的天才和牛人。整个专业有着很浓厚的创业文化和商业精英气息,大家在课程项目合作中早就磨炼了团队协作的默契,你可以很快地融入新团队和接手新项目。学院会安排很多的与MBA、EMBA以及公司创业者之间的商务社交活动,使得这个专业的学生有着超出一般大学生的眼界与格局。虽然课程很紧张,但是所学的每一门专业课程几乎都可以享用终身。像“管理学”这样的课程,需要很早去抢位子,从中所学的不仅是知识点,还是对管理的本质的理解,这足以改变一个人的人生;而像“数字营销”“商业模式”这样的课程,是连杭州的互联网创业公司都会来偷偷旁听的,据说一堂课价值上万……本专业的老师们个个学富五车,术业有专攻,在各自的学术领域蜚声国内外，难得的是他们会把自己的最前沿研究融合到教学中，表现好的学生会有机会与他们共进午餐，你可以借此进一步了解教授们思考问题的方式，很多教授还会主动邀请学生参加他们的科研项目。如果你的表现足够优秀，你甚至在本科阶段就能在海外知名刊物上发表论文，当然更多的是可以得到教授们的推荐信，从而在毕业后进入海外商学院读研究生。

——2012级本科生　石璐璐

（现为香港科技大学市场营销专业博士生）

大学时光是我们重塑价值观、开阔眼界的关键时期。我非常感激浙大管理学院，尤其是工商管理专业对我的培养和支持。变化是时代永恒的主题：智能手机和高速通信带来移动新生活，大数据已经无处不在，人工智能正不断取代传统知识岗位……紧追时代的步伐固然可以带来成功，引领时代才能真正造就卓越，而这正是浙大管理学院的价值观所在——培养引领中国未来发展的健康力量！工商管理专业的课程设置和师资支持在引领未来上很有优势，不仅注重从商业世界的基本运行规律和经济发展的大局观出发，培养学生的战略思维，更配以多元化的商业模块课程，让学生能够在商业世界中游刃有余。工商管理专业在学生培养上不仅注重对实践技能的传授，还注重对学生潜力的挖掘，培养个体领导力，强调理论方法与问题解决能力相结合，从而为学生带来更高的战略思维、更宽广的视野、更强的社会影响力。

当前，中国的顶尖企业正在引领世界的发展潮流，而这些引领世界发展的杰出企业中，阿里巴巴、网易、海康威视、吉利等正坐落于杭州——这个中国最具创新活力的城市。工商管理专业能够为你提供与这些引领未来的杰出企业零距离接触、加入它们的机会！

——2013级本科生　魏俊杰

（现为浙江大学企业管理专业直博生）

专业名称：信息管理与信息系统
专业导游：陈熹教授

选择浙江大学信息管理与信息系统专业的N个理由

理由一：信息管理与信息系统专业顺应时代发展潮流，培养学生洞察商业未来发展方向的技术与眼界。

理由二：在信息管理与信息系统专业交叉学科的培养下，可以成为既懂信息技术、具备数据分析与编程能力，又懂管理知识的复合型人才。

理由三：信息管理与信息系统专业的方向多样，契合学生兴趣，锻炼学生各方面的能力，对综合能力提升有重要意义。

Q1：信息管理与信息系统专业的学习(研究)对象是什么？

放眼当今世界，信息技术在飞速进步，社会也因信息技术而变革，无人驾驶、人工智能、云计算、物联网、区块链、智慧城市等新兴产业蓬勃发展。而信息技术的不断提高，意味着逐渐打破信息(数据)与其他要素的紧密关系，以此扩展其使用范围、增加其价值，最终提高经济、社会的运行效率。信息管理与信息系统(Management Information System，MIS)是一个新名词，也是一个新兴的专业，专业的学习对象涉及从数据到信息、到知识、再到智慧，过程中的每一个阶段有其相应的理论学习与实践。因此，本专业着力于培养能够利用信息技术和信息系统进行管理创新和商务模式创新的复合型高级专门人才。

Q2：信息管理与信息系统专业本科核心课程有哪些？

信息管理与信息系统专业本科核心课程有：大数据信息系统分析与设计、数据库技术、通信与计算机网络、大数据与商务智能、电子商务概论、数据挖掘与机器学习、运作管理等。

Q3：信息管理与信息系统专业的学生需要具备什么特质？

信息管理与信息系统被称为社会科学专业中最具技术性和实践应用性的专业，课程设置兼具管理、经济与信息技术等多门学科的关键知识点，这就要求学生有较强的融会贯通能力。学生既要有偏社科性的管理思维，也要有偏理工科的数据处理与编程能力，并且善于将每门课程的知识概念进行联系性思考。在这个基础上，学生还要有很强的实践动手能力，将所学的信息技术硬本领应用到管理实践中。总结来说，这是一个对学生综合素质要求很高的专业。

进入专业课程学习后，有些学生往往会遭遇思维难以转换而带来的学习困境。比如，没有深入理解各类数学课程（如统计学）的原理、计算机编程实现的基础薄弱、系统设计与规划无法熟练运用各种技术手段等。同时，信息管理与信息系统有很多专业课程都要求学生应用所学的信息技术为某一个管理问题设计并实现一个系统或者算法，如何将所学知识立即进行应用对同学们来说也是较大的挑战。

Q4：信息管理与信息系统专业有哪些对外交流项目？

信息管理与信息系统专业与世界一流大学的管理信息系统专业有着密切的交流与合作，为学生的交换、交流和继续深造创造了良好条件。本专业与新加坡国立大学计算机学院的合作项目可以为本科学生提供毕业后赴新加坡直接攻读博士学位的机会。同时，本专业与新加坡国立大学、新加坡管理大学、香港城市大学等知名高校的管理信息系统专业的硕士项目有推荐及优先录取的正式合作，以及其他各类寒暑期短期交流项目。

Q5：信息管理与信息系统专业的深造与就业前景怎样？

由于信息管理与信息系统专业学生同时具备了计算机和管理的基础知识，并且应用能力较强，其就业选择面非常大，经过上岗培训后往往能胜任从信息技术岗到信息管理岗的各种职务。与信息管理与信息系统专业对口的职业主要分为六大模块：信息化管理咨询、数据挖掘与管理咨询、信息系统开发、信息网络构建、信息系统运维以及信息资源开发利用。

毕业生的就业去向也可以分为如下三大方向：

一是企业内部IT管理方向。特别对口的是从事信息系统集成相关的信息管理、市场研究、销售分析之类的岗位，比如电子政务/企业信息化主管、企业管理软件开发工程师、信息系统管理与维护岗位、企业供应链管理岗位等。

二是管理咨询服务方向。比如企业信息化管理咨询师、数据挖掘与分析管理咨询师等。

三是计算机与软件工程方向。可以从事软件编程、数据库、网站建设与维护、计算机网络等相关工作，成为系统分析员、信息技术员、数据库管理员，也可以考虑进入专业的系统开发公司或提供计算机软件信息服务的公司。

此外，值得一提的是，近年来信息管理与信息系统专业毕业生的海外留学保持了高比例。信息管理与信息系统专业与海外的商学院、计算机学院、工学院等多个方向进行对接，主要包括了管理信息系统专业、大数据分析专业与计算机（软件工程）专业。海外留学主要去往的高校包括卡内基梅隆大学、加州大学伯克利分校、哥伦比亚大学、新加坡国立大学和中国香港大学等。

■ 信息管理与信息系统专业最吸引我的——

信息管理与信息系统(以下简称信管)这个专业最大的优势在于能把各种管理与计算机学科相关的知识融会贯通,感觉仿佛没有局限。计算机和数理类课程能够发挥和锻炼我们的逻辑思维,而管理与社会科学类课程则能促进与激发创新思维。现在,信息技术在人们的日常生活中发挥的作用越来越大,逐渐改变着人们的生活方式,我们最耳熟能详的应用包括苹果手机、微博、社会化平台、物联网、云计算、大数据等。这些名词不仅仅代表着一项技术,同时也代表着新的商业模式。人们的生活方式和生产方式随之发生改变。信管所在的数据科学与管理工程学系于2010年获得国家社会科学重大研究项目的支持,专门研究信息技术引发的人们生活方式与社会生产方式变革及其机理,重点研究社会化媒体、物联网、云计算等新兴信息技术的发展及其带来的变革。本专业有一些研究课题十分有趣,比如淘宝网的经济效应、云计算是否能让企业有更灵活的合作机制、什么样的因素会影响人们在社会媒体上披露自己的私密信息等。同时,数据科学与管理工程学系拥有国内首个“神经管理学实验室”,可以进行眼动实验、脑电波实验等神经行为实验,从认知的底层了解人面对信息技术与管理决策时的生理反应模式。

——陈熹　教授

在其他专业的同学看来,信息管理与信息系统这个专业是非常高端的,事实也的确如此。信管是集信息技术与管理科学于一体的实践性很强的交叉学科。最直接地看,它强调运用计算机技术来分析管理现状,优化公司的运营管理,并为管理层的决策提供信息支持。相较于计算机专业,信管专业不必聚焦于技术本身,这使我们能够更灵活地运用最新、最先进的技术来进行管理,而相较于传统的工商管理,技术的应用使得管理更加高效和精细化。

进一步来看,信管专业为我们提供了一个独特的视角,让我们能更全面地认识新技术、新事物对这个社会产生的影响,并迅速做出反应,把握前瞻性的商业脉搏。越是高端的学科对学生的要求也就越高。一方面,我们需要学习计算机、经济学和管理学等各方面的内容,形成系统的知识体系和思维方式;另一方面,还要勤于实践才能提高自己的技术应用能力。无论今后想要就业还是继续深造,信管都是非常不错的选择。

——2014级本科生　王会娟

信管专业给大多数人的第一印象是学科交叉,追求信息技术与管理科学的交叉应用。而交叉应用的前提,在于对两个领域知识有足够深入的了解,既要提升计算机技术,又要学习和实践管理科学方面的知识。在信管领域常见的工作内容中,无论是企业业务和行政的信息化管理,还是商业数据分析,都需要在两个方向上有足够的知识储备:

了解企业业务管理模式的同时也要懂得如何将实际业务流程信息化，才能构建出适合企业的信息系统；熟练掌握数据分析算法的同时也该有商业思维做支撑，才能更充分地理解商业数据分析结果，使数据发挥更大的商业价值。信管专业的学习过程，不仅可以提供信息技术与管理科学的基础技能学习，而且还有交叉性质的课程与实践，能够让同学在学习掌握的过程中，了解到知识与技能的实际应用价值。

——2014 级本科生　刘仲仪

信管专业是一门集信息技术与管理科学于一体的实践性很强的交叉学科。从课程设置上看，一方面，我们要学习计算机、数理类的课程，从而学会使用信息技术手段，培养锻炼自己的逻辑思维；另一方面，我们要学习管理、经济类的课程，从而培养自己的商业化思维，能够更好地理解商业问题。更重要的是，信管专业强调运用计算机技术去分析管理现状，解决管理问题，为管理者的决策提供信息支持。相比于计算机科学专业，信管专业并不是聚焦于技术本身，而是强调信息技术的应用，用技术解决现代管理问题。相比于传统的工商管理专业，信管专业通过技术的应用使商务活动更加高效和精细化。从毕业去向上看，继续深造和直接就业都是非常不错的选择。从未来就业上看，如果喜欢编程，在专业课的基础上再自主修读一些计算机专业的课程，毕业之后可以转向研发、算法。如果对编程兴趣不高，毕业之后可以选择管理类岗位。如果更喜欢用技术解决问题，毕业之后可以选择数据分析、数据挖掘等岗位。

综合来看，信管专业并不局限在一个方向，而是提供了很多的可能性。我们在不断地深入学习中，可以慢慢探索自己的兴趣点，发现自己喜欢的方向，之后就能够往自己喜欢的方向发展。因此，在我看来，信管这里有无限的可能性！

——2015 级本科生（2019 级硕士生）　韩玉

信息管理与信息系统专业同时聚焦于计算机科学和管理科学，是一门注重实践的交叉学科。在计算机科学方面，信息管理与信息系统专业培养了学生一定的计算机系统、计算机算法的基础和计算机思维，使学生具有较强的建模和编程能力，并对前沿的计算机科学领域发展和科研成果有一定的了解。在管理科学方面，信息管理与信息系统专业使学生对经济金融模型和商业管理模式都有了一定的理解，培养学生能够从商业和管理的角度思考问题。

和纯粹的经济学和金融学专业培养的学生相比，信管专业的学生有更强的数理基础和定量分析的能力；而和计算机专业的学生对比，信管的学生能够从管理的角度思考问题，对企业管理流程和实际业务有更多的了解，不仅仅知道“怎么做”，也知道并且善于说服他人“为什么要去做”。

——2015 级本科生　唐心怡

信管是信息技术和管理的交叉专业。若将"信息管理与信息系统"分为前后两个部分，前者(信息管理)可理解为对社会上的人力、物力、财力等各个维度的信息(数据)进行理解和统筹，这种分析的能力必须应用于某一特定领域才有其价值。幸运的是，信管给了我们一个去尝试探索更广阔的世界，并发现自己兴趣所在的机会。而后者(信息系统)的学习则促使我们站在不同利益相关者的角度看待同一个事物，帮助我们养成全局观。正是由于信管学科的这种交叉性，班级中聚集着形形色色的同学。这种不同不仅体现在软硬技能上，例如有人更偏管理、有人则更偏计算机；也体现在行业上，例如有人喜欢咨询方向、有人则喜欢互联网方向。这种多样性给予了我们更多可能性，形形色色的信管人也在不同行业、不同职能岗位上散发着自己的光和热。

——2015 级本科生　沈晓斌

专业名称:会计学
专业导游:陈俊教授

选择浙江大学会计学专业的N个理由

理由一:会计是全球通用的商业语言,是全球商业活动共同遵循的基本规则,是全球贸易和国际资本流动的支撑性制度安排。

理由二:财务管理活动天然具有战略意义,拥有深厚的会计专业知识,掌握丰富的财务管理工具,不仅能够通过优化价值管理和风险管理为组织持续创造价值,而且可以通过创新金融工具和交易结构设计为资本市场和投资者创造价值。

理由三:财会专业是全球商学院公认的支撑性学科,通过精心设置由初级、中级、高级以及创新型课程构成的系统完备课程体系,形成深厚的知识壁垒和专业"护城河",从而具备突出的商学竞争优势。

理由四:"企业越发展,会计越重要;市场越发展,会计越重要;经济越发展,会计越重要。"全球通行的准则语言体系,使得财会专业拥有极为宽广的国际视野。与此同时,其天然的规则、规范和管理价值,使得财会专业毕业生拥有极为广泛的就业领域和优秀的未来成长潜力。

"优秀的CFO(财务总监)是能够随时接替CEO(首席执行官)职位的人。"

——华为创始人任正非

Q1:会计学专业的学习(研究)对象是什么?

直观地说,会计学专业(含财务管理,下同)研究的对象是组织(企业、政府、非营利机构等)的资金运动和各类经济活动,涉及会计、审计、财务与金融等多个领域。重点包括对经济业务进行计量、记录、汇总和分析,向信息需求者报告财务会计信息,并直接参与单位的经营管理,促使其提高经济效益;筹资管理、投资管理、营运资金管理和利润分配管理等,涵盖了企业资金来源、资金运作和资金去向管理等方面的研究,维持企业适度的流动性,实现企业利润和价值的最大化。会计学是一门实践性很强的学科,它既研究会计的原理、原则,探求那些能揭示会计发展规律的理论体系与概念框架,又研究资金的运动规律及相应管理过程和模式。

Q2:会计学专业本科核心课程有哪些?

会计学专业旨在培养具备扎实的会计理论、审计理论与财务理论基础,既通晓国际准则与中国制度又熟悉全球经济发展与资本市场运作机制,理论、实务与职业道德并重,能够在不同的经济、法律与监管环境下,在各类企事业单位、中介组织、金融机构、政府和科研机构从事高层次会计、审计、财务与金融工作的创新型、复合型高级会计学专业人才。为了实现培养目标,会计学专业开设了中/高级财务会计、财务管理、高级财务管理、管理会计、审计学、公司治理与内部控制、财务报表分析、税法与税务筹划、战略成本管理、投资学、并购与重组等核心课程,还有国际财务管理、金融衍生工具、商业银行管理、投资银行管理、量化投资、投资组合分析、创业投资分析以及金融创新与金融科技等个性化选修课程。此外,全英文课程、研究拓展型课程及案例讨论型课程等特色课程能帮助学生建立全球视野,掌握扎实基础理论知识和综合方法运用能力。

Q3:会计学专业的学生需要具备什么特质?

首先,学生需要具备良好的专业道德素养。财务管理及相关职位比其他岗位更需要职业道德约束。我国正处于经济转型期,在社会发展的同时也伴随着财务信息虚假问题。"不做假账",是最基本的底线。在市场竞争激烈的今天,掌握企业商业机密的会计人员如果缺乏职业道德,将会对企业造成极大的威胁,因此会计职业道德素质是会计人才的核心素质。

其次,学生需要有对数字敏锐的洞察力及严谨的逻辑思维与分析能力,能够在报表、报告中发现数字所蕴含的前瞻性信息,及时洞察由数字所反映出来的企业问题。

再次,学生需要具备踏实的性格以及刻苦钻研的学习精神。财务管理工作是一步一步走过来,一个数字一个数字积累起来的,浮躁的性格将导致数据的错乱和失效并直接造成公司的重大损失,正所谓"失之毫厘,差之千里"。会计学是一门综合学科,要想在这个行业中立足和发展,扎实的财会知识是保障。

最后,也是最为重要的一点,一名优秀的会计学专业的学生需要有把握外部环境变化的能力,对外部信息有一种敏锐的悟性,开放性地吸收并驾驭外部市场的变化。

Q4:会计学专业有哪些对外交流项目?

浙江大学管理学院本身就有非常多的对外交流项目,这些项目对会计学专业的学生是全面开放的。这些项目既包括长期的交流学习,也包括短期的培训参访。同学们既可以选择前往麦吉尔大学、杜兰大学、慕尼黑工业大学、利兹大学、早稻田大学等近 30 所世界顶尖大学商学院进行长达一个学期的交流学习,也可以选择参加新加坡科技设计大学"设计+创业"、剑桥大学"人文+科技"等颇具特色的短期交流项目。丰富多彩的对外交流项目,给予同学们充分的选择空间。同时所有这些项目,会计学本科生在学期间申请都可获得 50%～100%的资助。目前,会计学专业的学生出国交流比例已达到 100%。

Q5:会计学专业的深造与就业前景怎样?

浙江大学会计学专业的毕业生继续深造(国内硕博和海外留学)的比例接近 1/2,选择国内深造的学生多去往北京大学、清华大学、浙江大学、中国人民大学、厦门大学等"985"院校,选择海外留学的学生多去往加州大学洛杉矶分校、杜克大学、伊利诺伊大学厄巴纳香槟校区、得克萨斯大学奥斯汀分校、罗切斯特大学、新加坡国立大学等。而直接就业的毕业生主要去向是知名金融机构(如大中型商业银行、投资银行、证券公司、信托公司)、券商财务分析师、国际大型会计师事务所、上市公司以及房地产公司(如万科、恒大等)、快消公司(如欧莱雅等)、制造类公司(如GE公司等)等领域的全球500强企业。还有毕业生专门从事政府财政、审计甚至反腐工作。会计学是一个适用面极其广泛的专业。

■ 会计学专业最吸引我的——

作为社科大类中最为热门的专业之一,会计学一直以来都吸引了非常多优秀的同学,很多人可能都看中了它的一些诸如实用性强、工作待遇高的优势,但对即将从会计学专业毕业的我来说,事实远远不限于此。

首先,会计是一把通向商业世界的钥匙,只有对经济活动了解至深,抓住它们的本质,才能够融会贯通,对各种商业交易不再模棱两可,能够清晰把握它们的意图与动机,以及用于博弈的筹码。换言之,会计更是一门语言,能够将商业涉及的方方面面向你娓娓道来,轻重缓急、主次分明地在你面前铺陈开来。而这一切,又绝非杂乱无章的,会计这门学科的逻辑性极强,从因到果,由果索因,环环相扣,比如审计,从一些财务造假的蛛丝马迹判断其动机,再由此推断出其他可能的舞弊手段,逐个重点击破。

其次,这个专业的出路也是极为广阔的,扎实的财务基本功和缜密的商业思维在任何场合都能显现出其优越性。从公司的财务岗位,到事务所的审计师,再到资产管理型投资岗位,不一而足,会计的专业基础无疑都是非常重要的敲门砖。

最后,会计绝不仅仅就是机械地记账、算账,而是有着成熟理论体系支持的,兼具科学性与人文性的。毫不夸张地说,会计是整个资本市场有序运行的基石。

——2014级本科生(浙江大学在读博士生) 李进

会计学作为一门应用性较强的专业,学习内容丰富有趣,发展前景广泛。在课程设置上,通过财务、管理、经济金融等课程的学习,我们各方面的能力,尤其是处理会计业务与管理财务的操作能力和创新能力得到了很好的训练;在职业发展上,通过理论与实践的结合性学习以及学院的相关培养,我们能够树立明确的职业发展目标并有着较强的竞争力。

作为一名财会系的学生,我认为通过本专业的学习,我对会计、财务的兴趣日渐浓厚,专业技能也得到了长足的增长,通过参加依托院系的各种活动,我的综合素质也得到了全面发展。我相信选择会计,选择财会系,一定是一个正确的选择!

——2017级本科生 任一鸣

(2019年“毕马威杯”管理案例分析全国十强赛冠军队成员)

从社科大类到会计学专业的选择几乎没有太多的犹豫，在大一下学期上了会计学这门课，我第一次真正接触到了会计学，真正意识到会计并非仅是算账、记账这样狭隘的概念；会计的职能远比我们想象中的意义重大，财务报表中严谨的逻辑钩稽关系更是激起了我对会计学学习的兴趣。经过几年的专业学习，我也逐渐领会到“会计是解释经济活动的一门语言”，掌握这门语言，可以透过经济活动的表象读懂其背后的实质，了解一个企业的真实情况。

学好会计学，除了掌握扎实的专业知识之外，还需要具备逻辑分析和独立思考的能力，能够将所学所知运用自如来解决问题。在浙大财会系，我们的学习是成体系的，所学习的专业课程包括会计基础、财务会计、管理会计、会计理论、财务管理、财务报表分析、审计学、税法等，可以让我们会计系的同学接受更为系统全面的专业知识教育，培养同学们的逻辑思维能力和思考能力。

在科技高速发展的时代，财务系统智能化、财务机器人的出现给会计行业带来了诸多挑战，但是高端会计人才的缺口仍然很大，财务人的发展空间仍然很大。作为浙江大学会计系的同学，我们应当对自己有更高的要求：拓宽视野、与时俱进，不断为自己充电。适应时代发展的节奏和方向，培养会计思维，锻炼一个具有思考分析能力的头脑，不断追求更高的水平，是我们都该努力达到的目标。

——2014 级本科生(浙江大学在读 MPAcc)　刘凤云

会计学是一门复杂而精练的学科。复杂，在于会计学渗透经济社会的方方面面，涉及财务、审计、税收、投资、金融等领域；精练，则在于复杂经济活动背后所蕴含的经济实质和会计理论，各个领域的经济活动最终都能通过会计这项工具进行透视。

会计学最初吸引我的，是它复杂的一面，出于对就业机会和专业能力的追求，我选择了这个专业。但通过几年的学习，我越来越被会计学的精练吸引——专业课程的推进逐渐为我构建起了整体而系统的财务思维和逻辑框架，教会我如何透过财务数据来分析组织的经济效益，如何应用理论来解释财务行为的动机和影响，如何一步步理解剖析资本市场中发生的实际案例。化繁为简，拨云见日，剥开经济活动眼花缭乱的“外衣”，抓住经济实质，会计学的迷人之处莫过于此。

进入财会系后，老师和同学的帮助使我有了很多的成长。课程中老师向我们教授理论知识之余，还会结合实际案例引导我们独立思考，培养我们的财会“嗅觉”和逻辑思维，也会通过课程作业让我们锻炼实操能力。周围优秀的同学更是不断敦促、激励我的动力，课程小组的合作和商赛的经历也让我们碰撞出了思维的火花，春游、聚餐诸多温馨的体验更让我们凝聚成温暖的大家庭，让我们在学习之余聚力前行。

——2014 级本科生(浙江大学在读 MPAcc)　张忻如

财务管理是企业的“心脏”，会计是一门必不可少的商业语言。我在本科阶段和研究生阶段都选择了会计学专业，这让我获得了扎实的财会基础与广阔的视野，我非常感激当年的选择。

学习财会专业不一定要求数学好，但是要心细、有责任感，对数字有一定的敏感性。当初选择会计和财务管理方向，因为其作为企业管理的基础和核心，对我的职业发展有很大的帮助，同时班级里同学们的实力均较强，能不断促进自己进步。在三年的专业学习中，我熟悉和掌握了会计的相关知识，进一步了解了财务管理、金融学等多方面的知识，特别是企业 IPO（首次公开募股）的相关知识。本科结束，我选择了继续在管理学院财会系深造，成为 MPAcc（会计硕士专业学位）的一员。

MPAcc 项目由浙江大学管理学院、美国杜兰大学弗里曼商学院共同合作，旨在培养具有较强国际视野和扎实会计学专业功底，能够在各类金融机构、企业事业单位、政府机构中从事高层次财务与投资工作的管理型和领导型会计专业人才。我们的部分课程将与浙大 MBA 同堂修习，进一步扩大了校友资源。在浙大近七年的时间里，我受益匪浅！感恩管院，感恩我浙！

——2011 级本科生 李晓童

（广发证券投资银行部高级经理）

公共管理学院

School of Public Affairs

- 行政管理
- 劳动与社会保障
- 土地资源管理
- 农林经济管理
- 信息资源管理
- 政治学与行政学
- 社会学

专业名称:行政管理
专业导游:田传浩教授

选择浙江大学行政管理专业的N个理由

理由一: 从全球范围来看,行政管理是公共管理的最基础部分;在许多世界一流大学中,行政管理已经成为最能彰显高校社会科学综合实力的专业。在我国公共管理的学科"阵列"中,行政管理是改革开放后得到率先发展、理论创新最为活跃、与政府管理实践结合最为紧密的专业。在历史上的多次政府管理变革中,行政管理均发挥了巨大的引领和推动作用,而在当前国家治理现代化的进程中,行政管理又是与国家治理、社会治理变革相关度最高的专业。

理由二: 浙江大学行政管理专业是浙江省重点学科,也是国家"双一流"学科建设的骨干专业。该专业的师资阵容强大,研究力量雄厚。目前有22名教师,其中有12名教授(包括教育部教学指导委员会秘书长1名、新世纪优秀人才3名)、4名"百人计划"研究员、5名副教授、1名讲师。专业办学水平居于全国前列。同时,本专业在公共行政理论和公共政策研究方面具有全国领先地位,对政府改革和治理现代化的研究、大数据的政府治理改革、医疗服务等重大公共政策的研究等代表性成果在学术界产生了卓著影响,也对各级政府的实践产生了积极而显著的引领作用。本专业拥有的从本科到博士的完整教育建制,有利于学生的长期发展及师生教学相长。

理由三: 浙江大学行政管理专业一贯重视社会科学基础(理论和方法)学习、公共事务管理技能训练、国内外公共管理实践的经验熏陶。复合式、参与式的教学方式为学生的未来职业生涯发展提供了较好的支持。行政管理专业的毕业生能适应政府和公共部门、企事业单位、高校及科研院所的管理、研究、教学等工作。该专业不仅产出了一批国内外著名高校的教授、研究员,也走出了以现任湖北省委书记为代表的一大批杰出公务员,甚至有毕业生在硅谷等"科技圣地"成功创业。

Q1:行政管理专业的学习(研究)对象是什么?

行政管理专业主要研究以政府为核心的公共部门如何整合社会的各种力量,广泛运用政治、经济、管理、法律等方法,强化公共部门的治理能力,提升公共部门的工作绩效和公共服务品质，从而有效地实现与满足公共利益。也就是说，行政管理主要是研究公共部门对社会公共事务以及自身事务的管理，比如政府职能转变、行政机构改革、公共政策分析、公共部门绩效评估、公共人力资源管理、地方政府管理与创新、社会管理与公共服务、非传统安全与危机管理等。同时，考虑到部分同学可能到金融机构和大中型企业工作，我们还兼顾了企业行政管理的内容。企业行政管理是指企业行政系统为了企业的生存与发展而依靠一定的法律、制度、原则和方法对企业进行职能性管理，从而推动和确保企业的生产、技术、财务、销售等业务的顺利开展和相互协调。

Q2：行政管理专业本科核心课程有哪些？

公共管理学(甲)、公共政策学、公共经济学、行政管理学经典著作选读、公共管理研究方法、人力资源开发与管理、城市管理学、组织行为学、行政伦理学、公共预算管理、公务员制度、社会政策、环境管理与政策、行政管理学前沿问题研究等。

Q3：行政管理专业学生需要具备什么特质？

行政管理专业每年招收 30 个左右本科生，特别欢迎对行政管理专业有强烈兴趣的同学。除了了解同学们的兴趣、希望同学们有明确的定位之外，本专业比较注重考核同学们的公共关怀、逻辑思维及数学、写作能力和综合素质。本专业基于实际行政管理的复杂性，还希望学生具有换位思考和角色带入的思维习惯。比如——请问：如何让猪上树？方案一是愿景激励：给猪美好的愿景，告诉它其实你是猴子，你肯定上得去。方案二是绩效考核：告诉猪如果上不去，晚上就摆全猪宴。方案三是山寨效果：把树砍倒，让猪趴在树上合影留念。通常，中央会选择第一种方案，省(区、市)会选择第二种方案，但基层往往选择第三种方案。如果是你，你会选择哪个方案？

Q4：行政管理专业有哪些对外交流项目？

在学校大力建设世界一流大学的总体进程下，行政管理专业也大力鼓励和支持学生参加境内外的交流学习活动，并积极争取社会资源，为学生提供对外交流的平台。主要对外交流项目包括：台湾政治大学暑期交流(“两岸菁英研究暨参访夏令营”)、台湾大学交换生项目、密歇根州立大学(MSU)暑期交流(“探索社会科学”夏令营)等。

除了上述三大主要对外交流项目外，行政管理专业还与美国的佛罗里达国际大学公共行政管理系形成了两校师生进行互访的合作意向，与挪威的奥斯陆大学、卑尔根大学在学校协议的框架下签订了多层次学生交流协议。此外，行政管理专业还积极鼓励和推荐学生参加学校和其他各院系承办的对外交流项目。

Q5：行政管理专业的深造与就业前景怎样？

行政管理专业一直保持着很高的一次就业率。近十年来，行政管理专业毕业生直接就业的主要去向有各级部门的党政机关和事业单位、大中型国有企业、外资企业。可以看出行政管理专业对于本科生的培养具有多样性和专业针对性，学生在毕业后能够按照个人兴趣和实际机会在不同领域找到专业对口的岗位任职。

值得注意的是，近几年来，较高比例的本科毕业生选择了在国内外著名高校继续深造。

除本校外，许多学生进入了北京大学、清华大学、中国人民大学等知名学府攻读更高学位；另一些学生则在宾夕法尼亚大学、伦敦政治经济学院、华盛顿大学、纽约大学等世界一流高校获得了深造机会。

■ 行政管理专业最吸引我的——

很多人都好奇地问，为什么我的新浪微博叫“吴金群—传说中的大师兄”。其实答案很简单，因为我是浙大行政管理专业的第一届本科生，正好见证了浙大行政管理专业20多年的发展。光阴荏苒，我对这个专业的感情却越来越深厚。我曾经的梦想是，通过学习行政管理专业，将来进入政府，以便更好地建设国家和社会。命运也特别眷顾，我曾两次成功考入省级机关，但因缘所系，最终还是回到了母校。如今，我的梦想没有改变，但是横跨了半步，试图从另一个渠道得以实现，那就是给在校的同学上课、给来自全国各地的干部培训，通过改造中国现在以及未来政府官员的灵魂，从而稍有迂回地去改造中国社会。“以天下为己任，以真理为依归”，想必就是这样一种精神理念吧！

——吴金群　副教授

之所以选择这个专业，一方面与班主任有关，另一方面就是被院训“以天下为己任，以真理为依归”深深打动。打幼年起，我就对时事政治有浓厚的兴趣。如果说兴趣是我选择公管的初衷，那么支撑我四年专业学习和博士阶段继续研究的力量，就不单单是兴趣了。公管带给我的是一种济世经邦的情怀，让我能够专注于学术研究，并将其转化为成果来改善社会现状。在最近关注的“地方政府创新”议题研究中，我惊叹于中国政府建设取得的巨大成果，对政府未来的发展进行了思考。我愿意谨遵院训，沿着这条研究、探索之路坚定地走下去。

——2009级本科生(2013级博士生)　陈科霖

真理为念，天下己任。一个人的力量，或许撼动不了什么，但我们可以始终抱有“穷则独善其身”的想法，学习专业知识，掌握客观真理；而一帮有理想、有信念的人聚集在一起，却可以有一种“达则兼济天下”的豁达，真正为天下百姓谋福祉。谈到之前我们所做的课题，不论是“构建制约监督并重的惩防腐败体系”还是“浙江民生工程创新”，都有一个共同的出发点，那就是民生。担起应有的那份社会责任，我们每一位公管学子都应义无反顾。

——2010级本科生(2014级硕士生)　付如霞

专业名称:劳动与社会保障
专业导游:林卡教授

选择浙江大学劳动与社会保障专业的N个理由

学科排名稳居全国前列。浙江大学于2000年正式设立劳动与社会保障本科专业,是国内最早设立同类专业的高校之一。本专业依托的公共管理一级学科,是浙江大学18个国家“双一流”建设学科之一。根据近年“中国大学评价”,本专业稳居全国同类专业排名前三,2018年排名为第二。

师资实力雄厚。本专业现有教师17人(高级职称15人),其中,浙江大学文科资深教授2人、长江学者1人、青年长江学者1人、入选教育部新世纪优秀人才计划1人、浙江大学文科领军人才1人。教研团队于2012年入选浙江省重点创新团队。

研究和政策影响力显著。本专业教研团队先后承担了国家社会科学基金重大项目、国家自然科学基金重点项目、教育部哲学社会科学研究重大课题攻关项目等数十项国家级课题。浙江大学民生保障与公共治理研究中心入选浙江省哲学社会科学重点研究基地。

Q1:劳动与社会保障专业的学习(研究)对象是什么?

本专业的学习和研究对象涉及面较广,既包括收入保障、医疗保险、就业政策等与民生相关的政策问题,也包括养老服务、医疗服务、残疾人服务、公益慈善事业等社会服务问题,以及人力资源管理和风险管控等与企事业单位相关的劳动管理问题。

因此,本专业的教学聚焦在社会保险、社会救助、风险管理、人寿保险精算等问题,也研究就业、收入不平等、员工福利、人力资源开发和人事管理等问题。

Q2:劳动与社会保障专业本科核心课程有哪些?

劳动经济学、社会保障学、精算学、保险学等学科基础课程,以及社会保险、社会救助与社会福利、风险管理、人寿与健康保险等专业课程,同时本专业也开设社会调查与统计分析、质性研究方法、应用计量经济学等方法类课程。

Q3:劳动与社会保障专业的学生需要具备什么特质?

有志选择本专业的同学一般需要具备以下素质:一是要有强烈的社会责任感,关注弱势群体的保护,致力于增进全体公民的社会福利状况;二是对本专业相关的问题和知识有强烈的求知欲和好奇心,勇于创新和探索,具有批判性思维和严密的逻辑论证能力;三是要有从事社会调查的能力和技术,有进行社会调查和与各类人群进行交流和访谈的浓厚兴趣;四是要有数据分析的能力,通过统计和计量方法的运用对研究资料进行定量分析。

Q4:劳动与社会保障专业有哪些对外交流项目?

在2018—2019学年,本专业共有18名本科生参加了对外交流,其中参加校级项目3个、公共管理学院项目5个。在这些交流项目中,北欧福利国家体系(芬兰)考察项目与学科专业结合紧密且已经连续执行3年。同时,在2017—2018学年中本专业有23人通过"一带一路"考察访问项目前往斯里兰卡进行考察访问,在2019年又组成社会保障与风险管理访学团前往越南进行考察访问。

芬兰赫尔辛基大学交流访问项目:2019年暑假期间社会保障和风险管理系主任林卡教授带领劳动与社会保障专业部分本科生前往坦佩雷大学和赫尔辛基大学进行交流和访问。通过访问、交流、听课和参加会议等活动,学生们获得了对北欧的社会保障体系和社会服务体系进行深度观察的机会。这次出访也增进了浙江大学公共管理学院与芬兰的几所大学和相关研究机构的交流、互动和合作关系。

社会保障与风险管理访学团(越南)项目:为了积极响应国家"一带一路"倡议,公共管理学院于2019年5月4—13日组织开展了越南访学交流项目。访学团队在社会保障与风险管理系教授张跃华老师带领下,访问了越南国立农业大学(VNUA)、越南国家动物科学研究所,参与VNUA经济与农村发展学院的学术研讨会,并赴Hung Yen省农村社区进行田野调查。此次出访有利于促进中越两国的学术交流与合作。

斯里兰卡访问考察项目:在"一带一路"倡议得到社会各界广泛响应之际,学院于2018年暑期组织开展了赴斯里兰卡访问考察项目。访学团的成员主要由劳动与社会保障专业的本科生构成,行程包括对科伦坡大学和佩拉德尼亚大学进行的访问,也在斯里兰卡进行了农村调研。在交流期间访学团与科伦坡大学及佩拉德尼亚大学的师生们进行了友好的学术和文化交流。

Q5:劳动与社会保障专业的深造与就业前景怎样?

本专业培养人文素养和科学精神兼备,掌握公共管理学、管理学和经济学等学科的基本理论和方法,以及劳动人事管理、社会保障、社会政策、风险管理、保险精算等领域的业务知识,具有从事与社会保障和劳动人事相关工作的基本技能和实践能力,能够从事学术研究和社会管理工作的复合型创新人才。

本专业就业领域比较广泛,历年本科毕业生去向主要包括三个方向:出国或国内读研深造、机关事业单位、金融机构和房地产行业(人力资源、管理咨询、风险管理等职位)。以本专业2019届本科毕业生为例,全班39人一次就业率达89.7%。其中出国读研深造

（9人）及国内读研深造（10人）占48.7%，机关事业单位和国有企业就业（9人）占23.1%。从毕业生去向的地域分布看，主要为三大地区：长三角（杭州和上海）、北京、珠三角（广州和深圳）。

■ 劳动与社会保障专业最吸引我的——

从求是园到清华园，从三墩镇“人民公园”到五道口“建筑展览馆”，人流潮涌，往来攘熙，好不热闹。两所学校的公管学院“默契”地矗立在校门左侧，门前郁郁葱葱，院内书声琅琅。公管学院的学子，不像人文才子般超然洒脱，也不似经管学子追求精致，而是以天下为己任，以真理为依归。寒窗十数载，热血犹未凉。我从本科就读浙江大学公管学院，到来清华大学公管学院继续深造，情怀未减，初心未变，深切感到在浙江大学劳动与社会保障专业的学习让我们成长为“富有”的人：

来到劳保专业的学习经历使我们成为一个富有情怀的人。清晰记得，四年前在参加专业面试时，每一个面试者都会被问到这样一个问题：“为什么选择劳动与社会保障专业?”解决社会问题、完善养老政策、让养老金不再有缺口、让天下不再有失业的人……我听到的是一个个掷地有声的回答，看到的是一双双深邃而坚定的眼眸。面试结束后，我无比庆幸自己的选择，这无关修了多少经管类的专业课，而是在于遇到了这群富有情怀的人。

来到劳保专业的学习经历使我们成为一个富有“本领”的人。可能是因为几大校区的名字中都带有“水”，浙大学子在谈论专业严不严时，更喜欢问“这个专业‘水不水’?”我可以负责地告诉各位学弟学妹，劳动与社会保障专业一点也不“水”！在这里，你要学习经济学、管理学、法学等专业基本知识；要学习计量经济学、福利经济学、保险学、精算学等专业进阶课程；要学习SPSS、Stata、MATLAB等数据分析软件，要接受文献阅读分析能力的培训；要培养逻辑思维的系统方法；要培养探索分析社会问题的科学方法等。

在这里，会有无数个夜晚和小伙伴们在北街挑灯夜战，只为透彻地分析出一篇英文文献的行文逻辑或写出一篇更具有说服力的调研报告。在这里，会有无数的小伙伴“自学成才”，考出CPA（注册会计师）、CFA（特许金融分析师）、SOA（北美精算师）这些“高大上”的资质证书；也会有无数的“大神”托福考到110分，然后潇洒地去了芝加哥大学、加州大学伯克利分校、新加坡国立大学等顶级学府攻读深造。这里严谨亦活泼；这里是学术起始的殿堂，也是塑造梦想的舞台；这里充满竞争与挑战，但感受更多的是温情与温暖。

或许，与其他专业相比，劳保专业无法让你比小伙伴们在物质上更加富有，也无法让你在读书时更加闲暇，这是来到这里的每一个人都应该了解的事实。但我们更应该看到，来到劳保，你就拥有了无论对错都鼓励你大胆尝试的恩师长辈，你就拥有了无论风雨皆伴你同行的知心朋友，你就拥有了不忘天涯的一生之情！

——2011级本科生　邱实

（曾担任中华全国学生联合会副主席、浙江省学生联合会主席、浙江大学学生会主席，2012年大学生挑战杯科研竞赛全国一等奖获得者）

作为一所不断向世界一流水平靠拢的百年名校，浙江大学将“培养具有国际视野的创新人才和未来领导者”作为人才培养目标；作为一所兼具管理学背景和国际化平台的年轻学院，公共管理学院将“以天下为己任，以真理为依归”作为人才培养理念；而作为浙江大学公共管理学院的核心专业之一，劳动与社会保障专业将学校的人才培养目标和学院的人才培养理念有机结合，总结出独具专业特色的人才培养模式，培养了一代又一代的“劳保人”：

“劳保人”持有钻研和探究的能力，因为我们的学术“大牛”治学严谨，全面系统地训练我们文献检索、资料查询以及英语读、写、听、说的基本技能；

“劳保人”怀有实践和创新的激情，因为我们的资深教授热心研究，言传身教地告诉我们专业学习不是为了去学已有的制度内容，而是为了成为设计制度的人；

“劳保人”具有团结和合作的意识，因为我们的实践导师注重协作，通过团队熔炼使我们成为可以胜任任何工作的高素质、强能力的复合型专业人才；

“劳保人”拥有兼济天下的心怀，因为我们的师生“为生民立命”，关注社会发展动态，并努力运用专业科学手段解决实际民生问题。

而上述种种，细细回想起来也正是劳动与社会保障这一专业最吸引我的地方。而我也相信，这份吸引，也将因“劳保人”培养模式的延续而经久不衰、代代相传。

——2011级本科生　蒋闰婧

（曾担任浙江大学公共管理学院学生会主席）

专业名称：土地资源管理
专业导游：吴宇哲教授

选择浙江大学土地资源管理专业的N个理由

理由一：不同兴趣的同学在“浙大土管”都可以找到自己的定位。纵观我们的校友，有市长，有总裁，有教授，有在平凡岗位上默默奉献的，更有在创业道路上叱咤风云的。据权威的第三方机构统计，土地资源管理专业的毕业生满意度在浙江大学所有专业中位居前列。选择土地资源管理，相信未来一定有你的新天地。

理由二：本科教学一线的师资，尤其是青年人才远远领先于其他院校。浙大土地资源管理学科拥有国家社会科学重大项目首席专家2人，国家青年拔尖人才、国家优秀青年基金获得者4人，全球高被引学者1人，SSCI、SCI国际期刊编委5人。最重要的是，不管这些老师拥有什么头衔，他们都热爱自己的学生！

理由三：浙大土地资源管理，不仅让你收获学业，更可以开拓你的视野。依托土地资源管理的本科生特色海外交流项目，你可以访问英国剑桥大学或德国洪堡大学。在美国、澳大利亚等国家以及中国台湾和香港等地区，都有土地资源管理专业的友好交流学校。

Q1：土地资源管理专业的学习（研究）对象是什么？

土地、人口、环境是我国三大国策所涉及的主题词。本专业学习“土地”在经济、社会、环境三个层面所交织的制度和技术。开发“房地产”，需要学习土地的经济属性；解决“征地冲突”，需要学习土地的社会属性；平衡“生态足迹”，需要学习土地的环境属性。利用上述三种属性去分析实际问题，必须学习土地制度与政策等基本理论；基于土地所具有的“空间位置固定”属性，本专业还会学习非常实用的土地调查、评价、规划、监测、开发、利用、整治、保护等一系列基本技能。这些技能的掌握，能够让你从容越过其他人望而却步的专业门槛。

需要说明的是，1998年教育部专业目录调整后，浙大不再单独设立房地产本科专业，“城市与房地产管理”成为土地资源管理专业的一个方向。在宏观层面，学习城市地理、城乡规划、住房政策等有关城市发展与管理的基本理论；在微观层面，学习房地产策划、房地产金融、房地产估价等房地产经营与管理的基本技能。

Q2:土地资源管理专业本科核心课程有哪些?

土地资源管理专业本科核心课程包括经济管理、资源生态、工程技术三大类。①经济管理类有公共管理学、土地管理学、土地经济学、城市与房地产经济学、不动产估价理论与方法、土地政策与土地法学、不动产法与住房政策、房地产金融与投资、建设项目管理、房地产营销、城市与房地产开发、地籍管理。②资源生态类有土地资源学、环境与自然资源经济学、城市地理学、土地生态与景观设计、土地遥感。③工程技术类有国土空间规划、区域与城市规划、土地整治工程、土地信息系统、房地产信息系统、土地测量学、建筑识图与构造。

Q3:土地资源管理专业的学生需要具备什么特质?

土地资源管理专业具有高度交叉的综合性特征,既涵盖人文与社会科学领域,又囊括信息与测量科学、资源与环境科学,因此,本专业既适合理科生选报,同时也非常欢迎文科生加盟。那么,什么思维和个性特征的同学更适合学这个专业?第一,要知识面广、思维活跃,需要具有能在土地、城市和房地产等社会前沿问题中敏锐地发现专业问题的能力。第二,要具备较强的团队合作精神,无论是土地测量实践还是土地规划实习,很多作业、项目都是以小组形式开展的,这就要求学生要有良好的沟通、协作能力。第三,还应具备一定的人文功底,同时具有良好数理基础的同学在学习中将会更加得心应手。

本专业知识涵盖社会科学与理工类科学,如果不能形成文理交叉的知识体系、培养文理交叉的理论视角,可能会出现偏科的现象。如何将书本上学到的理论知识运用到土地管理的实践中,也是一件比较具有挑战性的事情。举例来说,课堂上同学们学到了土地利用规划的理论、原理和方法,但是要真正运用到实践中开展土地利用现状分析、土地需求量预测、土地利用结构调整、土地利用分区与布局,还是一个很具挑战性的考验。因此,培养方案中设计了很多实习、实践课程,一些操作能力较弱的同学将会得到很好的锻炼。

Q4:土地资源管理专业有哪些对外交流项目?

本专业同学除了参与学校层面的对外交流项目,土地资源管理专业还与剑桥大学土地经济系、伦敦大学学院(UCL)巴特莱特建筑学院、哥伦比亚大学地球科学中心、北卡罗来纳大学(UNC)城市与区域规划系、亥姆霍兹环境研究中心、洪堡大学农业经济系、墨尔本大学、斯威本科技大学等高校和科研机构建立了对外交流项目,以及与香港理工大学建筑及房地产学系、台湾逢甲大学土地管理学系等建立了对外交流项目。

Q5:土地资源管理专业的深造与就业前景怎样?

本专业的就业领域较为广泛,重点涉及三个领域。①报考公务员,到各级自然资源管理与规划系统从事规划、地籍管理、城市管理等工作。②可以到各类大型房地产企业,从事投资管理、项目发展、营销策划和人力资源管理等工作,本专业毕业生的就业目标一般是进入TOP20的中国房地产企业。③银行等金融机构。银行为什么喜欢土地资源管理专业的学生呢?因为银行在业务开展中,最值钱的抵押物是土地(使用权),必须有懂“土地”评估的专门人才。

由于我校土地资源管理拥有硕士和博士学位授予权，同时与国内外知名高校建立的实质性合作，本科毕业生除了直接就业外，也会选择继续攻读硕士、博士学位或国外深造。

■ 土地资源管理专业最吸引我的——

我与土地资源管理专业的缘分，可以用八个字来形容：一时邂逅，一生钟情。

当年懵懂之际选择了土地资源管理作为自己的本科专业，怎么也没想到它会成为我一生追求的事业。什么时候开始"情根深种"了呢？也许是因为它最初给予的惊喜，它博大包容，作为一门综合性交叉学科，要学到公共管理学、经济学、地理学、环境科学、农学等多个学科的相关课程，无形中极大拓展了视野和格局；也许是因为土地参与国家行政和宏观调控的战略性地位，使土地学人不由地想要承担起自己的社会责任，为国家社会经济更好地运行献智献策；也许是因为目睹到一些不合理土地利用行为所带来的生态环境破坏问题，想要努力拨乱反正做出改变；也许是因为为国家急需应对的或地方政府急需解决的重大土地问题提供了解决方案，由此产生了满足感和成就感……还有可能是因为感动于诗人艾青的诗歌《我爱这土地》而引起的情感移植："为什么我的眼里常含泪水？因为我对这土地爱得深沉。"

如果共鸣有你，相信我，加入土地资源管理专业将会是你无悔的选择。

——李艳　教授

因为"耕者有其田，居者有其屋"的质朴，也因为"茫茫任开眼，一望即无垠"的广阔，土地以其独一无二的特性承载着无数变迁。一年半以来，土管的专业学习教会了我基本的中国土地制度框架，让我初步领会了土地、城市与房地产三者的联系，同时给予我机会在土地评价和土地测量中不断实践、探索和收获。除了理论知识以外，专业的人格培养更让我受益良多，大到心怀家国社稷的情怀抱负，小到落实到每个个体需求的踏实肯干。

如果这些也是你的心之所向，那么，土管值得。

——2018 级本科生　章炜旎

我们每天身处城市之中，城市的规划布局日新月异，农村和城市的用地时时刻刻发生着转变，一座座新区拔地而起……每当此时，我就会不由自主地想到，这些可都是我们专业的研究范畴啊。最初选择土地资源管理这个专业，除了因为我们学校该专业师资力量雄厚、科研成果斐然之外，更因为它兼具文科的人文情怀和理工科的严谨细致，这在帮助我们认识社会现象的同时，更教会我们如何更好地改造世界。

谁说人文社科的学生不懂技术？我们专业的同学会使用ArcGIS软件处理遥感影像进行空间分析，会画建筑三视图、轴测图，会设计房屋构造，还会使用水准仪、经纬仪测高程、角度、距离……除了课堂上学习理论知识外，很多短学期实习的经历能够让我们有更多的机会学以致用。在土地测量短学期时，我们起早贪黑背着水准仪和米尺在浙大紫金港校区内进行碎部点测量，绘制土地利用类型图；在规划综合、土地资源调查和城市竞争力评价等环节实习时，我们走出校园，更深入地认识土地利用规划、城市规划和国民经济发展规划这三者之间的联系和区别。通过实地参观考察，我们熟悉不同用地类型，了解建设用地、农用地、生态用地的利用，深入思考城乡发展中凸显的问题，进一步体会土地资源管理的综合性和复杂性……这些都是毕业后回想起来历久弥新的美好记忆。

——2009级本科生　沈佳蕙

专业名称：农林经济管理
专业导游：钱文荣教授

选择浙江大学农林经济管理专业的N个理由

理由一：全国“王牌”专业和历史最悠久专业之一，建系于1927年，在迄今四轮学科评估中均居榜首，是“A+学科”“‘双一流’学科”“高峰学科”，入选首批国家级一流本科专业建设点。

理由二：师资力量雄厚，毕业前景广阔，有多名国务院学科评议组成员、教育部教学指导委员会副主任等，每年都有学生进入国内外著名学府深造，深受政府、金融、国际机构和企事业单位欢迎。

理由三：培养体系先进，国际化程度突出，强调“复合式（经济+管理+公共管理）、应用型（技能+能力）、接地气、国际化”，与美、欧、亚、非等多地知名高校搭建了丰富的学生国际交流平台。

Q1：农林经济管理专业的学习（研究）对象是什么？

梁启超先生说过：“求中国国家之新生命必于其农村求之；必农村之有新生命而后中国国家乃有新生命焉。”中国的“三农”问题是关系到国家兴衰的大问题，不仅得到了党和政府的高度重视，也得到了国际学术界的高度关注。农林经济管理专业的主要研究对象既包括宏观的农业、农村和农民的发展问题，也包括微观的涉农企业管理问题。

Q2：农林经济管理专业本科核心课程有哪些？

农林经济管理专业本科核心课程包括三类：①基础理论课程，如宏观经济学、微观经济学、发展经济学、公共管理、财务管理、数学等，这类课程主要培养学生的理论素养，以打好将来事业的扎实基础，所谓厚积薄发就是这个道理；②应用类课程，如农业经济学、农村社会学、农产品国际贸易、农产品营销、农业与食品政策等，其目的是掌握相关理论框架和分析工具，只有掌握了一定的管理手段和分析工具后才能去解决问题；③工具类课程，如农村社会调查、计量经济学、数据处理方法等，这类课程的重点是教你如何用分析工具去解决问题，学好这类课程必须与社会实践和课题研究结合起来。

Q3:农林经济管理专业的学生需要具备什么特质?

农林经济管理专业旨在培养具有全球竞争力、具备创新能力与创业精神、富有社会责任感、掌握学科前沿知识和方法运用能力,并适应中国情境、熟悉专业理论体系和实践方法、了解专业国际标准和中国实践,能够发现农林经济管理问题并通过研究分析加以解决,彰显卓越农林经济管理领导力的高素质管理或研究人才。为了实现这个培养目标,要求学生不仅要具有扎实的经济学和管理学知识,同时还要懂得一定的农业知识以及农村社会历史与政治方面的知识,熟练掌握农村社会调查研究和现代数据分析方法,具有良好的外语水平、写作与表达能力以及良好的沟通、协调与组织能力。

Q4:农林经济管理专业有哪些对外交流项目?

作为长期保持全国排名第一的学科,农林经济管理专业的国际化办学在全国处于领先水平,与美、欧、亚、非等多个地区的知名学校和机构保持稳定合作,能为学生提供多元化的对外交流机会。目前,本专业针对本科生的、较大规模的对外交流项目包括与普渡大学、密歇根州立大学合作的“海外一流学科伙伴提升计划”,与京都大学合作的“一流农经国际夏令营”等。本专业学生还有由密歇根州立大学、北卡罗来纳大学及哥廷根大学等高校提供的“3+1”联合培养机会。近年来,本专业的在校学生还普遍在美国、欧洲等国家和地区的院校修读国际学分。本专业的培养目标是学生100%拥有国际化培养经历。

Q5:农林经济管理专业的深造与就业前景怎样?

尽管社会上对涉农专业存在一定误解,认为其就业困难、就业领域狭窄,但实际上,农林经济管理专业学生的深造和就业前景十分广阔。近年来,本专业的毕业生不仅在政府机关部门就业,也在涉农国际组织及金融部门,烟草、酒业、食品等大中型企业,以及与涉农国际贸易相关的海关、商检、动植物检疫等部门就业。同时,本专业的深造比例也很高,近年来毕业生有40%左右的保研和出国比例。除本校保研外,许多毕业生赴美国哥伦比亚大学、密歇根州立大学、加州大学戴维斯分校等国际一流院校,以及北京大学、中国人民大学等国内顶尖学府深造。

■ 农林经济管理专业最吸引我的——

如果你问我:最钟爱农经系的什么?我会回答:脚踏实地的实践精神。农经系的骨血里流淌着实践精神。得益于此,我有机会在本科期间先后参与了多次社会实践和农村调研,这些经历也成为我四年记忆中最珍贵的一部分。不仅注重实践,农经系同样注重国际化的学术交流与合作,我亦受益于此,得以在学术上开阔眼界、增长见识。然而最令我受益终身的,则是由农经系众多优秀的老师所浇灌的学术沃土:既有资历较长的农经界学术泰斗，也不乏新引进的杰出青年研究者；既有高屋建瓴之学术视野，又有雄厚扎实的理论方法；亦师，亦友。在农经系，学术之外，我更收获了良师与挚友。徜徉其中，博采众长；农经四年，青春无憾。

——2013 级本科生　叶紫薇

（被美国密歇根州立大学全奖录取攻博）

在学习农经这几年，农经教会了我最重要的是保持天下为公的情怀，而非汲汲于眼前的是非荣辱。形上谓道兮，形下谓器。一个关注现实经济生活的学科，一个致力于解决中国“三农”现实问题的专业，在其中学习总是能够体悟到中国人民最真实的喜怒哀乐。同时，这样一个跨越经济学、管理学和农学的平台培养了我从全局看问题的能力，用经济学术语来讲，就是关注“一般均衡”而非“局部均衡”。

——2012 级本科生　张云飞

（被北京大学国家发展研究院录取攻博）

专业名称:信息资源管理
专业导游:黄萃教授

选择浙江大学信息资源管理专业的N个理由

在茫茫学海之中,为何要选择浙江大学公共管理学院信息资源管理专业呢?有众多理由,在此主要阐述以下三个方面的理由。

时代趋势。随着信息技术快速发展和广泛普及、全球数据出现爆炸式增长,应时代背景与社会需求,信息资源管理专业呈现出迅猛发展态势,迎来全新发展机遇。信息资源管理专业在现有基础上,整装上阵,重新出发,抓住大数据、云计算、人工智能等信息技术发展机遇,助力本专业学生在数字时代成为装备精良的领航者。

能力融合。浙江大学公共管理学院信息资源管理专业具备多学科知识交叉与融合的优势,以及优良融洽的教学科研环境氛围,为本专业学生的综合能力培养和专业技能锻炼发展提供了优质支撑。目前信息资源管理系教师团队研究聚焦于政策量化分析、信息计量、数字治理、社会计算、公共文化与服务等领域,拥有信息资源管理、数字治理、信息计量等领域多项国家级课题研究,以及大型数据分析实验平台建设任务。

就业广阔。信息社会的蓬勃发展乃至大数据时代的到来对信息资源与数字治理人才产生了大量的需求,无论是政府部门(如各级政府大数据管理局)、事业机构(如各类信息中心、文博部门等),还是各类新兴的互联网企业,都迫切需要具有信息资源管理能力的专业人才。此外,本专业学生继续深造的机会众多,不少本科毕业生选择到国际一流高校留学,如美国芝加哥大学、美国西北大学、美国密歇根大学、美国印第安纳大学、美国伊利诺伊大学、英国谢菲尔德大学、荷兰莱顿大学等。

Q1:信息资源管理专业的学习(研究)对象是什么?

信息资源管理专业研究的对象是各种各样的信息资源,包括政府信息资源、公共信息资源、网络信息资源等。通过对这些信息资源进行规划、采集、分析、处理、储存、检索、利用、开发等操作,使杂乱庞大的数据资源得以有序化并进行有效的利用。同时,信息资源管理也将对社会的数字化进程进行研究,为社会信息化出谋划策、保驾护航。

Q2：信息资源管理专业本科核心课程有哪些？

依托浙江大学雄厚的综合实力，信息资源管理专业有着丰富的课程体系，分为大类必修课、大类选修课、专业必修课、专业选修课等。

专业必修课程有信息资源管理基础、信息组织、信息检索、大数据分析、数字治理、信息计量、信息可视化、政府数据管理、电子政务等，可以为学生们的综合能力培养和专业技能锻炼发展提供优质课程培养体系和研究支撑。

专业选修课程包括数据库系统原理、数据结构基础、社会科学实验方法、政策量化研究等，可以帮助学生掌握更多的知识和技能，满足自身的学习兴趣。

Q3：信息资源管理专业的学生需要具备什么特质？

信息资源管理兼具信息技术与管理学特色，在政策量化分析、信息计量、数字治理、社会计算、公共文化与服务等多个新兴领域担任着"探索者"与"开拓者"的角色，因此本专业的学生需要具备以下特质。

一是信息素养。随着信息技术的快速发展，精准获取有价值的信息并加以开发利用是本专业学生应具备的核心能力。

二是躬身实践的能力。信息资源管理所需知识和技能的学习依赖更多的实践经验和行动力，既要掌握书本上的理论方法，同时还要了解实际相关行业中的程序、行为和具体运用，因此需要有行动能力、习坎笃行的人。

三是创新性和开放性。信息资源管理是一门多学科交叉融合的专业，在学习过程中既需要掌握定性研究方法，也需要掌握定量研究方法和相关工具，探索与其他学科合作的方式和可能性，要求学生以开放包容的心态，兼备文、理、工综合素质，吸收新的想法和观点，不断开拓和创新。

四是团队精神和沟通协调能力。本专业课程多需要组队合作完成，经过2～3年的专业熏陶和训练，学生们会具备良好的团队合作精神和沟通协调能力。

五是外语能力与跨文化包容性。本专业课程设置上不断追求与国际一流大学平等对话，与世界接轨，目前本专业与国内外多个机构建立学术合作交流网络，且有来自韩国、以色列等国家的外籍学生，因此外语能力是必备的基础技能，且需要具备较高的跨文化包容性。

Q4：信息资源管理专业有哪些对外交流项目？

目前，本专业与国际上多个机构建立了学术交流合作机制：

(1)与美国哈佛大学、宾夕法尼亚大学、雪城大学、印第安纳大学、马里兰大学、匹兹堡大学、田纳西大学等开展学生交流与深度合作研究；

(2)与荷兰莱顿大学科学技术研究中心(CWTS)建立合作关系，联合举办国际青年学者培训班、探索博士生联合培养协议、建立双边学者互访机制、开展合作研究；

(3)与英国剑桥大学、比利时鲁汶大学、荷兰代尔夫特理工大学开展合作研究；

(4)邀请国家自然科学基金中德中心负责人来校交流，介绍国家自然科学基金、德国科学基金会(DFG)的国际合作战略与资助布局，以及中德中心的使命；

(5)邀请国际知名学者来校进行学术交流。

Q5:信息资源管理专业的深造与就业前景怎样?

信息资源管理专业培养具备信息素养、政策分析和研究评价、项目管理与应用分析能力,适应数字时代信息管理和数字治理需求的专业人才,能够在机关事业单位、互联网公司、科研机构等从事信息管理实践和研究。

本专业的深造与就业前景广阔,根据历年来校友的情况,主要涉及以下几个领域:①国内读研,在北京大学、浙江大学等国内高校读研深造,学习管理学、经济学、计算机科学、信息管理、公共管理、情报学等专业;②出国留学深造,前往美国、英国、瑞典等地高校学习计算机科学、管理学、经济学、情报学等专业;③在互联网公司、咨询公司、大型国企、大型银行、地产公司等工作,岗位包括数据分析、数据挖掘、数据库管理、产品开发、产品运营等;④机关事业单位,包括各级地方政府的大数据局、组织部、人事部门、政府机构信息中心、大型医院等。

■ 信息资源管理专业最吸引我的——

随着信息技术的不断普及,对信息和数据的管理也成了越来越重要的事,而这便是我加入信息资源管理专业的原因。在我加入这个专业之后,我深深地被专业知识吸引了,平常我们看到的很多杂乱无章的数据、信息,经过分析和处理,竟然能够呈现出许许多多的规律,从中能够挖掘到很多的知识。除此之外,数据可视化让我深深地迷恋,一堆堆的数据在经过可视化软件的处理之后竟能够呈现出许多美妙的图形,因而我觉得,这就是一种美的创造过程。同时,通过专业的学习,我养成了良好的信息素养,这给我的生活带来了很多的便利和优势,使我能够在虚假信息遍布的信息化时代里,准确地辨别和搜集有效信息,这些技能让我的工作和生活变得更加轻松和惬意。信息资源管理,是一门能够让人在信息时代里如鱼得水的学科。

——2014 级本科生　黄施旗

与信息资源管理专业的相遇始于偶然,但是在不断学习的过程中,我却逐渐发现了它的魅力与价值。信息社会最大的挑战,就在于如何高效收集、处理、传播、利用信息,以解决我们工作生活中面临的种种难题。这是新世纪人才应当具备的基本素养,也是信息资源管理专业教给我们的精髓。三年的专业学习和系统训练,教会我们的不仅仅是专业知识和技能,更多的是透过现象看本质的思维模式,以及学习和掌握新兴事物的能力和方法。毫无疑问,信息资源管理是契合时代趋势的,在飞速发展的今天,站在社会的前沿,了解未来的发展方向,能够很大程度上减少社会巨变带来的焦虑与压力。不知不觉中,我已经对信管这个大家庭产生了浓厚的感情,从青涩到成熟,我很感激与信管的相遇,在这里,收获的是不断挑战的勇气以及变得更好的自己。

——2011 级本科生　李文雨泽

信管专业已经陪伴了我六年。最初选择这个专业是因为信息在这个时代颇为重要，希望能通过专业的学习更好地与社会、时代接轨。多年的学习实践让我看到了相当“平易近人”的信管专业，日常学习、生活、工作中都随处可应用信管知识，且信管在高校、科研机构工作中也有重要发展和应用。

——2017 级博士生　蔡小静

我记得在我选专业的时候，信息资源管理这个名字一下就抓住了我的眼球。如果要评选 21 世纪最具代表性的词汇，“信息”一定会是一个有力的“竞争者”。而在进入专业学习以后，我更发现这个专业有其吸引人的独特之处。我记得在一次学院的毕业晚会上，我们介绍信管说这是一个文理兼修的专业，这在我看来大概是一个十分贴切的描述了。在这里，你能学到信息组织、文件与档案管理等比较偏内容管理的知识，也会学到数据库、信息处理技术等更靠近技术方向的技能。总之，在信管，你总能找到自己喜欢的东西，可以自由地选择自己的发展方向，这里的每一位老师都愿意给大家提供最大的帮助和支持。虽然专业体量不大，但是我们“五脏俱全”。选择信管，是我一个不后悔的决定。

——2018 级硕士生　仇伟

专业名称:政治学与行政学
专业导游:郎友兴教授

选择浙江大学政治学与行政学专业的N个理由

百年名校,人们向往之。入学浙大后,为何要选读政治学与行政学专业?或者换一个方式问,进入浙大后你有何理由不考虑读政治学与行政学专业呢?尽管在国内大学政治学学科中的名望似乎不是特别高,但如同浙江大学所在的区域——浙江——一样,踏实不张扬,浙江大学政治学学科的实力实实在在,在2019年QS世界大学政治学与国际研究排行榜上位于101~150名,在国内名列第五位。浙江大学已经构建了一个理想的政治学与行政学专业课程,理论课程与实证课程不偏废,东西方政治思想和制度并重,国际关系与国内政治均衡,比较政治与区域研究丰富。注意国际交流,有一流的国际化环境和培养模式。你能够以多种形式和渠道出国(境)交流学习,同时你不出校门也能体会到多元文化,我们是全校留学生比例最高、国别来源最多的少数学科之一。尽管师资人数不多,但优秀精良,近来吸引了海外年轻学者加盟本专业任教,更有着以学生为本的心,为你的成才殚思竭虑。浙江大学政治学在学业的训练上扎实靠谱,为你在未来无论是选择进一步深造还是从政或进入实务界,做好铺垫,开启无限的可能性与希望。学了政治学后能解释不少有意思的现象,能解答不少重大的社会问题。

Q1:政治学与行政学专业的学习(研究)对象是什么?

古希腊哲人亚里士多德说过,政治学是"最高主宰的科学、最有权威的科学"。政治学当然是研究"政治"的一门学问,是研究权力分配、国家治理的社会科学。政治学与行政学以国家及其活动为主要研究对象,范围涉及政治理论、政治制度、政治行为、公共政策、公共行政和国际政治等领域。

Q2:政治学与行政学专业本科核心课程有哪些?

政治学与行政学专业本科核心课程有:中国古代政治思想与制度史、西方政治思想史、当代中国政府与政治、地方政府学、国际政治经济学、美国政府与政治、公共管理学、政治学原理、比较政治制度等。

Q3：政治学与行政学专业的学生需要具备什么特质？

学生要在学业上有所成就，第一是要有兴趣。这里的兴趣有两个方面：一是对所选择的专业本身有兴趣；二是能够对社会政治现象，如热点问题抱有深厚的兴趣和高度的敏锐性。第二是要有扎实的基础理论和专业知识，具有较强的政治思维能力。

Q4：政治学与行政学专业有哪些对外交流项目？

政治学与行政学专业学生有多个渠道前往境外进行交流、学习。一是学校层面的项目。我们的学生具有竞争力，例如，有学生争取到去哈佛大学交流的机会。二是学院层面的项目。目前有台湾大学社会科学院、密歇根州立大学等的交流项目。三是系一级的交流项目。如与加州大学洛杉矶分校和伯克利分校的交流项目等。此外，我们同波士顿大学、早稻田大学、隆德大学、伦敦政治经济学院、台湾大学、香港中文大学等有着良好的学术关系。

Q5：政治学与行政学专业的深造与就业前景怎样？

政治学与行政学专业毕业的学生可以继续留在本系攻读硕士、博士学位，也可以到海外深造，近些年本系有多名学生前往伦敦政治经济学院、杜克大学、丹佛大学、约翰斯·霍普金斯大学、加州大学圣迭戈分校等世界名校深造。

政治学的目的就是实现国家的"善治"。国家与社会、民主与法制、发展与稳定、人权与主权、政党与政权、机构与职能、政府与市场、中央与地方、决策与行政、权力与腐败、自治与民主等都极为需要政治学与行政学专业的人才。没有比老校长竺可桢说得更好的了："大学教育的目标，决不仅是造就多少专家，如工程师、医生之类，而尤在乎养成公忠坚毅，能担当大任、主持风会、转移国运的领导人才。"本专业毕业的学生适合考取公务员在各级公检法机关、事业单位、各类公司、文化产业、军队等从事事务性工作、行政工作或管理工作，也可以进入研究机构和学校。

■ 政治学与行政学专业最吸引我的——

无论是学者还是公众，大多数人似乎都意识到"政治无处不在"。当中国的一系列高科技企业遭遇美国政府的封锁时，我们会这样说；当社交网络上的某些言论和声音被屏蔽时，我们会这样说；当发现选举民主国家中的利益集团用金钱操纵民意和选票时，我们会这样说；当发现一条毫无用途的宽阔公路得以建成，仅仅是为了满足某个很有权势的官员的政绩工程时，我们也会这样说。那么，政治学作为一个学科究竟有着怎样的吸引力？于我而言，政治学能帮助我们普通人走出自我中心化，在一个更高的平台上看这个世界，但同时"知乾坤大，怜草木青"。我们或许不乏政治的热情，但如果不学习政治学的理论知识，不接受政治学的学术训练，从而以政治学的视角对我们生存的世界展开批判性思考，我们很可能将政治娱乐化或污名化，很可能“热”了一阵，就变得漠然、犬儒，也很可能真的与历史、周边擦肩而过了。

——2016级本科生　周子晗

政治是个熟悉又陌生的词，每有听闻却鲜被深究；政治学又是个极小又极大的领域，涉及个人德行与公众城邦。研读政治，并非颇受误解的机械官僚更非从政权术，政治本是自由理想与理性规制本身。从古希腊政治观到近现代西方思想浪潮，从古代中国政治制度到当代政府，我们在各方领域阅览思想史，在比较政治中进行审视，也联系时政来思考社会。这一步步积累起来的不仅是宽广的视野，更是一个对学习、对生活探索的起点。孙中山说“政是众人之事，治是管理”，人类比之其他物种的优越性在于过的是集体生活而非群居生活，既能从思想层面寻求理想国，也能在实际求索中构建秩序。政治学的魅力对我而言或许就在于：微薄如我也可以用政治学带给我的学识和视野去审视公共生活，获得解决问题的思维和能力，不为“平庸之恶”，能够避免无意识地被裹挟的可悲，能够在纷扰中持有良知与关怀，能够不断追求“止于至善”。

——2016级本科生　陈天慧

专业名称:社会学
专业导游:周沐君副教授

选择浙江大学社会学专业的N个理由

一流的培养模式。课程体系参照国际一流大学标准,形成了以专业基础课、方法课、选修课为主,"群学肆言堂"、名师讲座、高水平国际会议为辅的多层次教研体系,强调跨文化背景下的学习与研究能力,以系统全面的学科训练,传授学生"通、专、跨"的知识。

国际化的师资队伍。本专业现有全职在岗教师35名,兼任教授9位。全职教师中约2/3拥有境外名校博士学位或访学经历,且聘有3名外籍全职教师(荷兰籍1人、德国籍1人、土耳其籍1人)。每位教师都为本科生讲授一门或多门课程。

多维度的就业前景。近3年毕业生数据表明,社会学专业毕业去向为:约1/3境外升学,约22%境内升学,约41%就业。其中就业去向主要有:跨国公司、党政机关事业单位、大型国营民营企业、互联网企业等。

Q1:社会学专业的学习(研究)对象是什么?

简单地说,社会学研究的对象是社会,更进一步讲是研究"和谐社会"的条件,也就是从正(社会和谐的条件)、反(社会失调的原因)两个方面来研究、分析社会系统健康运行、协调发展的条件与机制。它既包括揭示这种条件和机制的基础性、理论性研究,也包括在这种基础性、理论性研究的前提下展开的如何解决社会问题、协调社会关系、促进社会健康发展的应用性研究。如果说经济学关注效用最大化,管理学关注利润最大化,政治学关注最广范围的民主,那么社会学关注的就是最广范围的社会和谐。很多社会学分支都可以说是围绕和谐(不和谐)而展开的,例如阶级(阶层)、性别、环境、城乡、民族、族群、移民、分层与流动、犯罪、社会运动等。

Q2:社会学专业本科核心课程有哪些?

社会学专业本科核心课程有:经典社会学理论、现代社会学理论、社会调查与研究方法、社会统计、质性研究方法与实务、政治社会学、历史社会学、文化人类学、社会心理学、经济社会学、性别与社会、组织社会学、社会工作等。

Q3:社会学专业的学生需要具备什么特质?

有志于学习本专业的学生,最好具备以下素质:第一,要有较强的理论思维能力及对社会现象的敏感性;第二,保持价值中立,做社会进程的旁观者和科学研究者;第三,也可以具有社会改革家的价值关怀和实干精神,将自己作为社会进程的介入者、社会改革的倡导者。

Q4:社会学专业有哪些对外交流项目?

交换生项目:浙大社会学系每年选派本科生前往加州大学伯克利分校、加州大学洛杉矶分校和奥斯陆大学进行为期半年至一年的交换学习,同时每年接收来自奥斯陆大学的国际交换学生来浙学习。该项目已经取得了良好的效果,受到双方院系师生的一致好评。

暑期班项目:浙大社会学系与加州大学洛杉矶分校(UCLA)合作,每年在 UCLA 或者浙大联合组织为期一到两个月的暑期研修班,面向两校相关院系本科生。

Q5:社会学专业的深造与就业前景怎样?

社会学不仅培养学生社会调查和数据分析的实际技能,而且培养学生系统性把握和洞察社会的思维能力,因此社会对社会学专门人才的需求是非常旺盛的,社会学毕业生面向的行业也非常广泛。从近年来本专业本科生的就业去向看,每年有近一半的毕业生选择继续升学或出国深造,其中国内升学的有北京大学、清华大学、复旦大学等,海外深造的有芝加哥大学、康奈尔大学、密歇根州立大学、伦敦政治经济学院、里昂商学院、澳大利亚国立大学等。其余则前往政府部门、社会团体、文化传媒机构、社区工作部门、企业和国际组织等工作。

■ 社会学专业最吸引我的——

我对社会学抱有热忱,因为社会学需要一种更宏观的视野去看待生活,以解释我们的行为,并发现日常生活中的一般规律和模式。同时,社会学的视角将个人环境与社会结构联系了起来,个体的日常经历并非是孤立局限的,而是不断地塑造着社会与历史,也不断地被社会和历史所塑造。我们学到社会学主要考察人际关系,我想,社会学还需要科学地观察事物,利用逻辑推理和想象力提出理论,并且最终对社会产生影响,给世界带来一些改变。社会学对我的影响在于,我能够以不同的范式尝试解释事物,能够基于跨文化的、历史的比较来更好地理解他人,能够更多了解社会运作的规律,能够对边缘群体及结构性问题多一些关注。有所学,有所思,有所行,有所改变。

——2015 级本科生　严许梦

如果做个类比,在自然科学中,物理学探究物质运动的一般规律和物质的基本结构,它简洁的公式揭示了宇宙的奥秘。在社会科学中,社会学也类似,它研究的对象是我们身处其中的"社会"。它有像框架般的"社会结构",个体或组织是"社会行动者",彼此之间通过"社会关系"相互联结。社会学的学科特色在于兼具抽丝剥茧的分析与高度概括的理论总结,其思维训练意在增强观察者将微观的经验材料与宏观的社会历史相衔接的能力。君子不器,这种不服务于特定就业方向的学科训练,探寻的是世界运行的学理,追求的是知识的生产与个人价值和社会价值的统一。

——2014 级本科生 蒋理慧

社会学最吸引我的地方在于其可以教给我们认识社会的思路,使我们得以认识所处社会的基本框架。在认识的过程中,教会我们运用系统性的思维分析个人与社会的关系,用平和的态度理解我们的处境,最终赋予我们面对处境作出更具针对性反应的能力。另外,我认为社会学另一点深刻价值在于价值观认知的培育,社会学想象力的塑造使我们得以反思所有由外界而来的价值灌输,让我们在做出选择时可以更为贴近自己的本心。

——2012 级本科生 李政毅

一门学科学的不仅是知识,更重要的是思维范式。你思考的起点是什么?你希望问什么样的问题?各自学科有其基点,社会学也有其假设和关切,将其和经济学、政治学区分开来。在浙大的时候,社会学吸引我的起点在于和经济学的理性人假设的对抗,在于对"理性"本身的辩证思考,在于对社会"发展"(何谓发展)的批判。后来开始接触民族志,又对这套方法论产生兴趣,做田野调查是把自己的身体、情绪、交流能力作为工具去获得田野"数据",去获得日常生活中的"惊讶",在实际的故事中获得冲突感与批判的直觉。当然这些都是最表浅的体悟,社会学方法和理论都很多元,这是它的魅力,也是它让人困扰之处,我还在又爱又恨地探索中。不同的理论武装了我的大脑,让我在平淡的生活中看到厚重,让我永远在反观自己和别人的生活,这种思维习性倒是大学里学习社会学最大的收获。

——2011 级本科生 宛晓倩

我觉得社会学最吸引人的地方有三处。其一,它会改变你看事情的角度。许多习以为常的现象,不能够称为问题的问题,都会在你接触到社会学之后,慢慢显示出重要性。比如你会开始提问,是什么因素促使你们进入浙江大学,接受高等教育。其二,它的理论和方法支持着你去寻找这些问题的答案。你开始发现原来人和社会结构相依相存。家庭、学校、社区和地域,这些附着在个体上的大小不一的环境在较大程度上决定了个体的发展路径。其三,它并不止步于客观地解释问题,而始终带着社会公正这一信念去解决问题。它会引导我们思考,如果有个体在多重环境的负面影响下接受不了高等教育,这是否是一种机会的不平等,以及我们应当如何缓解这种社会不公正。

——2011 级本科生 干一卿

数学科学学院

School of Mathematical Sciences

- 数学与应用数学
- 信息与计算科学
- 统计学

专业名称:数学与应用数学
专业导游:张挺教授　卢兴江教授

选择浙江大学数学与应用数学专业的N个理由

高水平师资。本专业依托数学系和应用数学系的师资力量,集聚了国家万人计划、国家优秀青年科学基金获得者、省特级专家、浙大求是讲座教授等多位有重大国际影响力的学术大师,45岁以下教师占42%,且均在国内外著名高校获得博士学位。

高质量培养。本专业集聚全校最优秀的本科生。优秀学生可以进入竺可桢学院数学求是科学班暨中法数学英才班,进行拔尖学生培养,通过科研导师和讨论班等形式培养学生的科研能力。与澳大利亚国立大学、法国巴黎萨克雷大学、法国巴黎高科、美国威斯康星大学、美国罗格斯大学等国际一流高校建立紧密的联合培养模式,为学生提供出国访学的机会。

高层次就业。本专业七成以上的毕业生出国、出境或在国内深造,进入斯坦福大学、密歇根大学、加州大学、康奈尔大学、卡内基梅隆大学、麻省理工学院、纽约大学、哥伦比亚大学、约翰斯·霍普金斯大学、芝加哥大学等国际著名高校的硕士和博士项目。

Q1:数学与应用数学专业的学习(研究)对象是什么?

这个专业涵盖了数学的两个方面:基础数学和应用数学。基础数学研究的是数学本学科的基本理论与发展规律,如著名的哥德巴赫猜想、庞加莱猜想等等就是基础数学的研究对象;应用数学研究的是由大量的实际问题引发的数学理论,并运用数学知识解决现实生活或其他学科与科学技术中的问题,这些问题可能有很强的实用性,如医学图像处理、密码编译或破解、计算机图形学、金融数学等,也可能有很高的理论研究价值,如研究理论物理中的广义相对论等。事实上,应用数学也有自己的数学理论。

Q2:数学与应用数学专业本科核心课程有哪些?

数学与应用数学专业的课程较偏重基础数学理论,核心课程有:数学分析、高等代数、几何学、常微分方程、实变函数、概率论、科学计算、抽象代数、微分几何、复变函数、泛函分析等。

Q3：数学与应用数学专业的学生需要具备什么特质？

学习数学最重要的是兴趣，其次是一定的天赋，譬如较好的逻辑思维能力、图形图像想象力和代数运算能力等，还要能够静下心来专心致志地学习。数学是一个偏重理论研究的基础学科，从事数学基础理论研究必须对数学有浓厚的兴趣，否则会觉得枯燥乏味，当然也就不太可能创造出重要的数学成果。数学学习是不能投机取巧、急功近利的，要真正学好数学，必须要踏踏实实、静下心来一步一步打好基础，还要培养自己不屈不挠的精神。有强烈的探究欲、坚强的意志和毅力的同学往往是适合学习数学的。

Q4：数学与应用数学专业有哪些对外交流项目？

浙江大学本科生院有很多对外交流项目。数学与应用数学专业的交流项目有：香港中文大学数学系学生短期交流项目、威斯康星大学麦迪逊分校数学系本硕“3＋2”项目、乌普萨拉大学交流学习项目、于默奥大学交流学习项目、罗格斯大学数学系交流学习项目、新加坡国立大学数学系学生短期交流访问项目、澳大利亚国立大学数学系交流学习项目，以及与巴黎大学合作的“2.5＋1.5＋X”“3＋1＋X”项目等。

Q5：数学与应用数学专业的深造与就业前景怎样？

由于数学与应用数学专业是长线专业，有七成以上的毕业生选择出国或在国内读研，继续深造。另有不到三成的毕业生，选择直接工作。直接就业的行业有中学教师，IT 行业，银行、保险或证券类金融行业等。选择读研的学生，有 1/3 的学生选择继续从事基础数学研究方向，有 1/3 的学生选择应用数学方向，另外有 1/3 的学生选择经济、金融、精算、计算机等其他方向。

现实生活中处处都有数学问题。2013 年，斯诺登事件揭露出美国中情局的监听丑闻，就涉及美国中情局如何从庞大的监听数据中找出有价值的信息。这就是数学中研究的“大数据”，它涉及数学中的很多学科。医院中最普及的诊断仪器 CT，它的理论基础也是数学。银行里要推出一项理财产品，需要经过精确的数学计算才能预测其收益。宇宙中黑洞的体积、质量的计算，也需要用到高深的数学。然而，由于计算机的高速发展，大量的数学理论已经被工程化了，最后人们看到的只是计算机软件，其实这里面隐含的都是数学理论和知识。所以数学与应用数学专业毕业生的就业渠道广，就业单位层次高，就业前景非常理想。

■ 数学与应用数学专业最吸引我的——

我的研究方向是偏微分方程。常微分方程和偏微分方程都是数学与应用数学的本科专业课程。方程源自实际问题，描述了现实世界的本质运行规律，比如，电磁学的 Maxwell 方程、量子力学中的薛定谔方程、广义相对论的爱因斯坦方程等。它们的研究，对现代科学的发展意义重大。数学与应用数学专业的学生不仅有扎实的数学基础，还具备解决实际问题的能力，面对自然科学及工程技术等领域产生的新问题能提出严谨的数学解决方案。

——张挺　教授

数学一直是我很喜爱的学科，我觉得数学的精彩在于把复杂的问题简单化。人们常说数学美，数学有感观上的美，但最美的是数学内在的美，你若能体会到内在的美那将是非常美妙的事。另外，数学思想有时就是哲学思想。化学系李浩然老师说化学能改变人的生活，那我说数学能改变人的思想。数学不仅是一种工具，它还是一种思维方式；数学不仅是一种知识，它还是一种素养；数学不仅是一种科学，它还是一种文化。数学能培养人的能力，一种分析问题、解决问题的能力；数学能培养科学精神，一种实事求是的精神。

——卢兴江　教授

曾经的我，也以为数学就是一个人的埋头苦干，但进入大学之后，我逐渐意识到，环境对于数学学习具有同样重要的意义。想象你身处这样的环境之中：课堂上，老师在证明一个定理之余，会告诉你这个定理从何而来，又可以被用来解决怎样的问题，或是有怎样的推广；课堂外，若你觉得学有余力，可以找上几个志同道合的同学，一起学习自己感兴趣的东西，体会“教学相长”的乐趣；不时地，你可以去聆听国内外“大牛”们的讲座，或许你不能完全听懂讲座的内容，却会为自己窥探到最顶端的数学而感到心潮澎湃；当你在学校待了几年，想要转换一下环境时，你可以找到一个心仪的交流项目，因为有了学校和学院的支持，你来到国外，见识了不同的数学和生活。若是身处这样的环境，想必你一定能收获对数学最大程度的热情吧？而这些，便是浙大数学所提供给我们的东西。

——2016级本科生　宋金峰

从加减乘除到几何直观，数学囊括了这小小寰宇的方方面面；从小学生的益智题到蜚声中外的千禧年问题，数学陪伴了我们人生中的不同岁月。可是，数学又是什么呢？数学的定义可以说直到近代才由苏联数学家给出：数学是研究空间形式和数量关系的科学。而20世纪最后的数学全才庞加莱却这样说：数学是给予不同的事物相同概念的一门艺术。粗读前者，冷冰冰的庄严感与即将到来的挫败感让我们如临深渊，而咂味后者，强烈的好奇心与数学古典而现代的美感又在激励着我们砥砺奋进。

而事实就是这样，在这条道路上满是荆棘与险阻，我们的步伐不快，却又如先贤一般铿锵有力，我们将是柯西、希尔伯特等人的伙伴，我们的工作将会让人类的思维不断闪光。

那么，少年，你准备好成为一个数学家了吗？

——2017级本科生　陈龙腾

数学是我们认识世界的桥梁，通过它我们才得以认识世界，因为数学包含两种相反的方法：演绎与归纳。演绎通过逻辑思维以因果的形式来理解世界，典型的便是亚里士多德的三段论，从大前提、小前提到结论，通过某些公理我们逐步建立起规章制度，也就建立起社会的秩序，在这种意义上，数学是社会的根基，数学代表着理性。归纳法则依靠数学家敏锐的直觉与丰富的经验预言结论，从个别的例子中概括出一般性的结论，并对这种猜想进行证明或证伪，由于世界的丰富性、已知条件的无穷性有时归纳法更能帮助我们快速地找到方向与结论。这就好比万丈高楼，演绎法使我们一步步稳健地向上，而归纳法则是一次次跨越，意味着更快的前进。如果我们需要走得更高，那么兼用两者是一种必然，而通过这样的运用，我们以数学为根基，走向理性与成熟。

——2018 级本科生　李道辉

专业名称：信息与计算科学
专业导游：张庆海教授　程晓良教授

选择浙江大学信息与计算科学专业的N个理由

理由一：本专业面向科研热点和国家重大需求，为科学计算、大数据、人工智能、信息金融等领域培养专门人才，毕业生就业面广，前途远大。许多毕业生已经在世界一流大学、银行、世界500强企业等单位担任终身教授、总经理、总裁等关键性职位。

理由二：本专业师资力量强大，在国内外拥有良好的声誉和影响力。毕业生一直处于供不应求的状态；深造率高，其中境外深造占一半以上。一些世界一流大学每年均会重点关注本专业优秀毕业生，新加坡国立大学甚至上门提供定向面试。

理由三：如果把本专业比喻成一个美女的话，那么数学是她的灵魂，计算机科学是她的骨骼血肉，而实际应用则是她的颜值。未来社会和科学的发展急需数学和计算机的交叉人才，顺应这个历史潮流是本专业毕业生受到广泛欢迎的一个重要原因。

Q1：信息与计算科学专业的学习（研究）对象是什么？

本专业主要研究科学与工程计算中具有重要意义的基础理论，主要解决科学与工程领域中的重大计算问题。本专业着重培养学生对计算方法进行理论分析、算法构造及编程实现的能力。学生将学习计算与应用数学基础理论、大数据分析、计算机图形学、科学计算等内容。

Q2：信息与计算科学专业本科核心课程有哪些？

数学分析（Ⅰ、Ⅱ、Ⅲ）、实变函数、复变函数、泛函分析、数值分析、数据结构与算法、高等代数、抽象代数、数值代数、几何学、微分几何、常微分方程、偏微分方程、微分方程数值解等。

Q3：信息与计算科学专业的学生需要具备什么特质？

本专业需要学生热爱思考，喜欢数学，特别是对运用数学解决实际问题感兴趣。同时，这个专业对学生的计算数学理论、数值分析、算法编程和信息数据处理都有要求。毕业时要求学生具有宽厚的数学基础、较强的综合计算能力和数学应用的能力。

Q4:信息与计算科学专业有哪些对外交流项目?

本专业与众多国际知名高校建立了交流项目,包括威斯康星大学、新加坡国立大学、香港中文大学等。大学四年期间,绝大部分学生都有在境外短期访问或交流学习一学期的经历。

Q5:信息与计算科学专业的深造与就业前景怎样?

本专业的毕业生中有六成以上选择出国继续深造或在国内不同学科继续研究生学习。另有不到四成的毕业生,选择直接工作。多数从事与算法相关的 IT 行业,及银行、保险或证券等金融行业的计算分析、信息处理等。选择继续研究生学习的学生中,约有一半选择从事计算数学的研究,另一半的学生选择金融、统计、大数据、计算机、力学等其他科学工程领域的应用研究。

本专业有三个毕业方向:大数据、计算机图形学以及科学计算。

本专业的毕业生在许多领域都有杰出校友。在科研领域,有美国艺术与自然科学院院士、美国纽约大学库朗数学研究所终身教授林芳华学长;在商业界,有巨人集团总裁史玉柱学长;在计算机领域有上海交通大学人工智能研究院副院长马利庄学长;在银行业,有兴业银行信息科技部总经理傅晓阳学长;在 IT 领域,有北京联众电脑技术有限公司总裁鲍岳桥学长;在国家科研机构,有北京应用物理与计算数学研究所的张爱清研究员。

■ 信息与计算科学专业最吸引我的——

我从事计算数学很长时间了,感觉这个专业越来越重要,因为它是科学的三大手段之一,用数学的思想方法来解决实际应用学科问题。随着数学理论和计算机科学的不断发展,物理、工程、医学、生物等诸多领域的问题都可以通过数学建模、数值模拟和数值计算来研究,通过计算手段可以精准地揭示这些学科中的复杂问题的机理和发展规律。本专业与其他学科的交叉性和应用性很强,我们的本科及研究生课程常常会有其他学院的研究生来选课。当今时代,新的挑战性问题不断出现,如多尺度、超大计算规模、高精度、高适定性、超稳定性等,我们需要不断学习新的知识来解决新的问题。这门专业的学习和研究过程本身可以说是一个不断探索、发现美好、体验震撼、服务他人、自我超越的非凡历程。

——程晓良 教授

科学计算与物理、工程、生物、医学、计算机等很多应用学科交叉密切,我们可以通过建模来数值模拟这些问题。本科期间在浙江大学信息与计算科学专业老师的指导下,通过课程学习和讨论班、科研训练，我掌握了计算数学的基本理论、数学建模、科学计算、算法分析和算法实现，为目前的研究打下了坚实的基础。

——2011级博士生　俞元杰

浙大信息与计算科学专业给本科生设置了一系列专业课程，涉及面广，老师们都认真负责，教学经验丰富。我们学习了数值逼近、数值代数、数值优化、微分方程数值解等专业课程，掌握了计算数学的理论。同时我们还学习了算法分析、程序设计，并参与了前沿问题讨论班、SRTP等。我感觉计算科学是很强大的工具和方法，可以解决很多实际应用问题。

——2009级本科生　肖其昌

本科毕业后我去加州大学欧文分校(UC Irvine)读了应用数学的博士，研究方向是偏微分方程数值解，目前在美国的三星研究院工作，职位是深度学习资深科学家，主要负责人工智能以及模型压缩和加速方面(algorithm implementation and debugging)的研究。数学与计算科学专业不仅培养了我解决问题的逻辑思维能力，更让我对算法产生浓烈兴趣以及让我打好了夯实的动手能力，这些能力是我现在事业成功的关键因素之一。

——2008级本科生　方俊

专业名称:统计学
专业导游:张朋教授　苏中根教授

选择浙江大学统计学专业的N个理由

受学生青睐。本专业非常受全校优秀本科生的欢迎,历年来一直在理科大类考生报考意愿中排名第一。统计学不但是数据科学、人工智能和大数据的基础,而且紧密结合医学、生物学、信息学、环境学和材料学等前沿科学研究,并且在金融、商务管理、人文社科等方面有着广泛的应用。毕业生可以在很多领域大有作为。

师资水平高。本专业集聚了国家"杰青"、浙大求是讲座教授、浙江省"杰青"等多位有重大国际影响力的学术大师,且均在国内外著名高校获得博士学位。统计学分设保险精算、金融数学、数据科学及统计学方向,与其他院系精英教授和学者共同培养各个方向的学生。

毕业前途好。本专业七成以上的毕业生或免试推荐清华大学、北京大学等国内顶尖高校读研,或出国、出境,进入哈佛大学、斯坦福大学、密歇根大学、加州大学、康奈尔大学、哥伦比亚大学、约翰斯·霍普金斯大学及芝加哥大学等著名高校的博士和硕士项目。

Q1:统计学专业的学习(研究)对象是什么?

统计学关注开发和研究"收集、分析、解释和呈现数据"的方法,统计学家利用各种数学和计算工具来开发和研究统计学的基础理论和方法。统计学是一个高度跨学科的专业,几乎所有科学领域都有统计学应用的身影,同时各种科学领域的研究问题也促进了统计理论的发展和新方法的产生。

统计学的两个基本思想是不确定性和变异性。概率是一种用于讨论不确定事件的数学语言,概率在统计学中起着关键作用。任何数据的测量和收集都会包含变化和差异,统计学家试图理解和控制(在可能的情况下)问题情境中的变异来源。

Q2:统计学专业本科核心课程有哪些?

数学分析(或者微积分、分析基础)、高等代数(或线性代数)、几何学、概率论、数理统计、随机过程、时间序列、回归分析、多元分析、抽样调查、金融风险管理、保险精算、生物统计、实变函数、复变函数、统计计算(软件)、常微分方程等。

Q3:统计学专业的学生需要具备什么特质?

统计学是一门交叉性和应用性都很强的学科。统计学源于实践并用于实践,通常从实际应用问题开始,经过加工提炼,形成概率统计模型,并最终指导实践。一个问题的完整解决往往需要设计试验、数据处理分析、撰写总结报告等。因此,统计学专业学生需要具备良好的文理综合素质、良好的动手能力以及一定的组织协调能力。

Q4:统计学专业有哪些对外交流项目?

浙江大学本科生院有很多对外交流项目。统计学专业的对外交流项目有:香港中文大学数学系学生短期交流项目、新加坡国立大学数学系学生短期交流访问项目、澳大利亚国立大学数学系交流学习项目,以及与巴黎大学合作的“2.5+1.5+X”“3+1+X”项目等。

Q5:统计学专业的深造与就业前景怎样?

统计学专业是理科类中最受欢迎的专业之一,最吸引学生的原因是:就业面广、选择多样。近年来,越来越多的学生选择出国继续深造,专业方向包括数据科学、金融统计、生物统计、电子商务等等;推荐就读研究生的比例高,毕业生或者被国内顶尖大学研究生院所优先录用,或者申请去国外著名大学攻读博士和硕士研究生。其他学生选择到金融证券、保险、银行、海关、行政机关、企业、科研机构等单位直接就业,从事统计调查咨询、数据分析、决策支持和信息管理等工作。

■ 统计学专业最吸引我的——

我本科是信息学专业,又读了金融学硕士,然后才转学统计学专业,从此就被它深深吸引。统计学的方法论结合各领域数据分析的需要,提供各学科科学研究的工具和技术,推动了生命科学、数据科学等领域的进步。我们的研究在为发现真理和创造知识与技能贡献力量。同时,和其他学科同行的深度合作也为他们提供了数据分析技术的支撑,开拓了崭新的科研领域,引领着学科发展。与社会经济生活各部门的广泛合作使数据分析的方法和理念得以直接应用,让判断和决策更加科学和精准。统计学真是有用的。

——张朋 教授

统计学最吸引我的并不是像现在大多数学生那样因为它有很强的应用性。我大学本科修的是数学专业,数理统计和正交试验设计是我选修的两门统计学课程,对于习惯于数学思维的我来说,这两门课程和实变函数、泛函分析、拓扑学这些抽象的数学课程太不一样了，我根本没有领会其实质，成绩也不如这些数学课程理想。虽然我的研究生专业是概率论与数理统计，但严格来说我学的也只是概率论——数学的一个分支，对统计学没有什么感觉。直到我从事统计学的教学时才领悟到统计学与数学的不同，统计学是一门认识方法论性质的学科，统计学家们发现和发明的一个又一个从数据揭示隐藏在其背后内在规律的方法让人回味无穷。我从2000年起开始了统计学方面的研究，一个又一个看似简单的问题深深地吸引着我，直到今天我还在不停地尝试着一个又一个新的方法。

——苏中根　教授

浙大统计学专业给本科生设置了一系列专业课程，涉及面广，老师们都很认真负责，而且教学经验丰富，理论讲得很清楚，也很严谨，总会告诉我们为什么会有这样的结果。与此同时，还有设置SAS、R等统计软件学习的实践课程，在理论学习的同时加强大家解决实际问题的能力。工作了之后我才发现，当时把理论知识学扎实是很有好处的，因为只有清楚了问题的本质之后，才有可能举一反三，更好地解决问题。

——阿里巴巴共享业务事业部数据挖掘工程师　朱琪玲

统计学是一个正在高速发展的学科，与计算机、医学、生物等学科高度相关，具有广阔的发展前景。统计学家也是目前许多公司最为迫切需要的人才。浙江大学统计学专业以统计大样本理论为基础，包括高维统计推断、非线性时间序列、变点分析、随机矩阵、自适应设计等统计学前沿研究领域，给学生充分选择的余地和发展空间，不管你是致力于科研或者进入企业工作，在这里你都能收获很多。

——2012级直博生　张杨

在大数据时代下，统计学越来越受到人们的重视。浙大统计学专业，师资力量雄厚，是数学科学学院最热门的专业。如果你对理论感兴趣，浙大统计系的概率极限方向在全国首屈一指，是很好的选择；如果你想做应用，掌握一些数据处理和挖掘的知识，学习一些统计软件，统计专业可以让你找到一份收入不菲的工作。统计学专业，你值得选择！

——2015级硕士生　林敬航

物理学系

Department of Physics

☞ 物理学

专业名称:物理学
专业导游:盛正卯教授

选择浙江大学物理学专业的N个理由

专业历史悠久。浙江大学物理学专业起源于1897年求是书院"格物"必修课,1928年正式设立物理学专业。在此学习或工作过的中国科学院院士就有王淦昌、束星北、顾功叙、胡宁、吴健雄、胡济民、卢鹤绂、程开甲、李政道、吕敏、贺贤土、陈仙辉、景益鹏、罗民兴、朱诗尧、马余刚、王建宇等共20人。

学科基础扎实。浙江大学物理学学科整体进入世界学术机构前1%,在全国第四轮学科评估中被评为A类学科。关于量子场论精细计算和散射振幅新方法、超导材料、超导量子计算、量子模拟与量子光学以及聚变等离子体理论等方向的研究,在国际上有重要影响。

师资雄厚。现有专任教师87位,其中正高职称67人,高层次人才占1/3以上,其中中科院院士5人(含双聘院士2人)、国家"杰青"10人、科技部重点研发项目首席6人(含青年2人)、"四青"类学者20人、国务院政府特殊津贴获得者9人。

Q1:物理学专业的学习(研究)对象是什么?

物理学的研究对象很广,大体可以分为两类:第一类是为了满足我们人类的好奇心而开展的研究,在宏观上我们探索、研究宇宙的状态,在微观上研究构成我们世界的基本粒子,这些可能在很长一段时间内都不能够得到直接的应用,但能改变我们的世界观、宇宙观;第二类则是研究现实生活中的基本现象,很重要的一个方面就是物质存在的状态,对它们的研究会影响当代世界一些很重大的课题,如等离子状态——物质的第四态,未来的新能源就跟它有很大的关系,还有量子态,它决定了我们未来能不能发明更先进的计算机、更快的通信方式等。

物理学要探索的是未知的领域,是别人从未了解过的领域,这一点跟工科很不一样。比如说等离子体物理,要先由物理学家研究其基本现象和规律,逐渐实现可控的核聚变,等到它成为一个常规、成熟的技术并开始建设聚变电厂时,就不再是物理学研究的重点了,它就进入了工科的范畴。

Q2:物理学专业本科核心课程有哪些?

物理学专业最基本的课程是普通物理,包括力学、热学、电磁学、光学和原子物理。数学物理方法也是核心课程之一,因为物理学研究强调精确定量和数学建模,这就需要数学方法和物理思维的紧密结合。对很多学生来说,这是一门比较难的课,而它实际上要做的就是把复杂的物理问题用数学的形式表达出来,然后求解,并做物理的解释。此外还包括“四大力学”,即理论力学、电动力学、热力学统计物理和量子力学。

Q3:物理学专业的学生需要具备什么特质?

物理学的方法论跟别的专业有些不同。除了掌握今后从事研究所需要的基础知识外,物理学学习过程中更重要的是培养解决问题的能力。物理学非常强调透过现象看本质,找到那种普适的规律。因此,我们很重视建模的能力,通过各种手段把复杂的问题简单化。比如,我们在研究单摆的时候,就做了很多物理假设:假设它没有阻力,假设摆线长度不变,假设单摆是在平面内运动,等等。在种种假设之下得到一个方程或模型之后,你会发现理论结果跟实际结果非常接近,也就是说抓住了本质,得到了很好的近似。建模就是要抓住最根本的问题,然后随着精度要求的提高,再逐步考虑更多的因素。

在做实验的思维方式上也会有所不同。一个优秀的物理学学习者或是研究者,在做实验之前,一般要先构建一个理论的模型,猜测可能发生的结果。这样不仅能减少实验的次数,而且如果实验结果符合理论模型,那么这个理论或模型就更可信。特别是现在的大型实验,比如现在欧洲的大型强子对撞机(LHC),它做一次实验要花很多钱,所以物理学家会在实验前做很多预测,当然它有一定的概率失败,但是这个失败也是有用的,可以拿来重新修正理论。

Q4:物理学专业有哪些对外交流项目?

物理学系对外交流工作在“Global ZJU”理念的指导下,分层次开展出国(境)交流,满足学生的个性化需求。主要开展的对外交流项目有:①俄罗斯圣彼得堡国立技术大学暑期课程项目,不同的课程项目有不同的起始时间,课程种类多,时间选择广。该项目为期半个多月,在此期间学生不仅可以接触到专业课程和俄罗斯文化课程,还能领略当地的风土人情。②美国莱斯大学暑期科研项目,学生有机会跟着莱斯大学的教授做科研,为期两个月左右。③新加坡南洋理工大学和国立大学暑期交流项目,学生有机会了解对方物理系的历史背景、学科排名、师资配置、研究方向和成果等,探讨物理学科的发展建设以及研究问题。④澳门大学夏令营,该项目专业讲座与实验室参观相结合,为学生去澳门大学深造提供机会。

Q5:物理学专业的深造与就业前景怎样?

物理学专业的毕业生就业范围很广。60%左右的本科毕业生会继续深造,其中包括到国外深造、国内保送直博等。深造的专业大部分为物理学相关专业,也有一定比例的学生选择非物理学专业进行深造,如有学生到国外读工科、生命科学,甚至有选择读商科等方面的研究生,校内的材料系、光电系也很欢迎物理系的学生。中国有很多与物理相关的研究所,比如中国科学院高能物理研究所、理论物理研究所、近代物理研究所、等离子体物理研究所、国家空间科学中心等，比任何其他学科都多，这也是物理学毕业生深造和就业的好去处。

每年物理学专业都有一定比例的学生进入工程、法律、政治、金融等行业工作，涵盖华为、中兴、阿里巴巴、中电海康、中国移动、英特尔等大型企业，他们在工作过程中充分发挥理性思维能力和建模能力强的优势。

恢复高考以来，浙江大学物理学系培养的学生中，已经有陈仙辉、景益鹏、罗民兴、马余刚、王建宇五人当选了中国科学院院士，还培养出陈世杰、高波、何赛灵、仇旻、沈健、童利民、谢爱华、杨瑞青和周如鸿等美国物理学学会或光学学会会士。

■ 物理学专业最吸引我的——

物理学是一门有趣而且有用的专业。我们既可以探索时空的结构、宇宙的未来等充满乐趣的课题，又可以为人类可持续发展，为国家强盛做出应有的贡献。我们目前正在承担的可控核聚变的研究，目标就是为人类彻底解决能源问题做贡献。当你的研究既有趣又能为人类的进步做贡献时，那是特别幸福的事情。

在我们浙大物理系，教师之间、师生之间有特别平等和融洽的关系，可以自由地发表自己的观点，这是非常愉快的。在非常宽松又蓬勃发展的学术氛围当中，能成为研究和建设物理的一分子，是很幸运的。

——盛正卯　教授

物理学最吸引我的地方，在于它不懈追求真理的精神。这种精神体现在很多伟大而优雅的定理和公式中，同时也孕育了许多闪烁着智慧光芒的物理学思维——追求定量分析、能够灵活转变参考系简化问题、善于通过近似突出主要矛盾等等。

——2018级博士生　宋超

（本、硕、博均在物理学系就读）

物理研究的是自然界的规律，是万物运行的奥秘，是掌控着这个世界的法则。我们就像一个小孩一样，保持着好奇心，想去探个究竟。物理不像工科那样枯燥，探究物理，就像旅行一样，还有点刺激，每天都有新鲜的东西，每天都能给你一点惊喜，你能见到很多常人不曾见到的世界。世界那么大，我想去看看，所以我选择了物理。

——2015级博士生　方轶圣

（本、硕、博均在物理学系就读）

化学系

Department of Chemistry

☞ 化学

专业名称:化学
专业导游:李浩然教授

选择浙江大学化学专业的N个理由

理由一:她有100多年悠久的历史,曾经、正在、将要培养如院士、企业家等学界、企业界、政界的杰出校友。她有院士、“杰青”等师资阵容,她的论文ESI排名世界前16位。

理由二:她让你有国际视野,有进一步深造的机会,有从事各种行业或自主创业的基础,她是现代科学的中心学科、“衣食住行”都离不开的实用学科。

理由三:她努力借你一双慧眼,从此你有在原子、分子这个视角观察物质千变万化的好奇与喜悦;给你一双巧手,从此你有可以操纵原子、分子,发明以你名字命名的构造新物质的方法,从而拥有创造治疗疾病的新药物,或高效利用能源的新材料,或可降解环保的新物质的冲动与自豪。

Q1:化学专业的学习(研究)对象是什么?

为什么这个世界千变万化?如何能够掌握、控制并利用这些变化?这就是化学的终极问题。人类最伟大的发现莫过于发现世间万物都由分子或原子构成,它们的大小在0.1纳米到1微米之间,也就是说一滴水中有万亿亿个水分子,化学研究的正是这个尺度上的问题,在原子、分子的层面理解、控制、利用物质的千变万化。按照现代的定义,化学是一门中心的、实用的、创造性的学科。医学、农学、材料、能源、环境……化学是其基础,成为一个中心;“衣食住行皆学问”,日常生活中的衣食住行都离不开化学,这便是化学的实用性;地球上天然存在的物质有400多万种,20世纪末人类合成的新物质已经超过了3000万种。正是化学的创造性改变了我们的生活。

Q2:化学专业本科核心课程有哪些?

化学专业本科核心课程有:普通化学、无机化学、有机化学、物理化学、分析化学、结构化学以及相关实验课程等。

Q3:化学专业的学生需要具备什么特质?

在我看来,喜欢动手和动脑的、喜欢创造新物质的、喜欢猜谜的人适合学化学。学化学还要有孩子般的好奇心。浙大曾经有一位其他系的学生在做实验时,看到老师把毛巾放进了含有荧光物质的水里。当他拧毛巾的时候,毛巾也变得荧光闪闪,他觉得非常神奇,一定要转来学化学。后来这个学生成了中国科学院院士。

Q4:化学专业有哪些对外交流项目?

在学校的大力推动下,充分利用本学科广泛的对外合作资源,目前化学系已与剑桥大学(世界排名前10)、加州大学圣迭戈分校(世界排名前20)、布里斯托大学(世界排名前50)、里昂高等师范学院、北卡罗来纳州立大学、新加坡国立大学、香港大学、英国女王大学等建立了长期合作交流关系。此外,学生还可以通过自主申请或导师推荐的方式参加海外实习。近年来,有本科生前往哈佛大学、耶鲁大学、牛津大学、麻省理工学院、加州大学伯克利分校、劳伦斯伯克利国家实验室等世界名校和重点实验室进行科研实习。这些多渠道、多层次的对外交流项目,不仅提高了学生的综合素质,拓宽了学生的国际视野,增强了学生的国际竞争力,也创造了更多的海外深造与就业机会。

Q5:化学专业的深造与就业前景怎样?

化学是一门基础学科。化学系每年有60%～70%的毕业生会继续深造,包括本校读研直博、保送外校(如北京大学、清华大学、中国科学院等)等,还有出国深造,其中不乏牛津大学、哈佛大学、哥伦比亚大学、加州大学伯克利分校等世界顶尖大学。化学也是一门中心学科,就业领域非常宽泛,化学、化工、药企、材料、环保、油漆、电池、新能源、汽车、教育等领域都有我们的毕业生。

■ 化学专业最吸引我的——

化学最吸引我的是我做的东西能改变人们的衣食住行,这让我很自豪。我有时和我的孩子讲,你们都很佩服乔布斯,给你们每人一个 iPhone。但是有几种重要的营养物质,如维生素A、维生素E、虾青素,从前只有世界顶级的几家企业掌握了人工合成的办法,价格非常昂贵。我们通过努力,也掌握了这些物质更好的绿色合成技术。现在,我们的产品已经达到了1/3的市场占有率。在你们吃的鸡、猪、羊、牛、三文鱼中,在喝的饮料、咖啡中,在用的洗发液、化妆品中,都离不开我们的产品,只不过我们是“幕后英雄”而已。化学确确实实提高了人们的生活品质。

——李浩然　教授

化学的本质是从原子、分子的角度认识世界、改造世界，创造出适合人类生存发展的新物质、新方法、新概念。没有化学，世界照样运行，但人类却少了一种认识万事万物从而追溯本源的总览宏观、微观世界的视野。也正因如此，我喜欢化学，现象之有趣、方法之精妙、结论之玄学，让我笃定不求全面理解，只求在一个领域、沿一个思路、针对一个问题，深入研究，得到所希望的目标；而这过程中化学人被激发出的想象力、创造力、逻辑性和严谨性不可小觑，当然我们也不可放过。所谓"一不小心创造出个新世界"在化学中永不过时。

——2016 级本科生　张立炜

人们总是对未知的事物充满了好奇心，大到天体宇宙，小到微观结构，一切的创新都来自这一原始的心理。化学的魅力不仅仅体现在探索未知的吊人胃口，更展现在打破局限壁垒的前无古人——过去未曾实现的、过去认为不可能实现的、过去坚信的错误的"真理"逐渐被我们一一实现、纠正时，这份自豪与激情足以使我们对化学爱得深沉、爱得无悔。

——2016 级本科生　滕茗芽

地球科学学院

School of Earth Sciences

- ☞ 地理信息科学
- ☞ 大气科学
- ☞ 地质学

专业名称：地理信息科学
专业导游：张丰副教授

选择浙江大学地理信息科学专业的N个理由

教学资源丰富。以历史悠久、声誉卓著的浙江大学为背书，拥有丰富优质的教育资源、创业资源、校友资源，以及独一无二的地理位置。

浙江大学主持了地理时空大数据、全球综合观测成果管理与共享等国家重点研发计划项目与国家重大工程关键技术攻关，为学生参加科研训练提供了丰厚的土壤。

计算机能力培养条件得天独厚，培养方案中计算机技术基础课程设置与计算机学院一致，计算机学院教师直接参与专业核心课程教学与科研训练指导。

理工并举，厚地学基础，宽应用口径。师资团队文理交融，由地理信息科学、遥感、人文地理、自然地理等专家团队组成了雄厚的师资力量。

以地理位置数据为核心的数据科学发展十分热门，为社会各种新兴的繁杂领域提供了全新的解读视角。浙江大学地理信息科学专业的人才培养注重结合人工智能、大数据、云计算和移动互联网等信息科学前沿技术方法，强调交叉融通。

最受欢迎的专业。浙江大学专业确认中最受欢迎、竞争最强的专业，毕业生近100%就业深造率。国际交流互访、项目实践活动丰富。本科生可参加与哈佛大学、加州大学伯克利分校、新加坡国立大学等世界顶尖大学的实质性合作项目。

Q1：地理信息科学专业的学习(研究)对象是什么？

地理信息科学(GIS)是研究地球表层空间的各种自然地理要素和所有人类社会活动的空间分异规律、时间演变过程及区域特征的学科，通过信息技术刻画我们对现实世界和自然现象的理解。从时空角度助力人类面对包含生物多样性、气候变化、文化遗产、能源经济、自然灾害、公共安全等领域的，在全球、区域和地方不同尺度的挑战。

Q2：地理信息科学专业本科核心课程有哪些？

地理信息科学是一门典型的交叉学科，内容涵盖地理学、计算机科学与技术、遥感、测绘、地图学、数学等学科。在课程设置中，我们充分体现学科交叉性，从地理学、计算机科学两条主线传递基础理论知识，培养学生解决实际问题的能力。核心课程有：地理信息系统、遥感与图像处理基础、GIS 程序设计、地理信息科学前沿、自然地理学、地理定量分析方法、地理空间数据库等。

Q3：地理信息科学专业的学生需要具备什么特质？

学校长期致力于发展一流的教育教学，引导学生德才兼备、全面发展，实现知识、能力、素质、人格并重。学生需要具备敏锐的洞察力和判断力，主动融入网络化、数字化、个性化的终身学习体系，与时俱进升级新知识、掌握新方法、提升新素养、涵育新品格，努力成为永不止步的学习型人才。

地理信息科学是一门交叉学科，是地理科学的一个分支，学生培养过程中除了地理学的基本要求之外，更要求学生掌握信息化的空间数据处理技能和数据挖掘分析方法，结合各领域分析模型从时空角度解决问题。

Q4：地理信息科学专业有哪些对外交流项目？

本专业的对外交流项目包括三大类：

第一类是浙江大学开展的合作项目，包括美国、俄罗斯、韩国、瑞典、加拿大、日本等国家和我国香港、台湾地区的交换生、交流生项目等；

第二类是学院签署的“3＋2”本硕连读项目，包括伊利诺伊大学厄巴纳香槟校区(UIUC)、夏威夷大学马诺阿分校(UHM)、印第安纳大学伯明顿分校(IUB)等；

第三类是学院签署的短期交流访问项目，包括美国暑期交流项目、日本暑期交流项目、香港暑期交流项目、加拿大暑期交流项目等。

Q5：地理信息科学专业的深造与就业前景怎样？

不管是本科生还是硕士生、博士生，地理信息科学专业的就业率历来都是 100%。随着社会需要的不断变化，毕业生就业的方向也有所不同。有的选择深耕学术研究、勇攀科学高峰，矢志为科教强国添砖加瓦；有的选择助力经济新发展、践行“工匠精神”，潜心为“中国智造”贡献力量；有的选择投身国防事业、毅然携笔从戎，全力为民族复兴保驾护航；有的选择奔赴基层选调、奋战脱贫攻坚，扎实为乡村振兴奉献青春。

对于继续求学的学生来说，浙江大学、中国科学院地理所与遥感所、北京大学、清华大学是国内求学的首选；国际上美国、加拿大、澳大利亚、英国等 GIS 学科发展迅速的顶尖高校越来越认可浙江大学培养的学生的科研能力和素养。从就业角度来说，早年地理信息科学技术主要应用于政府部门，因此学生就业主要在自然资源、规划、交通、城市管理、水利、灾害防治、海洋、旅游、经济和信息化委员会等政府部门。随着地理信息产业的发展，越来越多的互联网企业强势介入，主要有网易、百度、阿里巴巴、腾讯、华为等。随着社会需求的增加，越来越多的高校陆续开设了地理信息科学这个专业，对于师资力量的需求缺口也非常大。总之，地理信息科学专业的学生，“上天可揽月，下海擒蛟龙”，各行各业都有你施展身手的舞台。

■ 地理信息科学专业最吸引我的——

地理信息科学(GIS),从字母组成就可以看到,Geography 占 1/3,Information 占 1/3,两者结合组成了新兴的信息科学。地理学是研究地球表面的地理环境中各种自然现象和人文现象,以及它们之间相互关系的学科,而信息技术的飞速发展,极大地推进了我们对自然、对人文、对社会的理解与认知。以往会说人类活动 80%以上的信息是与空间相关的,现在可以自豪地说是 100%。这意味着 GIS 可以和所有行业、所有学科结合、交叉,这为 GIS 研究与发展提供了丰厚的土壤,也给 GIS 从业人员带来了巨大的挑战。业精于勤荒于嬉,行成于思毁于随,因为改变,才会有无限可能。

——张丰　副教授

地理信息科学,我认为是以地理为依托的信息科学。我是一个不折不扣的理科生,逻辑思维清晰,喜欢互联网等信息技术,选择地理信息科学是因为我中学期间参加了信息奥赛,提早一步掌握了基础编程技术,而且自认为空间思维还不错,对地理学科有着一定的兴趣,于是目标明确非它莫属。

——2016 级本科生　林益鑫

这是一个属于地理时空大数据的时代。每时每刻,TB 级别的数据被附上地理信息标签,伴随着人们的日常生活被源源不断地生产出来。而我们可以利用 GIS 技术从原本脏而多的数据中寻找其中藏匿的联系。遥感影像及无人机倾斜摄影技术帮助我们更快更精细地获取地面数据,分布式数据库的构建支持着我们对数据进行高性能架构计算,而地理分析算法及 WebGIS 可视化技术可以帮助我们更好地把结果进行展示。从而,我们可以对具体问题做出更有说服性的判断及建议,进而切实改进生活。

——2015 级本科生　陈万成

浙江大学 GIS 专业很有特色,它在教学中融入了非常多的计算机学科的知识和技能,多学科的交叉培养让我们拥有了充实的大学生活、丰富的学科知识、扎实的计算机能力。经过三四年的努力,很多同学都收获了各种各样的荣誉,其中不乏国家级竞赛的奖项。浙江大学有着非常丰富优质的教育资源、创业资源、校友资源,其优美的校园环境和优越的地理位置也非常吸引我。选择浙大 GIS 专业,给我带来了挑战和收获,多学科交叉开阔了我的视野,激励着我不断探索和前行。

——2015 级本科生　金映含

论 GIS 于我一类的 GISer 的吸引力,莫过于专业归属感。GIS 属于跨专业学科,是计算机信息科学和地理学的交叉学科,即凭借计算机信息技术并结合地理学理论知识来解决地理相关痛点和难点问题。这样具象化的学习方向虽不及计算机信息科学或者地理学这些纯学科来的广泛，却能让本科阶段的自己格外明确自己的归属和前路方向，不至于迷惘在宽泛的方向选择中。

有玩过近期刚发布的热门游戏“一起来捉妖”吗？有好奇过微信、支付宝的步行统计和地点打卡吗？有用过高德、百度这些地图 APP 吗？有听过车载导航或公共交通提示吗？有体验过虚拟 AR 吗？有听说过大数据、云计算、微服务这些热度关键词吗？

最后自问：我想自己 DIY 一次这些干货吗？

——2014 级本科生　王立君

专业名称:大气科学
专业导游:曹龙教授

选择浙江大学大气科学专业的N个理由

专业底蕴深厚,立足国际前沿。浙江大学大气科学专业历史悠久,由著名气象学家和教育家竺可桢先生于1936年创建,是我国最早成立的气象专业之一。栉风沐雨薪火传,玉汝于成星光煜。本专业在气象灾害、全球气候变化、大气辐射与遥感、大气化学与环境、云降水模拟等多个领域的研究处于国内和国际前沿地位。

专业内涵宽广,探索应用无限。现代大气科学专业的研究内涵已从传统的气象学扩展到地球系统科学,大气与地球各圈层的相互作用对自然界和我们的社会生活产生巨大影响。气象灾害、大气污染、全球变暖这些与我们生活息息相关和关乎人类命运的学科,核心都是大气科学。大气科学利用海陆空全方面观测、大型计算机集群模拟、大数据分析和人工智能等手段探索从纳米尺度到行星尺度的自然奥秘。

全员全程导师制,就业深造节节高。浙江大学大气科学专业采用了全员全程导师制的本科生人才培养模式,切实从学生发展角度出发做好人才个性化培养。毕业生国内外硕博深造率近年接近80%,相关行业就业全国每年缺口约一半,毕业生供不应求。

Q1:大气科学专业的学习(研究)对象是什么?

大气科学是研究大气中发生的各种现象及其变化规律,进而利用这些规律为人类服务的科学。大气科学不仅是一门基础学科,也是一门与人类的生产、生活和军事活动密切相关的涉及多学科的综合性应用学科。

人类活动对全球气候和天气的影响已经成为当今世界各国普遍关心的重大问题,大气污染也是关乎国计民生的重大问题。随着人们对极端天气和全球气候变化的日益关注,大气科学的研究内容已经远远超出了传统气象学的范畴。现在大气科学已经不仅仅是研究大气的科学,而逐步发展为研究包括大气、海洋和陆地的整个地球系统的科学。大气圈、水圈、海洋圈、陆地圈、生物圈,这些自然系统和我们人类的活动有着密不可分的联系。可以说,现在的大气科学,不仅仅是传统意义上的理解和预测天气变化的“小”学科,而已逐步发展为理解和认识我们人类赖以生存的地球系统各圈层，认知我们人类对地球系统影响的一门“大”科学。

Q2：大气科学专业本科核心课程有哪些？

大气探测学、大气物理学、大气化学、大气科学数据分析、大气流体力学、动力气象学、天气学原理、现代气候学基础、统计气象学等。

Q3：大气科学专业的学生需要具备什么特质？

学习有动力和有兴趣的学生皆可学习大气科学。大气科学涉及面很广，需要具备一定的数学、物理、化学等理学基础知识；同时，大气科学与计算机有十分密切的关联，学生需要学习或掌握计算机的技术。

当今，大气科学研究的一个重要工具是计算机模拟。随着互联网的迅速发展，利用计算机模拟为主要研究工具的学科，基本摆脱了朝九晚五泡实验室进行科学研究的束缚，只要有一个勤于思考、善于思考的头脑，宿舍、家里、路上、车上，都可以成为学习的好场所。正如大气无所不在，对大气科学的学习和研究也较少受到时间和空间的限制。

Q4：大气科学专业有哪些对外交流项目？

大气科学专业目前已与伊利诺伊大学厄巴纳香槟校区（UIUC）和夏威夷大学大气科学专业签署了“3＋X”本硕连读培养协议。与多所大学签订暑期交流计划，进行天气灾害与气候变化、气象环境等方面的学习。邀请国际知名学者举办国际讲习班，选派优秀本科生到海外知名高校进行相关课程修读和联合培养。海外导师联合本专业教师，实施专业培养全程指导。大气科学专业同时与哈佛大学、斯坦福大学、香港科技大学、曼彻斯特大学和伯明翰大学等国际知名大学建立了长期合作关系，为学生的科研实践和交流提供基础。

Q5：大气科学专业的深造与就业前景怎样？

目前来看，浙江大学大气科学专业相当一部分同学毕业后选择继续攻读硕士或博士学位，或出国留学深造。就业去向主要是气象业务单位，包括民航、军队等相关部门。全国气象人才缺口一半以上，供不应求。另外，研究机构、高校、海洋、水利、农业、环境等行业也需要大气科学专业学生。

■ 大气科学专业最吸引我的——

大气科学最吸引我的地方是这个学科的交叉性和前沿性，现在的大气科学结合了数学、物理、化学、计算机科学等，与经济、社会发展等人文科学也有很多的交叉。我觉得大气科学最大的优势就是它是一门发展速度很快的学科，随着世界各国对气候变化和天气灾害问题的日益关注，大气科学必将受到越来越多的重视，大气科学专业人才也将有越来越多的用武之地。

——曹龙　教授

（博士生导师，国家优秀青年科学基金获得者，中国气象学会理事，获得2014年度世界气象组织Norbert Gerbier-MUMM国际论文奖。作为主要作者参加联合国政府间气候变化专门委员会（Intergovernmental Panel on Climate Change，IPCC）第六次气候变化评估报告（2021年发布）的撰写）

人类对自然科学领域的研究已不断地拓展到微观世界和宇观世界，大气科学属于中间一个层次，研究一个包含原子、分子和颗粒物（微米到毫米量级）的宏观开放体系，具有十分独特和丰富的研究内涵。对大气科学的研究不仅是出于认识神奇的自然现象和规律，而且与人类的生活和福祉密切相关（天气灾害、气候异常和环境污染等）。在当代，大气观测特别是卫星观测技术的进步、计算机技术的飞速发展、海量数据的处理能力和地球系统内部学科的相互渗透不断地推动着大气科学的发展。结合时代特点的大气科学研究仍然活力四射、令人着迷。

——毕磊　研究员

（“百人计划”特聘研究员，博士生导师，美国Texas A&M大学物理学博士。2015年获得Richard Goody国际辐射青年科学家奖，2017年当选为国际辐射委员会（International Radiation Commission）委员，2019年获得国际气象学和大气科学协会（IAMAS）青年科学家奖章。担任*Journal of Quantitative Spectroscopy and Radiative Transfer*期刊副主编，和*Asia-Pacific Journal of Atmospheric Sciences*期刊编委）

随着人类社会的不断进步，人类追求高品质幸福生活的需求也会越来越高，这离不开人类对周边气象环境的各类准确信息，大气科学作为地球系统科学的一分子发挥着举足轻重的作用。大气科学经历了传统的气象观测和天气预报之后，已经逐渐发展出全球气候变化、大气环境污染形成及影响、卫星和雷达气象等多个新型方向。大气科学是一门基于数理化之上的专业学科，并结合了大量先进的计算机编程、大数据分析和高端的仪器监测设备。大气科学逐渐发展成一门兼具基础性和应用性的新型学科，在新的时代展现了新的吸引力。

——李卫军　研究员

（“百人计划”研究员，国家优秀青年科学基金获得者，曾获中国优秀博士论文提名奖、中国化学学会环境化学青年科学家奖，中国气溶胶学会青年科学家。担任*Scientific Reports*编委，中国环境学会大气环境分会委员）

本专业最吸引我的是它的研究内容以及研究方式。研究内容主要包括各种天气与气候现象（如气旋、雷暴、气候变化等），以及大气与陆地、海洋之间的相互作用，我对这些问题一直都有很浓厚的兴趣；研究方式有通过计算机模拟，或实地考察等。通过学习基本的理论和技能，可以具备比较广泛的科学适应能力和知识更新能力，能及时掌握最新的发展动态和学科进展。总之，我认为本专业既符合我个人的兴趣，又能培养我的科学素养，因此十分吸引我。

——2010 级本科生(2014 级直博生)　段磊
(2019 年美国卡耐基研究所博后)

走过星河湖泊，看过大雨微风，走过冰川雪原，看过细雾惊雷，那时候的我们，还不知道自然的韵律会被书写在一个一个公式里，会被诠释在一行一行代码中。大气科学就是这样一个学科，可以用双眼看世界，用现象启发思维，也可以用纸笔演算与数理过程见证天气与气候的规律，可以用统计方法来发现历史中的气候变迁，也可以用显微镜与各类仪器来关注雾霾里的细小颗粒，更可以用模型与超级计算机来帮助世界预知未来气候与天气的变化。自然科学的魅力所在，就是用多彩的方法抽丝剥茧，去想象，去探索，去关怀人类的生存，去倾听地球的声音。

——2014 级本科生　顾沁雪
(2018 级宾夕法尼亚州立大学气象和大气科学系博士)

大气科学不仅能提高天气预报精度，气候预测、空气污染、能源利用等领域的发展也都依赖于大气科学的发展，无论你擅长的是什么，数学、物理、计算机、化学等都能有发挥的空间，万千气象，等你来探。

——2015 级本科生(2019 级直博生)　赵梦颖

大气科学细微入毫厘，广阔漫天际。在这里，你能探索缤纷的大气现象，发现身边的奥秘；能走进世界气象的变化，打开气候的大门；能跨越时间和空间，寻找到地球变迁的终极答案。

——2017 级本科生　周方毅

专业名称:地质学
专业导游:饶灿教授

选择浙江大学地质学专业的 N 个理由

地质学"好玩"。地质学的研究大到行星,小到分子、原子;既可以亲访名川大山,又可以游离于原子之间,也可以"CT"地球,探求地球深部的奥秘,还可以畅阅外太空的自然神奇。

地质学"有趣"。地质学可真正走进大自然,融入生活,DIY 式还原大自然的神奇拼图,察今可知古。对于喜欢刨根问底、喜欢挑战大自然的人来说,这难道不是很有趣吗?

地质学"管用"。地质学始终与国家发展同频共振,紧密围绕国家重大需求,开展与资源、能源、环境领域有关的重大科学研究,它不仅可以教您如何找资源矿产、石油、天然气等宝藏,还可告诉您如何建设美丽的地下城市空间,让您在科学研究与国家需求的完美结合中实现人生价值的最大化。

Q1:地质学专业的学习(研究)对象是什么?

地质学专业的研究对象主要是地球的物质组成、内部构造、外部特征、各层圈之间的相互作用和演变历史,面向国家重大战略与需求,为指导找矿、矿床资源勘探提供科学依据,揭示地球深部信息,探索地球的形成演化及其与人类生存发展之间的可持续发展。

对于地球深部信息,除了从地幔包体获得之外,还可以借助各种地球物理方法,利用高科技的传感仪器设备进行观测,利用计算机进行数据分析,最后利用可视化手段结合构造地质对所获得的数据和图像进行解释,从而了解地下内部既看不见也摸不着的结构与演化。

Q2:地质学专业本科核心课程有哪些?

地质学专业本科核心课程有:地球科学导论、地球物质基础、地球物理学基础、构造地质学、地球信息科学基础、生命演化与地质历史、地球化学、地貌学与第四纪地质、沉积学与古地理学、石油地质学、区域地质学、地质年代学、定量地震学基础、地球电磁学、浅地表地球物理方法、地球物理与大数据等。

Q3:地质学专业的学生需要具备什么特质?

学生必须具备敏锐的观察能力,掌握新知识、新方法,提升科学素养。同时,将观察与理论相结合,宏观思维微观着手,具备高度形象思维能力和周密的逻辑推理能力。从专业知识的学习角度来说,该专业需要很强的数理化和信息类知识背景,这也是浙大培养地质学专业学生的优势所在。例如,现代的地质学需要以地球系统科学知识为基础,地学大数据为研究工具,进行大量地球物质、构造地质、地球化学、地球物理等数据分析,这需要学生具备很好的数学和计算机能力。

除了以上要求外,因为我们的研究对象本身不在室内,所以需要进行野外调查、观测等,户外工作会相对多一些,学生最好能够爱好户外活动。

Q4:地质学专业有哪些对外交流项目?

本专业与哈佛大学、哥伦比亚大学、加州大学洛杉矶分校、苏黎世联邦理工学院、印第安纳大学、伊利诺伊大学厄巴纳香槟校区、夏威夷大学、迈阿密大学、西澳大学和科廷大学等世界名校建立了长期的交流合作关系和多种模式的联合培养,与伊利诺伊大学厄巴纳香槟校区、印第安纳大学、夏威夷大学建立"3+2"联合培养模式,选拔优秀的本科生在大学四年级阶段到相关学校进行深造。

Q5:地质学专业的深造与就业前景怎样?

我们专业的定位是培养优秀的地质科学家,毕业生就业前景广阔。地质学专业60%~70%的本科学生会选择出国或者国内继续硕士生或博士生阶段深造,20%~30%选择直接就业。我们专业的行业背景比较宽广,就业的方向主要有两类:一类是大型国有企业,如中石油、中石化、中海油等企业中涉及自然资源的勘查与开采领域的部门;另一类是政府部门,如自然资源系统的各级部门等。

■ 地质学专业最吸引我的——

同学们在本专业将会有非常广泛的视野,可以看到对不同种类目标的探测研究,如外星球、地球表面、海洋内部、军事目标、城市目标、海底目标,可以说既要上天又要下海;同时还可以看到从几分钟到几百万年的不同时间跨度的研究,以及从几百公里到几厘米的不同空间跨度的研究,内容多样、丰富有趣。

每年4月22日世界地球日前后一段时间,我们有"浙江大学地球科学节"的活动,其中有一个内容就是面向全校学生开展的地球科学知识竞赛。这个节日到现在为止已经有十余年的历史,也被评为浙江大学学生文化节中的十大节日之一。

——田钢　教授

当时选这个专业是因为看到了"浙江大学地球科学节"的矿石展,觉得矿石特别漂亮也很有意思,就对这个专业产生了很大的兴趣。后来发现这个专业去野外的机会很多,而我本身又是个很喜欢户外活动的人,就觉得非常对我的性格,因此我坚定地跨了专业过来学习。

对我来说,两次为期半个月的专业实习的收获尤其巨大,它真正能让我们把理论知识应用到实践中,对我来说也是一个蜕变和升华的过程。

——2014 级博士生　安凯旋

相比于其他理科专业,地质学专业跑野外的机会比较多,与实际应用也结合得比较紧密,不会显得枯燥。当初填志愿的时候我就是冲着浙大的地质学来的。在看科普文章、科普节目时,我就会想,如果能去研究地球的形成、构造、地壳的运动这些问题,实在是很有趣的事情。

还有,我们专业课很多都是教授直接授课,老师们也都能认识班上的每位同学,班主任也很关心我们,加上短学期两次野外实习大家都住在一起,所以师生间的交流相比于其他专业是很频繁的。

——2010 级本科生　王曼

受了斯文·赫定的影响,广袤土地上的河山原野都成为心中念想。一个人总有一些朴素的好奇。于我而言,这样的好奇就比如万里之外内亚腹地中某处未经踏足的山谷、冰川、洪积扇、火山锥……其过往、当下与未来,在亿万年尺度上的演进,冰川气候、河流风暴与我们星球深部能量的角力。就像天文学家观测到宇宙微波背景辐射仿佛听到宇宙诞生之初的微弱回声那般的兴奋,了解我们脚踏的土地像孩子一样成长的过程,从蒙昧初开走向豁然开朗,知其时空广阔,而人之历史渺小如沧海一粟,这是怎样的不可思议!

——2019 级研究生　吴运鹏

"仰观宇宙之大,俯察品类之盛,所以游目骋怀,足以极视听之娱,信可乐也。"地质学是一门发现自然、探索地球的学科。从地质现象中追溯地球的发展,用以小见大、将今论古的思想推理出地质过程的发展变化,正是其魅力所在。

除此之外,丰富的野外实习在给予我们接触、探索自然的机会之外,也帮助我们将理论知识融会贯通并学以致用地探究自然变迁。自然宇宙远比想象的复杂,但也只有了解和学习之后我们才有机会和可能,去发现、探索其真实的无穷尽的奥秘。

——2016 级本科生　葛梦佳

当我得知我被地质学专业录取了之后,我十分高兴,我非常喜欢去野外探索地球的奥秘。后来经历了地质认识实习,虽然天气炎热,但老师也尽可能生动地给我们讲述地层的变化以及构造的特点。看着平平无奇的露头,如果不学习地质,怎么能知道其中涵盖了几百万年来的岩浆活动、沉积环境的变化以及生物的演化。不仅如此,在野外实习的过程中还能感受到大自然的魅力,在辛苦之余,也能愉悦身心。

——2017 级本科生　张文逸

心理与行为科学系

Department of Psychology and Behavioral Sciences

☞ 心理学

专业名称：心理学
专业导游：何贵兵教授

选择浙江大学心理学专业的N个理由

历史悠久，底蕴深厚。由中国工业心理学创始人陈立创立，是我国高等院校最早设立的心理学系之一，国务院学位委员会最早批准的具有硕士和博士学位授予权单位，心理学领域最早批准的国家理科基础科学研究与教学人才培养基地之一。

特色鲜明，成果瞩目。围绕国家战略需求和国际前沿领域，聚焦重大科学和现实问题，结合心理学理论方法和高新技术，利用多学科综合优势，开展心理学前沿研究，培养国际化交叉型心理学人才。重点特色方向有认知与脑研究、工业心理学2.0、发展与健康心理学等。

师资力量雄厚，科研条件一流。教师专业素质及国际化程度高，教授100%授课，师资100%有海外留学经历。拥有我国心理学领域第一个国家级实验室——浙江大学工业心理学国家专业实验室，还有智能人机交互与虚拟现实实验室、脑功能与认知研究实验室等。

Q1：心理学专业的学习（研究）对象是什么？

心理学是对人的心理和行为进行科学研究的一门学问，涉及个体心理（认知过程、情绪情感过程、意志过程、人格特征等）、意识与无意识以及社会心理等。心理学通过科学描述人的心理现象的实质和起源，揭示人类智能发展和心理活动规律，并根据社会实践需要预测和干预人的心理和行为。美国著名心理学家菲利普·津巴多曾说："心理学是一门与人类福祉密切相关的科学。"心理学的基础和应用研究涉及生物学、生理学、逻辑学、教育学和技术科学等学科，涵盖发展与教育（亲子关系、教学、学习、教师）、临床咨询（心理咨询与治疗）、工作与组织（人事、劳动、健康、组织、广告、消费）、工业与人工智能等多个领域。

Q2：心理学专业的培养目标是什么？本科核心课程有哪些？

心理学专业致力于培养心理学高端科学研究与应用型人才，重视理论与实践相结合，培养具有宽厚学科基础知识、灵活严谨科学思维、基本科学实验能力，能胜任心理学各个应用领域工作，能科学应用心理学知识的专门人才。

本科核心课程主要有：实验设计与心理统计、心理学导论实验、实验心理学、认知心理学、心理测量、社会心理学、心理学研究方法、管理心理学、工程心理学、发展心理学、神经生理学、生理心理学等。

Q3：心理学专业的学生需要具备什么特质？

本专业欢迎有志于探索人类自身奥秘，对人的心理现象和规律有浓厚兴趣，并兼具理科逻辑思维能力和文科丰富想象能力的学生。

一方面，心理学是一门关于人类自身心理和行为规律性的学科，而人类的心理与行为又是最深奥和神秘的研究对象。没有浓厚的兴趣，就无法深入领会和掌握相关理论与研究方法，在学习和研究过程中不易克难。

另一方面，心理学又是一门实证学科。在学习和研究过程中，无论是理论表达、模型构建、数据分析，还是心理过程仿真、行为表现测量，都需要严谨的逻辑思维和量化分析方法。同时，由于心理现象的复杂性，机械的、线性的思路无法完美地构想心理现象背后的机制，而丰富的想象力则能够帮助我们到达理性逻辑不能及的高度。

Q4：社会上是否存在对心理学专业的理解误区？

心理是一个神奇的世界，人们对它产生无限的想象，因此也容易产生一些误解。例如，当周围人得知了你是学心理学专业的时候，马上会好奇地问："你是学心理的，那你知道我现在正在想什么吗？"好像心理学家和算命先生差不多，应该能透视眼前人的内心活动，其实这是一种误解。

心理活动具有广泛的含义，包括人的感觉、知觉、记忆、思维、情绪和意志等，并非只是人在某种情景下的所思所想。心理学家所做的就是要探索这些心理活动的规律，研究它们如何产生、如何发展、受哪些因素影响、相互间有什么联系等。比如，研究亲子关系对情绪发展的作用，可以培养和发展婴儿的健康情绪；根据理解与记忆的关系，帮助人们改善记忆的效果；根据视觉缺陷与大脑损伤的关系，进行临床诊断和治疗；根据组织行为学，改善团队管理，优化组织结构等。实际生活的需求，使得心理学在现代化生产、商业、交通、企事业单位管理工作中的重要性日益凸显；智力开发、人才培养，以及由于心理异常带来的个人健康问题和社会问题也推动了心理学的研究。心理学家通常是根据人的情绪表现和外在行为等来研究人的心理，根据外在表现和测验结果来科学地推测人的内部心理特征，致力于科学地促进人的毕生发展，维护心理健康，减轻职业压力，增进人际交流，进而提高人的生活质量等，而不是那种巫师般的"读心术"。

Q5：心理学专业有哪些对外交流项目？

浙江大学心理与行为科学系现有的对外交流项目主要包括：滑铁卢大学、香港城市大学、泗水国立大学、北卡罗来纳州立大学、阿尔伯塔大学、多伦多大学、杜克大学、加州大学欧文分校、日本东北大学等。2018—2019 学年共派出本科生 60 人次，海外交流率高达 85.7%。心理系还将"陈立心理科学发展基金"用于资助家庭经济困难的本科生出国交流。

Q6：心理学专业的深造与就业前景怎样？

心理学专业本科毕业生到国内外高校和研究机构继续深造者超过70%，其中推免研究生的比例近50%。外推的去向主要有：北京大学、中国科学院、华东师范大学、北京师范大学等。出国的去向主要有：康奈尔大学、宾夕法尼亚大学、伦敦大学学院、普渡大学等。其余学生主要在智能化产品生产企业、教育机构、研究机构等从事产品可用性、界面评价、用户体验，以及人力资源管理、管理咨询、心理咨询等相关研究和实践工作。

心理学专业硕博毕业生深受用人单位的欢迎，主要去往高校、研究所、国家机关、跨国公司和其他企事业单位，从事用户体验、智能化人机界面设计与评价、人力资源管理和开发、心理咨询与心理健康、儿童教育和教学心理学等相关专业的科研、教学和实践工作。毕业生就业方向广泛，有IT企业，如腾讯、阿里巴巴、百度、网易等；有咨询行业，如上海思来氏信息咨询公司等；有相关事业单位及科研单位，如台湾交通大学教育研究所、杭州第七人民医院、浙江大学、浙江省教育评估院、宁波大学等；有通信企业，如华为、中信等；有PC制造行业，如联想、IBM、英特尔等；以及其他如贝因美、房地产等各行各业。

■ 心理学专业最吸引我的——

心理学家时时刻刻都充满着好奇心，他们用敏锐的观察力将生活中的平凡之处凝练成理论去解释关于人的最为困惑的问题；心理学家是非常聪明的一群人，他们用假设检验、计算模型、生物学工具，践行着严谨的科学哲学；心理学家包容而善良，他们认识自我，了解人性，温暖从内而发，帮助着每一个个体；心理学家肩负着未来的使命，他们与所有科研工作者一起，探索人类认知的边界。我感激心理学给予我的成长和力量，我发自内心地热爱着她，我也真诚地希望能成为心理学家的一员。

——2014级本科生(出国深造，康奈尔大学)　李蔚

心理学就像一片大海，一座座物产丰饶的岛屿坐落其上，认知、社会、发展、教育、临床、管理……每个人都能找到自己钟情的那座小岛，它可能很热闹，人声鼎沸、络绎不绝，它也有可能高度现代化，有着随处可见的自动化机械装置。但无论身处哪座岛屿，心理学都能教会我们如何以更加包容、多元的视角看待世界，比如承认人固有的认知偏差、理解社会现象背后由多个因素共同影响的复杂机制、用发展的眼光看待孩子的言行举止。很幸运能够学习心理学，这是一门受用终身的科学学科。

——2015级本科生(免试研究生，浙江大学“3+5”直博)　张旭晖

如果说有什么东西，是人类自己拥有却从来不曾理解的，大约就是思维与意识。每个人颈项上那颗1.35升的大脑，和苍茫浩瀚的宇宙一样，神秘而令人费解。感觉如何产生？我们怎样知觉周围的环境？大量的信息中你会注意什么？何种知识信息最终会

永远保留在记忆里？做梦的时候大脑在干什么？原生家庭怎样塑造了每个人的人格？人类社会为什么存在偏见和歧视？心理学家用理论与实证去解释这些疑问。可以说，心理学就是你的生活，心理学就是你本身。这大概就是我选择心理学专业的动机了，也就是人类对自己最原始的好奇心。

——2015级本科生（北京大学免试研究生） 孔令航

心理学于我的最大魅力在于，它的学习永远在路上，没有终点。心理学带给我的是一套文理兼修的思维方式：如果没有人文关怀，心理学就脱离了它的研究对象本身；如果没有科学逻辑，心理学就没有令人信服的立足之本。很幸运，心理学都有，并且这一方兴未艾的学科还有许多未知而有趣的问题，因为人在，心理学就在。感谢心理学在过去、现在和将来，一直教我成为一个更好的人，让我在努力看清世界的过程中依然热爱生活。

——2016级本科生（连续两年国家奖学金获得者） 徐昳潇

有很多人都认为学心理学的人就是算命的或者是心理医生，在学习这门课之前我也有相似的想法。然而，在学习心理学之后，我发现心理学最吸引我的就是她平淡无奇中的美丽。这种美丽可能来自一个有趣的被试，一个百思不得其解的现象，或者是“0.05”的简单快乐。有位老师说心理学是一门理解人、发展人的科学，是与世界对话的艺术。除此之外，学习心理学的人身上都会有一种独特的气质，也许这就是所谓的有趣的灵魂吧！

——2016级本科生（浙江大学十佳大学生） 陈雨凡

教授带你“逛”专业

机械工程学院

College of Mechanical Engineering

☞ 机械工程

专业名称:机械工程
专业导游:顾大强教授

选择浙江大学机械工程专业的N个理由

名气大。在2018软科世界一流学科排名中,浙江大学的机械工程学科排名位列世界23位,教育部第四轮学科评估为A级学科。机械工程的科研实力雄厚,科研经费名列学校前茅,教学与科研相结合,以科研促进教学,与产业界联系密切。

师资优。专任教师109人,很多是工程领域中的知名教授和大咖。有中国工程院院士3人、国家教学名师1人。选择本专业就读,可以接触到在本专业领域最前沿从事研究的专家,有利于养成宽阔的视野。

人脉广。在百年的办学中,培养了数以万计的高层次人才,涌现了一批杰出科学家、教育家和工程技术专家,一大批院友已经成为行业的决策者和领军人物,你在今后的就业、深造时会多次遇到对彼此能力和浙大机械高度信任的院友。

Q1:机械工程专业的学习(研究)对象是什么?

任何现代产业和工程领域都会用到机械,机械工程是以自然科学和技术为理论基础,研究和解决机械在开发、设计、制造、运行和维护中的全部理论和实际问题的一门应用学科。其学习对象包括:机械设计与制造过程、机械零部件、机械装备、智能机电系统。

Q2:机械工程专业本科核心课程有哪些?

机械工程专业本科核心课程有:理论力学、材料力学、工程热力学和工程流体力学、工程数值方法、机械设计、电工电子学、液压与气动、控制工程基础、机械工程测试技术、制造过程和工程、机器人技术、数控技术与装备自动化、线性系统与数字控制、产品方法设计、质量管理学。

Q3:机械工程专业的学生需要具备什么特质?

从对学生本身的要求来说,与大多数的工科专业相类似,学生如果对机械装置和系统有兴趣,乐于动手实践,并具有较强的逻辑分析能力和较好的数理基础,有空间结构想象能力,会比较适合这个专业。学习过程中会有一些需要团队合作完成的教学环节,对学生的合作与交流能力也有一定的要求。除此之外，非常重要的一点就是我们希望学生具有独立思考能力和创新能力。

Q4：机械工程专业有哪些对外交流项目？

机械工程学院十分重视学生的对外交流，以 2019 年暑期为例：学院选派约 150 名本科生赴牛津大学、康奈尔大学、瑞典皇家理工学院、奥克兰大学、德累斯顿工业大学、日本东北大学、香港大学等国际知名大学参加 2018—2019 学年暑期访学项目。对于 2019 级的机械工程专业本科生来说，在校期间有 100%的出国访学机会。

Q5：机械工程专业的深造与就业前景怎样？

机械工程的服务领域十分广阔，现代机械工程有五大服务领域：设计制造能量转换机械；设计与制造产业机械；设计制造各种服务机械；设计制造家庭和个人生活中应用的机械；设计制造应用于国防的武器装备。

本专业的就业面十分宽广，除高等院校机械工程专业教师、科研院所的科研工作者外，许多专业人才会在上述五大服务领域中从事设计、制造、技术管理、设备维护等工作，常见的职位包括：机械设计工程师、机械制造工程师、新产品研发工程师、设备工程师、技术支持工程师、供应链工程师等。

根据麦可思 2018 年发布的数据，本专业毕业生专业满意度调查为 99%，历年一次性就业率约 99%。在就业单位中，75%的企业属于世界 500 强。深造率达 61%。

■ 机械工程专业最吸引我的——

机械工业素有“工业的心脏”之称，它为工业、农业、交通运输、国防等提供技术和装备。在我看来，这个专业最大的特点就是其既重视理论方法，又强调实际应用。机械工程包含设计与制造两大部分内容，我一直从事“机械设计”的教学与研究工作，“机械设计”同时也是一门内容丰富的专业基础课，可以说是学习其他专业课的必要基础。通过这门课的学习，同学们能从技术的角度理解工业及生活中各类机械的常用原理及设计的一般方法。

——顾大强　教授

机械工程专业会是夕阳专业吗？作为一个机械工程专业的学生，尤其是在智能制造 2025 的大背景下，我对机械工程专业充满着信心。将近四年的专业学习生活，我深深地被机械工程专业浩如烟海的知识所吸引。在这里，我们不仅能够收获机械制图、机械设计、机械制造等机械传统知识，打磨着闪闪发亮的小铜锤，设计着一个个独具匠心的减速器，创造着一代代新式的注射器产品。我们还能够学习到电气、控制、机器人、计算机、材料、生物等多学科交叉的知识体系，在许许多多的比赛科研项目中锻炼自己，我们用着一台台高速的数控机床，用代码将设计好的零件制造出来；我们看着一台台3D打印机，一层层材料的叠加最终变化成了一个个可爱的模型，甚至还会有生物模型；我们操控着一个个机器人，茶道的经典、刺绣的再现，让冷冰冰的机器活灵活现。这就是我所钟爱着的机械工程专业，它将陪伴着我未来的5年、10年甚至一生。

——2016级本科生　陈熠钧

在选择机械工程之前，我对它有着些许陈旧、落后的刻板印象，是本科四年的学习和实践让我逐渐摒弃了偏见，逐渐体会到它愈久弥新的旺盛生命力。

选择机械工程就是踏入了一片广阔的天地，机械、电气和控制是构成这片天地的基本要素。从大一刚入学时的金工实践，到大二参加工程训练竞赛和机械设计竞赛，再到大三参加生物3D打印的相关SRTP项目，我越来越体会到机械工程的博大精深。你永远不用担心选择机械工程会束缚你前进的脚步，因为在结合专业知识和工程实践的过程中，你会不断提升自己的工科素养，开阔自己的学术眼界。这是一个古老的领域，同时也是一个崭新的领域，在智能制造的行业浪潮下，相信机械工程也会焕发出全新的生命力。

——2016级本科生　章少锟

材料科学与工程学院

School of Materials Science and Engineering

☞ 材料科学与工程

专业名称：材料科学与工程
专业导游：陈立新教授

选择浙江大学材料科学与工程专业的N个理由

发展历史辉煌！ 国内最早创设材料科学与工程学系，莘莘学子遍布海内外，已培养了中科院院士、中国驻外国特命全权大使、央企/国企高管、新材料上市公司总裁等大批优秀人才。本科生海外交流率达100%，毕业生海内外读研深造率超70%。

师资力量雄厚！ 本专业拥有68位正高、48位副高职称教师，包括3位中科院院士，15位长江学者特聘教授、"杰青"等专家，对本科生实行全程导师制倾心指导，致力于培养具有全球竞争力的材料领域高素质创新领军人才。

学科实力强劲！ 拥有8个国家级和省部级科教平台，入选首批国家重点一级学科、国家级一流本科专业和"双一流"建设学科，在US News、ESI、ARWU等国际材料学科排行榜中均位列全球前20。

Q1：材料科学与工程专业的学习（研究）对象是什么？

主要学习材料科学与工程专业相关的自然科学知识、专业基础理论、学科前沿知识和综合实践技能，学生应掌握各种先进材料的成分组成、制备技术与组织结构和使役性能之间的内在联系，研究解决信息材料、能源材料、生物医用材料、先进结构材料以及材料微纳加工等领域的前沿科学问题和应用工程技术，拥有新材料设计开发、性能优化和产品质量控制等方面的综合能力。

Q2：材料科学与工程专业本科核心课程有哪些？

本专业课程主要面向材料学科国际前沿创新和国家重大战略需求的人才培养要求，所开设的专业基础必修课程包括材料物理、材料化学、材料计算与设计，专业主干必修课程包括材料科学基础、材料性能、材料工艺学、材料表征以及材料科学基础实验、材料工艺基础实验、先进材料实验。在这些课程的基础上，开设了信息材料类、能源材料类、生物医用材料类、结构材料类的16门模块课程，还有纳米结构与材料、智能材料与智能系统、光电材料与器件、储氢材料等20余门专业选修课程可供学生个性化修读。

Q3：材料科学与工程专业的学生需要具备什么特质？

材料科学与工程是衔接理科与工科之间的一门新兴交叉学科，发挥着从基础科学研究到现代工程应用的贯通式"桥梁"作用，要求学生具备比较均衡的知识结构。高新材料的设计制备、结构表征、性能优化和机理分析需要学生拥有比较扎实的数理化基础；同时，本专业特别重视国际化交流和实践创新，因此要求学生拥有良好的外语水平、人文素养和创新意识，善于思考，勇于实践。

Q4：材料科学与工程专业有哪些对外交流项目？

本专业致力于为每位本科生提供广阔的对外交流平台，与 20 多所国际顶尖高校签署有合作协议，本科生全员参与对外交流，定期选拔优秀学生赴世界顶尖高校参与课程修读、暑期科研实习、短期文化交流等活动。本专业已建立的常态化对外交流项目包括：牛津大学暑期科研实习交换生项目、新加坡国立大学暑期科研实习项目、美国名校交流项目（斯坦福大学、加州大学伯克利分校）、英国名校交流项目（牛津大学、剑桥大学、帝国理工学院、伦敦大学学院）、港澳名校交流项目等。此外，本专业学生还可以申请参与校设的对外交流项目。

Q5：材料科学与工程专业的深造与就业前景怎样？

浙江大学材料科学与工程学院紧紧瞄准材料学科国际前沿和国家战略发展目标，坚持基础研究和工程应用并重，重点开展集成电路用半导体材料、光电材料、磁性材料、储氢材料、热电材料、动力电池材料、生物医用材料、航空航天材料、建筑节能材料等研究。据近 5 年浙江大学就业报告统计，材料科学与工程专业本科毕业生的海内外读研深造率超过 70%（其中出国读研深造率约 25%）；直接就业学生中，大多数就职于新材料行业的高新技术企业，也有部分学生进入新材料领域的贸易、行业证券分析以及互联网相关企业；本专业毕业研究生则多数进入专业对口的世界 500 强企业或国（央）企，也有部分在高校、科研院所从事教学科研工作。

■ 材料科学与工程专业最吸引我的——

当初高考时，为了确保能进入心仪已久的西子湖畔的浙江大学，我选择了当时并不热门的材料专业。入学之后，我很快就被材料科学的精彩世界所吸引，沉醉其中，后因学习成绩优异被推荐免试读研，直至博士毕业。在这过程中，我深刻认识到材料科学与工程是融合了理科与工科相关知识、既有科学理论又有应用实践的综合性交叉学科。我自己特别喜欢高校中不断探索的自由学术氛围，因而决心从事科研与教学工作。我很庆幸自己选择了材料科学与工程专业，这让我在探究物质未知领域的同时，又能享受成果转化为应用带来的快乐！

——1992 级本科生　朱铁军

（浙江大学教授，国家杰出青年科学基金获得者）

材料被誉为当代文明的三大支柱之一，标志着人类社会的发展进程。材料科学的奇妙之处在于它既不像纯理论的数理化研究，也不是单纯追求工业化的工程学科，它发挥着理工交叉融通的桥梁作用。从事材料科学研究真的非常有意思，让我感受到被赋予了推动历史的使命感和自豪感，也为广大年轻学子提供了施展才能的广阔舞台。

——2008 级本科生　戴兴良

（在本专业免试攻读博士学位期间，以第一作者发表 *Nature* 正刊学术论文，研究成果入选 2014 年中国科学十大进展）

材料科学与工程学科最吸引我的地方在于它历史长久而又不断推陈出新，应用无处不在，又时时与最尖端前沿的技术相关联。就我自己所感兴趣的材料科学中的研究领域来说，就是利用电子显微镜技术来探究材料的本质，通过对材料原子尺度上的表征分析可以为材料的宏观性能应用提供科学的理论依据与实践指导，这样的探究深深地吸引着我，值得我去坚守与探索！

——2014 级本科生　姜枫

（毕业后赴美国加州理工学院读研深造）

仅在我经历的短短 20 年里，人类社会就被新材料极大地改变：更快的处理器，更轻更坚固的飞机等，它们让生活变得更美好。选择材料这个学科，是因为我想用我的一生去研究有趣又有用的课题，希望有一天能看到这个时代因为我的工作而被推动，人的生活因为某一种新材料而更便捷、更多彩。本科四年的学习很有意思也很有收获，我毫不犹豫选择继续攻读材料学博士，想用我的一生去期待新材料给这个世界催生科技树的更多枝叶。

——2015 级本科生　范清源

（毕业后赴斯坦福大学读博深造）

我选择材料科学与工程，是因为我觉得生活处处离不开材料，日常生活衣食住行、艺术领域陶瓷粉彩、尖端科技飞天入海，是无数高新材料在发光发热。材料专业涉及的领域遍及信息、能源、生物医用等方方面面，我们可以根据自己的兴趣去选择最想投身的领域。中美芯片战让我深感我国半导体领域与世界顶尖水平之间的差距，所以我选择了半导体材料作为今后的深造方向。精材方能成器，材料专业教给我们一种认识世界、改造世界的科学方法，能将我们培养成有广博见识又有一技之长的人。

——2016 级本科生　田鸿君

（毕业后在本校免试读研深造）

能源工程学院

College of Energy Engineering

- ☞ 能源与环境系统工程
- ☞ 车辆工程
- ☞ 过程装备与控制工程

专业名称:能源与环境系统工程
专业导游:邱利民教授

选择浙江大学能源与环境系统工程专业的N个理由

理由一:我们为本科生培养提供坚实的师资保障,拥有包括院士、长江学者特聘教授、"杰青"在内的国家级教学团队,与国内外一流企业建立32个实践教学基地,拥有目前国内高校最为先进的教学实验平台,科学制定翔实可行的人才培养方案。

理由二:专业历史悠久,面向国家重大需求,围绕能源学科发展前沿,致力于培养和造就一批知识、能力、素质、人格俱佳的能源与环境工程领域创新人才和行业领导者,未来发展前景好,国际影响力强,毕业生遍布海内外。

理由三:专业聚焦全球竞争力培养,设立校、院两级海外交流基金,与国际一流大学建立常态化伙伴关系,本科生海外交流率100%。毕业生深造渠道多,就业范围广,毕业生深受高校和行业青睐,连续多年就业率100%,单位满意度100%。

Q1:能源与环境系统工程专业的学习(研究)对象是什么?

当代社会发展三大社会问题:人口激增、环境污染和能源短缺。我们专业的研究对象就占了能源与环境两席。就像专业名称字面理解上那样,这个专业主要学习涉及各种能量转换和有效利用的理论、方法和技术,同时关注过程当中的节能环保问题。

本专业分为能源与环境工程及自动化、制冷与人工环境及自动化、新能源科学与工程三大方向,通俗地讲,就是热能方向、制冷方向、新能源方向。热能方向主要研究化石燃料、先进能源系统、低品位能源的高效清洁利用,以及能源利用过程中的污染物生成、迁移、测量和控制等。历年来,在相关领域获18项国家级三大奖,其中国家技术发明奖一等奖1项、国家科技进步奖一等奖2项,其他国家级二等奖10余项。制冷方向主要研究绿色环保制冷技术、暖通空调、深低温技术、食品冷冻与保鲜、空气分离、天然气液化、低温生物医学技术等。新能源方向主要研究太阳能、风能、生物质能等可再生能源的开发和利用。在完成基础课的学习后,同学们可以选一方向进行修读。

Q2:能源与环境系统工程专业本科核心课程有哪些?

能源与环境系统工程专业本科核心课程有:工程热力学、工程流体力学、传热学等基础课程,以及能源转化(含锅炉原理)、透平机械原理、制冷原理、低温原理、太阳能、生物质能等。

Q3:能源与环境系统工程专业的学生需要具备什么特质?

能源与环境系统工程专业是个综合性、交叉性强的专业,因此对学生的综合能力要求很高。其中喜欢物理和数学的学生,尤其对物理(高中物理热学和力学相关知识)有兴趣的同学,更为适合。作为典型的工科专业,实验和工程经验是非常重要的,因此动手能力也是一个必不可少的基本素养。当然,只要学生踏实肯学,有责任心和事业心,对能源行业有极大的热情和使命感,都可以在本专业得到成长。

Q4:能源与环境系统工程专业有哪些对外交流项目?

能源与环境系统工程专业的学生在本科期间至少有一次学校资助的出国(境)交流实习机会,过去几年去的比较多的单位有:京都大学、新加坡国立大学、南洋理工大学、圣彼得堡国立理工大学、悉尼大学、墨尔本大学、香港大学等。对外交流项目还包括和国际知名院校,如皇家理工学院、伊利诺伊大学厄巴纳香槟校区、巴黎综合理工大学的“3+2”本硕联合培养计划等。此外,我们还与京都大学开展了双博士联合培养项目,与皇家理工学院开展了双硕士联合培养项目。

Q5:能源与环境系统工程专业的深造与就业前景怎样?

毕业生可在与火力发电、能源利用与转化相关的各类中外大、中型企业,如各大电力公司、各大动力设备生产厂、电力设计院、电力科学研究院以及中海油、中石油、宝山钢铁、中国石化等企业的动力部门,从事与火电厂热力工程、煤化工、能源开发、环境保护等能源利用相关领域的设备制造、检修与维护、集控运行、生产管理等方面的工作。制冷空调、建筑暖通设计、空分及工业气体、深低温应用、无尘无菌环境保障、汽车制造、航空航天、国防军事等领域也急需大量制冷方向人才。此外,风能、太阳能和生物质能等新能源是我们国家能源发展的重点,按照国家能源规划,未来这些能源在我国能源供应中的比例将大幅提高,需要大量专业人才,目前我国五大电力公司及浙能集团等地方电力公司都在大量招聘新能源方面的人才。同时,我们的毕业生还可选择在学校、科研院所等单位进行相关方面的教学科研、工程设计等工作。

几十年来,能源与环境系统工程专业校友遍布世界各地,在各个领域都涌现了很多优秀人才,中国广核集团有限公司总经理张善明、国家能源投资集团有限责任公司副总经理高嵩、哈尔滨电气集团中央研究院院长张彦军、格力电器总裁助理刘华等都是我们校友,还有许多校友在国内外知名大学任教。

■ 能源与环境系统工程专业最吸引我的——

能源与环境系统工程专业致力于能源、环境这两大全球热点问题的教学和研究。这个专业吸引我的地方，正是它的这两个研究方向关乎世界发展和全人类福祉。在这个领域，我们学生的人生价值可以与国家乃至整个世界的发展相联系。特别是我们每一点付出，都让自己觉得人生充满意义。这里会给每一个学生最好的学习资源和平台，整个专业也有着你争我赶、竞争合作的学习氛围。这个专业的使命就是要实现能源的高效清洁利用，特别是减少污染物的排放，不仅能培养我们能源利用的创新想法，更能培养我们扎实的能源环境专业知识。

——高翔　教授

能源与环境系统工程是一个真正能够服务于国家，有意义、有价值的专业。随着我们能源环境的危机越来越严重，能环专业就显得更加重要。它一方面提供高效的能源，另外一方面高效地利用能源，即使再过一百年，这仍然是个很有意义的行当。我觉得这个专业的科研氛围给我们提供无限的创造平台，这个专业的学生则给能源行业注入新的创造力，这些促使我们走上了科学前沿。在这里学习、教学和研究，都让我感到越来越年轻，感觉每天都充满无限的激情与活力。记得当时选专业时，我父亲查了资料，告诉我浙大的低温是中国最好的。我今天在想，不出二十年，江浙沪这一片会成为世界的低温中心，我们的专业将来会成为世界上最好的专业。

——邱利民　教授

人类历史上有三次重大的革命：第一次是工业革命，也就是能源革命，利用蒸汽机，人类开始大规模地使用传统能源；第二次是信息化革命；而第三次就是正在发生的新能源革命。可以说，能源就是人类进步的动力。虽然新能源目前还处在起步阶段，但它的前景是巨大的。现在中国的新能源比例不到20%，传统能源超过70%。试想哪一天这个比例倒过来，新能源占到70%，传统能源不到20%，这对中国的影响会有多大？我原先也是做传统能源出身，因为认为能源的未来一定属于新能源，我们课题组也正在向新能源研究转变的旅程上。

——周昊　教授

太阳能作为能源与环境系统工程的一个重要分支，是开发新能源与可再生能源技术革命的新方向，为国家提供清洁环保的能源是保障国家社会经济安全和可持续发展的关键基础。太阳能资源丰富，分布广泛，利用潜力巨大，预计2050年前后新能源和可再生能源将达到全球能源消费的50%，太阳能作为新能源科学与工程的主干课程，它的知识点来源广泛，我在对这一分支进行深入研究后发现新兴学科还具有知识体系不够完备的缺点，我觉得这个专业还有很多研究空白等待我们去填补，未来发展的空间巨大，需要同学们和我们一起将其完善。

——肖刚　教授

能源与环境工程为人类社会发展提供动力和保障，在过去的三次工业革命中均承担了重要的历史使命并做出了重要贡献，其专业内容随时代变化而不断演进出新的内涵。随着人工智能与新能源高度融合的第三次工业革命的到来，能源与环境工程领域与人工智能和信息技术的深度融合势必精彩绝伦。我十分看好能源与环境工程专业的未来，一如既往地热爱并将我的青春和热情全力投入到智慧能源的研究中，并希望能有更多的年轻人参与这场技术革新的狂欢与盛宴。

——赵阳　研究员

能源是国民经济良性发展和现代社会稳定运行的基础，也影响着我们每个普通人的工作、生活的各个方面，能源技术、产业的发展在一定程度上也反映了一个国家整体的科技实力和工业化水平。全球范围的能源变革为我国的能源产业的整体提升，为能源工程这一交叉性学科的发展提供了机遇，同时这也对每一个能源人提出了挑战。希望有机会能和诸位有志者一起努力，迎接挑战，为我们的社会提供更高效、清洁、安全、智慧的能源供给，为中国梦贡献自己的力量。

——王凯歌　研究员

我是2013级本科生，2018级直博生，重庆人。我在高中时就对能源的开发利用很有兴趣，也是响应国家能源发展战略的号召，所以我选择了浙大，学了能源专业。通过学习我发现自己还比较适合学这个，后来我的专业课学得要比我的基础课好，而且越学越有自信，有时候兴趣爱好就是最好的老师。这个专业最吸引我的地方就是能够遇到正确的引路人，碰到志同道合的朋友。

——2013级本科生　吴宇豪

当初从机械与能源大类中选择了能源与环境系统工程专业，是因为它具有很宽的专业知识面，是一个能源、环境与控制三大学科交叉的复合型专业，将来能从事的领域很广阔，比如清洁能源开发、能源环境保护、制冷与低温、空调与人工环境等。本科四年的课堂学习和实验室操作，让我掌握了制冷与低温的基本知识和基本原理，在低温所老师们和师兄师姐们的悉心指导下，我也具有了一定的综合分析和解决实际问题的能力，以及掌握了文献检索、资料查询的基本方法，为以后的深造和工作打下了坚实的基础，很庆幸自己搭上了“低温之舟”，成为一名“低温人”。

——2016级本科生　高近爽

我已经不太记得清，几年前填写志愿时，选择“能源”那一刻的心情了。当时的我对能源领域所知甚少，只是凭着主观的印象，觉得研究能量的来源是一件很有意义的事情。但是对能源的兴趣，是了解越深，就越发浓厚的。“能源”二字，有着宽泛的覆盖面，它不仅仅包含了传统的能量来源或是新能源的开发利用，也包括了能源产生与利用过程的方方面面。那些先进的技术，比如能源的洁净利用或是废弃物的资源化利用，这些我之前无从知晓的东西，都对我具有极大的吸引力。在不断学习的过程中，我不断开阔视野，也逐渐向往并期待自己能成为在能源领域有所贡献的人。在经过了本科的学习之后，我更加坚定了深入学习能源的信念，我也很高兴自己能够继续在浙大进行学习研究。能源对我来说，是仰之弥高、钻之弥坚的，我相信我对能源的热爱将一如往前。

——2016 级本科生　朱晨曦

我之所以选择能源专业，是因为我觉得这是一门真正实用的，任何国家或团体都不可或缺的技术。在能源这门学科中，一方面可以学习自然和宇宙的规律，另一方面可以掌握能源的先进技术。能源作为这个世界不可缺少的一部分，掌握能源的技术更代表着掌握发展的方向，在任何时候，能源都是发展的动力和局限，因此投身于这个行业，可以确保自己始终走在时代前列，更好地为国家和社会做出自己的贡献。在学习的过程中，我了解到了许多以前从未想到过的知识，掌握了生活和生产中有用的规律，也领悟了人与自然的相处关系，这是这个专业最吸引我的地方。

——2016 级本科生　王鹏飞

能源是国家的命脉，能源与环境系统工程专业不仅涵盖了能源领域，关注国家能源结构和发展，还涉及了环境这一热点话题，关心全球所面临的环境问题，探索更加可持续的发展模式。能源专业最吸引我的地方在于深度的学科交叉，在这里不仅能学习到能源领域的基础，如流体力学、热力学、传热学、燃烧学等，还与动力机械、材料化工、自动控制甚至宏观管理等领域有深度的交叉和融合，能让自己成为素质全面的综合性人才。另外，能源学院为本科生提供学科竞赛和科研训练的机会，让学生更早地进行自主研究，也丰富了本科期间的学习内容。

——2016 级本科生　司马静远

专业名称:车辆工程
专业导游:刘震涛教授

选择浙江大学车辆工程专业的N个理由

理由一:车辆工程专业设有智能车辆工程专项,前身是内燃机及汽车拖拉机,创建于1958年,历史悠久。围绕新能源汽车、智能网联汽车、无人驾驶汽车,开展汽车节能环保、安全舒适和先进智能等领域的研究,引领理论创新、推动产业进步,培育高层次研发领军人才和产业领袖。

理由二:拥有一批包括教授以及博士后在内的中青年人才。本专业教授在行业内具有较大的影响力,大多担任学术组织重要职务,如中国内燃机学会常务理事、国家基金委评审专家、浙江省新能源汽车重大科技专项咨询专家组组长等。

理由三:汽车行业正朝着"电动化、智能化、共享化、网联化"的新四化方向发展,浙江大学车辆工程专业正以中国汽车产业的蓬勃发展、转型升级为契机,以培养大批高复合型汽车紧缺人才和产业领袖为己任,以节能减排、共建人类美好家园为目标,踏实奋进、迈向美好未来。

Q1:车辆工程专业的学习(研究)对象是什么?

本专业主要以车辆为研究对象。我们研究如何让发动机这颗汽车心脏跳动得更加强壮,使你能够体验到非凡的速度与激情;我们研究如何将更多清洁能源作为燃料,还你清洁空气和蓝天白云;我们研究如何减少来自路面和动力传动等系统的振动与噪声,让你乘坐得更加舒适稳定;我们还研究如何构建人、车、路一体的智能驾驶、无人驾驶车联网系统,为你营造安全便利的出行环境。总之,车辆工程专业的研究紧紧围绕车辆交通领域"节能环保、安全舒适、高效快捷"十二个字。

Q2:车辆工程专业本科核心课程有哪些?

本专业通过开设汽车构造、发动机原理、汽车理论、汽车设计、电动汽车、人工智能、大数据物联网、汽车电子控制、车身设计等核心理论课程,还有商用车技术等全英文特色课程,结合汽车试验学、汽车驾驶实习、FSAE(大学生方程式汽车大赛)赛车实训等实践环节,培养具备机械控制、电子电气、人工智能、大数据物联网、能源环境等多学科交融的高复合型人才。

例如，商用车技术是由 Bengt Hamsten 先生全英文讲授的。Bengt Hamsten 先生是拥有 Volvo 等世界多家知名车企几十年工作经历的资深 CTO（首席技术官）。他讲授最前沿的商用车关键技术，从客户需求分析、品质提升、成本控制等多方面阐述真实的汽车研发过程。另外，该课程结合车企的参观学习，将课堂解说与现场讲解巧妙结合起来，通过全英文现场授课，使学生将课堂知识与实践技术的认知形成紧密关联，拓宽了学生的知识面，加深对课程的理解。

我们另外一个特色课程就是 FSAE 赛车实训。我们基本上每年都会组织本专业大三学生参加中国大学生方程式汽车大赛（FSAE），由专业老师指导，学生历时 1 年，完成商业策划、赛车设计制作之后，亲自驾车参加方程式比赛。2012 年我们组建的启真车队第一次参赛就获得了最佳新秀奖、燃油经济性第一名、绿色环保奖 3 个单项大奖。通过 FSAE 赛车实训，参赛学生的设计制造、成本控制、商业营销、沟通协调等能力得到了全面提升。

Q3：车辆工程专业的学生需要具备什么特质？

因为车辆工程是机械、材料、电子、控制、计算机、能源等多学科高度交叉、融合的专业，所以学生要学习的课程很多，同济大学等学校的汽车专业学制为五年，而我们的学制是四年，学习任务繁重是显而易见的。为了顺利完成学业，建议有志于攻读车辆工程专业的大一、大二学生在学好高等数学等公共基础理论课程的同时，要重视材料力学、理论力学、机械设计、工程图学、电工电子学等大类专业基础课程的学习。

众所周知，汽车作为现代高新技术开发应用的综合载体，对复合型专业人才的需求特征突出。这里所说的复合型不仅针对知识结构层面，也指理论知识与工程实践能力的兼容。在教学过程中，除了会培养学生掌握宽厚的基础理论和系统的专业知识外，更重要的是还能培养学生较强的工程实践能力。我们设置了汽车驾驶、整车结构拆装、整车和发动机性能测试等实践课程，除了组织参加上述 FSAE 赛车外，本专业每年还组织举办全国性高校大学生参加的汽车创新设计大奖赛，通过这些实践环节让学生们手脑并用，更好地理解、掌握书本上的理论知识。

Q4：车辆专业有哪些对外交流项目？

我们专业的学生在四年的本科学习中至少有一次学校资助的出国（境）交流实习机会，这几年去的比较多的是：京都大学、新加坡国立大学、南洋理工大学、圣彼得堡国立理工大学、墨尔本大学、香港大学等。对外交流项目还包括和国际知名院校，如皇家理工学院、伊利诺伊大学厄巴纳香槟校区、巴黎综合理工大学的“3＋2”本硕联合培养计划等。另外，每年都有不少学生出国（境）参加国际学术会议和各种竞赛。

Q5：车辆工程专业的深造与就业前景怎样？

我校车辆工程专业每年都为蓬勃发展的中国汽车工业输入一批复合型紧缺人才，本科就业率为 100％，就业供需比约为 1∶10。毕业生入职的企业有通用、大众、宝马、奔驰、丰田、本田等国际知名车企，有一汽、上汽、长安、奇瑞、吉利等本土企业，有博世、电装、潍柴动力、宁德时代等著名汽车零部件厂家，有蔚来、威马、小鹏等这样的新能源造车新势力，还有华为、中兴、百度等这类涉足智能驾驶、无人驾驶的企业。另外，也有毕业生受聘于汽车工程、交通运输相关的科研院所、政府部门等单位任职的。

受浙江大学优良的求是学风熏陶和严格的专业训练，广大毕业生深受业界欢迎和好评，涌现出了一批批杰出人物。仅从1980年后毕业的学生看，有很多人已经成为能够统帅产业或企业的高层次人才，如东风柳汽公司总经理程道然、东风汽车副总设计师许立兵、长安汽车集团研究总院院长詹樟松、中国重汽集团总经理助理王根生、潍柴动力副总裁佟德辉、国家燃气汽车工程技术研究中心副主任邹博文、中国科学技术大学党委书记舒歌群、复旦大学党委副书记金海燕、航母编队副指挥员刘志刚等。

■ 车辆工程专业最吸引我的——

原来一直以为选择车辆工程只是因为我从小对车的喜爱，后来发现我错了。的确，一开始我是沉迷于她的美貌：多姿多样的车型、绚丽的外表、美妙动听的发动机声浪。但是，随着专业知识的不断积累，我逐渐发现了汽车的内涵：在或狂野或曼妙的外表下藏着澎湃的心脏、高效的传动和精密的悬架……涉及机械、电子、通信、能源、材料和环境等众多学科。后来，我选择了继续读博，因为我发现了汽车的未来：作为许多前沿科技的集合体，汽车在肩负起人类衣食住行中"行之大任"的同时，也必须直面能源与环境等关乎人类生存的大问题，所以越来越多的汽车人投入到这项伟大的事业中去，我希望将来能成为其中一员。

我爱汽车，我被她的外表和内涵深深吸引，愿意为她的未来努力奋斗！

——2014级博士生　陈晓强

"选什么专业？""汽车！"

大二选专业时，相信很多同学会迷茫，而作为汽车爱好者的我，早已决定选择汽车专业这个大家庭。在很多人眼里，汽车是速度与激情的代名词，也有人认为汽车不过是一个大铁盒下装了四个轮子。而在我看来，汽车是一个由各系统相互配合、各部件互相协作的有机整体：每一脚带动汽车加速的油门，每一个精确的转向控制和每一个避免事故的刹车，都离不开汽车上无数传感器、ECU、执行器之间的协作配合。大三时，有幸参加了中国大学生方程式汽车大赛（FSAE），看着和队友一起亲手设计、加工、装配起来的赛车在赛道上淋漓尽致地跑动时，我想说：再给我一次选择的机会，我还会选择汽车！

——2019级硕士生　彭书浩

当初选汽车专业，大部分是感性所致。我很喜欢汽车，喜欢汽车轰鸣的引擎声，喜欢超跑梦幻的外形。每个人都有一个"汽车梦"，我也有一个汽车梦——我想让中国的汽车被全世界认可。作为国家的重要支柱产业，中国的汽车产业需要更多的优秀人才，也需要更多喜欢汽车的人来为祖国的汽车产业奉献自己的青春。我们知道，如今的大气污染和汽车的尾气排放息息相关，车辆工程专业里的课程很多都是围绕着怎样能够让汽车达到节能减排的目的开展的。当然这只是车辆工程包含的众多知识中很小的一部分，我也在努力地将这些知识学得更加透彻。再过几个月，我就要走出浙大车辆工程专业，进入上海汽车技术中心工作了，能成为一名中国汽车人，这是一种前所未有的归属感和荣耀！

——2014 级本科生　晏松

世界百年汽车工业，中国汽车工业发展仅有 50 多年。然而就在这短短几十年间，中国汽车从首长专用到大家享用，从富人才买得起到走入寻常百姓家，从一个汽车沙漠跃升为世界汽车产销第一。随着科技的不断创新，汽车承载的不仅仅是速度与激情，更是便捷的生活、张扬的个性、浓厚的文化。我们研究汽车，就是研究如何让人们过上更便捷的生活、住进更舒适可移动的“房子”；我们设计汽车，就是运用先进材料、智能控制、网络通信、3D 打印等高科技，设计出更有生命、更富感知、更具个性的汽车。将来，若能为你拥有一辆与众不同的汽车尽一份力，我会感觉很好、很炫！

——2015 级本科生　郑盛睿

专业名称:过程装备与控制工程
专业导游:洪伟荣教授

选择浙江大学过程装备与控制工程专业的N个理由

理由一: 专业创办于1953年,是国家级特色专业,我国最早的化工过程机械硕士点、博士点、博士后流动站。"211工程"和"985"科技创新平台重点建设专业,化工过程机械唯一的国家重点学科,在历年过控专业各类排名中稳居全国前3。

理由二: 专业面向能源、军工与安全,已形成过程装备瞬态技术、先进能源装备与安全技术、过程装备数字化设计技术、过程装备节能与环保技术、过程流体机械等研究方向,曾获国家发明奖5项、国家科技进步奖3项、省部级科技奖30多项。

理由三: 专业师资雄厚,共有教师25人,其中教授占教师总数56%,副教授占教师总数35%,具有博士学位的教师占教师总数90%,其中有教育部长江学者特聘教授1人、浙江省特级专家1人。

Q1:过程装备与控制工程专业的学习(研究)对象是什么?

过程装备与控制工程专业是以过程装备设计基础为主体、过程原理与装备控制技术应用为两翼的紧缺型、交叉型专业。研究对象是国民经济、社会发展和国家安全中有着重要应用,主要用于物料储存、反应、分离、换热、混合、成型加工、输送等操作的过程装备。过程装备包含石化、能源、轻工、军工等国民经济支柱产业的重大核心设备,比如石油储罐、高压储氢容器、加氢反应器、油气长输管道、大型离心和往复式压缩机、特种泵、航空发动机等。本专业致力于解决过程设备设计、制造、维护中的前沿性、战略性和共性重大科技问题,主要研究方向为先进能源装备与安全技术、过程装备数字化设计技术、过程装备节能与环保技术、过程流体机械、高速旋转机械强度及故障诊断,特色为"高压、高速、高效"。

Q2:过程装备与控制工程专业本科核心课程有哪些?

过程装备与控制工程专业本科核心课程有的基础课与机械类专业的类似,例如工程图学、材料力学、理论力学、流体机械原理等,另外还开设了过程设备设计、过程机械、过程装备控制技术、控制工程基础等专业课,以及过程原理、过程热力学、过程装备CAD、现代过程装备制造技术、化工安全与防腐、过程装备故障诊断技术、有限单元法及应用、逆向工程、工程测试与信息处理、过程装备工程设计、过程设备机械设计、弹性力学及应用等课程。

Q3：过程装备与控制工程专业的学生需要具备什么特质?

过程装备与控制工程专业的特点是工程性、交叉性、集成性。学生应有宽广视野、良好素质、较强创新精神和协作意识，需要具备扎实的机械、化工、力学、控制和材料等专业知识，熟悉人文、管理、经济等相关领域知识，能在化工、石化、能源、轻工、医药、环保、军工等行业胜任过程装备与控制相关的工程设计、科学研究、技术开发和经营管理等工作。

Q4：过程装备与控制工程专业有哪些对外交流项目?

为了培养具有全球竞争力的过程装备与控制工程领域高层次复合型创新人才和行业领导者，本专业十分注重对外交流，常年开展的对外交流项目有：佐治亚理工学院暑期课程项目（寒暑期班）、圣彼得堡国立技术大学暑期项目（寒暑期班）、京都大学暑期交流项目（实践实习）、香港高校暑期交流项目（实践实习）、新加坡高校暑期交流项目（实践实习）、日内瓦国际发明展（竞赛）。

Q5：过程装备与控制工程专业的深造与就业前景怎样?

过程装备与控制工程专业的毕业生在人格品质、创新精神和适应能力等方面都有出色表现，受到社会各界的广泛认可，一次性就业率年年100%；在百度文库“2010—2018年最好就业”的专业排名中，过程装备与控制工程专业每年都排在第15位左右，读研率和出国率之和接近50%。专业与美国、英国、德国、澳大利亚、加拿大、日本等国家和港澳地区的高等院校与科研机构交流密切，每年派出大量的优秀本科生出国（境）交流。毕业生就业范围非常广，包括国内外高校，合肥通用机械研究院、中国特种设备检测研究中心和中国核动力研究设计院等著名科研院所，通用电气、宝洁、西门子、拜耳、斯伦贝榭、壳牌、福特、本田、安德鲁电信和法液空等国际名企，以及宝钢集团、三门核电、中兴通讯和中国移动等大型企业。专业开设60多年来，培养了5000余名基础扎实、知识面广、适应能力强的过程装备方面高级专门人才，涌现了许多杰出校友，有院士、教授、企业总裁、总工程师、政府高级官员等，他们在多个领域为国家、社会做出了重要贡献。例如，中国工程院院士陈学东等。

■ 过程装备与控制工程专业最吸引我的——

我当初是通过物理竞赛保送至浙大的，过控专业最吸引我的地方就是其知识结构的广泛性，它所包含的力学、热学、电学知识都是我深深喜爱的。随着年级的增加，我发现过控的魅力不止于此，控制知识的学习让我看到了它的与时俱进，各种课程实验让我学会了如何将理论延伸到实际，老师们的博学更是让我钦佩不已。我很庆幸自己选择了过控，也很感谢浙大能够提供给我这样一个一流的平台。

——2011 级本科生(2015 级硕士生) 李晓康

过控最吸引我的地方是它较强的综合性，浙大给我们提供了一个一流的平台，在这里，我们能学到包含机械、力学、电气、材料、控制等领域宽广的技术理论知识，能培养专业的设计、制图、测试技能，能获得丰富的生产实习经验。在这里，你有更多的选择，有一片广阔的天地。

——2012 级本科生(2016 级硕士生) 孔琳琳

过控专业是一个力学、机械、控制、化工、能源、计算机技术相互融合、渗透的交叉学科，这也是当初吸引我进入这个专业的地方。而正因为这种知识结构的相互交叉和融合，所以过控学科有着良好的发展前景，机遇和挑战层出不穷。另外，研究所拥有一支学术水平高、知识与年龄结构合理、综合素质优良、创新能力强的师资队伍，无论是本科生还是研究生，在这个平台上都能获得良好的锻炼机会和综合能力的提升，并且所学能有所用，就业面十分广。

——2012 级本科生(2016 级直博生) 徐栋

浙江大学过程装备与控制工程专业是一门集力学、电工电子学、控制工程等于一体的综合性学科，对于拓宽视野、培养多学科交叉型人才具有极大的优势。这种培养模式下成长起来的学生在之后的学习深造和工作中都能够充分发挥多学科背景的优势，成为行业顶尖人才。而且浙江大学化工机械研究所师资力量雄厚，学术氛围浓厚，培养出了一大批高素质研究生。

——2014 级本科生(2018 级直博生) 刘君峰

教授带你“逛”专业

电气工程学院

College of Electrical Engineering

- 电气工程及其自动化
- 电子信息工程
- 自动化（电气）

专业名称:电气工程及其自动化

专业导游:辛焕海教授　郑太英副教授　董树锋副教授

选择浙江大学电气工程及其自动化专业的N个理由

国家需求,时代召唤。预计到2050年,我国能源发展将实现"两个50%",即能源清洁化率(非化石能源占一次能源消费比重)超过50%、电气化率(电能占终端能源消费比重)超过50%。目前,我们国家在特高压输电、高铁装备等能源装备制造领域已走在世界前列,成为国家"一带一路"倡议的重大技术支撑。未来的三十年中,"再电气化"+"新能源",将是我们国家能源领域的重要发展战略,选择电气工程及其自动化专业将拥有广阔的就业发展前景。

历史悠久,底蕴深厚。始建于1920年,是我国创建最早的电机系之一。历经抗战,举系西迁,重回杭州,励精图治,"电力系统及其自动化"和"电机与电器"成为国家首批确认的博士点和硕士点,专业所属的学科是国家首批一级重点学科和"双一流"重点建设学科。

家国情怀,科技报国。专业在历史沿革过程中始终心系国家重大需求,成功研发世界首台双水内冷汽轮发电机,为我国自制大型发电机铺平了道路;率先开展直流输电技术研究,为我国1987年建成与顺利投产的第一条±100kV舟山直流输电示范工程奠定坚实基础,并在引领我国直流输电事业迅速发展过程中做出了重大贡献,获得了一系列重要奖项;为神舟号飞船及舱外宇航服提供核心动力组件,有力保障我国载人航天和探月工程重要任务;研发国内首台用于高铁的永磁同步牵引电机,为我国电气化交通事业提供持续动力。

国际视野,产学互动。通过境外访学、联合培养、科研合作等已建立全方位的本科生国际交流体系。与众多国内外知名企业和科研机构长期保持良好的合作关系,共建了包括两个国家工程技术研究中心在内的联合实验室,积极推行"卓越工程师""爱迪生班"等特殊培养模式。

大家云集,英才辈出。师资队伍中既有我国两院院士、英国皇家工程院院士,也有一大批朝气蓬勃的中青年学术骨干。以培养具有国际视野的高素质电气工程创新人才和行业领导者为目标,培养的历届毕业生中有17位成为我国两院院士,建系以来累计培养1万余名电气工程高级人才,为学院、学校赢得良好声誉。近3年来,毕业学生选择在国内外深造的比例在70%以上。

Q1：电气工程及其自动化专业的学习(研究)对象是什么？

自然界中一次能源(石油、煤、天然气等)总量的近70%转换成了电能，各行各业、日常生活都离不开电，本专业的学习(研究)对象就是“电”。从电能在发电厂的产生、在变电站及换流站中的变换、在电力网中的传输到在用户侧的使用与控制等都是我们专业的研究对象，涉及了电力电子技术、计算机技术、控制技术、机电一体化技术等诸多领域。我们专业含两个方向：一是电力系统及其自动化，主要研究电能在生产、变换及传输、分配过程中的高压技术、电力系统暂稳态分析及安全与经济控制技术、设备运行监控与状态诊断技术、继电保护技术等；二是电机系统及其控制，主要研究各种电机及其控制系统的运行理论、电磁问题、设计和计算机控制等。

Q2：电气工程及其自动化专业本科核心课程有哪些？

电气工程及其自动化专业本科核心课程除工程电磁场与波、信号分析与处理、电机学、控制理论、微机原理与应用、电力电子技术、计算方法等课程外，还有两组模块课，分别为电力系统及其自动化模块(包括发电厂电气系统、电力系统分析与实验、高电压技术、继电保护与自动装置)与电机系统及其控制模块(包括电机控制、现代电机CAD技术、电机系统建模与分析、电气装备计算机控制技术)。

Q3：电气工程及其自动化专业的学生需要具备什么特质？

电力系统是工业上最大、最复杂的系统，电力供应及控制涉及现代社会的方方面面。要做这些工作首先需要有全局观，具备团队精神，要有很强的责任心；另外，我们专业的特点是强弱电结合，电网、用户侧、电机驱动系统都属强电，电压高、电流大，如电力系统中特高压输电线的电压就高达百万伏，这些强电系统是通过弱电(计算机、电子装置等)来控制的，因此胆大心细的素质是必不可少的。当然，科技工作者、工程师通常应具备的素质也是必需的。

Q4：电气工程及其自动化专业有哪些对外交流项目？

结合专业实际，以学位联合培养、短期访学、科研实习、国际学术会议、毕业设计、国际竞赛等多种形式派本科生出国(境)交流。专门为学业优秀、有意出国深造的学生打造英国、美国、法国、荷兰等发达国家高校的暑期科研实习、夏令营、毕业设计、“3＋2”学位联合培养等项目。重点拓展日本、韩国、新加坡、澳大利亚等国家和我国港澳地区的短期访学项目，拓展学生国际视野，提升跨文化沟通能力。

Q5：电气工程及其自动化专业的深造与就业前景怎样？

电气工程及其自动化专业毕业生近3年每年都有大约70%的学生选择在国内或出国读研、读博。本专业就业面非常广，除了一部分会选择进入电力系统工作，如国家电网、南方电网及各级电力公司、电力设计院、电力科学研究院等之外，还有一部分会进入工业电气、新能源汽车、航空航天、机器人控制等众多行业，从事与电气设备、电机系统相关的研发设计、系统运行以及计算机控制等方面的工作，如华为、西门子、ABB、GE、中国中车等。

Q6：电气工程及其自动化专业的学生在未来职业发展中具备怎样的竞争力？

本专业培养的学生理论基础扎实，做事思维开阔。一方面，专业课程从电力系统和电机驱动系统的建模、分析、运行、控制等多个角度精心设置，学生通过系统性学习能打下扎实完备的电气工程理论基础，有效应对未来职业发展中面临的技术挑战；另一方面，学生能通过多类科研训练（如 SRTP、本科生实践项目计划等）锻炼认知和解决实际工程问题的能力，结合电气工程实际需求探究人工智能、大数据、区块链等新兴技术的内涵和发展前景，以兴趣为导向提升自身知识储备、锻炼发散性思维，为成长为知识复合型人才奠定基础。

■ 电气工程及其自动化专业最吸引我的——

我们经常看到的电机在外表上并不起眼，实际上电机本身、驱动系统是非常奇妙的。比如说，电机的功率大至上百万千瓦，小的不到一瓦；电机的运动可以是旋转的，也可以是直线运动；电机的转速可高达每分钟十多万转，也可慢到好几天才转一转。这里面有许多东西等待我们去发现、去创新。获得国家发明、科学技术进步一等奖的"双水内冷汽轮发电机"是我们专业老师发明的，神舟飞船及舱外服生命保障系统的动力组件是我们研制的，航母的电磁弹射装置也是我们关注的工作，工业设备、高铁、电动汽车、办公设备、家用电器等都离不开电机及其控制系统。

——潘再平　教授

我们学院不仅重视学生的学业成绩，也非常重视学生的全面发展，包括创新创业、项目合作等，同时开放了许多资源与平台供我们自主探索。因此，电气学院总是人才辈出，学术氛围浓郁。

我国智能电网的发展一直都处于世界领先行列，并且一直以开放、包容的心态去接受更多的新技术，从而为智能电网的发展持续赋能，包括当下物联网、人工智能等领先技术。因此，学院也一直鼓励学生去了解当下最先进的技术，能够将本专业知识与其他专业知识进行融合，实现创新。

我在硕士期间的主要研究方向是"综合能源系统"，它是以电力系统为核心，融合冷、热、气等多种能源的一体化系统，能够有效地提高企业能源利用率。研究过程中还涉及物联网、能源利用、系统研发等多个领域。在这个过程中，我不仅对电力系统有了更加深刻的了解，而且能够从更高的层次、更多的角度去看待电力系统的发展。相较我的本科学习，无论是专业知识还是个人能力都有了全面提升。

——2016 级硕士生　徐航

我本科时选择电气工程专业看中的是它无限的可能性，即新能源发电、机器人控制、电力系统、电机设计甚至嵌入式开发等热门领域都与它相关。在本专业的学习中，我接触到了数学、物理、电路、单片机、电磁场、电机控制、电机设计、电力系统等多个方面的知识，极大地开阔了视野、丰富了认知。最终，我发现自己的兴趣点在电机控制方向上，因此，我选择了直攻博士生，从事风力发电领域双馈电机高性能控制方向的研究。

电气工程专业人才济济，十步之泽，必有香草。一方面，我们面临的竞争十分激烈，课程考核难，平均绩点高，深造压力大。另一方面，正是这些竞争让我们时刻保持清醒，脚踏实地，不懈学习。同时专业内有很多志同道合并且能力出众的同学，大家可以一起参加科研训练与学科竞赛，收获奖项，收获友谊。

学院十分重视对本科生的培养，在学生培养上提出了很多创新方案，比如本科生导师制和爱迪生实验班。我曾经在爱迪生实验班学习，这个班级对学生的创新意识和动手能力提出很高要求，同时开放很多资源供我们自主探索，让我们把课堂上所学的知识与动手实践充分结合起来。

——2019 级直博生　赵琛

专业名称:电子信息工程
专业导游:邓焰教授　马皓教授

选择浙江大学电子信息工程专业的N个理由

理由一:本专业发展自浙江大学1920年设立的我国最早的电机工程学科和1953年设置的电器制造专业。强电与弱电、软件与硬件、信息与能量的三结合,是我们在国内高校中独一无二的专业特色。专业实力雄厚,创建了我国第一个电力电子“五星学科”——拥有我国第一个硕士和博士学位授予点、博士后流动站、高校唯一的国家工程中心、国内唯一的国家专业实验室。学科整体水平一直在国内处于领先地位,相当一部分研究已达到国际领先水平。

理由二:师资力量既有“两院”院士、IEEE Fellow、省特级专家、长江学者特聘教授、“杰青”,更有一大批朝气蓬勃的中青年学术骨干。秉持求是创新学风,课程体系以培养创新和实践能力为目标,涵盖电气工程、电子信息、微电子技术领域的系统知识和工程实践,改革开放以来培养5000余名高级工程科技人才,在国内外取得卓著声望。近3年来,毕业学生深造率在80%左右。积极探索“卓越工程师”“爱迪生班”等特殊培养模式,打造精英人才。开拓国际视野,建立了跨境联合一流高校、企业、科研机构进行访问学习、联合培养等全方位的本科生国际交流机制。

理由三:胸怀科技报国激情,研究领域不断拓展,已经从智能电网、新能源开发、现代交通、特种电源装备等方面拓展至无线电能传输、微纳制造、传感和生物芯片等多个交叉学科的新方向。承担大量高端科研项目,获国际、国家、省部级奖20余项。

Q1:电子信息工程专业的学习(研究)对象是什么?

人类文明的三大物质支柱是材料、能量与信息,电是能量和信息承载、利用中首屈一指、不可或缺的形式,电子信息工程专业主要研究电能的变换(能量相关)、信息的处理(信息相关)以及它们的支撑性器件和集成电路(材料相关),相应主要学习电力电子技术、信息电子技术、微电子技术等方面的基础理论和专业知识。这种强弱电结合、能量与信息兼顾、软件硬件并重的专业,在全国范围来看都比较少见。

电力电子技术采用电子器件实现电能的高效率变换与控制,信息电子技术使用电的方法快速、精准传输处理各式各样的信息流，微电子技术针对的功率器件和集成电路则是处理电功率、电信号的物质基础与手段。我们专业就是研究、设计这些的。

Q2：电子信息工程专业本科核心课程有哪些？

我们的专业课程设计与其他学校相比，很有自身特色。本科的主干课程，以学科交叉为特点，包括高级语言程序设计、微机原理与接口技术、工程电磁场与波、信号分析与处理、控制理论、集成电路设计、电力电子技术、通信原理等。

从专业培养来说，我们主张宽口径培养，专业课程覆盖电气工程、电子信息、微电子、自动控制等领域。学生可以按照自己的兴趣选择修读的方向，学院方面则尽可能地提供了许多研究项目和机会，包括“卓越工程师”等培养模式，专业类的学科竞赛每年都会举办，所以只要同学们有心，是有很多学习和发展机会的。

Q3：电子信息工程专业的学生需要具备什么特质？

我们是实践类学科，希望学生敏于思考、勤于实践，有自己的想法，能做到理论与实践相结合。热爱工程技术并勇于创新的学生在这个专业方向上通常能有好的发展。电气学院、电信专业也开设了实践性很强的课程和环节，培养学生的实践创新能力，鼓励学生参与其中，提出自己的想法并付诸行动，学生可以在这些环节中尝试电子产品的设计与改进等。

另外，引领与担当意识、团队精神与责任心，也是我们特别看重的优良品质。

Q4：电子信息工程专业有哪些对外交流项目？

浙江大学大力推进国际化建设与本科生对外交流，我们以学位联合培养、短期访学、科研实习、国际学术会议、毕业设计、国际竞赛等多种形式派本科生出国（境）交流。针对学业优秀、有意出国深造的学生，学校、学科设置了英国、法国、美国、荷兰、日本、澳大利亚等发达国家高校的暑期科研实习、夏令营、毕业设计、“3＋2”学位联合培养等项目。重点拓展日本、韩国、新加坡、澳大利亚等国家和我国港澳地区的短期访学项目，拓展学生国际视野，提升跨文化沟通能力。

Q5：电子信息工程专业的深造与就业前景怎样？

近3年来，本专业每年都有大约80％的毕业生选择深造，在国内或出国攻读硕、博研究生，这一比例充分说明了我们的实力与发展潜力。

在宽口径的培养环境下，我们的毕业生就业面广，适应性强。有电力电子、功率半导体与集成电路、新能源、电子信息等相关专业相关性很强的企业，如华为、中兴通讯、中电集团、通用电气（GE）、台达电子、飞利浦照明、艾默生电气、阳光电源、英飞凌、德州仪器（TI）、安森美半导体（美国）、福特汽车、蔚来汽车、吉利汽车等，也有专业相关的国有企业、设计院、电网公司等，如中船重工、国家电网、南方电网等。甚至有专业关联性质不大的知名机构，看重本专业毕业生全面发展的优异素质，加以录用，如一些消费品企业、国有银行、境外投行等。

■ 电子信息工程专业最吸引我的——

我是电气工程学院电子信息工程专业的，方向是电力电子与电力传动。选择这个专业很大部分是出于个人兴趣。这个方向要求一定的动手实验能力和实验分析能力，它的优势包括：专业很强，齐全的师资和各种厉害的配置，以及很不错的就业前景。最重要的是，你能够有机会参与到实验室和企业项目中，例如SRTP、短学期电路调试和卓越计划，这些都与将来就业非常贴近。就专业课程来说，电力电子技术是基本的入门课，每一年都很受欢迎。电子系统设计、开关电源调试这些动手实验课程，也很不错。

电气学院提供给学生发挥的平台很多。通过SRTP可以有机会参与到实验室项目中，向师兄师姐们学习，接触最前沿的工程；智能车竞赛每年都很火，学院提供了很多的支持；卓越计划项目可以使参加的学生提前接触企业，在理解行业的同时，又可以学习技术知识，也非常给力……总之，只要你肯去做，就不必担心没有机会、没有平台。

——2012级博士生　王均

我之所以选择电子信息工程专业源于我对电力电子技术的兴趣爱好：LED照明、手机充电、电动汽车、高铁牵引驱动、光伏发电新能源等和绿色生活相关的研究领域都深深地吸引了我，电信专业正是我进入上述领域的不二选择。在学习过程中，我不但打下了扎实的理论基础，还在专业提供的各种实践训练机会中锻炼了动手实践的能力，看到自己设计的开关电源点亮了身旁的LED灯，自己能够亲手设计调试制作小巧、高效率的电源，并且运用学到的专业知识不断进行优化改进，真是非常开心！本专业包含电力电子和集成电路两个方向，这两个方向的专业知识相互结合并且能得到深化提升，可谓相得益彰，这也是我非常看好的一点。在大四，电信专业还有机会参加卓越工程师计划去业内知名国际企业实习，这极大地开拓了我的眼界，提升了我的专业技能。电信专业师资雄厚、学科影响力广大，强大的专业学长"朋友圈"更是我一生取之不尽、影响深远的财富，能够为我以后的职业发展提供坚实的支撑和帮助。

——2012级硕士生　周贺

专业名称:自动化(电气)
专业导游:徐文渊教授　包哲静副教授

选择浙江大学自动化(电气)专业的N个理由

历史悠久,底蕴丰富。自动化(电气)专业于1953年筹建,1954年开始招收本科学生,是我国最早创建的5个自动化专业之一,也是浙江大学在自动化领域的第一个专业,“自动控制理论及应用”及“工业自动化”成为国家1981年首批确认的硕士点和博士点,2008年被评为国家级特色专业,2011年成为教育部首批“卓越工程师教育培养计划”试点专业,是我国自动化领域高层次专业人才的培养基地。

学科交叉,多重选择。电气工程学院坐拥电气工程、控制科学与工程两个一级学科,有浓郁的学科交叉氛围,来自三个专业(自动化、电气工程及其自动化、电子信息工程)的同学可以便捷地组队开展科研训练或者学科竞赛。自动化(电气)专业方向多样,既有与电力行业密切相关的研究方向,也有如机器人、网络安全、人工智能等前沿方向,在这里你可以拥有多重选择的空间。

特色鲜明,成绩卓著。自动化(电气)在本科教学的各个方面均取得显著成效。获得国家教学成果一等奖、二等奖、浙江省教学成果一等奖、二等奖多项,国家级精品资源共享课程、省级精品课程多门,出版教材近30部,其中普通高等教育“十二五”国家级规划教材1部、普通高等教育“十一五”国家级规划教材6部。另外,浙江大学“智能车大赛培训基地”位于自动化(电气)学科,从2006年开始至今,浙江大学参赛队参加了多届全国大学生智能汽车竞赛分赛区比赛和全国总决赛,取得了一系列优异成绩,已累计获得1项全国赛特等奖、14项全国赛一等奖,通过智能车大赛培养了大批优秀学子。

Q1:自动化(电气)专业的学习(研究)对象是什么?

自动化专业是以自动控制理论为基础,以计算机技术、人工智能技术、模拟/数字电子技术、传感器技术、电力电子技术、大数据处理技术、网络与通信技术为主要手段,对各种自动控制系统的分析、设计、运行与管理进行研究,以实现工业生产和社会生活自动化,具有软件与硬件结合、弱电与强电结合、信息与能量结合、装置与系统结合、理论与实践结合、管理与工程结合的鲜明特点,是理、工、文、管多学科交叉的宽口径工科专业,也是国民经济建设和人民生活急需的专业之一。

自动化不仅能把人类从繁重的体力与部分脑力劳动中解放出来，使我们的生活与工作更加方便、高效、省心、省力；而且可以完成只靠人类自身所无法完成的许多精密、复杂的工作，如通过载人航天器翱翔太空、“九天揽月”，借助无人潜水器探测深海，利用机器人处理危险品、爆炸物、核废料，利用人造卫星实现全球通信等。可见，自动化对人类社会的发展做出了巨大的贡献，被广泛应用于工业、农业、交通、军事、医疗、航空航天、服务业和家庭等各个领域，是衡量一个国家或社会现代化水平的重要标志。

电气工程学院自动化（电气）专业的研究领域主要包括：机器人与智能装备、物联网与信息安全、图像处理与信息融合、人工智能系统与应用、新能源发电与控制、海洋监测与工程、智能交通系统与控制等。

Q2：自动化（电气）专业本科核心课程有哪些？

自动化（电气）是一个典型的学科综合与交叉的专业，其未来的发展趋势就是将信息化和工业化深度融合，通过控制、信息、网络、协同、优化、智能，为物质文明创造新价值，具体来说，就是针对物理实体空间（工业、能源、交通、环境、航空航天、国防、海洋、农业等）的问题，运用信息虚拟空间（计算机硬件、信息、网络、算法、模型等）的先进技术和方法，解决物理对象的传、测、控、稳、准、快、变、优难题。

根据自动化人才的培养目标，本科的核心课程大致分为三类：一是工科、信息大类的基础课，包含数、理、电、信息的基础课，如微积分、线性代数、大学物理、电路与模拟技术、计算机基础等；二是专业基础课，包含信号分析与处理、自动控制理论、嵌入式系统、现代控制理论、人工智能与机器学习、运动控制、机器人建模与控制等；三是专业拓展课，包含先进控制与智能自动化类、机器人与智能系统类、人工智能与大数据类、物联网与信息安全类。

Q3：自动化（电气）专业的学生需要具备什么特质？

本专业最大的特色是以系统和反馈思想为基础，以控制理论为指导，通过软件与硬件技术，实现社会、生产、军事等应用领域的自动化、便利化和智能化。它不仅需要掌握硬件电路分析与设计的知识和技能，还需要具备相当的软件编程能力，要求学生具有较强的数理基础和逻辑思维。同时，自动化系统的设计与实现仅凭个人能力是难以完成的，需要团队的分工与合作，所以投身工程学科的学生必须具备团队协作能力与组织管理能力。为此，自动化（电气）专业在学生培养上将注重基础、突出应用，强调学生的工程意识、工程实践能力、工程创新能力、团队协作能力和组织管理能力的培养。

Q4：自动化（电气）专业有哪些对外交流项目？

浙江大学大力推进国际化建设与本科生对外交流，以学位联合培养、短期访学、科研实习、国际学术会议、毕业设计、国际竞赛等多种形式实现国内外本科学生互访交流。针对学业优秀、有意出国深造的学生，学院、学科设计了美国、英国、法国、澳大利亚等发达国家高校的暑期科研实习、夏令营、毕业设计、学位联合培养等项目。重点拓展日本、韩国、新加坡、澳大利亚等国家和我国港澳地区的短期访学项目，拓展学生国际视野，提升跨文化沟通能力。

Q5:自动化(电气)专业的深造与就业前景怎样?

自动化(电气)专业的学生毕业后能从事自动化装备研制、自动控制系统分析与设计、网络与信息技术应用、计算机应用以及人工智能、大数据等方面的技术工作,就业领域非常宽广,能在电子信息、智能制造、电气工程、生物工程、通信、计算机、电子商务、交通、金融等行业领域从事系统分析、设计、科学研究开发和管理决策工作。中国航天科技集团、中国电科、华为、阿里、百度、网易、通用电气、罗克韦尔、ABB、飞利浦、国家电网、中国南方电网、中国电信、中国移动、中国联通、中石化、中石油、宝钢等世界500强企业,都是学生就业的选择单位。

本专业每年有65%左右的毕业生选择出国或在国内高校继续攻读研究生,国内读研的学校包括浙江大学、清华大学、上海交通大学、华中科技大学等"985"高校以及中国科学院等科研院所。出国深造的学校包括哥伦比亚大学、宾夕法尼亚大学、约翰斯·霍普金斯大学、加州大学洛杉矶分校(UCLA)、卡内基梅隆大学、南加州大学、北卡罗来纳州立大学、佐治亚理工学院、波士顿大学、加州大学欧文分校、佛罗里达大学、得克萨斯大学奥斯汀分校、多伦多大学、英属哥伦比亚大学、帝国理工学院、东京大学等世界100强高校。

■ 自动化(电气)专业最吸引我的——

大家都听过"懒人推动世界进步"。什么是懒人?是想偷懒,但是脑筋不懒的人,是想让机器帮着人偷懒并提高效率的人。所以推动世界进步就是自动化的使命——让机器自动完成工作并将人解放出来,去做更有意义和意思的事情。自动化可以运用到方方面面:(1)生产线,用计算机来控制生产流水线,可以大大提高生产效率,降低设计人员和操作人员的劳动强度,提高工效至少60倍。(2)机器人,现在的机器人已经可以帮你扫地或者陪你打乒乓球;将来的机器人可以帮你端茶倒水、洗衣做饭等等。(3)自动驾驶,不管是无人机还是自动驾驶车辆都离不开自动控制。此外,还有很多领域可以用到自动控制。浙大的自动化(电气)专业,让你不但可以接触到硬件,还可以学习软件编程,甚至还可以让你圆一个黑客梦,我们有物联网网络攻防战队。自动化毕业的你就是一个工科小达人,既可以加入高科技互联网公司,还可以去智能制造的前沿公司。

——徐文渊　教授

自动化最吸引我的地方在于通过对硬件和软件两方面知识的学习,能够解决实际生产生活中的很多问题。在学习方面,我们需要学习软、硬件两方面的知识,同学们能够自由寻找自己的兴趣,发挥自己的潜能。有的同学在软件编程方面有兴趣,获得了ACM国际大学生程序设计竞赛的奖牌;有的同学对硬件设计有兴趣,在全国大学生电子设计竞赛中证明了自己。这样宽口径的学习,能够让我们适应各个领域的挑战。

在科研项目方面，每个实验室都有许多与工业、生活息息相关的项目，更重要的是，这些项目都十分有趣，能够激起同学们的兴趣。因此，在每年的本科生科研训练计划(SRTP)、"省创"、"国创"等项目中，自动化总是硕果累累。

——2010级本科生　林轶秋

时光荏苒，转眼间大学四年本科就要过去了，想起选择专业的那一刻犹如就发生在昨日一样，记忆犹新。

当初选择自动化(电气)专业，我主要从以下三个方面进行考虑。

第一，它属于信息产业。信息产业是当代科技发展的趋势所在，几乎所有的工业领域都可以同自动控制挂上钩，现代化的农业、国防也都与自动化息息相关。

第二，自动化(电气)专业课程覆盖面广。选择自动化(电气)专业就等于培养自己的全面发展才能，不但可以在软件方面学习编程语言、数据结构、计算机网络等计算机专业知识，还能在硬件方面学习微机、嵌入式、DSP、FPGA以及各种复杂电路的原理，所以自动化(电气)专业的毕业生可谓是科技行业中的全能战士。

第三，自动化(电气)是一个让人可以带着浓厚兴趣去学习的专业。你总能从众多各具特色的学科中找到自己的兴趣点，并深入研究、有所作为。在专业知识的学习内容里，大到可以设计整个系统的结构，小到能够研究机器人的焊缝识别，更可以通过编程让系统按照我们的意愿进行工作，可以说，自动化(电气)专业的精髓无孔不入。

自动化(电气)专业相对于其他工科专业来说，就好像人体内流通的血液，它贯穿着整个身体，协调着各个器官，支撑人的生命活动。所以，在当今科技领域内，自动化(电气)专业的重要性不可替代，自动化必定是今后科技发展的趋势，必然会有美好广大的前景。

——2015级硕士生　欧晨曦

建筑工程学院

College of Civil Engineering and Architecture

- 建筑学
- 城乡规划
- 土木、水利与交通工程

专业名称：建筑学

专业导游：吴越教授　陈翔副教授　王卡副教授

选择浙江大学建筑学专业的N个理由

清晰的培养理念。 浙江大学建筑学专业以“全面养成”为核心理念，以“国际化、跨学科、实战对接”为核心路径，培养专博并重的创新复合型卓越人才。

优秀的国际化水平。 近5年开设20余门全英文课程；数十次短期国际Workshop工作营；本科生半年以上赴海外“浸润式”访学。形成100%全覆盖的国际化培养模式。

领先的学科地位。 2018年专业评估获“优秀级”评价；2018年学位点国际评估获“high pass”高分通过；2017年学科评估并列全国第六；2019年入选首批国家级一流本科专业建设点；2015、2017、2019、2020年QS世界大学建筑学学科排名均进入第51～100位。

Q1：建筑学专业的学习（研究）对象是什么？

建筑学专业的研究对象是人类社会生产生活赖以依存的物质空间载体。建筑学专业综合了工程技术、设计、艺术、人文、社科等多元化知识体系——需学习工程技术领域的力学、结构、材料、物理、设备等基础知识；需学习空间设计领域的形式秩序、场所环境、视觉尺度、功能架构、空间建构、城市设计、景观设计等专业知识；需关注地域特征、历史文脉、建筑理论、社会批评、艺术感受、人居心理等综合因素；需具备观察、研究、策划、评估、表达、团队合作等综合素养；同时鼓励在参数化设计、智能建造、艺术设计、人文历史等领域做跨学科的尝试。

对建筑的理解与认识应该是有梯度的，在底层，是要解决最基本的生存与安全问题；往上第二层级可能是环境改善的问题；到了第三层级、第四层级则是环境舒适度、空间品质的问题；接着再往上，应该是个人情感的体现、自我价值的实现。作为建筑师，首要任务便是改善人居环境和建筑空间，但不同的建筑师可能从不同的层面介入，有些从底层介入，抓住最重要的因素，有些可能从中间介入，有些则可能从最高处介入，当然这其中也还有委托方的意图、使用者的需求、客观条件的制约等，并非完全以建筑师的意志为转移。

Q2:建筑学专业本科核心课程有哪些?

建筑学专业本科核心课程有:建筑设计原理、建筑设计基础、建筑设计系列课程(贯穿5年)、中外建筑史、建筑物理、建筑力学与结构、建筑材料与构造、城市规划与设计、环境景观设计等。

Q3:建筑学专业的学生需要具备什么特质?

如果说工科注重学生的逻辑表达与理性思维,文科注重学生的文思智慧与社会协调,那么建筑学需要的是建立在良好逻辑理性思维之上的直觉感悟能力、对形态的发散想象与对空间的激情创造。本专业使学生具有整合的思维理念和开放的知识结构,着力培养学生在建筑设计中创新性思维的能力、解决实际问题的能力、综合运用工程技术的能力、建筑环境控制的能力与协调合作的能力。

Q4:建筑学专业有哪些对外交流项目?

除了建筑系组织的联合教学项目,如ZJU-Cornell Optional Studio、ZJU-Harvard Optional Studio、ZJU-The San Pablo CEU Co-graduation Studio、ZJU-UNSW Workshop、ZJU-AUDRC Optional Studio等,本专业学生还可自主申请浙大官方合作国外大学互认学分交流课程项目。

Q5:建筑学专业的深造与就业前景怎样?

建筑学专业毕业生,平均超50%的学生进入国际名校继续深造,近7年被哈佛大学录取学生21人;约30%保送或考取国内高校攻读研究生;由于浙大建筑学注重培养学生具备面向未来的多元性,部分学生进入前沿的人机互动、人工智能、绿色生态等领域攻读研究生,并表现十分优秀。剩余少部分学生进入建筑设计院、房地产开发与运营管理部门、建设行业管理部门等。

■ 建筑学专业最吸引我的——

建筑学能够很好地提升人的整体品位与生活格调,一名建筑师的知识结构与综合素质应该是丰富和多元的,除了储备专业的工程技术知识,还要接受艺术的熏陶,比如绘画、色彩、造型、比例、光影等的系统学习和训练,积淀人文、历史、心理、社会等方面的知识。当前,在国内大学兴起了强调通识培养、素质教育的热潮,而建筑学科早就奔驰在了人才"气质与品质"培养的路途上了。建筑师通过对生活、对社会不同问题的解读与理解,产生自己的思想,建立"概念设计",找到创意的切入点。从这个意义上讲,建筑学专业也是最能够将工作与生活结合在一起的专业,是一个非常美好的专业。如果你爱一个人,就让他(她)去学建筑吧!

——王竹　教授

对我来说建筑设计的魅力是，当把草稿纸上涂涂画画的一些想法变成具有细节美的设计时，油然而生的一种成就感。设计没有什么绝对的对错，在自圆其说的逻辑中发挥自己的想象力就可以了。同时我非常喜欢作为建筑系学生在同一个大教室里的那种氛围，在外界看来我们一起做模型弄得一片狼藉，但实际上对我们来说这样的场景充满了烟火气和归属感。

——2015 级本科生　叶旎

学习建筑学是一场关乎想象力的旅行。且不讨论每个设计在创造性方面的差异，光是这种跨越当下的、针对未来的空间场景的想象、空间氛围的建构，以及其对社会、生活环境的影响，都是我们当下生存维度的富有想象力的延展。而学习建筑学恰恰是抓住了这种从想象到现实、从当下到未来的一个连接点。梦想之行会有彷徨、有挫折，但更有明确方向后的兴奋与成就感！

——2014 级本科生　王驰迪

和其他专业不太一样，建筑学的学习不是一个人的学习。我们有着良好的团队合作环境与氛围，设计的过程中可以随时与老师、同学交换意见，不同思想的碰撞往往会给我们的设计带来不一样的色彩，这是建筑学特有的魅力，也是我喜欢建筑学选择建筑学的原因之一。建筑学的学习还会给人带来一种满足感，看着自己一点一滴完成的设计，会更加期待下一次课程，更有动力也更有信心开始下一次挑战。

——2016 级本科生　孙婕

为何选择建筑学？当初选专业的时候被问过很多次，到现在我依然坚定当初的选择。首先，在于其本身的魅力，将天马行空的想法变成可观可触的现实，从 idea 变成平面立面图或是虚拟现实的渲染图，变成手工模型，乃至日后变成实地落成的建筑，每一步的成就感与满足感都是其他专业无法比拟的。在这个过程中，你会掌握各种博杂的知识，还有软件和各种技术，不论是建筑理论，还是其中外历史，或是力学与结构；从基本的绘画绘图，到建模建造，有纸上的素描水彩，也有电脑中的参数化模型，还有现实中的机械臂建造。建筑学的学习是一个非常全面的过程，毫不夸张地说，它将改变你，让你变得全能；也会让你找到你区别于他人的独特之处。选择建筑学，意味着无数的可能与无限的精彩，如果你有一颗愿意表现的心，就做出这个决定。

——2015 级本科生　徐致远

专业名称:城乡规划
专业导游:王纪武副教授

选择浙江大学城乡规划专业的N个理由

城乡规划是实现强国梦和全面建成小康社会的关键专业。从大数据分析到智慧城市规划、从创新驱动发展到城市创新空间规划、从提高人民的获得感到健康城市规划、从精准扶贫到美丽乡村规划等不同领域和层面的国家决策都与城乡规划专业息息相关。

城乡规划是“硬核科技”与“人文情怀”的有机结合。大数据、人工智能、虚拟仿真等最新技术方法已全面介入城乡规划的专业教育和工作实践;强调设计师个体创造性的“有责任、有情怀”规划设计始终是城乡规划教育的核心内容。

城乡规划教育需要进行全方位的综合素质培养和提升。从强调基础的高等数学、计算机等,到强调应用的城市经济学、社会学等,到强调实践的建筑和规划设计,再到强调多元开放的国际交流,“理工结合、全面养成”是本专业教育的基本原则。

Q1:城乡规划专业的学习(研究)对象是什么?

城乡规划是一种综合性的、涵盖城乡居民点的空间布局规划,通过它对一定时期内城乡的土地利用、空间布局及各项建设进行综合部署、具体安排和实施管理,其根本目的是促进城乡经济社会全面协调可持续发展、城乡土地科学使用、城乡居民点人居环境根本改善。城乡规划包括城镇体系规划、城市规划、镇规划、乡规划和村庄规划。

Q2:城乡规划专业本科核心课程有哪些?

城乡规划专业本科核心课程有:美术、建筑设计、规划原理与设计系列课程(城市规划导引、城市总体规划、控制性详细规划、修建性详细规划)、中外城市发展与规划史、中外城市建设史、城市地理、城市经济学、经济地理学、区域规划、城市规划管理信息系统、城市道路与交通规划、城市设计、景观规划与设计等。

Q3:城乡规划专业的学生需要具备什么特质?

城乡规划从宏观层面的战略规划、城镇群规划、城镇体系规划、城市总体规划,到中观层面的控制性详细规划,以及微观层面的修建性详细规划,综合性强,涉及学科门类多。城乡规划不仅要营造良好的生产、生活环境,而且要创造优美的城市形态、结构。因此,学习这个专业,既需要工科学生良好的逻辑表达与理性思维,也需要文科学生的形象思维和人文艺术素养。

Q4:城乡规划专业有哪些对外交流项目?

通过互访计划、交换生项目、暑期班、“3+X”项目、交流访问项目、国际会议等多种渠道,城乡规划系近3年先后选送了50人次的本科生去美国、英国、日本、意大利、加拿大等国家以及台湾、香港等地区进行交流,资助了30名研究生参加各类国际学术会议和国际交流活动,极大地拓宽了学生的国际视野,取得了良好的效果。在原有基础上,继续推进博士生联合培养,近3年先后选送了5名博士生在北卡罗来纳大学教堂山分校和比利时根特大学等高校进行联合培养。

Q5:城乡规划专业的深造与就业前景怎样?

本专业主要为社会培养专职于城乡规划设计与管理的注册城市规划师,以及城市与区域发展、城市建设与房地产开发、社区建设与发展等领域的管理和研究人才。本专业的毕业生主要分布在规划设计单位、规划建设行政主管部门、高等院校、房地产开发企业、城建系统的企业、城市建设咨询和研究机构,以及国外相关研究、设计和咨询企业等。

城乡规划专业最吸引我的——

城乡规划是城乡建设的蓝图,是城乡建设和管理的龙头。在城市化高速推进、城乡建设面貌日新月异的今天,城乡规划专业人员具有宽广的施展才华的舞台,也应承担起更大的社会责任。城乡规划专业人才不但有敏锐与开阔的视野,更有维护公平正义的责任感,在不断推进城乡空间品质优化、人居环境美化的同时,实现自我价值和社会价值。这正是这个专业的魅力所在。

——陈秋晓　副教授

城乡规划,当你对别人说出这个专业名字的时候,他们有时候会用带着一丝迷茫的眼神看着你,然后问道:“那你们是怎么规划的呢?”这也是我初入这个专业的疑惑,城市如此复杂而庞大,我们要怎么规划它呢?

城乡规划这个专业引领我们初窥了门径。为了更好地理解城市，我们要学习中外城市发展与规划史、城市地理学、城市经济学等课程来丰富和完善我们的知识体系。与此同时，我们也要学习城市总体规划设计、控制性详细规划设计、修建性详细规划设计等课程来了解我们现有的城乡规划体系是怎么规划我们的城市的。而暑假的小学期给我们机会到杭州以外的地方走走，这不仅是大学期间的美好回忆，也是从实践中认识城市的良机。

在城乡规划这个专业，你将用一种更综合开阔的视角来认识整个城市。同时，你也得以超越个体局限去关怀社会的公共利益，去关怀社会中弱势群体的利益。城市让生活更美好，如果你心中也有对城市的希冀与愿景，欢迎你选择城乡规划这个专业！

——2015 级本科生　范予昕

城乡规划专业给人最初的印象是一张张规划效果图，我们也常自嘲为匠人。但通过学习体会，我发现城乡规划专业触及的知识远不仅于此。

城乡规划是规划师通过自己的专业知识对城市未来的空间结构、经济结构和社会结构发展做出规划。这对我们的专业学习提出了比较高的要求，需要学习更加广泛的知识，比如建筑学、城市经济学、地理学等等，我觉得这是城乡规划与建筑学习方面的重要区别之一。

相比单纯的理工科，城乡规划更加偏向于艺术。比如我们需要学习素描、水彩，这提高了我们的审美水平。当然，规划也是门技术。我们需要掌握各种软件，比如SketchUp、PS、GIS。这些课程充满趣味性，每个人还可以选择自己喜欢的课程投入更多的精力。

专业学习要求我们多到其他城市、乡村走走，参加实践，所以每年暑假都会有不同的实习项目。这也是我们大学学习当中的美好记忆。

城乡规划专业就业面广泛，毕业后可以选择去设计院、地产企业、规划局等。

如果你想要对城市发展做出贡献，喜爱艺术，兴趣广泛，就请加入城乡规划专业吧！

——2012 级本科生　宋欢

专业名称：土木、水利与交通工程
专业导游：段元锋教授　郑荣俊教授　许月萍教授

选择浙江大学土木、水利与交通工程专业的N个理由

强大的学科背景。是我国最早建立的土木工程学科之一，是浙江大学最早成立的四大工科之一，是我国最早获国际认证的土木工程专业，是全国大学生结构设计竞赛发起单位和秘书长单位，是首批国家级卓越工程师教育培养计划专业点，在教育部第四轮学科评估中获得A，2019年入选教育部“双万计划”首批国家级一流本科专业建设点。在全国率先实施“大土木”教育理念，获国家级教学成果一等奖1次、二等奖2次。17位校友入选两院院士，依托浙大多学科交叉优势，强化创新人才培养，推动一流学科建设。土木、水利与交通工程专业获批教育部2019年新增审批本科专业。

雄厚的师资力量。名师引领，传承创新师资队伍。通过“1311人才工程”、海外学术大师汇聚计划等多层次人才引育计划，建成了院士领军，“长江学者”“杰青”为中坚，“青长”“优青”“青拔”为新生力量的国际化高水平师资队伍。其中，中国科学院院士1名，中国工程院院士2名，国家杰出青年科学基金获得者8名，“四青”人才21名。近5年本专业聚焦新的发展方向，引进智慧城市、智能建造、新材料、超重力等方向青年教师40余人，为立德树人、优质科研、国际合作等专业和学科建设方面提供了良好的支撑。

一流的教学平台。平台设施一流，科教支撑条件优越。倾力打造“教科工”融合人才培养体系，加强实践和工程素质环节，突出面向国家重大需求的工程实战能力培养，大力提升创新能力融合教育。开展大科学创新研究和拔尖创新人才培养。承担了智能科技、新材料、先进制造和国家安全等关键领域的一系列重大科研任务，近5年到账科研经费11亿元，其中国家重大、重点类项目经费突破3亿元。建有国家土建类虚拟仿真实验教学中心、全国大学生结构设计竞赛基地等8个国家级教学创新基地，拥有15个国家级、省部级教学科研基地，建设国家重大科技基础设施“超重力离心模拟与实验装置”，建成边界层风洞等8大科研平台和7大实训平台。

Q1:土木、水利与交通工程专业的学习(研究)对象是什么?"

土木工程是建造各类工程设施的科学技术的总称,它既指工程建设的对象,即建造在地上或地下、陆上或水中,直接或间接为人类生活、生产、军事、科研服务的各种工程设施,也指所应用的材料、设备和所进行的勘测设计、施工、保养、维修等技术活动,具体包括房屋建筑工程、公路与城市道路工程、铁道工程、桥梁工程、隧道工程、机场工程、地下工程、给水排水工程等。此外,土木工程、水利工程与交通工程专业含卓越人才培养班,即智慧土木班,将土木工程的研究对象拓展到信息技术、人工智能、大数据、云平台等新兴技术在土木工程设施的建造、运维、管理中的创新应用。

Q2:土木、水利与交通工程专业与原有的土木工程专业(始于1927 年)、水利水电工程专业(始于 1956 年)、交通工程专业(始于 2014 年)的区别是什么?

首先,培养目标有区别。新专业本着强化通识教育、实施"大类培养、专业优化"的原则,将原有的土木工程、水利水电工程和交通工程三个专业进行合并与优化而成。在人才培养上更加突出"全面发展"和"全球竞争力"。**其次,培养模式有区别。**新专业实施强化思政引领、夯实数理基础、强调学科交叉、融合土木/水利/交通、加强创新实践、对标国际一流的新工科培养模式,在培养方案与培养过程中更加注重基础通识教育,更加强调国际化,使学生具备迎接未来全球性社会与技术新问题的挑战能力。

Q3:土木、水利与交通工程专业本科核心课程有哪些?

本专业的本科核心课程包括:材料力学、结构力学Ⅰ、土力学、流体力学(乙)、建筑材料、钢筋混凝土结构基本原理、钢结构设计原理、基础工程、房屋建筑学、土木工程施工、工程项目管理、工程水文学、交通工程。

Q4:土木、水利与交通工程专业的学生需要具备什么特质?

学生应具备认真细致的作风、实事求是的科学精神和高度的责任感与使命感。任何一门学科都应是严谨求是的,何况土木、水利与交通工程关系到人民的生命和财产安全,故更需严肃谨慎、认真负责。本专业理论与实践紧密结合,需要学生一方面具备良好的空间想象力,扎实的数、理、力学基础,以及较强的逻辑思维能力,另一方面具有较强的工程技术应用能力和创新意识去解决工程中会遇到的各种问题和困难。此外,学生应具备有效沟通的能力与团队协作精神。

Q5:土木、水利与交通工程专业有哪些对外交流项目?

为推进学院"双一流"建设战略目标,培养具备国际视野和跨文化沟通、协调能力的时代高才,全面推进浙江大学建筑工程学院本科生教育的国际化进程,本专业鼓励本科生出国(境)交流,紧密结合人才培养目标,全方位、多渠道、多层次地推进国际学术交流与合作,开拓一系列优质学生交流项目,选拔本科生派往国(境)外一流的院校、学科,开展学习交流。

本科生对外交流覆盖率力争达到100%。已开展的对外交流项目包括：台湾大学交换生项目、美国中太平洋赛区土木工程竞赛、寒假赴我国香港地区访问项目、韩国UINST交流项目、加州大学戴维斯分校暑期课程项目、暑期赴美国及澳新国际志愿者实习项目、香港科技大学暑期科研实习项目、夏威夷IEEE ITSC 2018国际会议、香港大学百年土木未来学者暑期学生交流项目、多伦多大学交流项目、滑铁卢大学交流项目、建工学院优秀学生赴日本交流项目等。目前规划中的对外交流项目还包括：优秀学生赴新加坡交流项目、优秀学生赴澳大利亚和新西兰交流项目、优秀学生赴英国交流项目、优秀学生赴美国交流项目、优秀学生赴德国交流项目、优秀学生赴意大利交流项目、优秀学生赴我国台湾地区交流项目等。

Q6：土木、水利与交通工程专业的深造与就业前景怎样？

土木、水利与交通工程专业是一个历史悠久却活力四射的专业。我国宏观经济的发展，全面建成小康社会的提出，社会城镇化进程的加快，以及国内经济体制改革的深入，为建筑业的发展带来了巨大的市场，极大地促进了行业的发展。同时，随着“一带一路”倡议的提出，国外基建市场的开发，也给我们冲出国门、走向世界提供了新的机遇。据统计，我国每年以土木、水利与交通工程为主的基础设施建设规模已经超过世界上其他所有国家的总和。中央和地方政府每年都巨额投资于基础建设，包括高速铁路、高速公路、城市轨道交通、超高层建筑等重大工程相继开工建设。由此可见，土木工程行业有非常可观的发展前景，在今后相当长的时间之内将继续蓬勃发展。对于浙江大学的土木专业而言，2018届本科毕业生中有40.0%选择国内升学(其中继续留在浙江大学深造的占83.3%)，12.3%选择出国(境)深造(其中前往QS学科排名前50的重点高校的占45.8%)，46.7%选择直接就业(其中前往世界500强企业就业的占28.5%)。

■ 土木、水利与交通工程专业最吸引我的——

有人说土木工程又“土”又“木”，但其实中国人讲“土木”仅仅是因为中国建筑自古以土木为材，我想这个理由应该听起来可爱很多。我们常在讲，建筑系负责仰望星空，土木系负责脚踏实地。但更确切地说，土木工程师是艺术、科学、人文、环境等因素之间的协调者，是建筑结构的过去、现在和未来的建造者和监护者。怎样的结构形式和材料可以既实现建筑师美学和人文上的构思，又满足甲方在经济性上的考虑？不同的功能规划和环境分别适合什么样的结构体系？还有更好的结构体系和建筑材料形式吗？怎样让我们的建筑结构更加环境友好、智能可控？如何通过结构健康监测提高建筑结构的可靠性？……这一个个的问题与探索答案的过程正是土木工程专业的魅力所在。

——2012级本科生(土木工程专业) 李思黎

转眼即将从水利水电工程专业毕业，回首往昔，感激当年的自己选择了水利水电工程专业。初识水利是因为高中时家乡的一次洪灾，那次的天灾让我认识到了水利的重要性，也让我开始关注水利专业并最终选择了这一专业。专业课上老师的倾囊相授、实验课上优良的实验条件、科研训练过程中教授的悉心指导、班级活动中同学间的团结友爱、学习生活中学长学姐的热情帮助等等让我对这一专业充满了信心与热情。我们有先进装置、良师益友、一流科研氛围，在这里一应俱全。万事俱备，只欠一个你。

——2015 级本科生（水利水电工程专业）　何柯琪

为什么选择土木专业？未来想成为什么样的人？这是迈进浙江大学校门的我一直思考的两个问题。一位选择土木专业的竺可桢学院的优秀学生提供了一个让人满意的答案：源自内心的热爱与对国家事业的奉献精神。的确，因为热爱土木工程，所以我做出了无悔的选择；因为国家需要，所以我要永远奋斗在第一线。现在的社会是浮躁的，太多的人随波逐流，选择热火朝天的计算机、金融等专业，但请不要忘记自己要成为什么样的人。我一直在心里默念，我要成为一个像林鸣（港珠澳大桥总工程师）一样的总工程师，让自己的名字印刻在百年工程上，永垂不朽。所以我在大学里没有沉迷游戏、没有挥霍时间，而是不断充实自己，向着自己树立的目标迈进。

——2017 级本科生（土木工程专业）　赵嘉成

化学工程与生物工程学院

College of Chemical and Biological Engineering

- 化学工程与工艺
- 生物工程

专业名称:化学工程与工艺
专业导游:单国荣教授

选择浙江大学化学工程与工艺专业的N个理由

工程类基础学科,支撑国民经济支柱产业。化学工程与工艺是现代工程学科的四大支柱之一,支撑占国家GDP 14%的化学工业高质量发展。浙江大学化学工程与工艺专业与材料、控制、能源、环境等工程类专业紧密相关,支撑高端芯片、新材料、先进制造和国家安全等关键技术领域的发展。

深厚的历史底蕴,雄厚的科研实力。作为我国最早设立的化学工程类专业,90多年来累计培养万余名化工人才,毕业生中有20位当选国内外院士,并有一大批杰出的青年才俊活跃在世界各地。在2019年QS世界一流学科排名中,浙江大学化学工程学科排名世界第39位。

就业前景好,再深造面广。作为工程学科的母体专业,毕业生不仅可选择化工、石化、医药、材料、能源、环境等行业工作,还可在金融、投资、期货、海关、大数据计算等行业发挥专业优势,同时可无缝对接其他衍生专业的研究生阶段,继续深造面更广。

Q1:化学工程与工艺专业的学习(研究)对象是什么?

本专业的学习(研究)对象与日常生活和工业生产密切相关。举个简单的例子,例如化妆品,怎样的配方才能有更好的功效,如何把产品工业化生产出来?又如,新能源汽车的电池,怎样的结构设计才能使电池的容量更大、汽车续航里程更远?

本专业学生将学习产品设计、物质分离和转变等过程中物质与能量的转化和传递规律,掌握产品与工艺开发、生产装置设计与放大、过程系统优化、过程安全的理论和方法,可在化工、炼油、资源、能源、医药、食品、环保等相关行业从事科学研究、技术开发、生产管理等,从而做到“使新材料新能源接地气(各种材料的工业化生产等;新能源汽车、高容量电池材料的开发与生产等)、使新药品用得起(新型药物开发、创新制药工艺等)、使社会发展可持续(工业生态环境防治、绿色化工与可持续发展等)”。

Q2:化学工程与工艺专业本科核心课程有哪些?

化学工程与工艺专业本科核心课程有:化工原理及实验、化工热力学、化学反应工程、化工设计、高分子化学、化工仪表及过程控制、化工系统工程、化工安全健康与环境、化学工艺学等。

Q3:化学工程与工艺专业的学生需要具备什么特质?

聚沙成塔,点石成金。学习化学工程与工艺专业的同学们,首先要具备较强的学习能力与综合素质,专业学习涵盖多门课程与工程操作单元,需要在理论学习与工程实践中相互转换,进而加深认识与理解。其次,专业学习离不开团队合作和动手操作,胆大心细,较好的实验操作技能和思维逻辑能力是必要的。最后,专业旨在培养适应新时代工科背景,具有全球竞争力的高素质创新型化工行业领导者,要求学生心怀家国,坚持求是创新,在学习探索中立鸿鹄志,做奋斗者!

Q4:化学工程与工艺专业有哪些对外交流项目?

为造就具有国际化视野、全球竞争力的本专业领域拔尖创新人才和卓越领导者,化工学院已为本专业学生搭建了全方位、多层次、立体化的对外交流体系,确保所有学生至少参与1次对外交流,鼓励优秀学生多次参加更高质量的对外交流项目。在短期交流访学方面,学院已与麻省理工学院、斯坦福大学、剑桥大学、帝国理工学院、耶鲁大学、东京大学、南洋理工大学、新加坡国立大学、香港大学、香港科技大学等世界一流大学创建了合作交流机制;在中期科研实习和毕业设计方面,学院已与斯坦福大学、剑桥大学等世界顶尖高校建立了长期合作交流平台;在长期联合培养方面,学院已与伊利诺伊大学厄巴纳香槟校区、美国西北大学、帝国理工学院等世界知名高校签署了“3+2”“4+1”等本硕联合培养协议。同时,学院还积极鼓励和支持本专业学生参与学校组织的数百个形式不一的对外交流项目。

Q5:化学工程与工艺专业的深造与就业前景怎样?

近年来,本科毕业生60%以上继续深造,其中20%以上赴国外名校(如康奈尔大学、哥伦比亚大学、卡内基梅隆大学、瑞典皇家理工学院、东京大学)深造。本专业的本科毕业生就业去向广,主要在化工、炼油、石化、材料、能源、控制、生命健康、医药、环境、先进制造等领域从事科学研究或生产管理等工作;去往政府及事业单位、国有企业、外企就业或自主创业等在就业人数中占50%左右。

■ 化学工程与工艺专业最吸引我的——

当初选择化学工程与工艺专业是出于两个原因:一是学化工既有对着书本研究理论、对着电脑模拟仿真,又能在实验室进行实验、在工厂接触设备,不会感到单一、枯燥;

二是化工就业选择多，专业范围宽，除了常说的化工领域，环境、材料、能源等领域都可选择，涉及面广、机会多。在浙大化工学习生活七年时间，感受较深的是学院优秀校友资源丰富、校企合作平台众多、奖学金覆盖面大、教学育人体制完善、海内外交流项目和经费充足，实力加资源可以培养出具有强竞争力的优秀学生。

——2013 级本科生(2017 级研究生)　钮曹萍

从显微镜下到百米巨塔，化学工程与工艺不断地满足着人类对丰富多彩的物质世界的追求。在我眼中，化学工程与工艺是一门协调的艺术——工程师需要协调好化学反应、物质传递、能量传递、动量传递、环保节能、设备设计、厂区位置的关系，甚至还要关心经济效益、社会效益、产业政策、团队管理的问题，最终才能得到一个最优的产品。随着时代的进步，化工已经与更多的领域知识渗透、与更多的产业进行交叉，为人类美好幸福的生活打下深厚的物质基础。

——2014 级本科生(2018 级研究生)　吴益昆

时间过得很快，转眼间我已经是毕业班的学生了。回想大一选专业的场景，似乎还历历在目。化学工程与工艺这个专业，对于当时还懵懂和迷茫的我来说，就是师长口中的兼容并包、毕业后可供选择的方向很多的专业。随着后续几年专业课的学习，我才真正了解到我选择的专业包含的内容之多之广。我们学习的内容包括了化学工程、高分子、材料、控制、能源、医药、资源、环境等方向，并且辅以各类实验课，丰富又具有实际应用意义的专业课学习让我们在化工的各个方面都有所涉猎，同时找到自己真正喜欢的方向并在以后的学习中深入钻研和发展。除了专业课的学习，本专业还为我们设置了两个比赛，分别是化工设计竞赛和过程工程综合能力竞赛。参加这两个比赛真的令我获益匪浅，不仅有朝着一个目标努力拼搏和奋斗的快乐，也有与指导老师讨论和交流时碰撞出的思维火花与对专业知识更深入的认识，更重要的是，我收获了很珍贵的友谊和人生经历。另外，专业还很注重学生的全面发展，在大三寒假期间，我跟同专业的同学一起去了香港访学，这一次交流经历开阔了我的眼界，也让我认识到了自己的不足，成为督促我不断前进的助推器。总之，选择化学工程与工艺这个专业是一个无比正确的决定，是我一生的宝贵财富。

——2015 级本科生　陈蓉蓉

化学工程是国民经济和国家发展的基础，人类生活的方方面面都离不开化工产品。

在中国经济向高质量发展转变的关键时期，为解决化学工程行业的转型升级问题，与满足人民对美好生活的需要，化学工程行业需要大量人才。选择化学工程与工艺，未来的可能性与选择面非常广。我们既有化学工程与互联网结合的模型研究，又有基于化工原理的过程设计与优化；既有各种新型化工产品的合成路线模拟，又有环保新要求下化工产业的升级研究……

工科的科研训练能使人的逻辑思维能力得到很大提升；而在近百年来人类社会工商业紧密联系向前发展的情况下，化学工程与工艺的专业背景也是认识与理解世界运行的一个很有用的维度。找到自己感兴趣的领域，然后专注专业知识的学习与个人能力的培养，未来必将大有可为。

来到浙大，遇见化学工程与工艺专业，何其幸运。

——2016 级本科生　陈紫薇

这是我学习化学工程与工艺专业学习的第三年，我慢慢体会到了这门学科的美妙之处：

其一在于纯粹性。化工人口中的“三传一反”便是最好的诠释。不论是充满视觉冲击的大化工产业链，还是充满未知与可能性的精细化工领域，它们归根结底都是传递与反应的衍生，并各自蓬勃发展。

其二在于综合性。化学工程是一门综合性的学科，它在融合材料、高分子、机械、能源、环境、医药等各类学科的知识与技能的基础上，开出属于自己的花朵。

其三在于不可替代性。化工行业渗透在人民生活和国家发展的各个方面，化工行业的发展水平小到影响个人生活，大到决定民族命运。

作为一名浙大化工学子，我深知自己身上肩负的荣誉和使命，并坚定信心为创造未来美好生活而努力。

——2017 级本科生　张铭

专业名称:生物工程
专业导游:张林教授

选择浙江大学生物工程专业的N个理由

聚焦前沿科学领域,对标国家重大需求。生物工程聚焦健康、资源、能源、环境等重大挑战,探索前沿科学问题,为传统行业带来新的机遇,生物产业已经成为全球战略性新兴产业。2015年以来世界十大畅销药中生物药稳占80%以上,就是生物工程为人类做出的巨大贡献。

学科一流课程全面,"导师制"个性化培养。在软科世界一流学科排名中,浙江大学生物工程学科2019年位列全球第4,是国内唯一进入前10的学科。课程设置全面,形式多样,对优秀学生进行"导师制"个性化培养,结合个人发展意愿,进行全程科研引导、学业指导和生活关怀。

专业发展前景广阔,升学就业齐头并进。国内生物工程产业规模持续快速增长,高端人才需求迫切。本专业一直致力于高端人才培养,就业率90%以上,超过半数在国内外高校或科研院所继续深造,其余就业方向包括大型生物制药公司、研究单位、投资公司、自主创业等。

Q1:生物工程专业的学习(研究)对象是什么?

生物工程的学习和研究对象从微观的生物分子(如氨基酸、蛋白质、核酸等),到微生物的个体或群体(如细胞、细菌、病毒等);再到复杂的生命个体(如动物、植物和人);直到宏观的生态环境(如生态修复、环境生物工程等)。既有利用现代分子生物技术和基因工程对生物分子和生物体的改造,例如利用分子级别的基因通过一系列生物工程技术手段培育出克隆羊"多利",和克隆猴"中中""华华"这样的生命体;也有利用工程技术将生物科学的发现变成产品,最经典的实例是青霉素的生产。在青霉素发现之初,大规模制备很困难,其昂贵的价格让普通人难以承受,正是生物工程的知识解决了青霉素大规模制备过程中的各种问题,包括大规模液体发酵、产物的高效分离与纯化等等,使青霉素成为我们生活中最常用的重要抗生素之一。

从传统领域看,生物工程产品涵盖了我们的衣食住行,举例来说:衣——牛仔裤制造过程中的水洗工艺利用的是纤维素酶;食——味精、酒、面包等都是通过微生物发酵而来的;

住——皮革制品等的生产都需要用到生物工程的相关知识；行——燃料乙醇、燃料丁醇、生物柴油都得益于生物工程的进步。从现代发展成果看，主要的抗肿瘤药物、各种疫苗、基因芯片，利用生物法将木质纤维素等废弃物制备成各种有价值的物质等都离不开生物工程的知识。近年来，更有通过对细胞进行改造，利用细胞的代谢活动制备我们所需要产品的"细胞工厂"的概念。

总之，学生需要以人类生物产品需求为导向，通过学习生物学、化学、物理学和工程学的理论与方法，系统性地设计、优化和改造生物体系与功能，着重解决生命科学研究成果在产业化过程中所面临的技术与工程问题，将生命科学的研究发现转化为实际产品或过程和系统，以满足社会的需要。

Q2：生物工程专业本科核心课程有哪些？

生物工程专业本科核心课程有：生物化学、有机化学、分子生物学与基因工程、工业微生物学、合成生物学、酶（蛋白质）工程、生物反应工程、生物分离工程、过程工程原理。

Q3：学生物工程专业的学生需要具备什么特质？

生物工程专业的适合人群为喜欢研究生物，同时又想把自己的研究成果变成产品、造福人类的有志青年。生物工程涉及很多产品的制备，其工艺流程和设备是重要的学习和研究内容，因此需要学生具有良好的形象思维能力。工艺设计有很多细节问题需要考虑，因此希望学生的个性相对沉稳、细致一些。很多工程问题需要有良好的数学功底，其涉及的应用基础研究需要学生思维活跃，有创新意识。另外，工程科学研究的是系统科学问题，涉及的学科和知识点比较复杂，工程的完成需要合作与分工，因此无论是在学习过程中还是未来就业后都需要学生具备良好的团队合作精神。

Q4：生物工程专业有哪些对外交流项目？

为造就具有国际化视野、全球竞争力的本专业领域拔尖创新人才和卓越领导者，化工学院已为本专业学生搭建了全方位、多层次、立体化的对外交流体系，确保所有学生至少参与1次对外交流，鼓励优秀学生多次参加更高质量的对外交流项目。在短期交流访学方面，学院已与南洋理工大学、新加坡国立大学、新加坡科技大学、香港科技大学、香港理工大学、香港大学、诺丁汉马来西亚校区、台湾清华大学等世界一流大学创建了合作交流机制；在中期科研实习和毕业设计方面，学院已与斯坦福大学和剑桥大学等世界顶尖高校建立了长期合作交流平台；在长期联合培养方面，学院已与伊利诺伊大学厄巴纳香槟校区、美国西北大学、帝国理工学院、韦仕敦大学（Western University）等世界知名高校签署了"3＋2""4＋1"等本硕联合培养协议。同时，学院还积极鼓励和支持本专业学生参与学校组织的数百个形式不一的对外交流项目。

Q5：生物工程专业的深造与就业前景怎样？

制药、食品、环境、能源、日化、生物医学等行业是生物工程专业毕业生的主要就业方向。近年来国内生物工程产业规模持续快速增长，对于高端人才需求十分迫切。据统计，本专业的本科毕业生超过50%选择继续深造，其中约一半出国，另一半留在国内高校或科研院所。

就业学生中很多是在国际知名的大企业工作，近些年有相当数量的毕业学生被默沙东、拜耳、宝洁、欧莱雅等公司录用。

Q6：社会上是否存在对生物工程专业的理解误区？

目前，社会上对生物工程专业还有一定的认识误区，认为其毕业学生的就业存在一定的困难。实际上，造成“就业难”认识误区的主要原因是生物产业作为新兴产业，前些年很多办学条件不够好的高校大量扩招，学生的培养质量不过关，导致短时间内毕业学生超出行业需求，或者就业后难以满足行业要求，加上媒体对就业的过度报道使得生物工程专业“就业难”这个问题被放大。近年来，随着专业的调整，学生就业难的现象已经完全得到了改善。浙江大学生物工程专业办学早、知名度高，毕业学生在行业内的评价高，不存在就业难的问题。

■ 生物工程专业最吸引我的——

生物技术已经发展到一个相当高的水平了，如何利用生物技术的成果造福于民是生物工程的重要任务，因此在工作中看着新的生物产品从实验室走向普通民众是让我最感快乐的事情。此外，利用生物工程的技术制备产品具有环境友好的特点，不会对环境造成很大的破坏，其过程遵循自然法则和自然规则，通常都是利用生物质作为原料，利用微生物、酶、细胞等生物催化剂进行绿色加工得到目标产品。这个特点是吸引我从事这个行业的最主要原因。随着化石资源的日趋枯竭，以生物质为原料，以生物工程为主要方法的绿色制造业将成为未来解决我们资源与能源短缺的重要途径。

我校生物工程专业有工业生物催化国家地方联合工程实验室、工业生物催化浙江省工程实验室等国家和省部级的研究平台；有国家精品视频公开课“生物工程导论”，并已经在爱课程网上线；有省级精品课程“生物反应工程”；既有面向基础研究的纵向科研课题，也有直接面向应用的横向科研课题。这些资源为培养学生的各种综合素质提供了有力的保障。

——张林　教授

记得高考选专业的时候，因为酷爱生物，非常希望未来能够从事与其相关的行业。转眼，我进入生物工程这个细分领域已经十多个年头了。我很欣慰，在浙大的生物工程专业，我系统地学习了一个合格工程师所需具备的数理化及工程基础知识，培养了自己的思辨精神和终身学习的习惯；并有机会在生物工程这个分支持续探索，聚焦于生物设计这个交叉领域，以生物工程为核心，将工程、科学、医学、设计和艺术有机地结合在一起。从现在到未来，将是生物工程的时代——最火爆的 CRISPR 基因编辑技术、最有前景的生物质清洁能源技术、最实用的人造组织医用技术，都是生物工程的范畴。我相信，你我将一起见证生物工程改造世界。

——2002级本科生　王文

冲着“21世纪是生物学的世纪”这句话，当年我毅然选择了生物工程专业。入学的时候，老师们就跟我们说生物工程专业是生物、化学和工程学相交叉的学科，与我们生活中的衣食住行医都有着密切的关系。毕业后，同学们大多选择继续深造，逐渐分散到生物工程相关的各个领域，包括生物材料、环保微生物工程、生物能源、生物医药等。本科阶段的专业学习为我们从事相关行业打下了扎实的基础，生工所团结奋进的氛围也让我们受益良多。现在我虽然在药学院继续从事科研工作，但也跟我们的生物工程专业密不可分。生物工程相关的产业近些年也得到了快速的发展，祝愿生物工程专业的未来越来越美好！

——2003级本科生　周展

生物工程是融合工程学和尖端生命科学以发展新技术为人类带来福祉的学科，涉及能源、环境、农业、医学、药学等诸多领域，要求学生既要有工程师的实验操作能力，又要有生物学家的逻辑思维能力和探索精神。近几年的学习让我了解到生物工程是目前发展最为迅速的前沿学科之一，已经广泛深入人们的日常生活之中：新型生物材料以及生物能源正致力于解决全世界共同面临的环境污染和能源短缺，基因工程应用于农业让无数人免于饥饿，生物制药及新兴生物技术使诊断并治愈不治之症成为可能。可以说生物工程对于我们的生活已如空气一样不可缺少，而且本专业众多的发展方向使得我在毕业之后有充分的选择余地，能让自身有更长远的发展，所以我选择生物工程专业进行学习。

——2014级本科生　王佳峰

生物工程既古老却又新兴，说它古老是因为早期发酵实践可以追溯到史前时期，而说它新兴则是因为生物工程专业兴起于20世纪70年代，虽然仅仅只有50年的发展时间，但其发展日新月异。从发酵到酶催化，从基因改造到生物分离，从蛋白质改造到药物的筛选和输送，生物工程的研究领域十分广泛。在这样的专业学习背景之下，一方面，学科交叉，对不同方向都有所涉猎，有利于找到自己真正喜欢的方向，也有助于挖掘自己的潜能；另一方面，学习与实践相结合的教学模式，能帮助我们理解生物工程专业知识的整体性，也有助于我们自身的发展。通过四年的学习，我希望我能利用自己小小的力量，汇聚所有生工人大大的力量，利用生物工程“让生活更美好”。所以，我选择了生物工程专业进行学习。

——2016级本科生　陈琳莹

在进入生物工程学习之前，我对于生物工程专业的认识是有些虚无缥缈的，但是，在接触到这个专业以后才发现这个专业是切实能够改变世界的。

生物工程不像小说、电影中描述得那么天马行空。相反，生物工程以严谨的方式来实现那些科学幻想。从应用于基因编辑的 CRISPR-Cas9 技术，到可以摧毁肿瘤的 DNA 纳米机器人；从 3D 打印人类肾脏组织，到控制细菌变成像植物一样的自养生物。生物工程仿佛为人们打开了一扇科幻世界的大门，但这一切都是可以触摸感受到的。

生物工程专业更是务实的，它从衣食住行的方方面面改善着我们的生活。我们穿的衣服，可能就是通过基因工程得到的抗虫棉制成的；我们喝的饮料，里面可能就有通过代谢工程生产出的营养素；我们走进医院，药房里的药品更是与生物工程息息相关。

生物工程决计不是一门只写在教科书中的专业，它在自身的发展中不断落地。如今，我们身边有一大批生物工程相关企业正陆续扩大市场，生物工程也得到了国家政策的大力扶持。这一切的一切，让我们去相信“21 世纪是生物工程的世纪”。

——2017 级本科生　张汤磊

海洋学院

Ocean College

- 海洋工程与技术
- 海洋科学

专业名称：海洋工程与技术
专业导游：陈鹰教授　赵西增教授　黄豪彩教授

选择浙江大学海洋工程与技术专业的N个理由

海洋工程与技术是人类认识海洋、开发海洋和保护海洋的基础，代表着一个国家、一个民族在海洋方面的实力与水平。浙江大学的“海洋工程与技术”专业在《挑大学选专业——2018高考志愿填报指南》(武书连)中，排名全国第一，等级A++，并于2019年入选首批国家级一流本科专业建设点。

面向“海洋强国”国家战略和对海洋领域专业人才的发展需求，本专业设置海洋工程、海洋技术两个专业方向。

海洋工程方向培养港口航道、海岸与海洋工程、海洋结构物领域的专业人才，其前身是具有60余年历史的“港口与航道工程”专业。毕业生就业领域广阔，在海洋、交通、水利、教育等部门行业都有我们优秀的校友，在众多大型港口航道以及海岸工程建设中发挥了积极作用，行业影响深远。

海洋技术方向培养海洋装备、海洋信息领域的专业人才。海洋技术方向自2009年以来取得快速发展，在国内名列前茅。海洋装备、海洋信息领域用人单位需求十分迫切，本方向培养的学生可在海洋高端装备研发、海洋资源利用与开发、海洋电子信息、海洋环境监测与保护等海洋技术领域就业。

Q1：海洋工程与技术专业的学习(研究)对象是什么？

海洋工程学生要学习海洋、土木、水利以及信息、计算机等学科的知识内容，毕业后能够胜任港口、航道、海岸工程(防波堤、围海造田、跨海大桥等)、海洋平台以及海上风电结构物的设计、规划、分析评估、智能健康检测和相关研究。港口、航道、海岸工程、海洋工程包括了为船舶靠岸选址规划，为江海联运设计优化通道，为河口海岸堤防抵御洪水、海浪与风暴，为新时代开发利用绿色海洋能源等可让我们大有作为的广阔天地。

海洋技术是开发利用海洋资源、保护海洋环境以及维护国家海洋安全所使用的各种技术的总和。该方向学生主要学习支撑人类认识海洋、进入海洋、开发海洋和保护海洋等一系列活动的综合技术的基础和专业知识，具体包括海洋、机械、电子、信息、控制等；毕业后能够胜任各种海洋装备、水下机器人、海洋探测、海洋电子、智慧海洋、海洋信息等领域的设计、研究、制造、规划与管理等工作。

Q2:海洋工程与技术专业本科核心课程有哪些?

海洋工程方向:流体力学、海洋结构物概论、结构力学、泥沙动力学、钢筋混凝土结构设计、水文学与水动力学、土力学与工程地质、港口规划与结构物设计、智能结构与智慧港口等。

海洋技术方向:流体力学、自动控制原理、微机原理与接口技术、海洋信息学、海洋调查方法、海洋工程建模基础、水声学原理、嵌入式系统、水下机器人设计等。

Q3:海洋工程与技术专业的学生需要具备什么特质?

本专业的主要研究对象都是海洋工程与技术领域的直观实在和具体的工程和实体,例如跨海桥梁、海上风机、海洋资源开发平台和港口码头等基本建筑物,或者是水下智能系统(水下机器人、水下观测系统、水下作业系统等)、无人潜艇、海洋资源勘探开发装备、水下通信与网络系统、海洋大数据等海洋装备与信息系统。需要具备较好的空间思维能力和逻辑能力,具备对海洋工程、海洋技术相关科学难题的探索与求知的热情、分析问题的宽阔视野和解决问题的创新思考能力。此外,学生应具备良好的沟通能力与团队协作精神,以及宽广的国际视野。

Q4:海洋工程与技术专业有哪些对外交流项目?

本专业所在的海洋学院国际化程度较高,专任教师中 56%是海归人才,另外还有 10 余名境外籍教师。与境外 10 多所 100 强高校/学科建立了良好的教学科研合作关系,设立了院级对外交流项目。如与美国的爱荷华大学、威斯康星大学、特拉华大学、密歇根州立大学建立了科研营项目;与挪威科技大学、东京大学、南洋理工大学、奥克兰大学、普利茅斯大学、达尔豪斯大学、南丹麦大学,以及我国香港、台湾地区的多个高校建立了暑期交流项目。本科生对外交流率可达 90%以上。

Q5:海洋工程与技术专业的深造与就业前景怎样?

本专业毕业生的深造率超过 60%,其中有 1/3 左右到国外深造。国外深造高校有:美国的麻省理工学院、加州理工学院、佐治亚理工学院、约翰斯·霍普金斯大学、威斯康星大学、伊利诺伊大学厄巴纳香槟校区、美国东北大学、纽约州立大学石溪分校,新加坡的南洋理工大学、国立大学,日本的东京大学、早稻田大学等。国内深造高校有:浙江大学、清华大学、北京大学、南京大学、上海交通大学等著名大学。

海洋工程的就业去向主要是沿海城市的交通水利、建筑环保、港口航道工程、海岸工程以及水利工程、海洋工程、土木工程等领域的建设集团、工程局、规划院、设计院、勘测院、港务局和科研院所等。

海洋技术的就业去向主要包括海洋技术装备、海洋信息系统如深海探测装备、多功能/多形态潜水器、海洋环境/资源探测传感器、水下声学/光学目标探测系统等设计和研发相关的科研院所和企事业单位,如自然资源部、中国科学院的所属海洋研究所、海洋环境监测机构,以及中国船舶集团、中国电子科技集团等。

■ 海洋工程与技术专业最吸引我的——

从起初懵懵懂懂到现今毅然决然决定深入学习海洋工程方向，我对专业的重要性有了更清晰的认识和明确的定位。21世纪是海洋强国建设发展的重要时期，随着海上丝绸之路愿景的实行，“海洋”逐步成为时代的焦点。

海岸作为海陆交界之处，其在工程上和经济上的重要性不言而喻。海洋工程方向包括港口规划布置设计、航道设计和水工建筑物的工程设计等，大到宏观的世界海洋经济，小到工程中一块混凝土的设计，都值得我们去学习、去探索。知识的重要性不在于知识本身，而在于正确运用知识，为社会为世界做有价值意义的事。因此，充满未知的海洋领域正需要更多有智慧、有才能、有担当的年轻学者为之奋斗，建设更多利民利国的伟大工程。

“天高任鸟飞，海阔凭鱼跃”，愿我们都能不忘初心，砥砺前行。

——2014级本科生　陈思思

海洋技术方向涉及多领域的知识交叉，所以我准备同时修读海洋装备与海洋信息两个模块的课程，并学习一些船舶与海洋工程专业的课程作为补充。因为自己对海洋技术有一定兴趣，尤其对水下机器人等自动化海洋装备的学习有所感触，希望未来能在这方面有所发展，并确定想读相关方向的研究生。

——2016级本科生　汪潼

海洋技术方向给我一个平台，无论是从工科角度的机械、计算机、海洋通信、海洋信息，还是社科视角的海洋经济，每个领域将来都会有很好的前景。

——2017级本科生　时艺丹

专业名称：海洋科学
专业导游：李春峰教授

选择浙江大学海洋科学专业的N个理由

海洋科学专业瞄准国际学术前沿和国家需求，凭借浙江大学高水平多学科交叉优势，在国际化师资队伍、大科研平台与条件等方面优势和特色明显。

国际化人才优势。专任教师中海外知名高校博士学位获得者约占50%，外籍和海外教师10人(占本学科全部教师的17%)，与哈佛大学、剑桥大学、伦敦大学学院、基尔大学、夏威夷大学、南普顿大学、西澳大学等签订了校际合作协议，并开展了科研和人才培养合作。

多学科交叉优势。浙江大学多学科支撑，与自然资源部第二海洋研究所紧密合作培养人才，共建海洋研究院，打造具有浙江大学特色的、具有强大海洋工程与信息技术支撑的海洋学科。物理海洋与遥感、海洋生物与化学、海洋地质与资源技术等专业方向协同发展，积极满足学生的择业要求和兴趣发展。

体制机制和发展优势。浙江大学和舟山市政府密切合作，通过创新合作机制等途径，投资10多亿元，用于学科基础建设等，使该学科具有独特的发展空间和优势。

平台与条件优势。拥有国际一流的摘箬山岛外海实试基地、海洋动力环境实验室、海洋观测实验室、波一流一泥沙多功能实验水槽、海洋生物实验室、海洋药物实验室、海洋化学实验室、海洋地质与地球物理实验室及齐全的多学科仪器设备(如高精度透射电镜、扫描电镜加能谱、海底地震仪等)等。

Q1：海洋科学专业的学习(研究)对象是什么？

海洋科学是研究海洋的自然现象、性质及其变化规律，以及与资源开发利用海洋有关的知识体系。它的研究对象是占地球表面71%的海洋，包括海水物理过程、溶解和悬浮于海水中的物质、海洋卫星观测、生活于海洋中的生物与生命过程、海底沉积与矿产资源和海底岩石圈，以及海面上的大气边界层和河口海岸带，是一门综合性交叉学科。这里指的海洋并非只是海水，而是海洋水圈、大气圈、生物圈、沉积圈以及各圈层边界的巨大区域。

Q2:海洋科学专业本科核心课程有哪些?

浙江大学海洋科学专业与英国阿伯丁大学、澳大利亚西澳大学、美国夏威夷大学、美国马里兰大学等开展国际合作办学,可同时获得浙大学士学位及国外大学的学士或硕士学位。同时,积极引进国外大学的课程体系、培养方案和教材。本专业的核心课程主要包括:物理海洋学、海洋地质学、海洋调查方法、海洋数值模拟、物理海洋实验与观测、海洋数据分析方法、生物化学及实验、海洋生物学与实验、海洋生态与进化及实验、海洋化学及实验、海水分析化学及实验、海洋环境化学、海洋微生物学及实验、海洋天然产物化学及实验。

Q3:海洋科学专业的学生需要具备什么特质?

首先,学生要热爱海洋,愿意了解海洋、探索海洋,对未知的事物具有好奇心,对人类生存环境具有责任感;其次,学生要对海洋生物和生命科学、海洋化学、物理海洋、海洋地质与地球物理等具有浓厚兴趣;再次,学生应热衷动手实践,从基础课到毕业实习,学生要积极去实践;最后,学生需要有较好的英语基础和编程能力,对把复杂的物理现象抽象成简单的数学公式有激情,有很强的逻辑思维和宏观意识。

Q4:海洋科学专业有哪些对外交流项目?

学院积极推动学生国际化培养,加快建设世界一流海洋学科,积极为国际化办学搭建交流合作平台。与阿伯丁大学、西澳大学、南安普顿大学、东京大学、奥克兰大学、万隆理工大学、阿威罗大学等多所世界一流涉海院校开展国际化办学沟通交流和组织多项国际交流项目。仅2017—2018学年,本科生海外交流共达87人次,海外交流率为47.5%;研究生海外交流共计122人次,其中博士研究生海外交流率为94.3%。学生参加国际会议共获学校资助经费近28万元。

Q5:海洋科学专业的深造与就业前景怎样?

海洋科学专业的毕业生就业面非常宽广,主要面向国内外高校深造和就业于生物医药、地质、矿产、石油、生态环境、食品、水利、渔业养殖等行业,具体如自然资源部(海洋、国土、环保)、农业部、环保局、国土局、水利局、气象局、海军、海关、专利局、矿产企业和国家海洋石油企业等企事业单位以及相关的机关、科研机构和大专院校。除了直接就业之外,相当比例的毕业生在国内外知名高校和研究所继续深造。

■ 海洋科学专业最吸引我的——

现有临床使用的药物中有50%来源于天然有机化合物,包括海洋微生物在内的海洋生物产生了大量的天然有机化合物,这些化合物为新的药物的发现提供了丰富的物质基础。海洋生物产生的具有高活性的新奇结构的化合物，激发着我对其孜孜不倦地探索。

——马忠俊　教授

海洋的巨大热容量和较长“记忆”控制着气候变化的速率，其在全球气候系统中的作用随着时间尺度增长而增加。此外，我国是受海洋气象灾害影响严重的国家，每年台风、风暴潮、巨浪等频繁发生，它们的形成和发展与海洋动力和热力过程密切相关。物理海洋的学习将会对人们准确理解海洋与气候的关系以及海洋气象灾害预测预报等有重要指导意义。

——宋金宝　教授

海洋的高盐、高压、寡营养和不同水深温差使她孕育了缤纷独特的海洋生物、独特的生物学功能以及决定其功能的遗传密码与化学本质。通过海洋生物及微生物相关功能基因研究、次级代谢生物合成途径研究、海洋天然产物研究，可以系统开发海洋这个巨大的生物与药物资源宝库。

——沈立　博士

海洋是地球的瑰宝，是生命的摇篮。从幼时玩耍的海滩到广阔无际的太平洋，从太空看到的蔚蓝到漆黑的海底，从今天的海浪潮高到数百数千年后的海平面，海洋充满了神奇和神秘。未知意味着挑战，未知意味着恐惧，挑战和恐惧需要勇者和智者。

——张继才　副教授

想知道风和潮汐如何在海洋中驱动一支贯穿各大洋底的环流？要探索全球变暖却反而导致高纬度地区严寒加重？物理海洋或许能给你一个答案。

——曹安州　博士

五彩缤纷的珊瑚与生长环境息息相关，海洋酸化到底与珊瑚有着怎样的相关性？我们大气排放的CO_2究竟如何影响酸化？未来我们将看不到珊瑚到底是不是真的？海水对舰船及海上石油开采平台的腐蚀机制怎样？如何提高海洋装备的防腐能力？怎样具备环境友好性能？这些都是让人着迷的海洋化学研究课题。

——郑豪　副教授

人类的发展过程是探索未知的过程，目前人类对于海洋的了解甚至少于对于太空的了解，海洋科学最吸引我的地方就是通过专业学习、思考和钻研，等于选择了更大的发展空间。

——陈雪刚　副教授

成为一名海洋学子是一件值得骄傲的事，在海洋强国战略的支撑下，了解海洋、学好海洋成为越来越重要的任务。坐落于美丽的小岛舟山，浙江大学海洋学院拥有丰厚的师资资源、先进的科研器材和优美的校园环境。在这样的环境中，你会认真思考自己的未来，去实现你的海洋之梦。

从专业课到实验课，从科研实习到生产实习，你有无数的机会在国内外去感受海洋难以言喻的奇妙之处以及海洋科学的博大精深……若你也想感受生命与自然万物的无穷无尽，就来学海洋科学吧！

——2015 级本科生　戴楚涵

“我们的征途是星辰大海”，我曾无数次用这句话激励自己，浩瀚的星空、神秘的大海，都是最迷人的向往。在学习的过程中，我们总能发现令人惊喜的地方，也在一步步揭开海洋的面纱，这种新奇感和成就感或许是学习海洋化学的动力，也是我们投身于科研的决心所在。

——2016 级本科生　赵若诗

最初是向往海洋，之后是真的爱上这个专业。比起遍布人类足迹的陆地，广阔的海洋藏着更多等待你我去挖掘的宝藏。我热爱海洋，于是希望走近她、探索她。自然而然，我走进海洋科学专业。蔚蓝的海面之下是深邃的海洋世界，我将不断探索。

——2013 级本科生　钱婧

航空航天学院

School of Aeronautics and Astronautics

- 工程力学
- 飞行器设计与工程

专业名称:工程力学
专业导游:曲绍兴教授

选择浙江大学工程力学专业的N个理由

浙江大学工程力学专业依托力学学科,是国内力学研究和教学的重要单位,首批入选国家级一流本科专业建设点。浙江大学力学学科创建于1958年,1978年单设力学系。2000年获批力学一级学科博士点,其中固体力学学科于2007年成为国家二级重点学科。1996年批准设立浙江大学国家工科基础课程力学教学基地;2006年批准设立浙江大学国家力学实验教学示范中心。2015年获批浙江省软体机器人与智能器件研究重点实验室。

一流师资。工程力学专业汇聚了一支国内顶尖、国际一流的师资队伍,拥有中科院院士2名、教育部长江学者特聘教授2名、国家杰出青年科学基金获得者7名、国家优秀青年科学基金获得者6名、中组部青年拔尖人才2名。

高质培养。工程力学专业坚持“德才兼备、全面发展、求是创新、追求卓越”的人才培养方针,以“培育时代创新高才”为人才培养的根本任务,把培养工程力学及其相关领域从事科学研究的“创新型研究人才”或从事工程实践的“创造型技术人才”作为人才培养的主要目标。工程力学专业重视学生的国际化培养与交流,并与国际一流大学包括哈佛大学、麻省理工学院、美国西北大学、布朗大学、伊利诺伊大学厄巴纳香槟校区(UIUC)、剑桥大学、牛津大学等开展合作与密切交流。

顶尖科研。力学学科坚持前沿基础研究与重大应用研究并重,注重发挥交叉引领作用,在交叉力学、微纳米力学、非线性随机动力学与最优控制、智能材料与多场耦合力学、软物质力学、生物力学、多相流与湍流、微纳流体力学、水动力学等前沿研究方向上在国内处于前列,特色鲜明,科研成绩显著;在结合国家重大需求方面,近年来积极负责或参与高铁、无人机、机器人、冷却塔、流体系统节能减排、清洁能源等重大工程的分析、设计与咨询,在行业内产生了重要影响。根据国家需求和最新科技发展,主动对接国家和区域战略需求,力学学科牵头“柔性电子新器件新材料科技联盟”和“多功能无人机科技联盟”,加强发挥特色优势学科和团队的科研实力,突出多学科交叉作用,强调产学研结合。

高端就业。工程力学专业毕业生主要去往国内重点单位就业,或国际顶尖大学包括美国哈佛大学、西北大学等深造。改革开放以来,工程力学专业培养出了陈十一(中科院院士、发展中国家科学院院士、南方科技大学校长)、王泉(加拿大皇家科学院院士、工程院院士、汕头大学执行校长)、章亮炽(澳大利亚工程院院士)等著名学者,以及王耘(上市公司珠海鼎利董事长)、任永坚(杭州信核数据有限公司总裁)等杰出技术管理人才。

Q1:工程力学专业的学习(研究)对象是什么?

力学是关于力、运动及其关系的科学,在航空航天、高速铁路、土木工程、船舶海洋工程、机械工程、能源工程、智能机器人、柔性电子等众多领域均有广泛的应用,工程科学中的大多数问题都是力学研究的对象,比如:各种飞行器结构的设计及其强度问题是固体力学研究的对象,而如何减小潜艇航行过程中受到的流动阻力问题是流体力学研究的对象。

力学自 20 世纪以来得到了快速发展,最突出的成就有:以人类登月、空间站、航天飞机等为代表的航天技术;以速度超过 5 倍声速的军用机和起飞重量超 300t、尺寸达大半个足球场的民航机为代表的航空技术;以单机功率达百万千瓦的汽轮机组为代表的机械工业;以在大风浪下安全作业的单台价值超过 10 亿美元的海上采油平台为代表的海洋工程;以排水量达 5×10^5 t 的超大型运输船和航速可达 30 多节、深潜达几百米的潜艇为代表的船舶工业;以 300km/h 以上速度安全舒适运行的高速列车为代表的交通运输工程;以长度超过 30km 的跨海大桥为代表的土木工程等。这些前沿技术或重大工程的背后都有力学在起主要支撑作用。随着科学技术的发展,目前力学的研究对象还在不断扩展,已经从传统的工程领域扩展到医学、生物、信息等领域,像软体机器人、柔性电子器件等,力学也发挥了关键作用。

Q2:工程力学专业本科核心课程有哪些?

工程力学专业本科阶段的课程体系是递进式的,首先要学习专业基础课,如理论力学和材料力学;然后学习专业核心课,如流体力学、弹性力学和振动力学,以初步掌握现代力学的基本理论;在此基础上,再学习计算流体力学、有限元方法、工程流体实验技术和现代固体实验技术等课程,以掌握进行工程力学相关研究与开发的方法和手段;最后通过工程力学理论综合、毕业设计等课程环节开展专业知识的综合应用,以实现融会贯通。

Q3:工程力学专业的学生需要具备什么特质?

学习力学专业,最需要的是学习的兴趣、追求和努力,无须专门的特质。坦率地说,深入掌握任何一门学科的知识体系都不是简单可以完成的,都有一个由浅入深、从易到难的过程。只要有兴趣、敢追求、肯努力,这些都不是真正的困难。如果能持之以恒,你完全可以在工程力学专业有出色的表现!

Q4:工程力学专业有哪些对外交流项目?

工程力学专业的学生除了参加校设对外交流项目外,还可以参加伊利诺利大学厄巴纳香槟校区“3+2”联合培养项目、布朗大学工学院“4+1”联合培养项目、亚琛工业大学交换生项目、莫斯科航空学院“3+1”本科生双学位联合培养项目、新加坡国立大学“3+1+1”本硕联培项目、巴黎高科 ENSTA ParisTech"3＋3"本硕联培项目、新加坡国立大学暑期交流项目、莫斯科航空学院暑期学校项目等。

Q5:工程力学专业的深造与就业前景怎样?

"研究型人才"是工程力学专业人才培养的重要目标,本专业的大部分本科毕业生会继续研究生阶段的学习或出国深造。就业方向主要有两类,一类主要在航空航天、机械、土木、能源、船舶、海洋、生物、环境等领域的大型国企或外资企业,从事研发和工程设计工作;另一类主要在大专院校和科研院所,从事教学科研工作。

工程力学专业最吸引我的——

工程力学是一个真正"宽口径、厚基础"的专业,本科期间打下的扎实的数学、物理和力学基础,让我们终身受益。力学作为工程科学的支撑,毕业的学生在几乎所有工程领域都有用武之地。"基础扎实"是很多用人单位对我们专业毕业生的最多评价。

当前我们国家正在大力倡导创新型社会建设,在工程科学领域,力学的理论和方法是推动原始创新的主要源泉。比如,浙江大学工程力学专业重点发展的软体机器人、柔性电子等前沿方向,就是由力学主导的多学科交叉领域:基于力学机理,实现新型可拉伸材料设计;通过变形与功能耦合,实现新型结构和器件的设计和性能优化。力学几乎可以与所有的理工类学科交叉,它的基础与支撑作用愈发明显。

——曲绍兴　教授

力学是一门古老的基础学科,最吸引我的是它的包罗万象和无处不在。力学学科研究的对象可以大到宇宙和天体,也可以小到分子和原子。力学研究的内容可以涉及从宏观到微观的多个尺度上的物质的运动和变化规律。在长期的科研工作过程中,我也深深地感受到力学学科与其他学科,如材料、化学、生物、医学和信息等的交叉和融合正在变得越来越密切和广泛。如何更好地发挥力学学科包罗万象的巨大优势,推进学科交叉和学科互补,是力学学科焕发新生的关键,也值得每一位力学工作者认真思考。

——2004级本科生("百人计划"研究员)　周昊飞

工程力学专业最吸引我的是它广阔的就业前景:从国内的华为、商飞、中核集团等大型企业,到各大国有科研院所,再到海外的苹果、英特尔、特斯拉、斯伦贝谢等著名跨国公司,工程力学专业的毕业生分布在航空、电子、通信、机械、石油等各个热门产业中担任硬件工程师,为产业相关的硬件研发保驾护航。在美国等科技产业较为发达的国家,所有以硬件为主要产品的科技公司都要聘请大量的工程力学专业的工程师。

我有很多曾经的同学目前在苹果、微软、英特尔等公司任职，我们每天使用的手机和电脑中的几乎每一个零部件的可靠性，都离不开他们的辛勤工作以及工程力学领域的专业知识。我国的科技行业正在迅猛发展，以华为为首的一大批科技企业正在崛起，对工程力学领域专业人才的需求也必然会越来越大。选择工程力学，未来你会拥有一片广阔的舞台。

——2005 级本科生（“百人计划”研究员） 贾铮

抱定要深造的想法，我大一就决定要读力学。当时咨询了一位保送北航的学长，他告诉我：“以后你不会为选择范围窄而发愁，只会为选择范围太广而发愁。”这次自己经历外推保研，我感到选择实在太多了，心仪的除了清华大学的动力学与控制方向，还有研究所的两个方向：固体力学、动力学与控制。

我们班的同学都有选择太多的困扰。表面上看，所学的力学好像用不到，但实际上土木专业的基础课也是力学课，他们学材料力学（乙）和材料力学（丙），我们学材料力学（甲），我们完全可以选择就读土木专业的研究生。而且力学和很多的学科甚至金融有交叉，所以同班同学也有去读金融学研究生的。

直接就业的工作也很不错，到 TP-LINK 和恒大的都有。到大四了才发现，力学还有一个很有吸引力的地方，那就是我们去读研的高校都很有名。希望有理想、有抱负的人来学习力学专业，特别是读研读博，力学专业非常好。

——2010 级本科生 胡定坤

力学和生物、材料、航天等新兴学科的交叉赋予了这个学科全新的生命力。顶尖的力学实验室涉猎非常广泛，从最基本的软材料配置和本构方程建模，到机器人和人机互动（human machine interference），再到材料（结构）对声光电的控制，几乎可以涉足任何理工科的方向。

本科修读力学专业的好处在于选择面广，出国也比较容易。我本科读的是浙江大学的工程力学专业，博士将在哈佛大学修读机械工程专业。国外机械工程和土木工程这样的专业非常欢迎中国力学专业这样基本功过硬的学生。当然，正如我之前提到的那样，力学的生命力更在于和新兴学科的交叉，所以在本科的学习中一定要有所侧重地了解材料、物理、生物、数学或计算机中一个或多个专业的知识。

——2012 级本科生 邓博磊

力学是一门探索物质运动和变形规律的基础学科，力学专业非常适合有志于未来进行研究和研发工作的同学学习。力学有非常广泛的应用，它的应用呈现出多层次、多尺度的特点。比如，力学可以应用到天体、地壳、潮汐运动等大尺度的领域，可以应用到载人航天、机械制造、道路桥梁等领域，也可以应用到细胞力学、材料结构等微观领域。

我的本科专业是工程力学，硕士和博士研究生的专业是固体力学。我在本科期间先学习了许多数学和物理课程，然后学习了理论力学、材料力学等课程，高年级的时候学习了流体力学、弹性力学、塑性力学、板壳理论等力学课程。读研究生期间，我开始进行生物力学的研究。虽然之前学习的生物知识不多，但是我的研究目前进展比较顺利，因为我在本科期间打下的良好基础使得我能够较快地掌握新的知识，并运用力学这个工具来为研究服务。我认为力学学科是很美的，它的思想完全是用严谨而有逻辑的数学语言来表述的，它是概括和具体、归纳和演绎之美的结合。

——2015级博士生　陈笑风

专业名称：飞行器设计与工程
专业导游：郑耀教授

选择浙江大学飞行器设计与工程专业的N个理由

航空宇航科学与技术是20世纪初期和中期先后创建并迅速发展的科学与技术领域，它是以数学、物理学以及现代技术科学为基础，以飞行器设计、推进理论与工程、制造工程、人机与环境工程等专业为主干的高度综合的学科体系。飞行器设计与工程专业是培养高素质航空宇航科学与技术专门人才的核心专业之一。

追溯历史，浙江大学航空航天院系源自20世纪30年代。1936年在工学院机械工程学系下设立了航空工程门，1945年成立了航空工程系。1952年全国院系调整后，浙江大学虽短暂有过火箭工程系，但其院系建制中就长期缺少航空航天类院系。2005年获批航空宇航科学与技术一级学科下的三个二级学科硕士点（飞行器设计、航空宇航推进理论与工程、航空宇航制造工程）。2007年组建成立了航空航天学院。2010年获批航空宇航科学与技术一级学科硕士点，飞行器设计与工程专业开始招收本科生。2011年获批航天工程专业学位硕士授权点。2018年获批航空宇航科学与技术一级学科博士授权点。

一流师资。飞行器设计与工程专业汇聚了一支国内顶尖、国际一流的师资队伍，由中外4位院士担任求是讲座教授。专任教师中有中国科学院院士1人、长江学者特聘教授2人、国家杰出青年科学基金获得者3人、国防科技卓越青年人才基金获得者1人、浙江大学求是特聘教授5人、国家重大专项和国防863专家组成员6人，学缘结构和年龄结构合理，全部具有博士学位，具有海外学习或工作经历的约占90%。

高质培养。飞行器设计与工程专业秉承“德才兼备、全面发展、求是创新、追求卓越”的教学理念，努力培养具有国际视野，知识一能力一素质俱佳的交叉、复合、创新型航空航天工程专业人才。本专业立足学校数理化天地生基础学科强、工程领域学科门类齐全的优势，着力培养具有数学、力学、机械、飞行器、计算机、电子与信息知识的复合型人才，适应未来飞行器研究发展对于高水平创新人才的综合要求，抢占未来飞行器设计人才培养的制高点。

顶尖科研。航空航天学院把培养具有创新精神的复合型人才作为教育教学的根本目标，具备培养航空宇航科学与技术学科高水平人才的先进教学科研设施，拥有6个省部级重点科研基地。航空宇航科学与技术学科紧密围绕国家重大需求和学科发展前沿，充分发挥浙江大学学科交叉综合优势，迅速形成了飞行器设计、航空宇航推进理论与工程、航空宇航系统工程、飞行器结构、空天信息技术等五个学科方向，在高超声速飞行器技术、无人飞行器技术、微小卫星技术、核高基专项技术、航空发动机与燃气轮机技术等领域建立了富有战斗力的研究梯队，取得了重要创新成果。

高端就业。2007年航空航天学院成立后，飞行器设计、航空宇航推进理论与工程、导航制导与控制、空天信息技术等学科有许多优秀研究生毕业，已在航空航天科研院所初露锋芒。飞行器设计与工程专业2010年开始招生，2014年首届本科生毕业。近几年本科毕业生的国内深造率在50%以上，出国深造的学生大多进入航空航天类或顶尖高校深造。根据对部分学生的跟踪调查，他们在各自岗位上都发展得很好，受到用人单位的高度好评。

Q1：飞行器设计与工程专业的学习（研究）对象是什么？

我们学习与研究的内容是飞行器的构思、设计与工程研制。通常，典型的航空飞行器有大型客机、大型运输机、歼击机和各类无人机，典型的航天飞行器有人造地球卫星、运载火箭、神舟飞船、空间站、探月飞船。此外，各类导弹也是我们的学习（研究）对象。

我们主要培养具有扎实的数学、力学、航空宇航科学与技术、计算机科学与技术、导航制导与控制、空天信息技术、电子科学与技术及其他相关专业基础知识，掌握飞行器总体和关键分系统设计及应用的基本理论知识，具备从事飞行器科学研究与工程设计等基本能力，既能继续深造从事飞行器设计与工程的相关学术研究，又能适应社会多个科学技术领域需要的，具有领导素质的“创新型研究人才”和“创造型技术人才”。

本专业分为飞行器与推进系统、飞行器信息与电子两个培养方向。其中飞行器与推进系统方向的毕业生应具有较强的解决飞行器气动布局、结构设计、推进系统、空天信息技术、导航制导与控制等工程技术问题的能力和实验技能；飞行器信息与电子方向的毕业生应掌握飞行器总体、电子与信息、导航与控制等专业知识，具有参与飞行器电子、信息系统设计与研究的基本能力。

Q2：飞行器设计与工程专业本科核心课程有哪些？

本专业的主干课程有飞行器总体设计、空气动力学、推进系统原理、航空航天技术概论、理论力学、材料力学、自动控制原理、飞行器飞行动力学、航天器轨道与姿态动力学、嵌入式计算技术、热力学基础。飞行器与推进系统方向模块课程有飞行器结构动力学、传热学基础、计算空气动力学、复合材料力学、推进系统测试方法与实践；飞行器信息与电子方向模块课程有信号与系统、空天信息技术基础、传感器技术、导航原理与技术。

Q3:飞行器设计与工程专业的学生需要具备什么特质?

飞行器设计与工程牵涉的专业知识面广,包含数学、力学、航空宇航科学与技术、计算机科学与技术和机械工程等学科的基础知识,经过专业学习,同学们的综合能力都会得到很大提升。

我们希望学生具有端正的学习态度、较强的数理功底和一定的动手能力,而敢于尝试和勇于坚持最为重要。同学们主要学习飞行器设计方面的基本理论和知识,接受飞行器工程方面的基本训练,获得飞行器总体和部件设计方面的基本能力。通过全方位培养,形成良好的创新思维习惯和意识,拥有更多继续学习深造的机会。

在专业学习过程中,可能遇到的主要困难是学科跨度大,需要有一定的数理基础。但是,对于能够进入浙江大学的理工科本科同学来说,只要端正学习态度,明确学习目标,敢追求、肯努力、能坚持,这些都不是真正的困难,同学们完全有能力学好这个专业。

Q4:飞行器设计与工程专业有哪些对外交流项目?

飞行器设计与工程专业以培养具有国际视野,知识—能力—素质俱佳的交叉、复合、创新型航空航天人才为目标,致力于将学生培养成为具有国际视野以及坚实的航空宇航科学与技术基础理论和本学科专门知识的高层次优秀人才。

本专业实施开放战略,围绕提升学校、学科、教师和学生国际视野和竞争力的目标,不断拓展对外交流合作,提升国际影响力。例如,浙江大学工学部与美国伊利诺伊大学厄巴纳香槟校区有"3+2"本硕联合培养项目、与美国西北大学有"4+1"本硕联合培养项目、与美国布朗大学有"4+1"本硕联合培养项目,为本科生到上述国际名校的交流和深造创造了极佳条件。

Q5:飞行器设计与工程专业的深造与就业前景怎样?

飞行器设计与工程专业的毕业生主要在高等院校、科研设计单位和企业从事飞行器总体设计、空气动力设计与研究、结构设计与研究、结构强度分析与试验、导航制导与控制、空天信息技术等相关工作。其研究对象是各种航空、航天飞行器,包括飞机、火箭导弹、人造卫星、宇宙飞船、深空探测器、空间站等。"研究型人才"是航空航天学院人才培养的重要目标,我们的大部分本科生在完成本科学习任务后,选择继续读研或出国深造,谋求更高层次的发展空间。

毕业生除从事飞行器设计外,还可从事机械工程、交通运输工程、船舶与海洋工程、工业与民用建筑工程、能源工程、软件工程等方面的设计、科研、教学、实验、运行维护、技术管理等工作,有广阔的就业前景。

此外,有些同学与家长觉得飞行器设计与工程专业就业地域偏僻。但事实上,大型重点的航空航天科研院所都在北京、上海、西安、成都、沈阳等大中型城市。

■ 飞行器设计与工程专业最吸引我的——

20 世纪以来，人类活动从陆地、海洋、天空向太空扩展，航空航天事业的成就举世瞩目。大型飞机、载人航天、探月工程、深空探测，激励着有抱负、有事业心的人们投身到这些伟大的事业中去。航空航天技术是国家所急需的，也是本专业最有吸引力的地方。

本专业学生主要学习飞行器设计方面的基本理论和专业知识，接受航空航天飞行器工程方面的基本训练，培养参与飞行器总体和核心分系统设计与研究的基本能力。通过全方位培养，形成良好的创新思维习惯和意识，并具有继续学习深造的潜能。

——郑耀　教授

像很多男生一样，我从小就对飞行器有着浓厚的兴趣。进入 21 世纪以来，我国的军用飞机型号层出不穷，圆了中国人心中的强军梦，这与前辈们的奋斗和奉献是分不开的。在为前辈们感到自豪的同时，我也想参与其中，让自己的人生留下值得纪念的回忆。因此我选择了飞行器设计与工程专业，来到了航空航天学院。

在本科几年的学习中，随着专业课学习的深入，我对飞行器设计的了解也由业余走向专业。本科的核心课程如空气动力学、飞行动力学以及飞行器总体设计等让我对飞行器的总体布局有了整体的了解，也使我明白了飞行器设计本质上是各项指标相互妥协和优化的过程。在学习过程中，很多理论上的知识都能在现实存在的飞行器上得到例证，从现实中飞行器的设计上找到其采用的设计理论依据是一个很享受的过程，这也是飞行器设计专业有魅力的原因之一吧。

——2010 级本科生(2014 级直博生)　黄贤文

离家不远就是洪都集团的试飞机场，从小到大，每次听到战机呼啸而过的声音，我都会热血沸腾，觉得飞行是一个很遥远的梦想。进入大学后，出于对航空航天的喜爱，我从竺可桢学院混合班选择了航空航天学院的飞行器设计与工程专业。

深入学习专业课程后，我意识到航空航天是一个高度综合各领域最新成果的学科，飞行器设计与工程的专业课程也包括了力学、热力学、材料、电子、通信、控制、计算机等方面内容，本科阶段着重于学习航空航天及力学的基础理论和知识，并通过实践性课程接受航空航天工程知识的训练。

本科阶段的学习，使我体会到了“学然后知不足”的道理，也完成了从业余爱好者到飞行器专业学生的转变——从知道飞机为什么会飞，到现在探索如何使飞机飞得更快更好；从赞叹飞机的外形优美、性能强悍，到现在能深入了解其设计原理与理念。

我们既要看到“神舟”“嫦娥”谱写的中国航天传奇，也要看到深空探测与世界先进水平的差距；既要看到歼-20、运-20、直-20 的横空出世，也要看到在“全球到达、全球打击”方面的不足。现在是中国航空航天事业发展的重要机遇期，希望同学们能够加入到我国航空航天的伟大事业中。

——2011级本科生(2015级直博生)　叶志贤

我从小就对物理这门学科感兴趣。随着年龄和知识储备的增长，我体会到航空航天专业是一个既能融汇我的个人兴趣，又可以为社会、为国家做出一些力所能及贡献的专业。

随着时间的推移，我们迎来了祖国的第60个、第70个生日。而在阅兵仪式上令人震撼的，就是那些高精尖的飞行器在天空翱翔的场景，而“航空报国”的志向也在我心中深深扎根。正是因为有无数的有志青年怀揣着滚烫的理想，才为今天进一步发展航空航天事业奠定了坚实的基础。

航空航天专业虽术业有专攻，但是对综合数理能力的培养有很大的帮助：从流体力学到固体力学，从飞机构造到电子工程，从微观物理到宏观物理……浙大航院每一门课程的安排都是为了培养一个未来优秀的航空航天人才准备的。选择航院，不仅是选择了实现自己的理想，也是背负着国家的理想前行。

银河彼端，群星尽头到底有怎样的故事？即使茫茫太空中，大家只是沧海一粟，但也不能抵挡中国青年们凭自己的坚守与创新实现祖国航天梦的决心。

——2013级本科生　肖瑶

(美国伊利诺伊大学厄巴纳香槟校区2016级硕士研究生、美国康奈尔大学2018级博士研究生)

由于从小对航空航天抱有浓厚的兴趣，我选择了飞行器设计与工程作为我的本科专业。航空航天是一门交叉性强、包含面广、综合性高的学科，它包含飞行器设计、推进系统与技术、计算机科学、控制科学等领域的众多知识。本科时选择这个方向使我涉猎了全方位的知识，培养了交叉思维，更加完善了自己的综合能力。

在本科学习阶段，我遇见了学术过硬、专注负责的老师，享受着一流的学习与科研资源；在本专业学习的每一天，都是汲取营养、朝气蓬勃、积极进步的一天。随着专业学习的深入，我也逐步找到了自己的兴趣与专长，我继续在航空航天学院从事航空发动机领域的学习与研究。我们本科班有相当多的同学选择在本领域继续深造，也有不少同学拿到了出国升学的offer。选择飞行器设计与工程，是对自己的提升，也注定对自己的未来充满期待！

航天事业的先驱加加林曾说过：“无论在任何时期，最大的幸福莫过于投身新发现。”选择飞行器设计与工程专业，就是一个既发掘自我，又发现未来的星际航程！星空浩瀚无比，探索永无止境，让我们一起遨游、一起飞翔！

——2014级本科生(2018级直博生)　杨瑶

很多人听到我们的专业是“飞行器设计与工程”，都会赞叹一番“很酷”，之后一本正经地问我“你会开飞机吗”，我只能笑笑说不会。

在航院我没有学会开飞机，但是我学会了很多。譬如空气动力学，小到什么样的纸飞机飞得平稳，这需要纸飞机的重心靠近且位于气动中心之前，大到飞机机翼上各种奇怪的装置，如后缘伸展出来的襟翼的工作原理等；又或者是分析理论，告诉你高中时的伯努利方程可以如何从N-S方程中推导出来，以及机翼上下表面的空气并不是要同时到达机翼后缘的；再如结构动力学，分析火箭返回舱的固有特性，传承航院关于航天英雄杨利伟的故事；又或者是高性能计算，使用多线程可大大减少处理程序等待发呆的时间。如果你想做机器人，航院课程也能在控制、信电方面帮上忙。

飞行器设计确实是个“很酷”的专业，在航院你可以学到很多，航空航天本身也是在一众工科中极具浪漫色彩的名字，你会向往天空、向往星辰。如果你抱着向往和热情选择了航院，我也希望你在仰望天空的同时，更要脚踏实地学习。人们多是低头做事，但也不要忘了抬头仰望天空。

——2015级本科生　楼韫闻

（英国帝国理工学院2019级研究生）

有趣、实用、使命，这是我所体会到的飞行器设计与工程。

像鸟儿一样飞翔，这是很久以来人类的梦想，而如今我们已经掌握了很多种飞上天空的方法，但是要完成这个令人兴奋的动作，离不开多领域的技术支撑。飞行器设计与工程专业中广泛的课程分布，使得学习变得丰富而有趣，“飞翔”将不再神秘。

多领域的基础知识为将来的“术业有专攻”提供了充分考量的机会和大量选择的余地。各行各业各领域都有从这里出发的身影，对未来也因此充满可能性，从这个角度来看，飞行器设计与工程无疑是个很实用的专业。

放眼世界，航空航天领域已是必争之地，国之重器离不开千千万万航空航天人的努力，想要担起这份使命，这里，也许正是第一步。

——2015级本科生　俞天纬

（瑞士苏黎世联邦理工学院2019级研究生）

高分子科学与工程学系

Department of Polymer Science and Engineering

☞ 高分子材料与工程

专业名称：高分子材料与工程
专业导游：高长有教授　张兴宏教授

选择浙江大学高分子材料与工程专业的N个理由

学科历史悠久。浙江大学于1958年恢复化学系并设立高分子化学专门化，1961年高分子化学专门化方向成为化学学科最主要的研究方向之一。我国众多的老一辈高分子科学家如王葆仁院士、冯新德院士、钱人元院士、徐僖院士、杨士林教授、于同隐教授、潘祖仁教授、沈之荃院士和沈家骢院士等均毕业或执教于浙江大学。2007年"高分子化学与物理"二级学科成为国家重点学科。经60余年发展，浙江大学高分子学科科研实力雄厚，国家自然科学基金委员会出版的《化学十年：中国与世界》(2012)一书中指出："……在产出规模、影响力、重要成果数排行榜上，浙江大学高分子学科分别位列世界第2、世界第4、世界第14。"

专业实力雄厚。浙江大学高分子材料与工程专业始建于1992年。本专业依托单位为高分子科学与工程学系，是我国第一个包含高分子化学、高分子材料和聚合反应工程专业的理工结合型学系。本专业依托"材料科学与工程"和"化学"两个一级国家重点学科而建，具有"高分子化学与物理"和"高分子材料"硕士点、博士点和博士后流动站。本专业对应的一级学科为"材料科学与工程专业"，为国家一流建设学科，第四轮学科评估结果为"A"。2007年获批成为国家级"第一类特色专业"。本专业在艾瑞深中国校友会大学排行榜中连续五年(2015—2019)蝉联全国第一。

师资力量雄厚。中国科学院院士2人；国家杰出青年科学基金获得者7人；长江学者特聘教授3人；"万人计划"领军人才人选2人；新世纪百千万人才工程人选1人；国家有突出贡献中青年专家1人；国家优秀青年科学基金获得者7人。高层次人才占比高达44%。

Q1：高分子材料与工程专业的学习(研究)对象是什么？

这个专业是理工结合型专业，是从有机化学中派生出来的，需要化学合成。但高分子合成之后其加工跟一般的无机材料、金属材料不同，因为它有一个很大的特点——黏弹性。因此高分子涉及合成与加工两方面。

以音箱为例，其转角等地方对材料的要求就很高。从材料的角度来讲，这种地方，我们称之为应力集中——裂开来的地方。鉴于任何液体都有一个黏度，而高分子加工时需弄成熔体状态，其黏度多数时候都很大。让一个黏度很大的液体流到这种转角去，难度很大，一开始通常要给它一个很大的作用力。鉴于高分子是一种长链分子——很多原子串在一起，给高分子一个很大的作用力后，它会像一根线被丢在流动的水中那样被拉长，但此时它处于动力学上的不平衡状态。要回到类似于被丢在地上乱糟糟的团状线团的平衡状态时，高分子就要收缩。在使用过程中，高分子的收缩虽然很慢，肉眼观察不到，但它的收缩会逐步在转角等地产生裂纹，继而开裂。这种过程，一般的材料都不会碰到，但在高分子里就会碰到。

所以高分子内生于化学，表现为材料。

Q2：高分子材料与工程专业本科核心课程有哪些？

高分子材料与工程专业本科核心课程有：有机化学、物理化学、高分子化学、高分子物理、高分子材料。其中，高分子化学、高分子物理和高分子材料设立了相应的专业核心实验课程。

Q3：学高分子材料与工程专业的学生需要具备什么特质？

我们专业需要具有不同才能和创新思维的人。高分子用途广泛，生活中到处有高分子，包括饮用水的水处理、医药中部分口服药品外面贴的那张膜、化妆品中的 PEG（聚乙二醇）等。所以不能说学这个专业的学生需具备什么特质或者说哪类学生特别适合学这个专业，我倒觉得更应该是学生在选择高分子后，能够主动去适应这个体系，发挥自身的特点，不断深入，持之以恒。

当然，对高分子专业来讲，它是一个理工科的专业，通常是理科生来学，这样有比较好的基础。

Q4：高分子材料与工程专业有哪些对外交流项目？

高分子系贯彻浙江大学“以人为本、整合培养、求是创新、追求卓越”的教育理念，积极推进本科生海外交流项目建设。海外交流项目形式多样，逐步形成以暑期科研项目为主，暑期课程项目、短期访学项目、国际夏令营为辅的海外交流体系；海外合作伙伴遍布世界，如芝加哥大学、拜罗伊特大学、新加坡国立大学、北海道大学、九州大学、皇家理工学院等；海外交流项目后续成效显著，如参加 2018 年芝加哥大学分子工程院暑期科研项目的学生全数收到了芝加哥大学研究生录取 offer。

Q5：高分子材料与工程专业的深造与就业前景怎样？

毕业生就业率为 100%，毕业生遍及国内外名校、科研机构、知名大中型骨干企业以及外资企业等，如杜邦、陶氏化学、宝洁、中国石化、万华化学、金发科技、一汽-大众和微创医疗等，部分毕业生进入国内外著名高校继续深造。

近三年本科毕业生就业情况

年份	毕业生总数(人)	就业率(%)	国内升学(人)	出国/出境(人)	直接工作/创业(人)
2018届	89	100	42	19	28
2017届	79	100	32	17	30
2016届	76	100	37	10	29

Q6:社会上是否存在对高分子材料与工程专业的理解误区?

很多人认为高分子材料是不环保的,特别是所谓的“白色污染”,这样的说法是不科学的。高分子材料从制造、使用、处置和无害化处理的多环节的综合评价的结果来看,是对环境污染最小和能量消耗最少的材料。国内之所以出现所谓的“白色污染”,是因为人们没有养成良好的环境保护理念和垃圾定点处置的习惯。

此外,许多人都认为学习高分子材料与工程专业可能对学生身体有所伤害。事实上,本专业是相关学科中危害最小的专业之一。顾名思义,高分子即分子量较大的分子,与一般的小分子相比,其分子量往往达到几万甚至几十万,这么大的分子量人体的细胞是不能吸收的。因此虽然很多小分子是有生物毒性的,一旦变成高分子就成为无毒材料,最典型的例子就是我们所用的腈纶,其单体丙烯腈毒性较大,但是聚合后的腈纶能够用来制作衣物。由于高分子研究的往往都是我们生活中常用的如餐具、衣物、包装用品所用材料,同时蛋白质、淀粉、蔗糖、纤维素等天然高分子材料也是我们研究的对象,只要你做实验规范、保护得当,高分子学科是一门非常安全的实验学科。学习和掌握了高分子的相关知识,不仅可以成为你发展事业的方向,还可以使自己的生活过得更加健康和环保。

■ 高分子材料与工程专业最吸引我的——

我当初选择高分子材料与工程这个专业,是源于对高分子的不了解。我喜欢化学,但偏偏化学中的高分子充满了神秘感,我很想知道高分子这个专业到底是干什么的。

正如打开了万花筒,高分子原来是如此丰富多彩!来源于化学的高分子材料,在衣食住行和前沿科技中处处发挥着无比重要的作用;甚至我们的人体自身就是由各种各样的高分子组成:DNA、蛋白质、酶、多糖……学习了高分子这个专业,可以做的事情还真是多。如果钟情于高分子科学本身,完全可以钻研高分子化学、物理的基础科学问题;如果你想跨学科成为多面手,那么生命健康、能源环境、机械制造、电子电器都在等着你。

我是做什么的?我是用高分子材料来实现组织器官的再生、疾病治疗。聚乳酸、水凝胶、纳米材料、干细胞、生长因子、动物实验……挺交叉的吧。我喜欢,我们其他的师生也都喜欢。

——高长有　教授

高分子"上可九天揽月,下可五洋捉鳖",从衣食住行用品到神舟飞船,高分子无处不在。它的迷人之处是千变万化的结构和性能,或柔或刚,或收或张。学习高分子,圆材料的梦。虽然我现在教授"高分子化学(甲)"这门课程,但我却没有正儿八经地学习过高分子的课程,凭着热爱,不断自学,算是懂了高分子。我也更爱我从事的高分子合成研究,原因很简单,就是一直期望能通过自己的研究,把空气中的二氧化碳转变为可用的高分子材料。我很庆幸自己能在浙大高分子一直从事这一方面的研究,并取得了一点小小的成绩,开始了二氧化碳塑料的工业化生产。

——张兴宏　教授

我选择高分子专业,是被专业宣讲时听到的一句话打动的,我记得老师说:"高分子具有无限可能"。从一个个简单的小分子,到用各种手段"聚合"之后的高分子,物理、化学性质会发生巨大的变化,而这些又跟聚合物链长、结构单元的排列方式以及空间构型等有很大的关系。一点点微小的改变都可能导致最终结果出现巨大差异,从量变到质变的过程中蕴含着无数的可能性,让人忍不住去窥探其中的奥秘。而高分子这门出现只有近百年的学科,虽然有些领域尚不完善,但一些较为成熟的材料,例如高分子著名的"三大两小"早已成为人们生活中必不可缺的材料了。近年来一些新型高分子材料的问世,可以带来传统材料无法比拟的性能优势,更有大面积取代传统无机材料的趋势,可见高分子材料在未来巨大的发展潜力。

——2015 级本科生　谢瑞

一开始加入高分子,就被"聚合文化"吸引了。一个个小分子连接在一起成为高分子,从而展现出完全不同于小分子的性质与功能。在浙大高分子系学生会的时光,更让我享受到与身边的"自由单体"们携手构建成"高分子"的幸福感与成就感——高分子节、高分子系博物馆、"立升杯"化学知识挑战赛、"聚合杯"系列体育赛事、职业规划系列讲座、"少儿图书馆"志愿服务等。每一个链节都在这里发挥着自己的作用——有的人是交联点,连接起学生会与其他学生组织以及学生会内的不同部门;有的人组成有序而紧密的结晶区,让学生会更有强度、更有力量;有的人有着交替共轭的结构,将电能转换为五彩斑斓的光……也期待有很多的单体聚合到我们的高分子链上,并在这里绽放独一无二的风采!

——2015 级本科生　叶星瑶

我当初奔着高分子,是因为被系里的研究工作吸引,向往在玩儿中创造的科研工作。本以为工科枯燥在所难免,却发现专业课的乐趣完全超出我的预期,每位老师都有各自的幽默风格,他们的激情总是感染着我们。不论是在课堂上还是聊科研,与老师们的交流都能使我受益颇丰。

——2015 级本科生　沈婷

光电科学与工程学院

College of Optical Science and Engineering

☞ 光电信息科学与工程

专业名称:光电信息科学与工程
专业导游:郑臻荣教授　叶辉教授　郑晓东教授

选择浙江大学光电信息科学与工程专业的N个理由

光电专业很尖端。 光是生命的先决条件,是我们理解宇宙知识的来源,是现代生活的物质基础……关于光,有着无尽的奥秘。光电技术是人类开拓自身视野的有力工具,无论你想看得更远、更小、更暗、更快还是更广,把不可见变成可见,发现人所未知的自然奥秘,都需要依赖光电技术去实现。想帮助人类了解、开拓、记录和利用全新的未知世界吗?浙大光电欢迎你。

光电专业应用广。 图像显示、激光加工、光通信、安防监控、机器人、工业物联网、自动驾驶、太阳能、医疗设备、无人零售、国防建设等,都离不开光电技术。从光在纤维中传输引发通信革命到蓝色发光二极管点亮世界,从激光干涉引力波天文台到超分辨率荧光显微技术,从光学镊子到啁啾脉冲放大,突破科技前沿、缔造国之重器,光电技术发挥重要作用。

浙大光电专业强。 我们是A+专业,有最好的知识传承和求是之光的精神;我们有光荣的高速摄影科研前辈,有卓越的航天光学系统探索者,有杰出的超分辨显微镜创新团队……长江学者特聘教授等高层次教师手把手将你带到光电科技的前沿,我们的课堂生动,老师尽责,学生收获满满。

Q1:光电信息科学与工程专业的学习(研究)对象是什么?

因为有了奇妙的"光",才使世界变得如此绚丽多彩,而光电专业就是研究如何将光造福于人类的专业。其研究对象主要包括:①如何扩展人类的视觉能力,使人们看得更远,远到宇宙的边缘;看得更小,小到分子、原子;看得更快,快到能分辨飞秒(10^{-15} s)以下。从而把各种不可见、不可触碰的物质、现象变成可见的图像,供人们观察、理解、研究。②如何更有效地实现信息的记录、传输和重现,使人们能够随时随地通过信息联系在一起。③如何更好地利用太阳光这个取之不尽、用之不竭的能源,以应对日益严重的能源短缺问题等。具体研究方向包括微纳光子学、空间成像与超分辨显微成像技术、光电检测技术、光学惯性传导技术、激光技术及应用、生物光子学、三维显示与LED技术、光通信技术以及光伏与光能源等。

Q2:光电信息科学与工程专业本科核心课程有哪些?

光电信息科学与工程导论、电磁场与电磁波、应用光学、微机原理与接口技术、光电子学、物理光学、光电设计与综合实验等。

Q3:光电信息科学与工程专业的学生需要具备什么特质?

光电信息科学与工程专业要求学生具有较扎实的数学、物理基础和较强的逻辑思维能力,喜欢科学实验和实践动手,具有深入探究新事物的好奇心。

Q4:光电信息科学与工程专业有哪些对外交流项目?

光电学院为每一位本科学生在校期间提供一次境外高水平大学的交流学习机会,并在经费资助等方面提供有力保障。本科生对外交流形式多样,包括境外毕业设计、暑期访问交流、交换生项目、科研实习等。学院已与剑桥大学、波士顿大学、伊利诺伊厄巴纳香槟校区、罗切斯特大学、皇家理工学院、滨松大学、东京大学、千叶大学等众多高校建立学生互访项目。

Q5:光电信息科学与工程专业的深造与就业前景怎样?

光电专业本科生就业率一直保持在98%以上。本科毕业生以深造为主,海内外深造率为65%。在海外深造的学生中,前往全球排名前50高校的比例约为85%。实际就业方向主要是与专业相关的行业,包括世界500强企业、国家重点单位、行业领先单位等。

■ 光电信息科学与工程专业最吸引我的——

光电最吸引我的地方是它的多维性,光学是人类探索未知世界的“眼睛”。在空间研究领域,从月球/火星探测到大型空间望远镜,再到引力波探测都有光学的身影;在现代科技生产生活中,虚拟现实(VR)/增强现实(AR)/混合现实(MR)、量子光学、光纤通信、激光技术、机器视觉、生物医学检测、安防监控等,光学都起着举足轻重的关键作用;在微纳尺度,光学研究光和粒子在亚波长长度范围的相互作用,石墨烯、隐身材料、纳米检测等都离不开光学……光学是经典而又现代的,是熟悉而又未知的,没有光学技术的人类世界将不可想象,“Let light come to be”,光学需要我们不停地去探索……

——郑臻荣　教授

光对于世间万物的意义不言而喻。我们所看见的这斑斓的世界,便是光赋予我们的。而对于光,直至今日人类仍还在不断探索的路上。最初选择光电专业是因为看到了它未来的前景,而到光电学院的一年里,我才发现这里有太多的事物深深地吸引着我。光电学院有着深重的底蕴与雄厚的基础;光电学院的学生上进却又不死板,我也十分享受和同学们研讨问题的时光，学习氛围极佳；光电学院的老师循循善诱，能为同学们带来一堂堂精彩的课程；光电学院的课程也极富挑战性，让我充分体会到光学研究那种全新的思维方式……作为光电学院的一分子，这一切都让我倍感自豪。我也将会在这条路上不断努力前行！

——2014 级本科生　张晋松

（竺可桢学院学生，获 2014—2015 学年国家奖学金）

光电专业是物理与工程的有机融合，非常适合每个在高中阶段怀揣物理梦想的工科生。光电的研究一直都在科技进步的前沿，有着无限的机遇与挑战；而浙大的光电专业更是实力雄厚，不仅有强大的科研班底，更有经验丰富的教学团队和极佳的本科生科研环境。学院利用各种各样的方式努力让本科生融入实验室，进行课堂之外的科研训练，而充实的科研训练也拓宽了光电本科生的毕业出路，深造率居全校前列。我很幸运选择了光电专业，也希望学弟、学妹能够选择光电，在光电学院度过美好充实的大学生活。

——2015 级本科生　冯傲松

（毕业去向是进入耶鲁大学攻读博士学位）

信息与电子工程学院

College of Information Science and Electronic Engineering

- 信息工程
- 电子科学与技术
- 微电子科学与工程

专业名称:信息工程
专业导游:张朝阳教授　陈惠芳教授

选择浙江大学信息工程专业的N个理由

信息工程专业是浙江大学的优势专业,主要定位于培养能适应信息社会多层次需求、具备扎实的信息系统理论基础和工程能力的高端复合型人才。信息工程专业依托于国家重点学科"通信与信息系统"和国家级第二类特色专业"信息与通信工程",拥有一流的教师队伍、教学和科研环境,专业学习和实践内容与信息通信行业同步发展,毕业生备受行业青睐。

学习"信息工程专业"=选择"基础和能力并重"。该专业注重培养学生的数学与工程相结合的能力、软硬件能力、自主学习与探索创新能力,以适应未来不同的发展需要。

学习"信息工程专业"=选择"特色与个性并举"。该专业师资雄厚,拥有一支包括院士、国家杰青和大批海外归国学者在内的教学科研队伍,大批教师活跃在国际和国内学术前沿,总体水平居国内前列,其研究涵盖信息技术领域以及发展和应用极为活跃、极有潜力的主要方向,研究硕果累累,助力中国科技发展。

学习"信息工程专业"=选择"与优秀人士为伍"。经过精心培养和个人努力,该专业培养了众多杰出校友,如"嫦娥"一号总设计师叶培建院士,ACM/IEEE Fellow、Helmholtz Test of Time 奖获得者张正友博士,迪普科技董事长郑树生博士等。

Q1:信息工程专业的学习(研究)对象是什么?

我们生活在信息社会,支撑信息社会高速发展和运行的正是信息技术。我们每天都要与手机、电视和互联网打交道,这些都与信息工程专业有关。信息工程专业主要学习和研究信息的获取、传输(存储)、处理、利用等方面的基础理论和专业知识,以及信息系统的设计、研发、运行和应用的基本方法和工程技能。

信息工程是对应信息通信技术(ICT)产业的一个宽口径专业,其研究范围和内涵大致相当于国外广受欢迎的电气与电子工程(EE)或者电子与计算机工程(ECE)专业,涉及信息与通信技术的方方面面,需要综合运用电子电路与数字系统、信号与信息处理技术、通信与网络技术以及计算机软硬件技术等，解决信息系统和信息服务所面临的各种问题。信息工程专业的研究涵盖当前信息技术领域以及发展和应用极为活跃、极有潜力的主要方向，如5G和6G无线移动通信、移动互联网、物联网、车联网、人工智能、大数据和多媒体信息处理与应用、智慧城市、智能交通与导航、水下机器人、地面无人车、月面机器人和无人机、数字音视频、超高清晰度电视、立体电视、网络电视，以及空天地海一体化网络、国防军事通信等。另外，信息工程专业应用前景十分广泛。

Q2：信息工程专业本科核心课程有哪些？

信息工程是一个工科电类专业，其研究的是信息科学中的系统理论和工程方法，涉及信号、信息、数据的获取、传输、处理和变换原理、方法和过程，以及相应的信息系统（包括移动通信系统、多媒体信息处理系统、人工智能系统）、无人车与无人机、物联网与车联网等的优化设计和工程实现问题，主要侧重于培养学生的系统知识和工程能力。

信息工程专业本科核心课程有信号与系统，数字信号处理，信息、控制与计算，通信原理，网络基础，电子电路基础，数字系统设计，电磁场与电磁波，信息与电子工程导论，C程序设计与实践等。

Q3：信息工程专业的学生需要具备什么特质？

第一是兴趣。强烈的兴趣是进步的最大动力。本专业的学生要对信息通信技术有较大的兴趣，最好对信息产业事先有所了解和关注，大致知道信息产业是做什么的，生活中哪些事、哪些东西与信息技术有关，由此慢慢培养出自己的兴趣。**第二是动手实践能力。**信息工程是一门工程科学，本专业的学生需要在实践中积累经验和能力，要积极参与实验和科研训练，培养自己软硬件的综合能力。**第三是主动性。**主动性是非常重要的，是很多著名科学家获得成功的重要特质。本专业的学生要积极主动地学习专业知识，不要只满足于课堂学习和课本知识，要学会主动地关注和思考一些问题，带着问题去主动地寻求知识。

Q4：信息工程专业有哪些对外交流项目？

目前，本专业与超过32所境外高校合作开展对外交流项目。项目类型包含为期半年至一年的毕业设计项目，交流学校包括世界Top名校哈佛大学、麻省理工学院及新加坡国立大学等；为期2～3个月的暑期科研项目，交流学校包括东京大学、南洋理工大学、佐治亚理工学院、麻省理工学院及香港科技大学等；为期20天至一个月的暑期课程项目，交流学校包括东京工业大学、巴黎萨克雷大学、圣彼得堡理工大学等；为期5天的参观访问项目，交流学校包括新加坡以及我国香港、澳门地区的高校等。

Q5：信息工程专业的深造与就业前景怎样？

2018年，大约75.2%的信息工程专业学生毕业后继续深造，其中出国深造占23.3%左右；其余主要进入国有事业单位、世界500强企业和大中型企业（包括华为、中兴、阿里巴巴、诺基亚等）从事管理、研发、运行维护等工作，就业率超过98%。2019年，大约70.37%的信息工程专业学生毕业后继续深造，其中出国深造占21.6%左右；其余主要进入国有事业单位、世界500强企业和大中型企业(包括华为、中兴、阿里巴巴、诺基亚等)从事管理、研发、运行维护等工作,就业率超过99%。

目前,信息与通信技术(ICT)产业正处在飞速发展期,各类新的信息系统如移动互联网、物联网、车联网、无人车、无人机、空天地海一体化网络等,信息终端如智能手机等,以及相应的信息服务如即时通信、移动支付等都层出不穷,需要大量的研发和应用人才。因此,信息工程专业毕业生的深造和就业前景持续被看好。

■ 信息工程专业最吸引我的——

信息工程是个什么样的专业呢?概括来说,如果你想要扎实的工程数学功底,如果你想要在基础知识方面“软硬兼修”,如果你想要热心的老师同学、良好的软硬件设施,那么这个专业会是你最好的选择之一。

你或许听说过信电人都是“勤奋乐观”的,你或许听说过我们要学“四大天书”,你或许听说过信电学院的专业尖子生“神仙打架”。这些的确是一个侧面,但你将在这里见到的、听到的、学到的、感受到的都远远不止这些。

以一个大四即将毕业的学长视角来审视这几年的大学时光,的确对于这个“小众”的专业有了更加深刻的认识。之所以称之“小众”,是因为这样一个专业并非在各个学校都有,并且在各个学校的定位也不同。而在浙大,信息工程的确是一个培养宽口径人才的摇篮。无论你是想要成为通信领域的工程师,探索5G的天地,追寻未来万物互联的奥秘,还是想成为信号处理领域的专家——从语音到图像,从低层次的信号处理到高层次的智能感知,都是你施展技能的天地,抑或是爱好把玩电路,专注于单片机等的核心设计,再或者偏好物理电磁学,在场波的世界中自由徜徉,你都可以在信息工程这个专业中找到自己的兴趣点,进而热爱它,拥抱它,并坚持探索它。

和其他专业相比,我认为信息工程是信电学院中相对偏软件的一个专业分支,又因为更接近于其他学校的通信专业课程设置,数学能力的培养会是重中之重。而在编程方面,则更重视高级语言对于算法的实现应用,一些基本语言的训练如果在课外有所补充,那么会将我们专业理论知识的优势进一步放大,而这对于深造、对于我们之后长远的发展,甚至于成为行业的领头人物,都将有着潜移默化的基础性影响。

总之,我认为大学的培养目标应当是广博的视野和钻研的能力并重,而信息工程这个专业便是这样一个再合适不过的平台。最后也衷心地希望学弟学妹能够在此,在热心的老师和友善的同学们的帮助下,和我一样收获精彩而又圆满的大学生活。

——2015级本科生　王泰

(2018年度竺可桢奖学金获得者、校十佳大学生)

信息工程专业最大的特点就是“软硬结合”,本科生的专业课程既包括“数据分析与算法设计”“人工智能”“数字图像处理”等偏软件的课程,也有“电磁场与电磁波”“电子电路基础”“计算机组成与设计”等偏硬件的课程。同时，培养方案里还设定了很多不同方向的课程组可供选择，让你不管往哪一个方向发展都可以得到充足的教育资源。

个人觉得学习的主要动力就是兴趣，在信息工程专业四年的学习过程中，学院为了满足同学们的科研兴趣，安排了不少科研项目、实验室机会和科研竞赛，比如校级和院级的 SRTP 项目、大学生科研成长导师计划等可以让同学们在日常的学习生活中不断培养自己科研的萌芽。学院里各个老师的实验室也会不断开放给本科生去做一些简单的科研实验和项目，以此来锻炼本科生的科研能力。科研竞赛方面更有电子设计竞赛这一我们学院的王牌项目，每年暑假都会有老师进行专门指导并带队参加校级、省级、国家级的电子设计竞赛，给同学们提供了充分的实验室条件来开展电子设计实验。参赛的同学需要 3 人组成一队，并在 3 天的时间内完成一个指定的电子实验项目，并达到相应的指标要求。

此外，我们学院的氛围是非常温暖的，平时你能见到不断有同学在专业群里讨论学习问题，一些关于校园生活的问题也能在群里得到很好的解答，自己不了解的问题还可以向学院设置的学长组进行询问。学长组横跨好几个年级，可以解答你关于任何一个学习阶段的问题，热心肠一直是学院同学的优良传统。这也是一届又一届学长学姐们留下的精神财富。

——2015 级本科生　顾佳琦

（本科生兼职辅导员、信工 1503 班班长）

信息工程这个专业最吸引我的在于“软硬兼修”、知识面广，涵盖电路、通信、信号处理、计算机等各方面知识，对于我们理解电子信息领域的知识体系有极大帮助，同时也让我们在未来就业、科研方向上有了更多选择，在我们通过本科阶段的学习对电子信息领域有了全面、深刻的认识之后，就能够根据自己的兴趣特长与行业发展前景选择具体的深造方向。

与此同时，信息工程的专业课程涉及大量的数学、物理知识，能够为我们打下坚实的数理基础，这对于立志从事科研的同学来说大有裨益。以目前火热的 AI 领域为例，虽然从事 AI 方向的研究编码能力是必不可少的，但实际上想要深入理解 AI 领域的知识或是进一步从事机器学习理论的研究，扎实的数学知识（概率论与数理统计、矩阵论、优化理论等）同样非常重要，而这就是信息工程本科生的优势所在。对于那些不想只做一个“码农”的同学来说，信息工程专业是一个非常好的选择。

最后一点，信息工程专业的“大佬”非常多，一个最直接的证明是每年工高班中信工的人数往往是最多的，并且这些“大佬”的优秀体现在各个方面。在信工，你可以与这些大佬交流学习，相信你一定会变得更加优秀，更加勤奋乐观。

——2016 级本科生　阮杨峻

（2019 年度竺可桢奖学金获得者、校十佳大学生）

我觉得信息工程这个专业最吸引的我的是，它给你提供了一种选择，更加自由、更加多元的未来的可能性。刚上大一的时候，我还比较懵懂，对未来想要做什么没有很多的概念和清楚的认知。当时大家都觉得软件很火，很多人一股脑地都想去学写代码。我可能也有这种想法，但是仔细想想，自己适不适合、喜不喜欢其实都是未知的。所以最后我选择了信息工程，它是一个“软硬结合”的专业，可以让我们在学习的过程中不断地发现自己的兴趣，找到自己想要的方向。

首先，它是工信所有专业里数理基础课最多的专业之一。因为我很喜欢数学，所以基本选修了常微分、偏微分、复变、矩阵论等一系列数理基础课。我觉得无论是在科研还是后续专业课的学习中，一个好的数理基础等于是摩天大楼的基石。

其次，它的课程分很多的模块，大家可以根据自己的兴趣选择想要更多地去修读的选修课。就比如我在进入大二后发现自己还是对软件方向更有兴趣，那我就选修了我们学院的机器学习、人工智能、数据挖掘等课程，在这些课程中，我接触到了当下最火的一些方法和结构，通过编程大作业提高了自己的编码能力和小组协作完成项目的能力。我们专业还有电子电路模块、场与波有关的模块等，大家可以根据自己的兴趣来选择合适的课程。

再次，我们专业提供了很多实践的机会。如电基实验、场波实验等，都是与我们专业课相配套的实验课。我们通过自己搭建调试电路、测试与分析，来验证一些课堂上学到的理论，通过自己动手的实践来进一步巩固我们的理论知识。教学配套实践，能够加深印象。就比如我在电基实验 2 上做的红外发射遥控器，让我不仅学会了自己分析设计电路，也了解了家中遥控器的工作原理。

最后，我觉得我们专业还拥有非常优秀的老师和同学们。老师们无论是学术还是教学能力都十分优秀，大家都有很多机会跟老师们交流和参与一些项目。同学们都很刻苦，整个专业的学习氛围很好，感觉在一个优秀的集体里大家一起努力向上。

——2016 级本科生　顾涵雪

（唐立新奖学金获得者、校礼仪队原副队长）

专业名称：电子科学与技术
专业导游：杨冬晓教授

选择浙江大学电子科学与技术专业的N个理由

国家级特色。全国第一个通过国家工程教育专业认证的电子科学与技术专业点(2011年就通过认证，还是全国首批通过认证的电子信息类3个专业点之一)、首批国家卓越工程师教育培养计划专业点、国家新一代信息技术领域特色专业建设点。

教学理念。本科阶段在教学层面引导学生重点关注掌握基础(扎实的数学、物理基础，提高学习与研究的后劲)、使用工具(通过外语、计算机工具，提高获取知识与使用知识的效率)、锻炼能力(把课程教学与实验实践环节都作为培养学生能力的载体，培育学生的创新意识)。

知识体系。数据是信息的载体，信号是数据的载体，场与波是信号的载体。电子信息技术是将数据和信号的行为及其应用作为研究的主要对象，其所有活动都是围绕数据和信号展开的，通过器件、电路、处理器等硬件及软件技术实现信号的采集、传输、变换和存储，通过计算机与网络实现数据的通信、处理、利用和认知。

Q1：电子科学与技术专业的学习(研究)对象是什么?

利用和控制电子运动规律而制成的器件称作电子器件，电子科学与技术专业正是以电子器件及其系统应用为研究对象的学科。电子科技是现代科技的重要基础之一，因此本专业在通信、控制、计算机、集成电路和集成系统等领域都有着广泛的应用。现在智能手机上很流行的重力感应器、Wi-Fi等都是本专业的成果。

Q2：电子科学与技术专业本科核心课程有哪些?

在电子科学与技术中，信息的载体是数据，数据的载体是信号，而信号的载体是场与波。电子科学与技术专业本科核心课程便是围绕这条主线构建而成的，包括信息电子学物理基础、电磁场与电磁波、信号与系统、数字系统设计、电子电路基础、光电子学基础、计算机组成与设计和集成电路原理与设计等必修课程，以及微电子器件、射频电路与系统、物联网系统设计、数字信号处理、通信原理、人工智能、网络与通信安全、嵌入式系统原理与设计、数据分析与算法设计、信息、控制与计算等专业选修课程。

Q3：电子科学与技术专业的学生需要具备什么特质？

电子科学与技术专业的一大特点是软硬件结合，不仅需要掌握电路以及系统的分析设计，也需要具备软硬件编程的能力，因此要求学生有较强的数理基础和逻辑思维。同时，由于一些物理概念较为抽象，也要求学生有一定的形象思维。另外，由于本专业的课程体系给予了学生很大的选择空间，自主性、进取心较强的学生能够获得非常大的发展空间。

Q4：电子科学与技术专业有哪些对外交流项目？

目前，本专业与超过 32 所境外高校合作开展对外交流项目。项目类型包含为期半年至一年的毕业设计项目，交流学校包括世界 Top 名校哈佛大学、麻省理工学院及新加坡国立大学等；为期 2～3 个月的暑期科研项目，交流学校包括东京大学、南洋理工大学、佐治亚理工学院、麻省理工学院及香港科技大学等；为期 20 天至一个月的暑期课程项目，交流学校包括东京工业大学、巴黎萨克雷大学、圣彼得堡理工大学等；为期 5 天的参观访问项目，交流学校包括新加坡以及我国香港、澳门地区的高校等。

Q5：电子科学与技术专业的深造与就业前景怎样？

由于本专业的课程体系与国际通行的 EE（电子工程）专业匹配度很好，在本专业接受过系统训练的本科生，能够很快地适应国外的研究生课程，并在电子科技领域找到广阔的发展空间。在近 3 年的毕业生中，有 91 位就业于通信、电子信息、集成电路等行业，其中有 20 位进入华为、阿里巴巴、中国移动等世界 500 强企业；27 位出国深造，其中有 21 位进入剑桥大学、纽约大学、哥伦比亚大学等世界 100 强高校；98 位进入清华大学、北京大学、浙江大学等国内高校读研。在 2019 届毕业生中，59.62％的学生选择继续深造，其中出国深造占 16.35％，就业学生大部分进入国有企事业单位、世界 500 强企业（如华为、中兴、阿里巴巴等）就业，当年就业率超过 99％。

Q6：现实中有哪些问题需要通过电子科学与技术专业的人才来解决？

电子科学与技术在现代生活中的应用可以说无处不在。除了大家已经非常熟悉的手机、计算机、电视、音响、太阳能电池、LED 照明等，还包括一些平时看不见摸不着的领域，比如电磁防护，利用技术手段对电磁波进行控制，在高考的考场上还可以起到阻止通信的作用。

电子科学与技术专业最吸引我的——

1990年，我前往德国联合培养。我对浙大电子科学与技术专业很有感情，不论是当时的师生还是后来的同事，我们的感情都很好。同时，我们这门学科也确实可以做很多事情，比如我主要研究的太赫兹波，有着非常广阔的应用前景。太赫兹波是指0.1THz到10THz范围的电磁波，可以用作保密通信、深空探测，也能用于材料检测和透视成像，可在安检和无损探伤等领域大显身手。

比如，2003年美国哥伦比亚号航天飞机坠毁后，美国航空航天局组织科学家对飞机上的样品进行缺陷检测，结果显示太赫兹波的探伤效果最好。更重要的是，太赫兹波探伤不会误报警，避免将完好无损的航天飞机拆开维修而造成巨大的浪费。

——杨冬晓　教授

我是一个追逐科技前沿的人，平时最大的爱好是阅读各大科技网站和自媒体的文章，了解行业前沿资讯。我觉得最有趣的课程是电子工程训练。在这门课里，我们首先学习了电子工程中的一系列基础知识，包括认识电阻、电烙铁的使用和电路板的焊接等。在那之后，我们学习了一些系统级的设计，最终制作了一辆智能小车，实现了用机械臂智能抓取物体并运送到指定地点，让人觉得非常有成就感。

在课程整体设计方面，电子科学与技术专业首先要求我们打下牢固的基础，然后有自己个性化的发展。专业基础课涵盖数字电路、模拟电路、信号与系统、电磁理论和半导体物理等。要学好这些课程，首先需要有不错的数学和物理基础，还需要一定的耐性。当完成了这些课程的学习之后，就有非常多的选修课可以学了。我们既可以选择机器学习、数字图像处理，也可以选择通信原理、天线设计，更可以选择集成电路设计、半导体与芯片设计等。这一点是我最喜欢的，因为我可以选择自己热爱的方向，学习自己喜欢的课程，并为自己以后的升学和职业规划打下良好的基础。

——2015级本科生　严哲雨

在信电的四年过得充实而温暖，不仅仅是因为勤奋乐观的学风，也因为温暖的辅导员和身边的同学。电子科学与技术是一门专业性和趣味性并存的专业，我们可以造月球车，造基站，也可以在实验课上DIY属于自己的智能车和机器人。树莓派，单片机，电路板……在信电学到的绝不仅仅是深入的知识，更是丰富的实验经历和强大的动手能力。而在未来的发展过程中，无论是继续深造还是直接就业，我们专业具有很强的竞争力，丰富的实践经历也成了我们手中的一张王牌。

——2015级本科生　肖蕊

为什么选择这个专业？在无数次的面试中有过无数种回答，但细细想来，电子科学与技术最吸引我的还是在于这个专业带给我的扎实的数理基础以及广阔的知识面。走过几年大学时光，认识了许许多多不同专业的同学，了解了许许多多不同领域的方向，才相信这个方向是工信大类本科最好的选择。

众所周知，信息与电子工程学院对于本科生数理能力的培养是远高于工信大类其他学院的，所有数理课程都以甲类课程要求，并且有信息论、矩阵论等其他工科专业不涉及的数学内容，就电子科学与技术专业而言更有信息电子学物理以提高物理基础。私以为在这个充满浮躁的社会，能用大学四年扎扎实实地打好数理基础，应当是远有价值于对一些算法、框架的临摹与应用。

电科的培养方案中还涉及了许多模块，从微电子器件、场与波到电路系统再到通信网络与信息处理，每一门课程都让你对现代化信息领域的一大块领域有所了解，而这些就是现代信息发展的基础。尤其在这个多领域交叉融合的当下，广博的知识显得尤为重要。

四年学习之旅让我庆幸当初的选择，让我庆幸四年学到如此之多，让我庆幸电科带给我的成长！

——2016 级本科生　涂剑凯

这个专业最吸引我的在于它对于学生的工科综合素质能力的培养。在这个专业中，不仅可以学到以电子器件与系统应用为核心的硬件知识，还可以学习各种软件应用与编程开发，大力提升软件的综合应用能力与编程能力，可以说是“软硬兼修”。

电子科学与技术专业所安排的专业课多种多样，电子电路基础会传授很多基础的电路知识与器件特性知识；电子系统实验课上会学习如何设计并组装一台智能小车；信息论会教给你编码传输与信号解码的奥秘。在所学的专业课中，我最喜欢的是信号与系统这门课，在这门课程中我发现很多之前学到的数理基础课程在这里被灵活应用了起来，在信号时频变换的过程中我感受到了傅里叶变换与各种滤波器的魅力。并且老师还结合理论知识给我们提供相关的参考资料来做一些课程项目，这些都是与实际应用契合度较高的项目，极大地提升了课程的趣味性与实际应用性。

信电学院也有很多契合专业属性的比赛，比如电子系统设计竞赛，在比赛中需要设计满足不同要求的电路并且焊接，还需要结合单片机进行软件程序的编写，来完成题目要求的电路系统。此外，还有电路板焊接大赛、创青春、“挑战杯”、互联网＋创新创业大赛等，在这些比赛中，你可以发挥所长，学习各方面的知识，增长各方面的见识。

——2016 级本科生　应佳成

专业名称:微电子科学与工程
专业导游:何乐年教授　董树荣教授

选择浙江大学微电子科学与工程专业的N个理由

理由一:浙江大学是教育部、科技部等中央六部委批准的首批“国家示范性微电子学院建设单位”,是培养我国半导体集成电路产业高技术人才的摇篮。“微电子科学与工程”本科专业由微电子学院负责建设。

理由二:以微电子器件、集成电路芯片为主体的集成电路产业是信息技术产业的核心,是支撑经济发展和保障国家安全的战略性、基础性和先导性产业,也是我国重点发展的领域。芯片凝聚了人类智慧的结晶。

理由三:浙江大学微电子科学与工程专业具有一流的师资力量,以及先进的教学与科研环境,培养的本科生中70%以上继续攻读研究生,其中94%选择继续在本校深造。本科生出国留学,基本赴世界前50所高校,包括斯坦福大学、哥伦比亚大学、加州大学洛杉矶分校等名校。

Q1:微电子科学与工程专业的学习(研究)对象是什么?

本专业主要学习集成电路芯片与半导体器件的设计与工艺制造技术。

高性能集成电路与半导体器件是信息产业的核心技术,集成电路产业是关系经济建设、社会发展、国家安全的战略性新兴产业,是国家核心竞争力的重要体现。高性能集成电路与半导体器件已经成为我们国家中长期战略性高技术的重要学科领域之一,也是国家重大科技专项的重要内容。这些年来,我国半导体芯片产业高速发展,其中集成电路设计产业的年产值从2000年占全球总量的1%上升到2012年的13%以上,超越了日本和韩国,跃居全球第三。但是我国目前连续5年进口的最大宗产品一直没有变,即集成电路芯片,进口金额达到2300多亿美元。

为加快培养我国微电子集成电路产业急需人才,2015年浙大整合了校内集成电路设计、半导体器件等方向的研究所建立了微电子学院。2015年7月浙大微电子学院被教育部、国家发改委等中央六部委批准为第一批九所“国家示范性微电子学院建设单位”之一。未来的智能化社会,更需要我们把握源头创新,研发智能化的集成电路和微纳电子器件。

Q2：微电子科学与工程专业本科核心课程有哪些？

集成电路产业包括半导体器件与制造工艺、集成电路设计、封装与测试、集成电路芯片应用与系统开发等。本科核心课程环绕着集成电路和半导体器件这条主线构建而成，包括半导体物理与器件、专用集成电路设计技术基础、模拟集成电路设计、数字集成电路设计、模拟与混合信号集成电路设计、CMOS 射频集成电路设计、面向集成电路设计的 EDA 技术等核心课程。

Q3：微电子科学与工程专业的学生需要具备什么特质？

微电子科学与技术专业的一大特点是软件与硬件的紧密结合，不仅需要掌握半导体器件、电路与系统方向的硬件知识，还需要会使用器件、工艺和电路设计的仿真软件，并且需要软硬件编程能力。因此要求学生具有较强的数理基础和逻辑思维能力，另外需要一定的实际动手能力，包括开发与测试硬件系统及器件。我们的课程体系丰富完整，给予学生很大的选择空间，因此自主性、进取心强的学生能够得到非常大的发展空间，特别是思维活跃性强的学生会有如鱼得水的感觉，我们为学生的新颖电子设计和新发明提供了强有力的软硬件平台服务。

Q4：微电子科学与工程专业有哪些对外交流项目？

目前，本专业与超过 32 所境外高校合作开展对外交流项目。项目类型包含为期半年至一年的毕业设计项目，交流学校包括世界 Top 名校哈佛大学、麻省理工学院及新加坡国立大学等；为期 2～3 个月的暑期科研项目，交流学校包括东京大学、南洋理工大学、佐治亚理工学院、麻省理工学院及香港科技大学等；为期 20 天至一个月的暑期课程项目，交流学校包括东京工业大学、巴黎萨克雷大学、圣彼得堡理工大学等；为期 5 天的参观访问项目，交流学校包括新加坡以及我国香港、澳门地区的高校等。

Q5：微电子科学与工程专业的深造与就业前景怎样？

本专业的毕业生主要就业于集成电路设计、集成电路制造、通信等行业，例如 IBM、德州仪器（TI）、模拟器件（ADI）公司、海思（华为）等高科技大型企业，从事集成电路设计、电子系统或电子产品的研发工作。另外，70％以上的本科毕业生将进入研究生课程学习，其中 94％的学生选择在本校继续深造。

Q6：在微电子科学与工程专业学习过程中，有可能遇到的困难是什么？

本专业的课程理论联系实际比较强，需要学生在理论学习的同时，重视实验课程和课题研究项目，以便得到深入的理解。有些课程的信息量比较大，需要学生在课前预习，课后及时消化。

Q7：社会上是否存在对微电子科学与工程专业的理解误区？

提起微电子科学与技术，人们往往会联想到半导体器件，进而形成这个专业主要是研究器件的结论。实际上，微电子科学与工程专业不仅包括了新型半导体器件设计，而且更重要的有超大规模集成电路、模拟与混合信号集成电路、射频集成电路芯片等的设计，上述芯片的规模是巨大的，可以完成的功能也是非常强大的，其本身就是一个大电路系统。另外，对于芯片的应用系统来讲，其与整机是密切关联的。

此外，专业课程是否很难？实际上，本专业的课程有一定的理论基础，而且还有许多理论联系实际的技术应用课程，两者有着有机的结合，在完成课程设计的同时让学生有成就感，以便增加其对本专业的热爱。

Q8：现实中哪些问题需要通过微电子科学与工程专业的人才来解决？

微电子器件与集成电路芯片在日常生活中可以说无处不在，大家熟悉的手机、电视、计算机、音响等，通常一个芯片的特性就决定了一种电子设备的性能，因此我们在理解电子设备功能、开发新的应用目标的时候，就要了解核心芯片的功能。

今后的智能社会，就是由以越来越复杂的集成电路芯片为核心的智能电子设备为基础的社会。

■ 微电子科学与工程专业最吸引我的——

我对微电子的兴趣是一点一点培养起来的。一开始只知道微电子是与集成电路相关的，后来上了信电导论课，再加上后续的一些专业课，才对微电子科学与工程专业有了更深入的了解。作为一个离不开硬件的专业，就内容而言，微电子专业既有固体物理、半导体物理等的物理层面，也有IC设计、超大规模设计的应用层面，还有微电子制造工艺。其中最吸引我的，让我又爱又恨的，大概就是IC设计。在这三个方面，学院都有开设相关课程，我们可以根据自身兴趣和需要有选择地学习。此外，微电子专业的每位同学都有相应的学业导师，大家可以了解自己感兴趣的方向，早点接触相关研究。

在微电子专业学习的感受是，同学们勤奋乐观，充满活力，老师们严谨认真，平易近人。在这里有良好的学习氛围和环境，如果喜欢迎难而上，对深维度的创新感兴趣，具有冒险家精神，三者有其一二，又或者对某个方向感兴趣，那么微电子专业就是个很不错的选择。

——2016级本科生　杨博杰

在我看来，微电子科学与工程专业的主要研究方向有二：一是集成电路的设计方向；二是半导体物理器件与微电子工艺的设计。微电子专业涉及多门相关学科，综合性很强，比如从第一个研究方向来看，涉及半导体器件与物理、集成电路和系统的设计及测试，从第二个研究方向来看，涉及固体物理学、量子力学、信号处理等，同时浙江大学的微电子专业还对同学们的编程能力提出了一定的要求，因此可以说微电子科学与工程这一专业在浙江大学是一门“软硬结合”的学科。

近年来，人工智能、深度学习等新兴技术逐渐发展起来，但是涉及这两者的较为成熟的研究仍然针对软件，比如相关算法的设计、优化等，而人工智能的硬件化还属于未知的或者不成熟的领域。掌握微电子学有关集成电路的知识，可以将集多种功能为一体的人工智能芯片嵌入集成电路中，进而实现人工智能从抽象到实体的一种转化，也可以成为使用者与人工智能交流的一座桥梁。

总之，微电子这门学科是集成电路研究和发展的关键，软硬件兼顾的培养方案也可以使得我们学生能够多元化地发展。

——2016级本科生　刘梓杰

控制科学与工程学院

College of Control Science and Engineering

- ☞ 自动化
- ☞ 机器人工程

专业名称:自动化
专业导游:王慧教授

选择浙江大学自动化专业的N个理由

底蕴深厚,位列前茅。浙大控制学院是国内最早创建自动化专业的单位之一,经60多年的传承与发展,整体实力现位居全国前茅,在国内外享有很高声誉。学院拥有控制科学与工程国家一级重点学科,建有工业控制技术国家重点实验室、工业自动化国家工程研究中心、工业控制系统安全技术国家工程实验室等多个国家级科研平台。2017年,控制科学与工程学科入选国家"双一流"学科,是国家三个"A+"学科之一。

求是创新,成果丰硕。本专业注重培养学生系统分析问题的能力和解决复杂工程问题的能力,强调科学研究与人才培养相结合、基础研究与技术创新相结合、成果转化与技术应用相结合,培养了一大批基础扎实、知识面广、适应能力强的自动化方面高级专门人才。学院在解决国民经济关键行业重大需求、打破国际垄断方面做出重要贡献,荣获我国自动化领域首个国家科技进步一等奖。

学养兼修,人才辈出。本专业构建了宽口径、开放式、个性化的新型创新实践教学体系,围绕"知行合一、学养兼修"的培养理念,积极促进学生综合素质全面发展,在国际机器人创意设计赛、机器人世界杯赛、日内瓦国际发明展、美国数学建模竞赛、全球重大挑战峰会等赛事中获得多项冠军;每年有学生获浙江大学竺可桢奖学金(每年全校仅12位)或者十佳大学生称号;深造率高,每年有80%左右的毕业生在国内外深造。

Q1:自动化专业的学习(研究)对象是什么?

自动化、智能化是人类发展的必然趋势。自动化技术发展的目的,就是为各行各业解放劳动力、提高生产效率从而推动社会进步。自动化技术体现了人类的高超智慧和驾驭世界的能力。从宏观上来说,自动化是连接实体世界和信息世界的桥梁和纽带;从功能上来看,自动化就是利用"机器"自动完成预定任务的过程。

自动化涉及的传统领域包括工业、交通运输、航空航天、国防军工、农业等,随着互联网和物联网技术的快速发展,自动化技术已经被应用到金融、管理、医学、能源、环保、服务等与日常生活密切相关的各行各业。自动化技术与智能化技术一起已成为推动社会发展的重要驱动力量。

自动控制技术常被誉为“大脑和神经中枢”。自动化的控制对象可大可小:从日常生活中的智能家电、智能家居,到机器人、无人机;从一个城市的供水和供电网络、交通物流系统,到轻工、制药、石油化工等各种生产过程;从高铁、无人驾驶汽车,到卫星、火箭、空天飞行器等;从现代化农业、生物医学检测,甚至到一个国家的人口控制、经济控制问题等,不胜枚举。

要圆满地完成某一特定的自动化任务,大致包括以下几个过程:①了解并熟悉被控制对象的特性;②了解并熟悉自动控制的任务和要达到的预期目标;③设计并部署包括感知与检测、分析与控制、执行与驱动等功能的自动控制系统;④研究并实施以质量、效率等为目标的“最优”控制方法和措施,推动各领域生产、生活的发展和进步。

Q2:自动化专业本科核心课程有哪些?

自动化是一个典型的学科综合与交叉的专业,自动化未来的发展趋势就是将信息化和工业化深度融合,通过控制、信息、网络、协同、优化、智能,为物质文明创造新价值。具体来说,就是针对物理实体空间(工业、能源、交通、环境、航空航天、国防、海洋、农业等)的问题,运用信息虚拟空间(计算机软硬件、信息、网络、算法、模型等)的先进技术和方法,解决物理对象的传、测、控、稳、准、快、变、优难题。

根据自动化人才的培养目标,本科的核心课程大致分为三类:一是工(科)信(息)大类基础课,包含数、理、电、信息的基础,如微积分、线性代数、大学物理、电路与模拟技术、计算机基础等;二是专业基础课,包含自动控制理论、控制工程、传感与检测、嵌入式系统、计算机控制系统等;三是专业拓展课,包含机器人、工业通信网络、电气控制技术、人工智能与大数据、机器学习、物联网技术等。

Q3:自动化专业的学生需要具备什么特质?

现实世界中的自动化技术无处不在,对社会发展与科技进步起到了引领和驱动作用。自动化专业的学习培养了学生反馈控制与系统优化的思维,使他们能够以全面综合的视角看问题,预测事物将来的发展,尽可能地采取控制措施使系统达到最优运行。因此,自动化是一个具有横断学科特点、综合性较强的专业。希望选择这个专业的学生具有(或培养)如下特质。

第一,喜欢创新,有活跃而不因循守旧的思维,充满好奇心。因为自动化又被称为是“懒人”的哲学,只要客观物理世界存在的对象不能按照人们的想法优化运行时,学自动化专业的人就会想方设法地通过设计自动控制系统去改变。

第二,喜欢“玩”,具有较强的动脑与动手能力。因为推动自动化发展的动力来自应用的需求,自动控制的对象是客观世界,我们研究出的自动控制理论与设计的自动控制系统最终是希望真正用于实际,这就需要转化成相关的硬件和软件实现。

第三,具备团队协作精神。因为随着自动化系统设计与实施的规模与难度的增加,仅凭个人能力常常难以完成,需要团队的分工与合作。

第四，有较扎实的数理与电学基础。自动化专业的研究领域特别宽，只有数理基础扎实的人，才有可能在未来适应性更强，飞得更高，走得更远。

Q4：自动化专业有哪些对外交流项目？

自动化专业拥有大量且具有层次性的对外交流项目。这些项目可以分为“走出去”和“请进来”两大类。

“走出去”指的是学生将有机会出国去世界顶尖的大学或者科研机构交流学习。“走出去”的项目还可以根据学生年级不同、目标不同分成好几个层次。低年级的学生将有机会参加出国科研访问，拜访世界顶尖大学，了解不同学术文化，聆听世界学术大师的讲座，感受不同风土人情、异域文化。高年级的学生则可以出国参加国际竞赛、国际学术会议甚至进入世界顶级名校中的实验室，完成科研训练甚至本科毕业设计。学院现有对外交流项目包括：加州大学戴维斯分校“3＋X”本硕联合培养项目、皇家理工学院“3＋2”本硕联合培养项目、佐治亚理工学院交流项目、慕尼黑工业大学交流项目、新加坡国立大学交流项目等。2018 年，学院本科生境外交流率已达 90％左右。

“请进来”的交流项目则是邀请国际学术大师来给专业学生做前沿讲座，进行面对面的座谈，甚至讲授原汁原味的课程。

Q5：自动化专业的深造与就业前景怎样？

自动化专业的毕业生特别是研究生的就业方向广阔，能从事系统分析与设计、自动化设备研制、自动化技术服务、大数据挖掘与应用、机器人研发、电子工程、信息技术应用等方面的工作，就业领域非常宽广。典型的就业单位有中国航天科技集团公司、中国电子科技集团公司、中国商用飞机有限责任公司、中国石油化工集团公司、宝钢集团有限公司、华为技术有限公司、阿里巴巴集团、腾讯公司、国家电网、中国南方电网、中国移动通信集团公司、美国通用电气公司、瑞典 ABB 集团公司、法国液化空气集团、德国拜耳公司、荷兰皇家飞利浦公司等国家战略单位与世界著名企业。

自动化专业每年有 80％左右的毕业生选择出国或在国内高校继续攻读研究生，国内读研的学校包括浙江大学、清华大学、北京大学、上海交通大学、中国科学院自动化研究所等。出国深造的学校包括哈佛大学、麻省理工学院（MIT）、斯坦福大学、剑桥大学、帝国理工学院、哥伦比亚大学、加州大学洛杉矶分校（UCLA）、宾夕法尼亚大学、卡内基梅隆大学（CMU）、佐治亚理工学院、多伦多大学、阿尔伯塔大学、东京大学等国际著名高校。

自专业开设以来，自动化专业培养了 5000 余名基础扎实、知识面广、适应能力强的自动化方面高级专门人才，涌现了许多杰出校友，有院士、教授、企业总裁、总工程师、政府高级官员等，他们在多个领域为国家、社会做出了重要贡献。例如，中国工程院院士孙优贤、国际自动控制联合会前主席吕勇哉、中国载人航天工程副总指挥张育林、东风汽车公司董事长竺延风等。

■ 自动化专业最吸引我的——

我觉得自动化专业最打动我的地方就是:它一方面帮你打下严谨扎实的工科基础,塑造你的思维方式,让你以工程思维去思考问题、解决问题;另一方面带给你一种可应用到任何领域的控制思想,其中尤以反馈思想为精髓,让你可以踏在巨人的肩膀上,追寻自己想要探索的一切,并且在学科碰撞中收获属于自己的意外惊喜。就好比我如今选择的量化投资道路,可以将自动化思想应用到千变万化的股票市场当中,实现工程和人的有机结合,开辟出专属于自动化学子的道路。

——2012 级本科生 班旭东

(竺可桢奖学金获得者)

从刚开始什么都不会的"小白"到现在能画板子、焊电路、改程序、拧螺丝的"技工",我相信这仅仅是小型组带给我的一部分。从一开始进入机器人实验室到后来参加 RoboCup 机器人世界杯,学长学姐带着我将一批零件、几块电路板组装成一台可控的机器人,老师指导我克服任务中遇到的困难,而在比赛时,各个队伍间的相互交流启发了我的想法。在控制学院的两年,我渐渐体会到我的科研、工作变得可观可控,控制的思想也在无形中融入了我的生活。

——2012 级学生 李雅纯

还记得,每个周四下午,专程从玉泉校区跑到紫金港校区,只为了收集同学们对课程的意见和建议的教学科老师;还记得,午餐沙龙上,对每个同学的提问进行详细解答和指导的学院领导;还记得,每一场交流会上,真诚分享自己的求学故事的专业课老师。控制是包容的,我们可以自由表达想法;控制是进步的,会因学生们的建议而进行课改。对每一个学生的真心相待和包容理解是控制学院最吸引我的特质。

——2013 级本科生 李林哲

在控制学院的四年里,我对控制学科的认识是不断加深的。大一时,我觉得控制是一个有趣的学科,悟空机器人、无人工厂等多种高端技术深深吸引了我;大二时,逐步接触到了专业老师和专业基础课,我觉得控制是一个包容的学科,传感器、无人机、大数据分析、网络安全等多个领域都融合进了控制一个学科之中,我们可以在这个领域中选择喜欢的方向去深入探究;大三时,我觉得控制是一个让生活变得更美好的学科,控制可以与各个学科交叉,让每个学科超乎想象,智慧城市、智慧物联、智慧工厂等,万物可控;大四时,初步接触科研,我觉得控制还是一个新兴的学科,很多领域才刚刚出现,还有更多的领域等待我们去探索。控制,还有着无限的可能!

——2015 级本科生 官孝清

(竺可桢奖学金获得者)

控制，正如其英文 control 所代表的那样，是人类对世间诸多事务和过程希望达到掌握的期盼。而控制专业带给我的最深刻感受就是包罗万象，在控制专业学习到的知识和思想，无论是在社会经济系统、流程工业系统、离散制造业系统还是在其他更多的领域中都有着重要的作用。始于感知、精于计算、巧于决策、勤于控制、善于学习，在各个领域的应用之中，多元性和多样性正是控制专业带给我的体验，而控制理论和思想则更有利于我们深化对世界的理解。具体而言，在控制学院，正因为这样的多元性和多样性，同学们都可以找到自己感兴趣的方向进行深入的探究和学习，从理论到传感，从运动到系统，整个控制系统反馈思想将这些零零散散的宝石串接起来，形成珍奇靓丽的项链，进一步助推工业和社会的进步。

——2015 级本科生　展翔浩

（竺可桢奖学金获得者）

专业名称:机器人工程
专业导游:熊蓉教授

选择浙江大学机器人工程专业的N个理由

系出名门,底蕴深厚。浙江大学是国内最早开展机器人本科教学的高校之一,2002年建设浙江大学机器人科教实践基地,2006年开始在自动化专业中进行机器人课程体系建设,2016年在竺可桢学院开设智能机器人交叉创新班,探索多学科交叉拔尖人才培养机制。通过近20年的探索和努力,已经形成了较为完备的机器人课程群和多层次的机器人教学实践平台,拥有一批经验丰富、专门从事机器人教学科研工作的专业方向教师。

科教协同,对标国际。浙江大学在机器人方向的研究工作成果斐然,在机器人感知、控制、机构、传感等方面取得了一批创新成果,研制了乒乓球机器人、四足仿生机器人、自主移动机器人、医疗康复机器人、空中机器人等多种具有业界影响力的新一代机器人系统,由科研团队骨干担任机器人课程主讲老师,形成了科研带动教学、教学促进科研的"正反馈式"协同发展特色。

以赛促学,实践创新。学院在机器人人才培养方面成绩突出,在国内外机器人大赛中屡获优异成绩,曾获RoboCup机器人世界杯冠军4次、IDC Robocon国际机器人设计竞赛冠军3次。本专业注重学生实践能力培养,将采用实践训练与竞赛、科研相结合的方式,通过组织校内竞赛、选拔参加国内外重要机器人比赛,对学生进行系统的机器人综合能力培养。

Q1:机器人工程专业的学习(研究)对象是什么?

机器人工程是一门在真实世界环境下将感知、决策和执行驱动融合在一起的应用交叉学科和技术。浙江大学机器人工程专业是以控制科学与工程、机械工程、计算机科学与技术、材料科学与工程、生物医学工程和认知科学等学科中涉及的机器人科学技术问题为研究对象,综合应用自然科学、工程技术、社会科学、人文科学等相关学科的理论、方法和技术,研究机器人的智能感知、优化控制与系统设计、人机交互模式等学术问题的一个多领域交叉的前沿学科。机器人工程专业的教学目标是培养一批具有研发、操作、维护机器人系统的综合性技术人才。

Q2：机器人工程专业本科核心课程有哪些？

机器人工程是典型的学科综合与交叉的专业，涉及控制科学、机械工程、计算机科学与技术、材料科学甚至生物工程等多个学科。同时，机器人工程专业还具有“软硬结合”的特点，既重视理论学习，也强调动手实践能力。

根据机器人工程专业的培养目标，本科的核心课程大致分为四类：一是工（科）基础课，包含数、理、电、信息的基础，如微积分或数学分析、大学物理、模拟与数字电子技术、计算机基础等；二是专业基础课，包含自动控制原理、嵌入式系统、工程力学等；三是专业核心课，包含机器人与人工智能导论、机器人学Ⅰ、机器人学Ⅱ、机器人传感技术、机器视觉、机器人驱动与控制、人工智能与机器学习等；四是专业拓展课，包含机器人前沿、空中机器人、软体仿生机器人与智能材料、计算机控制系统设计与实践等相关课程。

Q3：机器人工程专业的学生需要具备什么特质？

机器人工程专业是一个综合性和前沿性非常强的专业，希望选择这个专业的学生具有（或培养）如下特质。

第一，喜欢创新。机器人工程专业是目前发展最为快速、综合性最强的专业之一。只有不守旧，具有创新思想，对新事物充满了好奇心的学生才能跟得上机器人学科的发展。

第二，具有实践精神和较好的动手能力。机器人工程专业从确立起就是以实践应用为主要目标的。喜欢动手，理论结合实际，将理论知识转换为现实的软硬件是这个专业学生的特性和必须有的能力。

第三，具备团队合作能力。机器人系统通常是个复杂系统，需要团队一起合作。

Q4：机器人工程专业有哪些对外交流项目？

机器人工程专业依托浙江大学对外交流平台和控制学院机器人科研团队，拥有大量且具有层次性的对外交流项目。这些项目可以分为“走出去”和“请进来”两大类。

“走出去”指的是学生将有机会出国去世界顶尖的大学或者科研机构交流学习。“走出去”的项目还可以根据学生年级不同、目标不同分成好几个层次。低年级的学生将有机会参加出国科研访问，拜访世界顶尖大学，了解不同学术文化，聆听世界学术大师的讲座，感受不同风土人情、异域文化。高年级的学生则可以出国参加国际竞赛、国际学术会议，甚至进入如哈佛大学、MIT、斯坦福大学、剑桥大学、帝国理工学院等世界顶级名校中的实验室，完成科研训练甚至本科毕业设计。

“请进来”的交流项目则是邀请国际学术大师来给专业学生做前沿讲座，进行面对面的座谈，甚至讲授原汁原味的课程。

Q5：机器人工程专业的深造与就业前景怎样？

机器人工程专业毕业的学生主要从事机器人、人工智能、智能制造等领域内的整体系统设计、核心零部件开发和智能算法研发工作，以及机器人相关应用领域的科学研究、技术开发、应用维护和管理等工作。由于机器人专业的学生具有厚基础、强交叉、重实践、富创新等特点，掌握多学科基础理论和实践应用的优势，所以在就业竞争中将极具有优势。目前，从事机器人相关工作的专业人士都属于高薪人群，且供不应求。另外，由于近些年人工智能与机器人系统的高速发展，以及机器人交叉学科的特点，在学术科研领域也迫切需要相关机器人科研人才，国内外高校和科研机构也投入了大量的科研经费用于机器人研究，所以机器人工程专业的毕业生将会很容易获得硕士或者博士深造的机会。

■ 机器人工程专业最吸引我的——

机器人工程专业的培养方式与专业的契合度极高。机器人学科是一门交叉度极高的学科，需要对各方面都有一定的了解才能上手。控制学院开设了大量相关基础课程，确保了学生可以对每个方面都建立基本的认识。机器人的实践性很强，因此专业课大部分带有难度匹配的实验，不用担心“学了不用，扭头就忘”的问题。即使是更擅长理论的同学也可以借助老师、助教细致的指导领会知识。除此之外，机器人学科的知识过于浩繁，实际过程中需要借助团队的力量。机器人工程专业向来提倡团队合作，课程任务实验通常组队完成，从课程开始就注重培养学生的团队合作和组织领导能力。课程之后也提供了丰富的研究选择，几乎涵盖了机器人的所有方面，并鼓励同学们自由进行尝试，找到自己最感兴趣的领域。

——2016 级本科生　王志成

学院让我感触颇深的一点就是对于机器人实践的全方面支持。从大二作为什么都不懂的新人加入控制学院小仿人团队，到大四成为电路组的组长，我将本科阶段大部分的课余时间与精力都投入在小仿人机器人上。机器人硬件开发是一个极其耗费资金的过程，学院有坚实的资金支持，我们本科生也可以放开束缚去尝试自己的想法。同时，学院具有长远的国际视野，十分重视机器人团队的对外交流。在小仿人机器人团队的三年里，我曾去过伊朗、德国和澳大利亚参加国际赛事，与来自世界各国的队伍切磋与交流，也取得过诸多好成绩。现在回想起来，自己本科阶段最难忘便是在小仿人机器人团队中的这三年，而这些，都是学院的机器人平台所赋予的。

——2015 级本科生　江家骏

我一直认为，机器人工程是控制科学中很有意思的一个方向。我在大二时加入了ZJUNlict 小型足球机器人团队，一待就待到了大四毕业。小型足球机器人提供了一个实践的平台，能够去实践课堂上讲述的控制理论、优化算法和编程技巧。同时，我也在团队中认识了一群优秀的同学，我们一起研究、调试、备赛，最终蝉联了 RoboCup 机器人世界杯 2018—2019 年两届冠军。无论你感兴趣的是机械硬件、电路设计还是软件架构，机器人工程都有着适合你的一条道路。

——2015 级本科生　温力成

进入控制学院以后，我便走上了机器人的道路。参加“中控杯”机器人竞赛，亲手设计制作自己的“小伙伴”。从硬件到算法，从电路到程序，不断学习每一个部分，不断探索每一个细节。后来加入了控制学院的无人机实验室，这里更是有着一群志同道合的小伙伴，在广阔的平台上去实践每一个新奇的想法。通过参加国际无人机大赛，更是让我们领略到了人工智能的魅力。控制学院带给我们的不仅仅是相关的专业知识，更重要的是科研的平台和探索的机会。进入控制学院，你离梦想又近了一步！

——2011 级本科生　秦通

（入选华为天才少年）

机器人最吸引人的一点就在于“创造”，从无到有地创造出一个内在复杂、外在简洁的系统去自主完成一系列任务；或者说，以最小的代价，使一个复杂系统具备自洽的智能。在我看来，控制学院的机器人专业就是给学生们提供了这样一个“创造”的平台：这里齐全的实验设备、紧跟科技前沿的课程设置以及经验丰富的教师们无时无刻不在引领学生们走上机器人学的道路，去创造最实用、最先进的机器人系统。控制学院在机器人教学和科研方面具有非常好的基础，在学院的学习经历不仅给了我知识和技能，更是将我的机器人梦想渐渐放大，最终促使我走上了机器人研究这条学术道路。

——2011 级本科生　高飞

（现为控制学院特聘副研究员）

计算机科学与技术学院

College of Computer Science and Technology

- 计算机科学与技术
- 软件工程
- 信息安全
- 工业设计
- 产品设计
- 图灵班——计算机科学基础学科拔尖人才实验班

专业名称:计算机科学与技术
专业导游:陈为教授

选择浙江大学计算机科学与技术专业的N个理由

一流的学科基础。浙江大学计算机科学与技术专业是国家第一类特色专业,教育部“双一流”建设专业。2018年ESI学科排名位居世界前1‰,列全球第25位;US News计算机学科排名全球第10位。在2017年教育部第四次学科评估中,计算机科学与技术一级学科被评为A+等级。

一流的师资队伍。本专业拥有以中国科学院院士、中国工程院院士、长江学者特聘教授、浙大求是特聘学者等领衔的国际国内一流的师资队伍。

一流的课程体系。以国际一流大学为标杆,专业课程体系涵盖计算机科学理论、计算机系统结构、计算机软件技术及当前主流应用方向,理论与实践并重,传承与创新结合。

广泛的对外交流。绝大多数专业骨干课程使用优秀英文教材,采用双语或全英语教学。本专业与美国、加拿大、英国、澳大利亚、德国、瑞典、日本、新加坡、中国香港等国家和地区的高校合作,设立了10多个本科生对外交流项目,学生可赴国(境)外进行课程修读、科研实践或企业实习。

美好的发展前景。毕业生有很高的比例出国(境)继续深造或在国(境)内一流大学继续深造,选择就业者也大比例入职世界500强的IT企业、银行和政府机构,薪资水平稳居浙江大学各专业的前列、国内高校相同专业的前列。

Q1:计算机科学与技术专业的学习(研究)对象是什么?

本专业主要学习(研究)计算机领域相关知识,尤其是学习如何创新应用计算机知识来探索人类社会亟待解决的实际问题,从知识、能力、素质、人格方面综合培养学生成为相关领域具有国际竞争力的未来领军人才。

Q2:计算机科学与技术专业本科核心课程有哪些?

计算机科学与技术专业本科核心课程有:硬件类,如逻辑与计算机设计、计算机组成、计算机体系结构等,讲述计算机硬件及相关系统;算法与语言类,如C语言、Java语言、数据结构、算法分析等，讲述编制计算机程序所需的语言基础及方法；系统类，如操作系统、计算机网络、数据库、并行计算、移动计算等，讲述不同级别的计算机系统的原理及方法；应用类，如人工智能、计算机图形学、计算机视觉等，讲述不同领域进行应用程序开发所需的计算机知识；安全类，如操作系统安全、数据库系统安全、网络安全等，讲述保障计算机系统及数据安全所需的相关知识。

Q3:计算机科学与技术专业的学生需要具备什么特质?

兴趣是最好的老师，因此学习计算机的前提就是喜爱计算机科学与技术，对相关知识和技术怀有强烈的好奇心。同时，计算机科学与技术是一个走在时代前沿的新兴学科，快速发展变化的时代潮流也令计算机技术有着独特的“创新性”：渗透于生活各个方面的计算机创新技术喷涌而出，你甚至无法想象下一秒它会给世界带来怎样的变化。为适应这种充满挑战的“创新性”，学生要有快速学习、吸收知识的能力，既有创新思维，又脚踏实地，能靠着锲而不舍的精神让创新技术生根、发芽。

Q4:计算机科学与技术专业有哪些对外交流项目?

广泛的国际合作网络：计算机科学与技术专业对标本学科知名高校，与来自北美洲、欧洲、亚洲等地区的10余所国际知名高校建立稳固合作，为学生提供丰富的海外课程学习、科研训练、课题实习等交流机会，旨在培养具有国际化视野的计算机卓越创新人才。

科教协同的国际化培养模式：与海外一流高校、学者合作，为学生提供赴麻省理工学院、哈佛大学、牛津大学、新加坡国立大学、东京大学等世界一流高校师从一流导师开展沉浸式科研训练的机会，培养学生跨文化协作能力，挖掘其学术研究潜力。

全面的国际交流支持机制：建立学生海外交流项目申请指导、行前培训、优秀交流成果交流与展示全流程机制，设立优秀对外交流本科奖学金，鼓励学生赴海外学习或参加国际学科竞赛并产出优秀研究成果。

Q5:现实中有哪些问题需要通过计算机科学与技术专业的人才来解决?

在信息化时代，计算机技术和理、工、农、医、文等多个领域交叉，渗透到社会的各行各业中。如今，从互联网技术到多样计算机设计、智能手机应用、智能机器人，甚至是环境分析、金融数据分析预测、医学仪器设计和图像分析等，都需要大量的计算机专业人才。计算机还和艺术相结合，发展出了数字媒体、影视动画设计等新的方向，丰富我们的生活。

Q6:计算机科学与技术专业的深造与就业前景怎样?

计算机科学与技术专业的毕业生就业面很广，以围绕与IT技术相关领域为主。浙江大学2019届计算机科学与技术专业学生183人，就业和升学占98.36%，其中就业签约74人(占40.44%)、国内升学43人(占23.49%)、国外深造63人(占34.42%)。学生毕业后主要到华为、阿里巴巴、腾讯、网易、Google、微软、百度等企业以及银行、政府机构等单位。历年来，毕业生年薪调查稳居全校前列。

Q7:计算机科学与技术专业有哪些知名校友?

浙江大学计算机科学与技术专业是我国高等学校中较早建立的计算机系之一,但也是一个年轻的学科,培养了诸多具有国际竞争力的领军人才,如中国工程院常务副院长潘云鹤院士、国家并行计算机工程技术研究中心总工程师陈左宁院士、中国科学院吴朝晖院士(浙江大学校长)、中国工程院陈纯院士等。

■ 计算机科学与技术专业最吸引我的——

计算机科学与技术作为新兴前沿学科,有着足以改变生活、改变世界的活力,这也是吸引我选择计算机的主要原因。计算机科学与技术最大的特点就是无所不在的“创新性”。早几年,我们都无法想象会有智能手机、平板电脑、无处不在的移动网络等便利我们生活的产品和技术出现;我们也无法想象学生可以自己动手制作计算机,自己组建团队开发网络APP。创新带来的活力令我们的学习、研究项目丰富多彩:人工智能、大数据、智能终端、虚拟现实、互联网技术等都渗透于我们的课程中;ACM程序设计大赛、超级计算(SC)大会、嵌入式大赛、信息安全大赛等都是课外最吸引同学们的活动。计算机科学与技术给予了我们尽可能多的创新机会,“只有想不到,没有做不到”。

——陈为　教授

计算机科学与技术专业的学习十分注重对学生创造力、合作精神以及解决问题能力的培养,学生的课程作业往往和实际问题相切合,且需要团队共同完成。依靠全面和严格的课程体系优势,以及“学以致用,用以促学”的教学理念,学生的实践应用能力得到极大锻炼。因此,这个专业的就业起步较高,进步空间大。而我也坚信,这四年,不论学习、工作还是生活,都会是我以后人生中宝贵的财富!

——2010级本科生　谢至聪

专业名称：软件工程
专业导游：蔡亮副教授

选择浙江大学软件工程专业的N个理由

“双一流”学科，获评A+学科。以“专兼职结合、高水平、国际化、工业化”的工程型专业师资队伍建设为目标，建立以浙江大学专任师资作为基本教学力量，结合相对稳定的由外籍教师、企业界等各方面专家组成的外聘教师队伍，采取共建课程、集中授课、举办讲座、指导实习或毕业设计等多种方式，发挥各方优势。

培养具有良好软件设计能力、国际交流能力、管理与沟通能力的复合型、应用型高层次软件人才。学生毕业后能够从事软件系统的分析设计与开发、项目管理以及技术研究等方面的工作。第四轮教育部学科评估为A+。

绝佳的国际化培养条件。大部分的专业主干课程采用双语或英语教学，聘请高水平外教授课。课程合格的学生均有机会赴国际名校或名企交流学习。

入选国家“卓越工程师培养计划”的机会。培养、造就一大批高质量工程创新人才，以适应我国社会、经济发展的需要。

高端就业。本专业就业率及起步年薪与计算机科学与技术专业持平，列全校各专业之前列。毕业生一般选择信息领域的国际性大公司、国家和省市机关事业单位、高等学校、金融外贸系统、邮电、电力、交通等部门就业。

Q1：软件工程专业的学习（研究）对象是什么？

软件工程采用工程的概念、原理、技术和方法来开发、维护软件，把管理技术与开发技术有效地结合起来。本专业旨在培养具有良好软件设计能力、国际交流能力、管理与沟通能力和职业发展能力的复合型、应用型高层次软件工程人才，使学生毕业后能够从事软件系统的分析设计与开发、项目管理以及软件系统的运行维护等方面的工作。

具体而言，学生主要学习数学、科学和人文社会科学基础知识，以及计算机与软件工程方面的基本理论和基本知识，接受系统设计与分析、软件项目管理、团队合作与交流等方面能力的训练。毕业生应达到以下要求：

（1）具有宽厚的数学、科学和工程知识基础，较好的人文社会科学基础；

（2）掌握本专业领域必要的技术基础和理论知识，包括程序设计技术、系统平台技术、软件工程方法等；

(3)具有软件系统分析与设计的初步能力，具备软件系统的实现能力以及测试能力，具有使用软件开发工具的能力；

(4)了解本领域的技术发展趋势，了解相关应用领域的基本知识，具有良好的获取新知识与技术的能力；

(5)能认识和遵循职业规范与社会伦理道德，具有职业责任感；

(6)有一定的组织、沟通与职业发展能力，跨文化交流能力。

Q2：软件工程专业本科核心课程有哪些？

软件工程专业本科核心课程有：离散数学及其应用、数据结构基础、高级数据结构与算法分析、计算机系统原理、操作系统、计算机网络、数据库系统、面向对象程序设计、面向信息技术的沟通技巧、软件工程基础等。

除此之外，软件工程专业还结合学院的科研和应用特色，贴合目前技术和就业的热点，联合知名企业开设了软件开发技术、金融信息技术、信息安全技术等领域方向课程。如今，软件工程专业非常重视国际化人才的培养，90%以上的主干课程采用双语教学，并有多门全英文课程可供学生选择。

软件工程专业非常重视实践，在大一的暑假安排了短学期课程实践，加强学生对基础编程技术和工具的掌握；在大二暑假安排了认识实习，由学院组织学生到各种规模、各种类型、各种所有制的IT企业和金融公司去实地走访，体会IT企业的发展现状和对人才需求的特点，帮助学生后续的选课和自我定位；在大三暑假安排了项目实训，学院内部的实训基地模拟运行一个IT企业，让学生们提前体验在企业上班的任务分配、检查和考核，帮助学生适应真正的企业工作环境；在大四一整年，学院将帮助学生们联系好实习单位，或者是到国外公司、高校进行长时间带薪实习，提高实干能力。

Q3：软件工程专业的学生需要具备什么特质？

从技术和兴趣的角度上看，如果你喜欢搭积木(组装产品)，但对于做积木块本身不是很有兴趣，那么你会对软件工程专业很有兴趣。从个性和人生规划的角度上看，如果你喜欢在商界叱咤风云的感觉，喜欢跟着一批志同道合的伙伴一起创业，喜欢与人沟通，那么你会对软件工程专业很有兴趣。

Q4：软件工程专业有哪些对外交流项目？

本专业以全面推进国际化人才培养为目标，实施海外一流学科伙伴计划，努力开拓特色学生对外交流项目，积极打造全英文课程体系，汇聚海外名家大师，创造条件拓展学生国际视野。每年提供20多个院级本科生对外交流项目，派出本科生赴海外进行为期半年到一年的课程学习、科研训练和企业实习。同时，也接收来自世界各地的交换留学生，在我院进行课程学习、工程实践、毕业设计等专业训练。

本专业引进国际师资合作授课，开设多门全英文专业课程，包括大数据原理、并行算法、计算机系统概论、计算机硬件系统综合实践、软件质量保证与测试、计算机组成等。

Q5：软件工程专业的深造与就业前景怎样？

软件工程专业的毕业生主要面向两类就业岗位：一类是各种规模的IT企业，从事项目管理、软件设计、软件开发和质量保证等相关工作；另一类是进入对IT技术依赖度很高的金融、电信等行业的IT部门，从事这些行业的业务软件的开发、测试、维护等相关工作。2019年本专业毕业生67人，就业率为100%，其中就业签约为43人(占64.17%)、国内升学14人(占20.89%)、国外深造10人(占14.94%)。

■ 软件工程专业最吸引我的——

软件工程专业最大的优势是什么？软件的规模和复杂度在不断上升，仅仅掌握编程技术已经无法胜任当今软件工程师的工作。目前，学习编程的学校和专业很多，但是只有软件工程专业通过完善的培养体系，教会学生通过团队合作，具备构建复杂、大型软件的能力，这将非常有益于学生毕业后在软件产业占据领导地位。

软件工程专业最吸引我的主要有：①软件的应用几乎无所不在，正影响我们生活的方方面面。软件工程为软件的开发、设计、平稳运行提供了核心保障与支持。各企事业单位对软件的需求呈爆炸式增长，软件工程的毕业生就业前景广阔。②重视实践教学、项目实训、国际化发展，提供绝佳的实习条件和出国交流机会，引领学生立志推动全球软件产业发展。

——蔡亮　副教授

专业名称:信息安全
专业导游:任奎教授

选择浙江大学信息安全专业的N个理由

顶级的老师。信息安全专业配备了国内乃至世界一流的师资,专职教师队伍包括图灵奖得主、IEEE Fellow、长江学者特聘教授、浙大求是特聘学者、浙大"百人计划"研究员、高校计算机专业优秀教师等一流专家学者。有世界上最顶尖的安全科学家、技术专家、领军人物面对面授课,**在"浙里"学安全可谓名师出高徒。**

前沿的研究。信息安全专业采用多学科交叉式的综合性培养模式,支撑本硕博贯通式的创新性培养,强调科研与教学的融合,利用一流科研驱动教学发展,提供一对一科研训练辅导、导师指导前移等培养机制,因材施教、按需培养、个性化指导。同学们在二、三年级开始便可加入实验室、参与科研项目并给予相应学分或相关本科课程免修,为将来的继续深造打下良好基础,**在"浙里"学安全深造出国不用愁。**

一流的实践。信息安全专业依托浙江大学网络空间安全研究中心等高水平科研团队和多个产学研协同创新平台,对接百度、阿里巴巴、网易、腾讯等知名互联网公司以及启明星辰等知名安全公司,为同学们提供大量的科研训练、企业实训、毕业实习以及创新创业的实践机会,并支持学生参加各类高端安全竞赛和攻防实战演练,**在"浙里"学安全直通世界500强。**

Q1:信息安全专业的学习(研究)对象是什么?

信息安全是国家重点发展的新兴交叉学科,是一个涉及计算机科学、网络技术、通信技术、密码技术、信息安全技术等多种学科的综合性学科。其主要研究对象是信息系统安全的理论、信息系统的安全威胁、信息系统安全技术、信息系统的安全保障,包括密码学、网络安全、系统安全、应用安全、数据安全、多媒体安全等内容。

信息安全是十分具有发展前途的专业,是国家紧缺人才专业。我国极为重视信息安全领域及产业,专门开设了网络空间安全一级学科,同"计算机科学与技术"专业一样,可授予本科、硕士及博士学位。浙大信息安全专业在培养体系上对接该一级学科,旨在培养适应国家和社会需要,掌握自然科学、信息科学的基础知识,掌握信息安全的基本理论、技术和应用知识，熟悉网络空间安全及相关学科的前沿技术，具备在网络空间安全、计算机、通信和电子等方面研究与技术开发的基本能力，能在信息技术产业和信息安全领域相关的政府部门、科研机构或企业中从事科研、生产、运行、维护、营销或管理等各方面工作，具有较强的社会责任感、勤奋务实精神和一定的国际视野的高级科学研究人才和工程技术人才。

Q2：信息安全专业本科核心课程有哪些？

信息安全专业本科核心课程有信息安全原理与数学基础、软件安全、操作系统、高级数据结构与算法分析、计算机组成、密码学、数据安全与隐私保护、计算机网络、计算机体系结构、网络安全原理与实践、编译原理、系统安全、人工智能安全、无线与物联网安全基础、博弈论基础、密码学进阶、多媒体安全、面向信息安全的信号处理、硬件安全基础、安全法律法规与伦理等。

学生主要学习和运用信息安全基本理论及专业知识，接受信息安全系统设计与开发的基本训练，具有信息安全系统分析、防御、设计、开发的综合知识和技能。在基础课和专业核心课程的基础上，本专业分设了网络空间安全基础、密码学及应用、系统安全、网络安全、应用安全、信息内容安全 6 个方向的丰富多彩的课程，以便激发学生的学习兴趣，适应不同社会需求。

Q3：学信息安全专业的学生需要具备什么特质？

信息安全面临的大多是极为复杂的、隐蔽性很强的难题，不仅单个问题难度大，而且涉及面广、影响面宽，许多重大问题的关联范围已经超越计算机、工业、数学等理论和技术学科，其范围已经扩展至经济学、社会学、心理学等学科。因此，需要采用全新的思维、架构、技术来应对棘手问题，发展网络空间安全学科和信息安全。信息安全专业的学生应该具有大安全的观念，敏锐的眼光和清晰的思路，丰富的计算机、通信和电子等多学科知识以及过硬的解决问题的本领，既能够从纷繁复杂的表面现象背后找到实质问题，即发现问题的能力，又有运用创新思想，独辟蹊径地解决难题的能力。同时，兴趣是最好的老师，学习信息安全专业的重要前提就是喜爱甚至是热爱信息安全技术，对相关知识和技术怀有强烈的好奇心，愿意为信息安全领域的研究和技术开发锐意探索、孜孜以求。

Q4：信息安全专业有哪些对外交流项目？

信息安全专业以全面推进国际化人才培养为目标，不但充分发挥自有的国际化师资队伍的优势，还积极实施海外一流学科伙伴计划，引进国际师资合作授课，打造全英文课程体系，重点开发包括系统安全、区块链、软件安全、人工智能安全等多门全英文专业课程。信息安全专业与世界上许多知名大学保持密切的合作关系，包括普渡大学、卡内基梅隆大学、滑铁卢大学、多伦多大学、米兰大学、达姆施塔特工业大学、韩国科学技术院（KAIST）、新加坡管理大学、南洋理工大学等。本专业通过以上合作渠道，汇聚海外名家大师，创造优质的出国深造和交流条件，拓展学生国际视野，努力开拓特色学生对外交流项目。每年提供 20 多个院级本科生对外交流项目，派出本科生赴海外进行为期半年到一年的课程学习、科研训练和企业实习。同时，也接收来自世界各地的交换留学生，进行课程学习、工程实践、毕业设计等专业训练。

Q5：信息安全专业的深造与就业前景怎样？

过去五年来，社会对信息安全人才的需求每年急剧增长，信息安全人才连续几年被列为最急需的人才之一。根据腾讯安全发布的《2017 年上半年互联网安全报告》，近年我国高校教育培养的信息安全专业人才仅 3 万余人，而网络安全人才总需求量则超过 70 万人，缺口高达 95%；不仅如此，该报告还指出未来我国相关行业的信息安全人才将以每年 1.5 万人的速度递增，预计 2020 年相关人才需求将增长到 140 万。这种人才缺口在就业市场上已经体现得很明显，《2018 年中国大学生就业报告》对 2017 届毕业生毕业后半年的数据进行了统计，发现信息安全专业月收入最高，就业满意度名列前茅。

信息安全专业方向的毕业生毕业前景广阔，是在计算机、通信、电子商务、电子政务等领域能够从事系统安全分析、系统安全评估、安全方案制订、安全技术开发的高级工程技术人才。例如，政府部门、银行、国家电网、中国移动等大型国企的信息化中心，百度、阿里巴巴、腾讯、网易、华为等著名企业的信息安全部门，奇虎 360、绿盟科技、启明星辰等著名信息安全企业。

■ 信息安全专业最吸引我的——

信息安全——一个在我心中似乎集刀光剑影和运筹帷幄于一体的神秘领域，令人心驰神往。似乎这是一个变幻莫测的人才聚集地。同卓越者竞技，同违拗者斗智，以键盘为武器，在代码的优化与程序的安全中贡献自己的些许心力。常言道，物以稀为贵，一个新兴领域的出现和发展，需要无数新信安人的互助与奋斗，笔耕不辍，成章乃达。

——2018 级本科生　贾双铖

也许你觉得计算机木马、蠕虫离你很远，看不见摸不着，也许你认为你的密码、隐私没有人窥探、没有人知道，也许你对计算机中秘密信息的安全性胸有成竹……殊不知在信息技术迅猛发展的当下，黑客、窃密者与信息安全专家一直开展着长久的鲜为人知的博弈。

进入信息安全专业后，我感受到了安全知识的博大精深，欣赏到了计算机安全一路以来的奋斗历史，并为各种巧妙的安全设计深深折服。在当今信息安全人才紧缺的情况下，你是否也愿意加入我们的阵营，进行这场创新与智慧的搏斗呢？

努力掌握软硬件、网络知识，与同学们一起讨论、实践计算机安全问题，也许守卫安全，打赢这场战役的，就是你！

——2017 级本科生　高天驰

怀抱着稚嫩的梦想，我选择了它。

拾取着点滴的知识，我迷恋上它。

分担着难舍的责任，愿投身于它。

黑帽子，白帽子，吸引着我开始了解这个专业，仿佛能够揭开虚拟世界某一隅的神秘面纱。随着了解的深入，我愈发感受到了信息安全这个专业所焕发的活力，以及它所肩负的沉甸甸的社会责任。

在进入这个专业后，我发现，它并没有让我失望。我认为，它之所以能让我沉浸于其中，只因为两个字，一谓“广”，一谓“深”。

首先，“信息安全”这个词所包含的范围太广了，能够扩大我们的视野，能够大范围切换我们看问题的角度，是谓“广”。我对信息网络世界的认知被进一步地拓宽了，开始用另一种视角看待这难以触摸的虚拟世界。原来，我以往的认知是那么狭隘：我所“冲浪”着的互联网络隐藏着暗链，我所使用着的智能家电能被暗中操纵，我所叹服的人工智能可被简单的像素点欺骗……原来，虚拟世界的攻防如此激烈，我开始如饥似渴地学习着各种方面的知识。

其次，随着学习量的增加，信息安全专业的另一个诱人之点被我所触碰，是谓“深”。在大二，我加入了一个实验室，开始跟着前辈进行“对抗学习”相关的研究。随着学习的深入，我发现，这个能被快速理解的概念中，竟隐藏着如此深的可挖掘空间。学习了各种网络安全的攻击方法后，我发现它竟能和看似风马牛不相及的“人工智能”扯上关系！随着学习量的增加，我发现我接触到的可学习的、可联通的东西也越来越多，完全不存在“学完”这个概念，这进一步增加了我的探索欲望。

多么美妙的探索过程，多么神秘的探索量，多么具有挑战的探索目标！我相信，这个专业永远不会被冷落，将会不断焕发出新的生机！

——2016 级本科生　季俊涛

专业名称：工业设计
专业导游：柴春雷教授

选择浙江大学工业设计专业的N个理由

浙江大学工业设计专业成立于1990年，由时任校长路甬祥院士提议，潘云鹤院士牵头在计算机学院创办。办学至今，是全国第一类特色专业；2019年与数字媒体技术专业合并，形成了以科技与创意设计、数字技术与媒体相融合的新的工业设计专业，是国内科学技术与人文艺术结合的典范。

一流的师资队伍和学科。本专业拥有以中国工程院院士、国务院设计学学科评议组成员等领衔的国内一流的师资队伍。专业教师的背景涵盖了工业设计、艺术设计、计算机、数字媒体技术等学科，是国内最具特色的跨学科教师团队。浙江大学计算机学院设计学科的研究具有较大的竞争力，在创新设计、智能设计、数字化艺术与设计等领域已位于学科前列，交叉性好，团队稳定；在动漫游戏、数字媒体技术方面排名全国第一。

一流的就业。约1/3的学生直接就业，入职国内外知名企业，为腾讯、阿里巴巴、华为、网易、谷歌等知名公司输送了一批知名设计师和多名设计总监。约1/3的学生赴英国皇家艺术学院、斯坦福大学、哈佛大学、卡内基梅隆大学等国际一流院校继续深造。约1/3的学生在国内继续深造。

一流的课程。工业设计的课程秉承开放化、国际化、企业化、成果化的理念，与新加坡、日本、荷兰等国家的一流高校开设了国际合作课程，与蚂蚁金服、网易等开设了企业合作课程，使得学生具备宽广的国际视野和优异的企业实践能力。

Q1：工业设计专业的学习（研究）对象是什么？

设计的目标始终是赋予产品和系统更卓越的功能、更优美的形式、更美好的身心感受，创造更好的经济、社会、文化和生态价值，满足和引领社会和市场需求。工业设计是一门多领域交叉的综合型学科，涉及艺术、工程技术、文化、用户心理、商业营销等。它通过创造性的设计思维活动，将最新的科技成果转变为实用、美观、人性化的产品、系统和服务，以此提升人类的生活品质。本专业以科技与创意大类的学生为培养对象，培养学生的创新设计能力、数字媒体技术能力和设计实现能力。

Q2:工业设计专业本科核心课程有哪些?

工业设计专业本科核心课程有:造型基础、设计基础、设计思维与表达、整合与创新设计、技术构成与创新设计、文化构成与创新设计、用户体验与产品创新设计、信息产品设计、商业创新设计、计算机游戏程序设计、信息可视化等。

Q3:工业设计专业的学生需要具备什么特质?

工业设计专业的学生需要对社会和生活充满兴趣和想象力,对设计有敏锐的感悟力,善于发现问题,善于解决问题;还需要具有宽广的人文视野、活跃的思维、较高的艺术设计理论素养,以及较强的整合创新能力、团队学习合作意识。工业设计培养学生的设计思维能力和创造性解决问题的能力,培养学生的审美能力和文化内涵,培养具有创新设计能力的复合型人才。

Q4:工业设计专业有哪些对外交流项目?

本专业与麻省理工学院(MIT)媒体实验室、埃因霍芬理工大学、米兰理工大学、千叶大学、新加坡国立大学、新加坡科技设计大学等国际知名院校有合作交流。此外,还有中日韩校园计划等特色交流项目。

Q5:工业设计专业的深造与就业前景怎样?

目前浙江大学工业设计的毕业生大多就职于谷歌、阿里巴巴、腾讯、华为等知名企业,以及国内外知名设计公司。学生约 1/3 就业,约 1/3 在国内继续深造,约 1/3 出国深造(包括哈佛大学、斯坦福大学、麻省理工学院、卡内基梅隆大学等)。

设计行业:适合职位有设计总监、产品经理、工业设计师、产品设计师、新媒体设计等。

互联网等高新技术行业:适合职位有设计总监、产品总监、产品经理、交互设计师、视觉设计师、用户体验师、互联网产品开发、游戏与数字娱乐等。

创新创业行业:工业设计是非常适合创新创业的专业,可以设计新产品、新系统、新服务和商业模式,来引领行业和社会的发展。

■ 工业设计专业最吸引我的——

工业设计是极具创新魅力的专业,无论是产品、系统还是服务,经过设计师的设计,总能散发出非一般的魔力。在中国迈向创新型国家的征程中,工业设计大有可为。

——柴春雷　教授

这里可能是整个浙大最开放的专业之一,在这里你可以做你想做的事,这里是思想交流碰撞的平台,无论是设计竞赛还是创新创业,你都能在这里找到志同道合的伙伴,一起学习拼搏。在这里也有开放的老师，他们从来不会限制你该怎么做，无论互联网还是实体，无论音乐、美术还是物理、化学，只要你有兴趣，老师们会尽最大的努力帮助、指导你，走出属于你自己的设计之路。

——2014 级本科生　姚奕弛

制造者、挑战者、创造者、追梦者，这些角色在产品设计时你都有可能扮演，因为这个专业不会对你有任何限制，因为如果想完成改变世界的梦想，本来也不应有太多限制。

在这个专业中，你会用四年时间来探索“设计”一词的广度，你会发现原来简单的两个字包含了如此多的领域范畴，音乐可视化、增强现实交互、游戏开发、数据可视化、汽车、家居、电子产品、用户体验、设计管理……无论你对什么感兴趣，你都可以在这片土壤中学习和成长，你会认识很多不同怀揣梦想、充满激情的伙伴，虽然你们可能兴趣不同、特长不同，但是你们在一起会创造出有影响力的设计作品，这就是这个专业的魔力，课堂、学校、国际比赛甚至整个社会都是你的舞台和实验室。

你可以和老师们畅所欲言，他们也会竭尽全力地帮助你，为你提供各种资源，比如设计研讨会、业内大牛讲座……只要你想要实现心中的想法，你就可以在这片土壤上奋力耕种。因为他们相信，在经过四年的磨炼后，你会带着知识在接下来的生涯里挖掘“设计”一词的深度，不断突破，发出属于你的最强音。四年后，你也会和我一样，深刻体会到“设计师”的分量，并努力为社会的未来和发展创造价值。

——2016 级本科生　王子豪

专业名称:产品设计
专业导游:徐雯洁副教授

选择浙江大学产品设计专业的N个理由

浙江大学产品设计专业在艺术设计、互联网交互设计、体验和服务设计等方面独具特色和优势,致力于培养创意设计的领袖人才。

一流的师资和学科。 浙江大学计算机学院设计学科有国务院设计学学科评议组成员、教育部高等学校设计学教学指导委员会专家、教育部高等学校工业设计教学指导委员会专家等一批国内外知名的专家学者。浙江大学计算机学院设计学科现已成为中国三大设计组织的依托单位或牵头单位(中国工业设计协会副会长兼秘书长单位、中国机械工程学会工业设计分会副理事长兼秘书长单位、中国创新设计产业战略联盟理事长单位);是我国设计学领域标志性会议的发起和主办单位之一(中国创新设计大会、世界工业设计大会);是中国创新设计发展战略研究、数字创意产业发展重大行动计划研究等国家战略规划的重要研究单位之一。

一流的学生培养。 产品设计专业拥有四门国家精品课程,居国内同类专业第一。产品设计专业的学生获得 IF、Red dot、IDEA 等各类设计奖项数量位居国内前列。80%的学生有出国交流经历。产品设计专业培养了奥运火炬"祥云"责任设计师章骏、广州亚运火炬责任设计师洪华、亚洲卓越设计师杨明洁等优秀设计师,培养中国设计业十大杰出青年人才 6 名(居国内前列)。

良好的就业前景。 60%的毕业生选择出国继续深造(国际知名高校)或在国内一流大学继续深造;就业者则大多在国内外一流互联网公司、设计公司、咨询公司以及政府和其他企事业单位。

Q1:产品设计专业的学习(研究)对象是什么?

本专业以艺术大类的学生为培养对象,培养能适应 21 世纪信息技术发展需要,具有宽广的国际视野和市场经济视角,对生活方式设计有敏锐感悟力与创造力,以及有独特的产品和服务创新能力的设计领袖人才。

学习的对象包括产品设计、互联网交互和体验设计、服务设计、商业设计等。

Q2:产品设计专业本科核心课程有哪些?

产品设计专业本科核心课程主要有:设计思维与表达、人因构成与创新设计、用户体验与产品创新设计、服务设计、产品形式与方式设计、整合与创新设计、文化构成与创新设计、产品设计Ⅰ、产品设计Ⅱ、商业创新设计等。

Q3:产品设计专业的学生需要具备什么特质?

产品设计专业的学生要具备较强的创造性思维和全过程设计与管理的能力;具备坚实的产品创新设计技能,较好的人文社会科学、自然科学与设计科学基础;具备产品的审美能力,并能理解产品本身所具有的文化内涵;具备创新思维的系统工作能力、创新设计的商业实现能力;具备较强的工程实践能力与服务设计整合创新能力。

Q4:产品设计专业有哪些对外交流项目?

本专业与麻省理工学院(MIT)媒体实验室、埃因霍芬理工大学、米兰理工大学、千叶大学、新加坡国立大学、新加坡科技设计大学等国际知名院校有合作交流。此外,还有中日韩校园计划等特色交流项目。

Q5:产品设计专业的深造与就业前景怎样?

目前浙江大学产品设计的毕业生大多就职于谷歌、阿里巴巴、腾讯、华为等知名企业,以及国内外知名设计公司。学生约 1/3 就业,约 1/3 在国内继续深造,约 1/3 出国深造(包括英国皇家艺术学院、荷兰埃因霍芬理工大学、美国帕森斯设计学院等)。

设计行业:适合职位有设计总监、产品总监、产品经理、工业设计师、产品设计师等。

互联网等高新技术行业:适合职位有设计总监、产品总监、产品经理、交互设计师、视觉设计师、用户体验师、用户调研师等。

创新创业行业:产品设计是非常适合创新创业的专业,可以设计新产品、新系统、新服务和商业模式,来引领行业和社会的发展。

■ 产品设计专业最吸引我的——

激情、对生活和未来充满热爱;丰富的想象空间,挑战自我,尽情发挥;创意、创新、创业;通过自己的产品设计,改变世界。

——徐雯洁　副教授

这是一个能让你觉得“我很重要”的专业。你会发现你设计的产品有千万用户在使用;你的想法解决了当前很棘手的社会问题;你的行动甚至能影响到整个世界!当每个奇思妙想落地发芽，世界会因你而变得有一点点不一样！

——2015级本科生　徐晓雪

作为一个转专业过来的学生，这是一个就算让我多花一年时间，也毫不后悔做出这样选择的专业。不仅是因为自己天性上对于设计的热爱，更多的是对于“创造”的执着。从无到有，洞悉人心，设计方案，构筑形体，令人心驰神往。产品设计专业最大的魅力在于将脑海中的创意和想法，以产品、交互、服务设计落地到现实生活中的瞬间，让原本虚无缥缈的存在变成了一颗石子，石子虽小，但投入水中也会激起层层涟漪，改变许多人的生活。我可以切实地感受到，自己做着创造性的工作，而这份成果哪怕只是帮助到很少一部分人，解决了很细微的问题，也会让我感到非常幸福和满足。

——2015级本科生　叶炜

如果你是一位热爱创造的人，你来对地方了！在这里，你能将你的创新与想象和这个世界联结在一起。产品、商业、交互、服务…老师和同学们跨学科、跨领域，迸发出别样的火花，你开始明白创造的意义。

这是一个你可以成为任何人的平台，宽广而自由，令人心驰神往。老师们不会给你任何限制，他们会竭尽所能帮助你找寻到心中所爱，你也将收获一群志同道合的朋友。在大学四年，你能学习到如何设计世界的未来，更能学习到如何设计自己的人生。

——2015级本科生　冯首博

专业名称:图灵班——计算机科学基础学科拔尖人才实验班
专业导游:巫英才研究员

选择浙江大学图灵班的N个理由

理由一:图灵班依托计算机学院雄厚的教学科研力量,首席教授包括"计算机界的诺贝尔奖"——图灵奖的获得者 Whitfield Diffie 教授、吴朝晖院士、陈纯院士、潘云鹤院士、沈向洋院士,导师组由"杰青"等国家级高层次人才组成。

理由二:图灵班具有鲜明的"四全一专"培养特色,即"全科式基础强化""全方位科研训练""全程化导师引领""全球化资源导入""专业化学科培养",培养具备厚基础、高素养、深钻研、宽视野的高素质本科生。

理由三:图灵班具有计算机科学与技术、人工智能、信息安全三个本科专业,涵盖当前计算机领域热门方向。图灵班导师库囊括计算机学院高层次人才,学生刚入学即自主确认学业发展导师,确保每位图灵班学生具有导师一对一的指导。

理由四:图灵班定期举办图灵研讨班、图灵大讲堂等各种科学研讨活动,主讲人分别为院士及国内外相关领域的高水平学者,使学生开阔视野、培养科研兴趣,为未来发展打下良好的基础。

Q1:图灵班的学习(研究)对象是什么?

图灵班有三个专业方向:计算机科学与技术、人工智能和信息安全。与计算机学院相关普通专业相比,图灵班所学内容基础更扎实、范围更广、学习更深入,同时难度更大、要求更高。

Q2:图灵班本科核心课程有哪些特点?

图灵班高度重视对学生理论知识和基础能力的培养,加强通识教育,以及计算机、人工智能、网络空间安全方面的基础教育,使得学生具有开阔的计算机全科视野。开设竺可桢学院数学、物理等荣誉课程,以及计算机的编程基础课程,使得学生具有扎实的数理基础和掌握良好的计算机编程能力;设置一系列必修的计算机学科基础核心课程(计算机组成与设计、网络空间安全导论、人工智能基础等),全面覆盖计算机领域关键核心课程,培养具备计算机全科坚实基础的优秀本科生。

Q3:图灵班的学生需要具备什么特质?

图灵班以面向科学研究、面向未来、面向世界为教育理念,选拔富有进取激情、学业极优秀、动手能力超强并立志献身计算机基础科学研究事业的学生,培养出大批引领计算机行业创新创业的杰出人才,以及能够进入世界顶尖学术科研机构执教的研究人员。

Q4:图灵班有哪些对外交流项目?

为了使学生具有良好的国际视野,图灵班开拓多层次和全方位的对外交流平台,通过文化交流、课程修读、国际竞赛、学术会议、科研实习等形式,提升对外交流的质量和覆盖面。

(1)建立长效海外高校联合培养机制:赴海外一流高校交换学习一学期。

(2)每年选送部分大四优秀学生前往加州大学伯克利分校(UC Berkley)、MIT、香港科技大学等知名大学以及微软、Google、阿里巴巴达摩院等知名研究机构进行3个月以上的研究实践,其中50%以上前往世界Top 20或学科排名前5高校进行高层次的深度交流。

(3)全额资助在顶级学术会议发表了论文的学生出国参加会议并做报告。

(4)聘请国际知名学者全英文授课,承担主干课程的教学工作,提升大师授课、讲座的数量及质量。

Q5:图灵班的深造与就业前景怎样?

图灵班主要培养具备厚基础、高素养、深钻研、宽视野的高素质、创新型本科生,本科生毕业后到国内外一流高校继续深造,以成为计算机领域未来的学科引领者和战略科学家为目标。

■ 图灵班最吸引我的——

图灵班有计算机科学与技术、人工智能、信息安全三大热门专业,拥有计算机学院最优质的教学和科研资源,汇集了最优秀、最具创新精神的学生。我们希望通过全科式基础强化、全方位科研训练、全程化导师引领、全球化资源导入和专业化学科培养,培养出计算机行业的杰出人才,成为计算机科学家的摇篮!

——巫英才　研究员

于我而言,图灵班的最大魅力在于她的学养之厚和识见之广。唯其厚植学养,方能稳扎稳打,步步为营:图灵班系统化、模块化的专业课程,扎实的基础理论训练,使得我们的知识水平得到了全面的提升和发展。只有开拓视野,方能视域宏阔,高屋建瓴:不定期举行的图灵研讨班与图灵大讲堂让我们与大师畅谈，在名家的引领下，与时代接轨，与科研初见。我想真正优秀的人才必能融会理论知识，贯通实践能力，永葆科研兴趣，而这些都是在图灵班的学习能够给予你我的。

更幸运的是，在这里还将有一批如此优秀努力的同学与我携手同行。学习不应该只是孤独枯燥的——在孜孜矻矻、夜以继日地奋斗时，能够有大师的指引与同辈的陪伴，其实是一件很美好的事情。

我相信，四年的图灵班学习，会在我的人生里画上浓墨重彩的一笔。

——2019 级本科生　蒋景伟

生物医学工程与仪器科学学院

College of Biomedical Engineering and Instrument Science

☞ 生物医学工程

专业名称:生物医学工程
专业导游:陈杭教授

选择浙江大学生物医学工程专业的N个理由

理由一:生物医学工程作为一门典型的交叉学科,主要运用工程信息技术解决生物和医学领域的科学问题,以及开发相关的医疗仪器设备,为人类疾病预防、诊断、监护、治疗、保健、康复及主动健康服务等提供工程技术手段。

理由二:浙大生物医学工程专业是国内最早成立的,成为培养生物医学工程领域高级人才的摇篮。同时也最先建成硕士学位、博士学位授予点和博士后科研流动站。2019年,本专业入选第一批国家级一流本科专业建设点。

理由三:浙大生物医学工程专业毕业生就业前景诱人。雇员薪酬数据网站PayScale最新统计数据显示,美国生物医学工程专业的平均年薪在员工职业生涯早期有70500美元,在职业中期有122000美元,是最赚钱的专业之一。

Q1:生物医学工程专业的学习(研究)对象是什么?

生物医学工程是一门高度综合性的交叉学科,它运用现代自然科学和工程技术的原理与方法,从工程学角度研究人体的结构、功能及状态变化,并运用工程技术手段去了解和控制这类变化,以解决生物医学中的有关问题。生物医学工程专业研究方向广泛,包括生物医学传感、医学信息、医疗仪器、脑机接口、组织工程等,为疾病的预防、诊断、治疗和康复提供全人全程的生命健康保障。

Q2:生物医学工程专业本科核心课程有哪些?

生物医学工程专业本科核心课程有:传感技术与应用、数字信号处理、微机原理及应用、工程生理学、生物医学信息技术、生物医学成像技术等。

Q3:生物医学工程专业的学生需要具备什么特质?

本专业注重学科交叉和创新实践,在学习过程中要求学生掌握生命科学、电子技术、信息科学,具备比较强的综合分析能力和应用能力,培养学生的创新型思维和动手实践能力,同时学生应具有一定的国际化视野以及人文社科素养。

近年来，生物医学工程专业学生参加的学科竞赛也几乎覆盖了学校所有的竞赛，如全国大学生电子设计竞赛、全国大学生机器人大赛、全国大学生数学建模竞赛、“互联网＋”大学生创新创业大赛、“挑战杯”学生课外学术科技作品竞赛等，成绩显著，体现了生物医学工程专业学生思维活跃、视野开阔、创新实践能力强的特点。

Q4：生物医学工程专业有哪些对外交流项目？

学生对外交流是生物医学工程专业的重要特色，本专业为同学们提供了质量优异、数量充足的本专业学生专属的对外交流项目，包括哈佛大学医学院科研实习项目、哈佛/耶鲁短期交流项目、卡内基梅隆大学“3＋1＋1”本硕联合培养项目、新加坡国立大学“3＋1＋1”联合培养项目、美国硅谷毕业设计项目、西澳大学暑期科研实践项目、新加坡国立大学暑期交流项目、香港高校（如香港科技大学、香港理工大学、香港城市大学）暑期专业交流项目等。这些对外交流项目极大地深化了国际化培养内涵，提升了同学们的全球竞争力。

Q5：生物医学工程专业的深造与就业前景怎样？

生物医学工程专业就业质量高、就业面广泛。在毕业生中，有在GE、西门子、飞利浦、联影、迈瑞等公司从事医疗仪器、医学影像研发和管理相关工作；有在阿里巴巴、华为、百度、谷歌、IBM等大企业从事电子信息、通信等IT行业工作；有响应国家号召，到国防军工重点单位就业、入选选调生到西部就业；有在省、市级知名三甲医院就业。

60％左右的本科毕业生会选择继续深造，其中到国外攻读的占了一半，很大部分同学申请到全世界顶尖的大学，如麻省理工学院、耶鲁大学、约翰斯·霍普金斯大学、佐治亚理工学院、杜克大学、哥伦比亚大学、卡内基梅隆大学、新加坡国立大学等。

■ 生物医学工程专业最吸引我的——

学科交叉是生物医学工程专业最吸引我的地方，因为交叉，所以会有很多创新的可能。当年我被保送到浙江大学，可以自由地选择专业，我就选了这个专业，因为它新兴又神秘。我后来又获得了这个专业的博士学位，一直在本学科当教授任教至今，随着对该专业的研究越来越深入，觉得这个专业真的是特别有前景。生物医学工程专业研究方向广泛，包括生物医学传感、医学信息、医疗仪器、脑机接口、组织工程等，给学生提供了多种选择的可能。任何一个方向都会产生交叉创新的成果，都可以为人类健康医疗事业做出自己的贡献，这就是生物医学工程专业的魅力所在。

——陈杭　教授

生物医学工程是一门交叉性强、注重问题导向的学科，这两个特点也是这个专业最吸引我的地方。作为一门医、工、信结合的学科，我们所要学习的专业课程包罗万象，要学习生理学、医学、物理、电子技术、计算机技术等多个领域的专业知识和技能。课程涉及知识面的广泛性会促使我们学会用不同的视角看待和解决问题，这在今后研究解决生物或医学的实际问题的过程中就会有很大帮助。与生物和医学相关的许多问题都必须利用工程的方法去研究解决，生物医学工程存在的意义就是为这些问题的解决提供了保障。我正是带着这样的一种想法，在这门专业的学习中收获了很多快乐和成就感。

——2013 级本科生　蒋一帆

记得当时选择专业时，我对人体的健康和生命科学有浓厚兴趣，但又不想选择纯粹的医学。这时，我看到了生物医学工程并选择了它。生物医学工程专业最吸引我的地方是它的学科交叉性和未来发展的无限可能性。它结合了信息学和生命科学这两个当下热门的研究学科，用信息化和工程化手段为生命科学和医学研究提供极有力的工具。在这里，我们不仅学习人体的生理知识，也学习如何用传感器获取生理信号；我们不仅编写算法处理人体的心电信号，也编写算法处理医学图像；我们不仅观察人体内的各个系统是如何协作运转的，也观察细胞内的高尔基体是如何输送囊泡的。它仿佛给了我们一片汪洋大海，而我们总能在这里寻找到自己感兴趣的那一颗海星。

——2014 级本科生　吕可伟

生物医学工程专业旨在以工程的手段解决在生物医学尤其是临床医学领域发现的问题，它如同一块巧克力蛋糕，工程技术是它的主体，是坚实的基础，而生物医学就是上面的巧克力，是渗透在方方面面的主题。生物医学工程作为一个交叉学科，能够让我们接触到电子电路、化学、数学、物理、医学等诸多领域的知识，让我们选择自己感兴趣的领域，如优化 CT、PET、MRI 的图像算法的生物图像处理方向；探秘生物体的基因组的系统生物学方向；对生物医学大数据进行处理与分析的生物医学信息学方向；提取人类生理信号进行信号处理与传输的生物医学信号处理方向；探索生物相容性更优良的生物材料与组织工程方向……在每天的学习与科研中，我们都能徜徉于对人体复杂系统与生物现象的探索中，雀跃于解决实际问题的尝试中。总而言之，这是一个具有极大现实意义的专业，也是一个能够让我们感受到无限可能的专业。

——2014 级本科生　陈仙乐

我一直想成为一名医生，向往奋战一线，治病救人的使命感，但由于身体原因，得知不能从医，我的人生一度失去方向。生物医学工程专业就像一个灯塔照亮我，在高考中我以裸分 701 分考上了工信大类，顺利进入生物医学工程专业。生物医学工程专业最吸引我的就是它与医学紧密的联系性。作为一门医、工、信结合的学科，生物医学工程专业让我们将工程学和信息学的技术应用在医学领域上，用发展、智能的眼光去看待医学问题，有机会让更少的人患病、让患者可以获得更好的救治，这是一种更高的历史使命感。我相信，像我一样生物医学工程专业的学生，都是怀揣着这样的历史使命感，在这个方向上学习，去成长，实现自己的人生价值。

——2015 级本科生　沈朱懿

生命科学学院

College of Life Sciences

- 生物科学
- 生态学

专业名称:生物科学
专业导游:丁平教授

选择浙江大学生物科学专业的N个理由

本专业国家级金钻名片众多。例如,一流本科专业建设点、"双一流"建设学科、"基础学科拔尖人才培养计划"专业、一类特色专业、生物学理科基础科学研究和教学人才培养基地、生命科学与技术人才培养基地等。

本专业师资与教学科研平台一流。拥有高水平的教师与优秀科学家队伍,一级学科博士点和博士后流动站、两个国家重点学科,以及国家级生物学教学实验示范中心和众多具国际影响的实验室与野外科研教学基地。

本专业历史悠久,人才培养质量一流。以贝时璋和谈家桢等18位院士为代表的一批杰出生物学家曾在此学习和任教,迄今已培养出一大批具有国际视野和全球竞争力、创新能力强和基础宽厚扎实的高素质生物科学人才。

Q1:生物科学专业的学习(研究)对象是什么?

生物科学的研究对象为自然界中的生物,研究生命系统各个层次的结构、功能、行为、发生与发育、起源进化与绝灭,以及生物与环境相互关系等科学问题。生物科学是医学和农学等生命科学相关学科的基础,并涉及人口、食物、能源和生态环境等当前举世瞩目的全球性问题。这当中有两个研究热点:一个是微观世界,研究从分子到细胞结构内部的生命现象,如人类疾病的分子机制和植物光合作用机理等;另一个是宏观世界,研究生物和环境的关系、生物进化,以及生态系统结构与功能和生物多样性维持机制等。

目前,国家已将研究生物与环境关系的生态学提升为与生物科学并列的一级学科,我校亦已单独设立了生态学本科专业。

Q2:生物科学专业本科核心课程有哪些?

植物学、动物学、微生物学、生态学、生物化学、细胞生物学、遗传学、分子生物学、发育生物学和生物统计与试验设计等是本专业的核心课程。在这些课程基础上,进一步学习病毒学、生理学、基因工程、细胞工程、免疫学、生物信息学、进化生物学、保护生物学和生物学综合野外实习等专业课程。

Q3：生物科学专业的学生需要具备什么特质？

学生对生物、大自然和生物科学的兴趣是学习本专业必须具备的基本特质。同时，本专业有大量的学习内容需要通过实践研究来掌握。例如，基础课的实践训练和野外实习，到感兴趣的实验室进行科研训练、学习科学研究的基本方法和技术，以及到专门的研究实验室进行毕业实践(论文)，开展某一科学问题的系统探究，等等。因此，本专业学生还应具有善于实践和较强的动手能力。

Q4：生物科学专业有哪些对外交流项目？

目前，生物科学专业的对外交流项目主要包括：与耶鲁大学“3+2”项目；与北卡罗来纳州立大学、哈佛大学联合野外实习项目；与欧洲国家大学联合野外实习项目；等等。

Q5：生物科学专业的深造与就业前景怎样？

本专业2/3以上毕业生将进入国内外高等院校和科研单位生命科学各专业继续深造(其中有50%的优秀学生被推荐免试进入国内研究生阶段学习)，如进入哈佛大学、麻省理工学院、斯坦福大学、剑桥大学、哥伦比亚大学、耶鲁大学、约翰斯·霍普金斯大学、加州大学洛杉矶分校、芝加哥大学、帝国理工学院、多伦多大学、杜克大学、康奈尔大学、新加坡国立大学等国内外著名高等院校和科研单位生命科学各专业攻读硕士和博士学位，其余毕业生进入院校、研究所、政府部门及生物产业相关企业等单位就职。在国内外获得硕士和博士学位的生物科学系校友遍布国内外高等院校、科研机构、政府部门和高新技术单位。

■ 生物科学专业最吸引我的——

我们学校的生物科学专业历史悠久，已培养了大批的杰出生物学家和专门人才。如果你喜欢生物、热爱大自然，并有志于了解、学习和研究生命现象与规律，成为未来的杰出生物学家和专门人才，来浙江大学将是你不悔的选择。

——丁平　教授

从平凡世界中的生灵到显微镜下的细胞结构，这本身就是一个神秘的世界。浙江大学生物科学专业带给我的不仅仅是理论知识，更重要的还有从“是什么”到“为什么”的提升。先进的理念，极佳的师资，以及在理论与实践的结合中，思考生物在不同维度下的表现及其缘由，这也许是我一直感兴趣的原因。

——2015级本科生　陆晨

自然，是我们人类的家园，也是我们的归宿。大自然的奥秘，一直是我的兴趣所在。在浙大生命科学学院求学的四年里，我学到了许多前辈总结的经验和知识，也学会了如何发现问题，甚至有能力解决问题。一场场学术讲座，一次次科研实践，让我触摸到真正的科研生活，激发了我的兴趣，也极大地影响了我的思维习惯和工作模式。其实，生物学是一门综合性极强的学科，往往需要多方面的知识和方法才能了解这些天然的生灵，而在了解生命、认识生命的过程中，我们也能认识我们自己。

——2015 级本科生　李文昊

从理论到实践，从课堂到实验室，穿上实验服，探索生命的奥秘。浙江大学生物科学专业有许许多多热爱生命、积极探寻生命本源的教师和学生，志同道合让我们相聚在这里，成为浙大生科的一分子！

——2016 级本科生　朱宇翔

专业名称：生态学
专业导游：方盛国教授　陈欣教授

选择浙江大学生态学专业的N个理由

金名片。 浙江大学生态学专业依托国家生态学一级学科，浙江大学的生态学学科是国家重点学科和国家“双一流”建设学科，在全国第四次学科评估中获A+（并列第一），已成为中国大陆生态学专业人才培养的重要平台之一。

基础厚。 浙江大学生态学学科建有教育部“生命系统稳态与保护”重点实验室，聚集国家杰出青年科学基金获得者、国家优秀青年科学基金获得者、联合国FAO-GIAHS中国专家、全国生态文明教育首席专家、浙大求是特聘教授等一大批知名教授；力量雄厚的教师团队承担着国家重大基础科学与生态产业技术研究任务，在高水平科研成果、重大技术创新、行业标准制定、产业发展引领及政府政策咨询等方面发挥着重大作用并做出了卓越成绩。

重培养。 小班化、国际化、重基础、讲应用，立足国际前沿、面向国家重大需求、科教协同，是生态学专业人才培养的重要特色。生态学专业拥有国家级生物学教学实验示范中心和国家级野外实习教学基地，常年聘请海内外高水平学者为学生开设生态学前沿讲座课程，并与哈佛大学、耶鲁大学等国际著名大学建立高水平人才联合培养计划，为学生未来发展构建了全面而系统的培养方案。学生毕业后先后赴耶鲁大学、中国科学院等国内外机构深造，或者进入生态文明建设行业部门，深受用人单位的青睐。

Q1：生态学专业的学习（研究）对象是什么？

生态学是研究生物与环境之间相互作用规律的一门学科。生态学是当今最有发展潜力和全面影响力的前沿科学之一，对于揭示生命的起源和地球环境变迁的规律、解决日益突出的生态环境问题和人类的可持续生存发展发挥着重要作用。生态学专业学习（研究）的对象非常广泛，包括生物大分子、基因、细胞、个体、种群、群落、生态系统、景观、生物圈（全球）。在微观领域，以大熊猫、扬子鳄、银杏和八角莲等一批国家重点保护的珍稀濒危动植物为对象，利用现代生物学（包括基因组学）和生物信息学的技术与方法，阐明种群的进化历史、解析生态习性的基因组协同调控通路和揭示物种生存的环境适应机制，并借此向政府主管部门提出物种保护和野生资源复壮的科学建议。在宏观领域,以稻鱼共生为模式体系,揭示不施用农药与化肥并建立高产和无病虫害之绿色农业的种间协同共赢的生态学机制;将单个细胞的运行模式引入现代化大都市的人文领域,揭示城市生态系统的运行功能;通过揭示微生物真菌孢子的入侵机制,研制果树和蔬菜等农作物防虫抗病的生防制剂,建立绿色农业和保障食品安全的现代生产模式;以水库岛屿为对象,通过对物种分布格局的变化规律研究,揭示人造工程影响生物多样性维持的生态学机制;以深海热液口的微生物、虾、蟹和鱼为对象,揭示生命起源及物种协同进化的生态学机制。

Q2:生态学专业本科核心课程有哪些?

浙江大学生态学专业本科核心课程包括:保护生物学(甲)、代谢生态学及实验、动物学及实验(甲)、进化生物学、群落与生态系统生态学、生态学基础及实验、生物统计学与试验设计、微生物学及实验(甲)、植物学及实验(甲)、种群生态学、微生物生态学、进化生物学、生物学综合野外实习、野外生态学等。通过对这些骨干课程的学习和理解,引导学生在认识大分子、基因、细胞、个体、种群、群落、生态系统、景观、生物圈(全球)本质的基础上,根据个人的兴趣特点,重点选定一个方向去探索生命与环境之间协同共存的奥秘。

Q3:生态学专业的学生需要具备什么特质?

生态学专业的学生,首先要热爱大自然,对生物及其环境应有善于持久观察和让环境变得美好的兴趣冲动。无论你偏爱数学、物理、化学、计算机,还是钟情于细胞、遗传、生化或生理、医学,抑或你对人文、社会科学感兴趣,生态学这一生命科学领域的综合性一级学科,都有让你淋漓尽致发挥聪明才智的方向。而大二开始即自主选择感兴趣研究方向的导师并进入其实验室进行研究能力培养的教学模式,以及大四专项的毕业(论文)实践,则将是你走向成功的根本保障。

Q4:生态学专业有哪些对外交流项目?

针对生态学专业,浙江大学与北卡罗来纳州立大学、哈佛大学长期合作开设全英文“东亚—北美植物间断分布及生态野外实习”联合野外实习课程(开放性实习的拓展和延伸课程);2019 年开始与萨尔茨堡大学、海德堡大学联合开设“中欧美植物学—生态学野外联合实习”课程。此外,与哈佛大学、耶鲁大学、加州大学、多伦多大学等国际知名学府建立暑期交流和培养计划。

Q5:生态学专业的深造与就业前景怎样?

生态学专业毕业的学生一半以上到国内外高等学府和科研院所进一步深造,其中有50%的优秀学生通过推荐免试进入国内研究生阶段学习。其余毕业生或就业于省属环保、农业和林业等政府部门,或就业于博物馆、自然保护区等事业单位,或就业于环境评价、生态规划与景观设计等企业。在我国生态文明和生态型国家建设的大好发展时期,未来生态学专业毕业生的深造与就业前景广阔。

■ 生态学专业最吸引我的——

人口增长，环境破坏，野生动植物的生存受到了空前的威胁，我们已处在全球生物第六次大灭绝的漩涡之中。因此，利用现代宏观与微观的生物学技术，探索濒临灭绝的野生动物生存的环境适应机制，并借其研究成果向政府主管部门提出物种保护和野生资源复壮的科学建议，即是该专业吸引我的主要方面。

——方盛国　教授

生态学是研究生命世界（包括人类社会）古往今来千姿百态的生物如何生存下来和繁衍下去的科学，是一门以资源科学分配及讲求成本、回报的“利益权衡”为基本法则的“自然经济学”（The Economy of Nature），因而它是一门引人入胜的科学。其实，生态学更是一门介于自然科学、社会科学和工程技术科学之间的交叉科学。为什么人人都值得去学习生态学呢？①生态学的研究可以充分满足人类的好奇心，如地球生命世界是如何运作的、生命世界为何这般多姿多彩、我们人类应该如何去认识和看待生物世界的这些相同与不同、未来的生命世界会变得怎样、我们的生命世界会如何受到周边环境的影响等等。②以自然生命世界为指导，我们人类也应该更多地向自然生物世界学习，毕竟人类社会的历史远比地球生命史短得多，学习生命在千变万化的环境中持续生存的方法，很有必要。③生态学教导人类产生更多的地球责任感，让我们意识到我们的所作所为对周围的世界有多大的影响，我们该做什么又不该做什么。④人类社会的持续生存和发展离不开生态学理论的指导，比如人口健康发展、资源合理利用、全人类平等和谐共享发展福利等等。以上这些，足以让我用毕生精力和心血去钻研生态学的种种问题。

——唐建军　博士

母亲是生物老师，因此我从小被教育要爱护地球，重视生态。当我还在高中，学了高中生物上的生态学知识的时候，我就觉得我已经基本掌握了生态学知识，以为生态学只不过是几个框架、几条原理而已。然而进入大学我发现自己对生态学几乎一无所知，当我修完“基础生态学”，掌握了生态学过程中的那些模型之后，我又觉得我基本掌握了生态学，那不过是对生物变化的一些模型分析而已。然而到了高年级我发现我自己真是天真。现在我再也不敢说我懂多少生态学，因为生态学永远充满着惊喜和秘密：在每个生态环境中，每个生态因子和每个生物单元之间的作用都是一个等待着勇者去探索的新世界。在地球环境日渐崩坏的当今，加入到这些新世界里乐于探索的勇者的行列中，是我能切实做到的“知而行”。

——2016级本科生　华梧越

最初选择浙大生态学，是因为觉得它入选了国家“双一流”建设学科，并在全国第四次学科评估中获A+；而最终爱上这个专业，是因为它本身。大一阶段的大类课程为本专业夯实基础；大二及以后，可以享受保护生物学、代谢生态学、植物学、动物学、生物学等课程的洗礼，图文并茂，顿感“世间万物皆在掌心之中发生着奇妙的变化”。在这里不仅能入实验室做实验，将理论与实践相结合，而且还能到四川卧龙大熊猫繁育中心做项目，到浙江杭州天目山野外实践，更有与耶鲁大学的“3+2”项目，与新加坡国立大学、美国佛罗里达大学等的交流合作项目。总而言之，我爱生态学，因为它不死板，处于极佳的发展阶段，还有精彩的专业内容、雄厚的师资力量、优越的学习环境，再者，还能在学术上为全球环境保育和人类社会的可持续发展做出自己贡献，何乐而不为呢？

——2017级本科生　张丹华

为何湖南省娄底市娄星区珠山公园会长有一棵高为12.8米，树龄达800年的银杏？究竟要为丹顶鹤创造多大的栖息地，才能保证它们不灭绝？这些都是生态学问题。国家将生态学提到前所未有的高度，决定了学习生态学的必要性。生态学从生物学中独立出来，成为一级学科；“蚂蚁森林”等生态文明建设工作已有条不紊地进行；人类将由工业文明过渡到生态文明。生态学跨领域、交叉性强的性质决定了生态学者要有与其他专业（尤其是遥感、统计学、计算机、自动化等）学者的沟通能力；生态学中频繁用到数学模型，决定了生态学者需具备较强的思维能力；生态研究人员需设计并实施野外调查方案，进行大量的野外考察，决定了生态学者需具备较强的方案设计、实践以及组织能力。生命的起源与演化、生物之间相互作用的秘密、生物多样性形成与分布空间格局的机理等等，生态学这一充满魅力的学科，还有很多很多值得我们去探索、去发现的地方。

——2018级本科生　吴浩然

生物系统工程与食品科学学院

College of Biosystems Engineering and Food Science

- 食品科学与工程
- 农业工程

专业名称：食品科学与工程
专业导游：陈启和教授

选择浙江大学食品科学与工程专业的N个理由

理由一：在教育部第四轮学科评估中获A－、在2018年软科(ARWU)世界一流学科排名中位列第六、浙江大学优势特色专业建设学科、C9高校中唯一位列A类的食品学科，并通过美国IFT(食品技术学会)专业国际认证。

理由二：注重学研互促，拥有1个省级示范实验教学中心、1个国家地方联合工程实验室、2个省级重点实验室、2个农业部重点实验室，荣获国家技术发明和科技进步二等奖各1项。

理由三：学生竞争力强，拥有多位浙大学生最高荣誉“竺可桢奖学金”获得者，拥有多个本科生创新实践教学基地，每年超20人次参加国内外多项专业学科竞赛，具有多种途径的对外交流培养机会。

浙江大学是一所综合性大学，食品科学与工程专业是浙江大学众多学科门类中特色最为鲜明、个性尤其突出、地位非常重要的一门优势特色学科，它是一门交叉性强的应用基础性专业，关乎千家万户，更维系着社会健康发展和民族腾飞。本专业在国际排名上从来是以人均产出为国内同类专业的高校最高、学生培养突出国际化、教师队伍精干化、教学资源丰富多样化而享誉国内外。本专业培养的本科生人才有1/3继续进入国内外著名高等学府深造，1/3进入国内外食品企业或相关企业从事食品研发与市场工作，余下1/3进入政府或管理部门从事技术管理工作。自从人类开始直立行走与人工取火，我们这个专业就开始诞生了，食品专业的发展历史就是一部人类社会进化与繁衍的历史，在当今越来越智能化、越来越追求健康与安全的大时代，我们欢迎越来越多的新鲜血液加入到这个有温度、有感情的专业，为我们自身的健康、社会的发展和人类的文明挥洒自己的青春与热血。

Q1：食品科学与工程专业的学习(研究)对象是什么？

在世界人口膨胀带来粮食危机、食品供应链全球化以及人们对食品营养与健康、食品安全关注日益加深的大背景下，食品科学与工程专业以食品科学和工程技术为基础，研究食品的智能制造、食品生物技术、食品的营养与健康、食品安全与品质、采后保鲜等。本专业注重科学基础与工程实践教学，培养具有创新素质和国际视野，掌握现代食品科学基础理论和食品工程技术知识，能在食品领域内从事食品生产技术管理、产品开发、品质控制、工程设计、科学研究等方面工作的复合型高级工程技术或专业管理人才。根据学生学习兴趣不同，本专业有食品加工与装备、食品营养与安全、食品生物技术、食品储运与保鲜、食品品质管理与安全等方向，并与欧美多所著名高校实行“3+2”联合培养及暑期交流。

Q2：食品科学与工程专业本科核心课程有哪些？

本专业学生主要学习化学、生物学和食品工程学的基本理论和基本知识，接受食品生产技术管理、食品工程设计和科学研究等方面的基础训练。本专业课程体系以美国IFT食品科学与工程专业评价标准为参考，全面涵盖食品化学和分析（Food Chemistry and Analysis）、食品安全和微生物（Food Safety and Microbiology）、食品加工及工程（Food Processing and Engineering）、应用食品科学（Applied Food Science）及成功技能培养（Success Skills），培养全面综合型食品人才，成效初显。同时，本专业也是国内第二所入选美国IFT专业认证的院校。

Q3：食品科学与工程专业的学生需要具备什么特质？

对食品科学与工程专业有浓厚的兴趣，热爱我国的食品产业；掌握一定的人文社科基础知识，具有较好的人文修养；有求实创新的意识和革新精神；具备良好的身心素质、健康的体魄、良好的心理素质和生活习惯；具有国际视野、现代意识和健康的人际交往意识，有较强的团队意识和健全的人格；具有一定的组织管理能力和较强的语言文字表达能力；具有对终身学习的正确认识；具有适应发展的调节能力。

Q4：食品科学与工程专业有哪些对外交流项目？

为了培养学生的创新素质和国际视野，求是食品班按照“引进来，走出去”的原则努力实践人才培养的国际化。“引进来”是将以美国IFT标准为代表的现代教育教学模式、理念和教学标准、著名专家、原版教材引入本科人才培养中。“走出去”是在培养方案中设置了专门的国际化替代学分，提供国际名校和名企的交流和实践机会等多种形式，以制度化安排确保学生的国际视野培养。与康奈尔大学、伊利诺伊大学厄巴纳香槟校区、加州大学戴维斯分校和普渡大学等国际一流伙伴院校有着深度的本科生培养交流与合作，建立了本科生国际课程修读合作关系。

Q5：食品科学与工程专业的深造与就业前景怎样？

本专业是一个社会需求迫切，就业领域十分宽广的专业。近20年来，本专业毕业生遍布相关政府和行政管理部门、企事业单位、高等院校等，成长为国家公务员、事业单位管理骨干以及企业总经理、CEO等重要经营管理优秀人才，为社会发展和经济建设做出了很大的贡献。毕业生具备新资源、新技术与新产品开发，食品生物技术，食品营养与健康，食品品质与安全管理以及现代化食品生产工程管理等方面的综合能力，可去往政府部门、事业单位、大中型企业和科研机构，从事食品及相关发酵工程、生物化工等领域的教学、科研、生产、内外贸易、商检、卫生防疫、技术监督、质量论证等方面的工作。优秀毕业生可选择自己感兴趣的领域免试攻读硕士学位、进入硕博连读计划或出国深造。近3年来，约60%的本专业学生选择在国内外深造，20%的毕业生考入国家机关、海关、商检、食品安全管理等政府和事业单位从事行政管理工作等，其余毕业生则选择到食品、软件开发、机械制造等企业从事科学研究、产品开发、经营管理等工作，或选择自主创业。

■ 食品科学与工程专业最吸引我的——

这个专业是我一直以来的坚持与不舍，从大学开始选择这个专业到我攻读硕士和博士，我心一直未变，从中体会到艰辛也体会到无穷的乐趣。一直到我毕业后从事这个专业的科学研究和人才教育职业工作，我始终坚信，只要人类生存繁衍、社会健康发展，这个专业必然有它强盛的生命力。它不仅给了我学习的兴趣，也是我生存、发展和终身职业道路的源泉。

——陈启和　教授

在当今粮食危机不断加剧的情况下，食品专业有着越来越重要的职责和作用，我怀着为健康中国贡献一份自己的力量的初衷，在大一选择了食品专业。真正让我立志成为一名食品科研人的契机是SRTP和“挑战杯”，走进实验室发现食品行业的科研潜力远远超出我的想象，新果胶提取，抹竹、精油等新产品开发，以及超声波、分子生物水果保鲜、微生物改性发酵等技术大大拓宽了我的视野，这些闻所未闻的食物完全颠覆了我对传统食品的想象。希望学弟学妹们能够怀揣想象力和创造力，食品科研就是让简单朴素的食物具有更大的力量。

——2016级本科生　来聪婷

专业名称:农业工程
专业导游:泮进明教授

选择浙江大学农业工程专业的N个理由

理由一:为国家级一流本科专业、国家一类特色专业、教育部第四轮学科评估A+、国家"双一流"建设学科和国家重点学科,拥有由应义斌教授和何勇教授2名国家教学名师领衔的国家级教学团队、5门国家精品课程/资源共享课程。

理由二:注重学研互促,拥有3大农业农村部重点实验室,荣获国家级教学成果一等奖2项和二等奖1项、国家技术发明奖和科技进步二等奖各1项;卓越人才项目已产出一批本科生为一作的SCI论文;设系列周期的对外交流项目。

理由三:学生竞争力强,拥有多位浙大学生最高荣誉"竺可桢奖学金"获得者,拥有学生自主管理的ARC机器人俱乐部,每年超50人次参加美国ASABE大学生机器人设计竞赛等系列国内外赛事,并荣获美国ASABE大学生机器人设计竞赛北美以外高校的首个冠军。

Q1:农业工程专业的学习(研究)对象是什么?

农业工程是综合生物科学与机械、电子、信息、环境等工程技术而形成的一门多学科交叉的综合性科学与技术,研究生物生产和相关环境、装备、能源、工程设施及其与农业生物互作规律,并以先进的工程技术和工业手段促进农业、生物的繁育、生长、转化和利用,在中国尤其为农业现代化提供支撑。浙江大学农业工程专业已形成智能农业装备、数字农业与农业信息技术、设施农业装备与环境智控、生物质资源化利用等特色鲜明的研究方向。

Q2:农业工程专业本科核心课程有哪些?

农业工程领域人才既要具备高等工程学科的良好基础,又要了解生物学知识,具有与生物学家和专业工程师(如土木、化学、机械、电气和信息等)一起工作的能力。因此,工科类的公共基础课如微积分、大学物理、化学、生物学、理论力学、材料力学、电工电子学等都是农业工程专业必修的基础课;在此基础上,学习生物生产机器人、精细农业、生物环境工程、生物物料学、生物系统装备工程、农业物联网及其应用、生物产业过程装备和可再生能源工程等核心课程,充分了解基本的生命过程,以便能够基于生物科学原理进行正确的工程设计;了解生物有机体与它们所在的物理环境的相互关系；在设计农业系统时，能充分考虑生物有机体的物理特性、环境响应和生命过程的需求等。

Q3：农业工程专业的学生需要具备什么特质？

农业工程专业是多学科交叉的新专业，只要对创新、对新技术感兴趣的同学，具有较好的数理基础和逻辑思维，就能找到自己喜欢的专业方向。

Q4：农业工程专业有哪些对外交流项目？

美国 ASABE 大学生机器人设计竞赛是农业工程学子最向往的圣殿，每年有 10 余名优秀学子经过层层选拔前往参赛，并屡获佳绩。与国际一流高校（如康奈尔大学、伊利诺伊大学厄巴纳香槟校区、普渡大学、密歇根州立大学、京都大学等）建立了“3＋1”、“3＋2”、寒暑期短期交流等多层次联合培养项目，入选学生需品学兼优，入选者会得到较大的经济资助。每年邀请大批国际著名学者来校讲授本科课程、做学术交流等。

Q5：农业工程专业的深造与就业前景怎样？

国内农业工程领域的上市公司已有 10 余家，已形成庞大的产业，为农业现代化提供强力支撑。农业工程专业的毕业生不仅具有生物学家所需要的描述和联想的能力，而且具备工程师所需要的计算和构思的能力，还了解工程手段对植物、动物、人类和环境的潜在影响，其就业面非常广阔。可以胜任以下众多方向，如生物加工工程与装备、生态系统工程与装备、农产品加工工程与装备、设施园艺工程与装备、农田作业机械、动物系统工程与装备、水产工程与装备、农业信息工程与装备，以及微生物系统工程、水资源和环境工程、能源工程等。近 3 年来，60％的本专业毕业生选择在国内外深造，深受国内外一流高校的欢迎，并且已有多位本专业毕业生作为各级引智人才归国。

■ 农业工程专业最吸引我的——

农业工程（农业机械化）在美国“20 世纪最伟大的工程技术成就”评选中位居第七。历经百年发展，农业工程学科内涵已从原来简单的工程技术在农业上的应用，发展到今天的工程、生物、信息和农业等多学科互相渗透与融合的交叉学科，肩负着为飞速发展的农业生物产业提供先进工程技术手段和装备的重要使命。

——王俊　教授

农业工程，不仅有地面拖拉机，还有空中拖拉机（农用飞机）、农业机器人、智慧稻草人和动植物工厂，为农业现代化提供强大的技术支撑。

——冯雷　副教授

农业工程专业综合性强，跨度大，学科不仅涉及生物、化学、生态环境等基础理学类学科课程，还交叉了机械、电子、信息等传统工科课程。专业培养的学生综合能力强，能将多学科知识应用于农业，服务于生产。以本学科近年重大科研成果——禽蛋自动化分级流水线为例，传统工科难以应用单独学科知识研发，这就要求我们要有联系跨学科知识的能力。不仅要对禽蛋的物料特性有充分的了解，还要有突出的检测与分级机构设计能力。

农业工程专业不仅有数不胜数的科研成果，专业竞赛也硕果累累，学院于2016年获得了美国ASABE大学生机器人设计竞赛除美国本土大学之外的首个冠军，于2018年取得亚军与殿军，我也有幸入选了2018年赴美参赛队伍。同年参加中国农业机器人大赛的队伍也把一、二、三等奖收入囊中。

专业发展欣欣向荣，希望学弟学妹能不负众望，提升自己，在科研与学科竞赛中取得更优异的成绩！

——2016级本科生　郑植

每当身边的人问起："你怎么会选择从工科大类转到农业工程？""你为什么要选择直博？"我的答案一直简单而理所当然："因为喜欢啊！"如同女孩问男孩"你到底喜欢我哪里"，而男孩往往会答不上来时一样，我也不能一一罗列出喜欢农业工程的理由。然而请到我们实验室来看一看吧，你可以看到在温室绿植中拿着扳手在安装喷雾装置的我们，你可以看到在果园驾驶着自己研发的水果采摘机的我们，你可以看到在水果检测分级生产线前调试设备的我们，你可以看到在农田边遥控着小型飞行器采集数据的我们，你也可以看到安坐在实验室却监控着数百公里外温室的我们。我们就是这样一群脚踩土地，却仰望着星空的年轻人。

在美国大型的农场做过测量，也在老家的自留地插过秧，巨大的差距是挑战，更是机遇，同样也是一份责任。将新兴的工业技术注入传统的农业生产中，我们可以为"三农"做很多。本以为会平平淡淡在文献中埋没的研究生生活，因为有了目标，有了实践，有了可以脚踩土地的机会，而变得"简单、专注、纯粹"。

不要再只是驻足观看，让我们一起来做，加入农业工程，圆你一个在繁华都市中的"耕读"梦。

——2013级直博生　吕陈昂

环境与资源学院

College of Environmental and Resource Sciences

- ☞ 环境科学
- ☞ 环境工程
- ☞ 农业资源与环境

专业名称：环境科学
专业导游：朱利中教授

选择浙江大学环境科学专业的N个理由

理由一：改革开放40多年来，中国取得举世瞩目的经济发展成就的同时，也经历了史无前例的生态环境变化，特别是严重的水污染、大气污染、土壤污染和生态破坏。解决这一系列的环境问题已经成为我们整个国家、社会及全体民众共同努力完成的艰巨任务。环境保护事业的发展具有重要的战略地位，环境问题的认知和解决需要环境科学类专门人才的积极参与，环境科学类高级专门人才成为国家现在乃至未来很长时间内急需的人才。为此，环境科学专业秉持"求是创新"的浙大校训，坚守"勤学、修德、明辨、笃实"的浙大价值观，弘扬"海纳江河、启真厚德、开物前民、树我邦国"的浙大精神，以科研教学改革创新为驱动力，通过不断提升教育思想和理念、深化教学改革、优化和调整专业结构、开发培养学生综合素质和创新设计能力，推进了理工结合，调整完善了课程体系和设置，加强了学生通识和个性的培养，建立了厚基础、宽口径、高素质、强实践、重创新的人才培养模式。

理由二：浙江大学环境科学专业是我国最早创建的环境专业之一，源于1981年创立的原杭州大学环境化学专业（1993年更名为环境科学专业）。1986年和1998年分别获得环境化学硕士学位和环境科学博士学位授予权，2007年入选国家一类特色专业。在教育部2002—2016年四轮全国高校学科评估中，浙江大学环境科学与工程一级学科分别排名第一、第二、第六（并列）和A。2017年成为全国9个环境科学与工程"一流建设学科"之一。2019年浙江大学环境科学专业申报国家级一流本科专业建设点。目前本学科总体水平处在国内同学科前列，特别是污染控制化学、环境污染化学等研究方向在国内具有重要地位和影响。2019年QS世界大学学科排名前100位。逐渐形成以环境化学为核心，环境污染控制技术为重点，环境生态健康、环境管理与规划和环境物理为特色的环境科学专业。

理由三：本专业师资力量雄厚，拥有一支由中国工程院院士（2人，含双聘1人）、教育部长江学者特聘教授（1人）、"杰青"（5人）、"四青"（4人）等老中青教学骨干组成的结构合理的师资队伍。拥有国家级教学示范中心（环境与资源实验教学中心）、教育部污染环境修复与生态健康重点实验室、浙江省有机污染过程与控制重点实验室，与密歇根大学、伊利诺伊大学厄巴纳香槟校区和康奈尔大学分别设立了“3＋1＋1”“3＋2”“2＋2”合作办学项目。20多年来，浙江大学环境科学专业已经为我国环境领域培养了一批“杰青”“优青”等优秀科研人才和“中国青年五四奖章”获得者等创新创业优秀毕业生，引领环境科学领域学科发展。近年来，本科生在*Environmental Science & Technology*、《环境科学学报》等国内外重要学术期刊上发表论文200余篇，获发明专利100余项。本科生参与的部分科研成果2006年获教育部自然科学一等奖1项、浙江省科学技术一等奖1项。2名学生入选德国拜耳青年环境特使并赴德国访问、1人获第三届“挑战杯”天堂硅谷中国大学生创业计划竞赛金奖、1人获第三届“母亲河”奖、1人获“浙江省杰出青年志愿者”称号、1篇本科毕业论文获评“2017年度全国高校环境类专业本科生优秀毕业设计”。40多位学生赴德、美等国学习与交流。一大批毕业生成为科研院所的学术骨干与各级政府部门、企业的领导和技术骨干。

Q1：环境科学专业的学习（研究）对象是什么？

环境科学主要研究人类社会发展活动与环境演化规律之间的相互作用关系，是一门寻求人类社会与环境协同演化、持续发展的途径与方法的科学。在宏观上，它研究人类同环境之间的相互作用、相互促进、相互制约的对立统一关系，揭示社会经济发展和环境保护协调发展的基本规律；在微观上，它研究环境中的物质，尤其是人类活动排放的污染物在有机体内迁移、转化和积累的过程及其运动规律，探索其对生命的影响及其作用机理等。

Q2：环境科学专业本科核心课程有哪些？

环境科学专业教学以环境化学为核心，环境污染控制技术为重点。其核心课程有：环境化学（甲）、环境监测（甲）、环境微生物学、大气污染控制原理与技术、固体废弃物污染控制原理与技术、水污染控制原理与技术、噪声污染控制原理技术、环境仪器分析（甲）、环境学、污染环境修复原理与技术等。

Q3：环境科学专业的学生需要具备什么特质？

环境科学是一门新兴交叉学科，要求学生具有扎实的基础、宽广的视野，并具有较强的社会责任感和自主学习能力，善于跨学科学习，要了解环境科学相关学科的知识，熟悉本学科的基本知识，精通环境科学某一方向的知识，做到广博精深。

Q4：环境科学专业有哪些对外交流项目？

多形式、多途径、立体地为学生提供对外交流学习机会：建立新加坡、美国及我国香港地区著名大学实习基地，给予每位本科生至少一次出境交流的机会。与康奈尔大学、北卡罗来纳州立大学等建立“2＋2”“3＋1”“3＋X”等联合培养项目，已培养多名双学位毕业生。与斯坦福大学、杜克大学、加州大学、曼彻斯特大学、图宾根大学、阿尔伯塔大学、新加坡国立大学以及香港大学等著名高校及科研机构保持长期交流合作，输送学生进行长/短期交流培训。

Q5:环境科学专业的深造与就业前景怎样?

毕业生可到各级政府相关部门(如环境保护、发展与改革、国土资源、工业与信息、质量监督、水利、海洋、农业、林业等)、环保研究机构(包括监测、认证和咨询机构)、环保相关行业(如电力、通信、建材、冶金、化工等)的大中型企事业单位工作,也可去教育部门从事相关工作。

■ 环境科学专业最吸引我的——

环境问题具有很大的挑战性。我国环境问题的严重性和复杂性,给环境科学专业人才提供了很好的施展才华的机会。环境安全事关国计民生,环境保护是我国的基本国策,环保产业是潜力巨大的朝阳产业,毕业生的就业质量和前景会越来越好。随着阅历的增加,社会对环境科学专业人才的认知度也会越来越高,自身价值可以得到充分体现,个人理想和社会价值能够实现高度统一。

另外,学校为学生提供了良好的学习资源和平台,如校图书馆提供的各类文献数据库资源、各类公共实验平台(省部级重点实验室、重大科研项目)和学生出国交流平台。学生可以通过学习,成为具有国际视野的高素质环境学科创新人才。

——朱利中　教授

我很庆幸我选择了环境科学专业,这是一个非常综合的专业。大一时通过“环境学概论”了解了“八大公害事件”,直接点燃了18岁的我对环境问题的关注,当年(2000年)暑假,我和同学一起骑自行车环浙江宣传环保,历经36天骑行2000余公里,沿途看见不少河流被严重污染,于是决定要“拯救地球”。学习期间,我和专业老师一起,共同发起建立浙江首家民间环保组织“绿色浙江”,我们利用专业课所学的基本知识和环境保护政策法规,寻找污染源,向中小学生传播环境知识,为政府推动环境治理建言献策。四年环境科学的学习,不仅让我拥有保护环境的知识和技能,更是彻底改变了我的人生轨迹,赋予了我和不少同学坚持推动环境改善的决心。

——2009级本科生　忻皓

首先,浙大环科门类涵盖齐全。我有机会在这里系统地接触到从环境化学、环境微生物、环境健康、环境物理到环境规划与管理等环境各细分领域的专业知识,也因此有机会在应对气候变化、缓解大气雾霾、有效推广垃圾分类等感兴趣的方向深入钻研。我既能在课堂上聆听到各领域最前沿的知识,又有机会在相关老师实验室讨论感兴趣的科学问题并参与其中。其次,浙大环境科学专业的老师教学和科研水平都很高,并且乐于和青年学子交流。本专业不仅有院士、“杰青”、“优青”等高层次人才,很多年轻老师也拥有非常耀眼的海外教育和科研背景。环境科学很多核心课程都由这些充满活力的科研巨星主讲。在他们的课堂里,除了知识,我们总能体会到他们对知识和科研的见解、态度和热情等。此外,浙大环科专业的课堂形式也多种多样。老师授课、小组讨论、读书报告、实地考察和成果展示既让课堂丰富多彩,又给我们在环境领域的深入发展打下了良好基础。最后,浙大环科专业也给我们提供了丰富而优质的出国实践、交流和专业实习平台。通过这些平台,我们能增长国际视野,也能理论联系实际,让所学的专业知识真正产生价值。

——2013 级本科生(2017 级硕士生) 应紫敏

专业名称:环境工程
专业导游:郑平教授

选择浙江大学环境工程专业的N个理由

专业培养面向国家生态文明建设战略需求,学生质量得到高度认可。本专业以工学和理学理论为基础,本着"厚基础、宽口径、跨学科、复合型"的培养理念,秉承"求是创新"的浙大校训,强化"德才兼备、全面发展"的人才培养特色,培养高素质,具有强创新与竞争能力,能够引领环境污染控制、环境监测评价、环境规划管理等未来发展方向的国家生态文明建设紧缺人才。近年来,专业毕业生一次性就业率达95%以上,学生培养质量得到国家及地方各级生态环境保护主管部门、环境污染治理企事业单位的高度评价。

专业办学历史悠久、师资力量雄厚,教育部学科评估位列全国A级。本专业是我国高等院校中最早设立的环境类专业之一,学科和师资力量均居国内前列,软硬件条件一流。专业拥有环境科学与工程博士后流动站、环境工程博士与硕士点,现有教授/研究员16人、副教授/副研究员/高级工程师21人、实验师/工程师2人,其中博士生导师23人,教育部长江学者特聘教授1人,国家级教学名师1人,国家优秀青年科学基金获得者3人,ESI环境/生态领域国际排名前1% 2人,教育部创新团队1个(与农业资源与环境学科共建),浙江省创新团队1个,浙江省重点实验室1个,浙江省工程中心1个。在水污染控制、大气污染治理、垃圾固废处理、土壤污染修复、面源污染防治等领域科研实力突出。专业在国家教育部最新的学科评估中获评A级,并通过国家教育部工程教育认证。

注重学生国际化视野培养,本科生出境率位居全国"双一流"院校前列。本专业近3年本科生在校期间的出境率(人次)高达130%以上,暑期专业实习多安排在新加坡等国家和中国香港等地区。目前已有大量优秀毕业生进入牛津大学、哈佛大学以及加州大学(伯克利分校、戴维斯分校)、康奈尔大学、香港大学等著名学府深造。

Q1:环境工程专业的学习(研究)对象是什么?

环境工程专业旨在学习环境保护基本理论与技术原理的基础上,使学生掌握以工程手段研究解决复杂环境污染问题的能力，具备对环境污染问题进行“开药方”的能力。废水、废气、固废和噪声等污染治理，以及环境规划与管理、环境影响评价、环境工程技术经济和环境监测等都是环境工程专业的重要学习内容。

Q2：环境工程专业本科核心课程有哪些？

环境学概论、水污染控制工程、大气污染控制工程(甲)、固体废弃物处理与处置、土壤污染修复原理与过程、噪声污染控制原理与技术、环境微生物学、环境监测(乙)、环境影响评价。其中，环境微生物学入选国家精品课程。

Q3：环境工程专业的学生需要具备什么特质？

理论与实践紧密相结合是环境工程专业的特色，因此本专业培养的学生除要掌握相关的理论知识以外，还需具备利用工程思维解决问题的能力。环境工程专业课程有30%以上需要通过实践研究掌握，大部分专业核心课设有实践环节，部分专业课还会邀请工程一线人员进入课堂授课。此外，认知实习、生产实习、毕业实习、毕业设计(论文)均要进入专业实验室或者相关的环保企业、设计单位进行实践。另外，本专业还致力于培养学生具备多学科交叉的知识背景，以及较强的团队合作和创新精神。

Q4：环境工程专业有哪些对外交流项目？

本专业坚持开放性办学，重点发展与国际知名院校间的交流与合作，加强学科的国际互动，推进本专业学生国际化培养。学生除了可以参加浙江大学与哈佛大学、耶鲁大学、斯坦福大学等国外多所高校的联合培养项目外，还可通过选拔参加伊利诺伊大学厄巴纳香槟校区(UIUC)“3+2”本硕联合培养项目、美国新泽西州立大学“3+2”本硕联合培养项目，以及美国密歇根大学“3+2”本硕联合培养项目等。本专业通过多渠道、多途径开拓海外短期交流项目，如斯坦福大学自然资本评估培训项目、加州大学伯克利分校暑期交流、哥伦比亚大学暑期访学、多伦多大学暑期交流、UIUC暑期科研交流等。此外，本专业还聘请了包括美国工程院院士Bruce Rittmann教授在内的外籍名誉或客座教授为学生授课，目前已建有环境微生物和环境生物学两门本科生英语原味课程。

Q5：环境工程专业的毕业生出口有哪些？

近年来，环境工程专业培养的学生可从事环保工程设计、规划管理、科研教学、检验分析和工程管理等工作。毕业生出口主要包括：①读研和出国深造，占50%以上；②政府机关和事业单位(如环保局、环境监测站、环境研究所/院)，约占20%；③外资、国资企业(公司)，约占15%；④民营和私营环保公司，约占15%。

Q6：环境工程专业的就业前景怎样？

人类生存环境遭到破坏，环境问题逐步引起社会各界的广泛关注。党中央做出了“大力推进生态文明建设”的战略决策；国家层面相继出台“水十条”“土十条”“气十条”等宏观政策；浙江省也提出“五水共治”，许多县市级的环保部门以及国有大中小企业均提出接收环境工程毕业生的强烈要求。当前，我国环境工程从业人员需求达1000余万人，这为环境工程毕业生开辟了广阔的就业和创业渠道。综上政治导向和社会需求方面的分析，环境工程专业学生将会是未来几十年最为抢手的人才资源。

■ 环境工程专业最吸引我的——

这是一个充满挑战的、能实现人生价值的专业，同时也是一个“功在当代，利在千秋”的专业。自古以来，环境保护与经济发展似乎都是鱼和熊掌的关系。尽管我们吸取了发达国家“先污染后治理”的教训，尝试走“可持续发展”的经济增长模式，但是近几年频发的环境污染事件，如太湖蓝藻暴发、全国性雾霾天气、土壤重金属污染以及垃圾分类等，让人们意识到了环境保护的重要性。党和政府把生态环境保护写入了重大报告，也显示了国家对环境保护的决心。而我们环境工程专业就是来解决这些问题的，能够用我们所学的知识解决威胁人类健康的环境问题，处理好经济增长和环境保护的矛盾，不把问题留给后代，为社会做出力所能及的贡献，我们感到无上光荣。

——郑平　教授

环境工程的特色是利用多学科知识解决复杂的环境问题。自从1998年进入浙江大学环境工程专业以来，老师们渊博的专业知识、严谨细致的治学精神、一丝不苟的工作作风给我留下了深刻的印象，老师们严于律己、宽以待人的崇高风范和对事业的孜孜追求将影响和激励我的一生。经过浙江大学环境工程专业老师们20多年的培育，我现在也成了该专业的一名教师，深感使命之重大。面对国家生态文明建设的重大战略需求和我国日益显现的诸多环境污染问题，我们有责任也有义务将本专业本科生培养成为敢揭榜、敢挑担的新时代卓越环境工程人才。

——梁新强　教授

有幸被推免至清华大学环境学院继续深造，关于环境工程专业，我也谈谈自己的观点。与其讨论怎样的人适合学环境工程，不如讨论学环境工程出来的是怎样的人。我以为，学环境工程出来的是这样的一些人：首先，有社会责任感。环境工程是一项有益于社会全体的事业，它把脏乱的变成清洁的，把有害的变成有益的，把废弃的变成有用的……学环境工程的人，一定是怀抱着一种博爱之心走进来，肩负着一种社会责任感走出去。其次，综合素质强。环境工程是理化生基础学科在环境背景中的应用，学习的过程涉及科学基础和工程应用，更注重如何在社会环境中将想法落地实践。最后，解决实际问题能力强。懂理论却绝不囿于钻研理论，重实践却绝不浮于机械重复，环境工程重在养成发现问题并解决问题的实用能力和宝贵品质。

——2014级本科生　尹荣强

随着经济的发展和资源的开发，环境保护这个问题不能仅仅只停留在口号上。只要有生产和制造，就会产生浪费、垃圾和污染。环境工程与社会上各行各业都能联系起来，这很有趣，但同时也带来了压力。多学科交叉使得发展方向更为多元而充满机遇，例如与机械、能源、管理、农学，甚至公共卫生等领域进行交叉。但与此同时，我们需要培养自己的核心竞争力和社会责任感，“铁肩担日月，热血铸山河”，为社会做出力所能及的贡献。

——2015 级本科生　陈柯蓁

环境工程是一门多学科相互交叉渗透的新兴综合性学科，所涉及的领域非常广泛。这是一个有良心的、能够造福人类的行业，这也是一个极富发展潜力的专业。在贯彻实施可持续发展战略、大力建设生态文明的当下，环境工程专业的学生有着广阔的发展空间。如果你有满腔对自然世界以及对自己人生的情怀，环境工程会是一个很好的选择。

——2016 级本科生　张冰妮

选择环境学意味着选择与周边自然人文环境建立更密切的联系，选择工程专业意味着选择成为一名科学与应用的引路人。环境工程专业在培养学生物理、化学、生物、机械等多方面能力的基础上，提供了多元丰富的发展方向选择。以坚定的社会责任感为后盾，以坚实的基础为奠基石，环境工程专业是你成为改变世界一分子的桥梁。

——2016 级本科生　李欣怡

环境工程时时刻刻诠释着“经世致用”，我们所学、所做的一切，都是为了全人类能走得更远，能够拥抱更美好的未来。环境工程是环保的最前线，把一切研究落地，修复污染，改善环境，实现人与自然的和谐共处，所以它是融合了一切能够解决问题的学科，从理论研究过渡到实际应用，是理论与实践的结合。从我个人角度而言，这门专业的学习其实需要非常广的知识面，在此基础上要结合自身情况选择合适的重点进行深化，从而更好地实现自我价值，做出贡献。

——2017 级本科生　李浩铭

环境工程是一个综合性很强的学科，不论你擅长物理、化学还是生物，都能在这个专业中找到自己感兴趣的专业小方向。环境保护是时代潮流，是大势所趋，是青年人应当担负起的责任，也是蓬勃发展、方兴未艾的事业。以环境工程为专业，较之机械、土木等传统专业，能以宏观视角协调处理好环境问题，能接触理科、工科乃至经管各类知识，从而培养起极强的学习能力和综合思考能力，这对今后的工程实践和个人发展都至关重要。

——2018 级本科生　傅心怡

专业名称：农业资源与环境
专业导游：卢升高教授

选择浙江大学农业资源与环境专业的N个理由

理由一：浙江大学农业资源与环境专业面向农业、资源、环境三大领域，突出以地学、化学、生物学和信息科学为特色，围绕生态文明建设、资源高效利用、农业环境保护、污染防治与修复、乡村振兴等国家和社会重大需求，属于国家急需和前景广泛的朝阳专业。该专业办学历史悠久，1937年始创于原国立浙江大学，办学实力和学生培养质量居国内前列，是具有重要国际影响力的专业，是首批国家特色专业建设点、教育部卓越农林人才培养试点、一级国家重点学科、全国第四轮学科评估A+学科、国家一流本科专业建设点。

理由二：农业资源与环境专业拥有雄厚的师资力量和良好的教学条件，师资中拥有一批长江学者特聘教授、"杰青"等国家级人才，为国家培养了一大批杰出人才，培养出中科院院士3人、长江学者特聘教授5人、国家"杰青"13人。本专业对标国际一流大学的人才培养模式和目标，有广泛的国际交流和人才培养合作。

理由三：农业资源与环境专业建设紧密围绕国家重大战略需求和学科发展趋势。《中华人民共和国土壤污染防治法》等与本专业密切相关政策和产业的出台，为本专业毕业生的就业提供了广泛的机会和途径。毕业生就业主要是进入世界一流大学、中国科学院、重点高校及国字号科研单位深造，或进入国家农业农村、生态环境和自然资源等行政管理部门，或进入资源利用、环境监测、农产品安全监测、耕地质量提升、水利与水务等专业部门从事技术开发工作，或进入农业高新技术、环保产业和土壤修复企业等。

Q1：农业资源与环境专业的学习（研究）对象是什么？

农业资源与环境专业主要学习和研究人类赖以生存的土、水、气和养分（肥料）等农业环境资源开发、利用与保护的基本理论和实用技术。本专业发展的基本动力和服务对象主要来自两个方面：一是通过土壤资源高效利用和植物营养调控，不断改善、促进和维护优质、高产和高效的农业生产；二是通过对以土壤和水体为核心的物质循环和生态功能变化分析，寻求控制、减缓和治理环境污染的方法和技术体系。所以，本专业的学习内容就是依此设置的，既包括农业生产的基础理论和农业资源开发的基本技术，又注重物质循环自然科学基础和环境污染过程控制与治理技术。大家都知道，资源短缺和环境污染是21世纪人类发展所面临的重大问题，也是我国经济和社会发展的瓶颈；本专业的学习内容和研究对象就是针对这些国内和全球所面临的重大现实需求，以培养学生分析和解决这些问题的综合能力为目标而设置的。

Q2：农业资源与环境专业本科核心课程有哪些？

浙江大学农业资源与环境专业本科核心课程有：普通地质学、植物营养学、环境生态学、资源调查与评价、遥感概论、土壤学、环境资源信息系统、土壤与环境分析、植物营养诊断与施肥、试验设计与统计分析、农业化学分析、农业资源与环境综合实验、土壤改良与水土保持等。

Q3：农业资源与环境专业的学生需要具备什么特质？

农业资源与环境专业既是农学和资源环境学的基础学科专业，又是提高土地生产力、环境污染过程控制与治理、生态文明建设与乡村振兴的应用技术专业。所以，首先要求学生具有较宽厚和扎实的自然科学基础。我们的前辈们常说，这个专业的基础是“数理化”和“天地生”，现在还要强调信息技术和生物技术的应用，这就需要学生具有较强的自主学习能力和跨学科学习能力。同时，本专业所依托的农业资源与环境学科是一个实验学科，所以更要求学生具有很强的动手能力，能用实验和试验来发现、推演和提出你的理论创新，或者证明、应用和推广你的原创技术。总的来说，宽厚的基础、良好的实验技能和敏锐的思辨能力往往是本专业一些杰出的毕业生的共同特点。

Q4：农业资源与环境专业有哪些对外交流项目？

国际化人才的培养是高水平大学建设的重要内容和指标，也是浙江大学着力推进的事业。“造就具有求是精神和国际视野、知识—能力—素质俱佳的创新型人才”，是本专业建设的重要目标。本专业充分利用本学科广泛的国际合作资源，积极推进本科教育的国际化人才培养进程。目前已与美国的康奈尔大学、密歇根州立大学、北卡罗来纳州立大学、马萨诸塞大学、加州大学戴维斯分校、佛罗里达大学，加拿大的阿尔伯塔大学，日本的静冈大学等国际著名大学建立了本科生教育长期合作交流关系。本专业除了开展暑期选送优秀本科生赴国际著名大学如康奈尔大学等交流学习外，已与康奈尔大学启动了“2＋2”联合培养模式，与北卡罗来纳州立大学和密歇根州立大学启动了“3＋1”或“3＋X”联合培养模式。通过与国外高校联合培养学生、本科生互换、国际联合教学实习、举办暑期国际夏令营等多种形式或途径，每年派更多的学生赴国外交流与学习，并接受对方学生的互访交流。此外，将利用学科经常举办的国际学术研讨会、学术社团、交流会等途径，为学生提供更多互相交流的机会，以提高学生的综合素质，拓宽学生的国际视野，增强学生的国际竞争力。

Q5：农业资源与环境专业的深造与就业前景怎样？

本专业的学习和研究内容，面向国家重大需求，在21世纪人类所面临的“人口、资源、环境”三大问题中，我们专业直接面对其中的两大问题；在农业领域的八字宪法“土、肥、水、种、密、保、管、工”中也占据了前三个字。因此，本专业的毕业生就业面相当广阔，主要包括：①高校和科研部门。从事农业资源与环境专业的教学科研工作。我国几乎所有农业院校均设有农业资源与环境专业，中国科学院、综合性大学，以及国家级、省级、地市级农科院均具有本专业的对口研究所或研究机构。②行政管理与技术推广部门。从生态环境部、农业农村部、自然资源部到省市县三级都有本专业对应的行政管理与技术推广机构。如生态环境部设有土壤环境管理机构和环境监测机构，随着城市和工业污染的控制，今后的重点是农村和农业污染，迫切需要农业资源与环境专业人才加盟。各级农业农村行政管理部门都设有耕地质量与肥料管理、农业生态与资源保护、农业环保、农业技术推广、农业与农产品检测管理等机构，随着国家测土配方施肥、耕地质量提升、农产品安全与农田污染修复工程的实施，迫切需要农业资源与环境专业人才。自然资源行政与技术部门，从事耕地保护、自然资源利用与保护、土地监测与评价、土地信息等工作。水利与水务部门，从事水资源的评价与保护、水污染的修复与治理等工作。③农业高新技术、环保产业与土壤修复企业。我国土壤修复行业尚处在萌芽阶段，未来发展潜力巨大。《中华人民共和国土壤污染防治法》的颁布将给我国土壤污染修复工作带来巨大的市场需求，预计可形成万亿级的市场规模，这是农业资源与环境专业学生创新创业的新方向。上述几方面是目前本专业毕业生较为集中的就业机构和单位。

■ 农业资源与环境专业最吸引我的——

来到了农业资源与环境专业，我们便有机会清晰地认识到养活了千千万万个你我的大地之魅力所在，明白那些可见的、不可见的与生活息息相关的农业环境与资源问题，更能亲身感受那一份关乎国家命运与人类健康的任重道远，从此有了为之奋斗的使命感和责任感。在这里，有“植物医生”的望闻问切，有“土肥专家”的精打细算，有“变废为宝”的神奇手段，更有未来科幻的“植物工厂”和因地制宜、蓬勃发展的“农旅产业”。让我们学会与每一寸土地同呼吸，与每一株植物共阳光，心系民生，胸怀家国，用专业素养描绘出绿色地球的盎然生意。我们在这里，等你来。

——卢玲丽　副教授

我想用一幅画来形容我眼中的这个专业：蓝天白云，青山绿水，黑土地和金麦穗。我们的研究立足土壤，连接了大气、水、生物，研究的是综合的自然，是整体的世界。春光明媚里，我们翻山越岭观察地貌地形、奇异矿石；夏日炎炎中，我们兴趣勃勃地探索土壤退化和植物生长受阻的原因；看过水电站、逛过合作社、游过科技园，我们倾听农业站人员反映最真实的农情；白大褂、容量瓶、玻璃棒，我们体验科研的魅力。在有着近10亿农民的中国，在18亿亩耕地红线岌岌可危的中国，在中央一号文件连续10余年涉及本专业的中国，我觉得我们专业的重要性不言而喻，我觉得我们能实实在在地做些什么。

社会在发展，世界在变化，未来不可测，我想我们能做的只是稍稍怀有一些梦想和信念，向着那些能拨动自己心弦的方向，在前行中不断成长。

——2013 级硕士生　胡炎

选择专业时，我就为“农业资源与环境”这个名称所深深吸引。当下我国农业环境问题突出，而我们专业主修的水、土、肥资源高效利用等知识技能，能将我们培养成对我国环保事业有用的人才。而当我真正进入了这个专业后，无论是专业的师资、科研氛围还是学养底蕴都证明，我当初的选择是正确的。首先，我们专业师资力量强大，各个方向老师的专业性都很强。他们会用自己的阅历来丰富书本上的知识，从而让我们更深刻地理解和接受。其次，我们学院的科研氛围很浓厚，SRTP、“省创”、“国创”等都是同学们踏入领域、感受科研魅力的好机会，而学院领导每年都会专门组织专家团队进行答辩，让我们能够多多学习、更快成长。最后，我们专业未来的选择方向很多，每届都会有较多的同学选择从事科研工作，同学们可以选择土壤学、植物营养、遥感、水资源利用等方向，进入高校或科研院所，也可以从事实际的土地管理、环境保护、技术开发等工作，总体来讲机会很多，前景广阔。

——2009 级本科生　陈妮

从 2015 年选择农业资源与环境专业至今，我也已经是将近四年的农资人了。在这四年中，我对农资专业感受最深的，就是它海纳百川、与时俱进的精神。为了保障国家粮食的安全生产，一个农资专业就包含了植物营养、土壤、遥感三大方向，从不同方面对国家粮食安全生产进行把控。而在每个方向中，在保持原有专业特色的基础上，进一步整合学界的前沿技术，在植物营养中开展分子生物学、转录组学等研究，在土壤学中大力挖掘微生物的作用，而在遥感中开发深度学习实现图片的自动化处理。正是这份海纳百川、与时俱进的精神，使得有几十年历史的农资专业在今天依旧充满活力；也正是因为如此，我们每个农资人都应该秉承这份精神，为专业、为国家做出更大的贡献。

——2014 级本科生　葛俊

教授带你“逛”专业

农业与生物技术学院

College of Agriculture and Biotechnology

- 农学
- 园艺
- 植物保护
- 茶学
- 园林

专业名称：农学
专业导游：蒋立希教授

选择浙江大学农学专业的N个理由

强基础。浙江大学农学专业可追溯至成立于1910年的农艺系，至今已经历了110周年的风雨历程。农学专业利用浙大学科门类齐全、基础学科强的优势及专业特色和国际一流的师资力量，培养综合知识基础扎实、国际化视野强、富有全球竞争力的农科专业拔尖人才。

国际化。农学专业与康奈尔大学、加州大学戴维斯分校、东京大学、新加坡国立大学等海外高校签订了“2＋2”“3＋1”项目以及暑期交流等协议，常态化派遣本科生出国交流；同时聘请英国皇家学会院士(M. Blatt)、德国科学院院士(C. Jung)等国际学术大师前来讲学，并与本科生开展座谈等多种形式的零距离交流，拓展本科生的国际视野与知识面。

重实践。农学专业利用本专业实践教育基地及实验室等对学生进行实践技能培训，引导学生申报各类大学生科研项目，增进学生对农学的专业认知；鼓励学生去西部等国家需要的地区支教，并宣传、推广实用农业技术。此外，本专业自设教育发展基金用于资助家庭贫困及奖励品学兼优的学生。

Q1：农学专业的学习(研究)对象是什么？

农学专业研究的对象主要为大田农作物，包括粮食作物、纤维作物、油料作物等等。其研究对象的多样性和复杂性，决定了农学专业学习(研究)的范围广泛和门类繁多，其中有侧重基础理论的，也有侧重应用技术的，特别是粮、棉、油等的生产理论与技术是本专业学习和研究的重点。这些学习和研究的对象均涉及民生大计，与国民经济的发展和人民生活密切相关，具有很强的实践性，成果多应用于提高国家农业生产水平。

Q2：农学专业本科核心课程有哪些？

农学专业本科核心课程有：植物学、植物生理学、生物化学、遗传学、生物统计学与试验设计、作物育种学、作物栽培学、种子生物学、作物生长发育与调控、农业生态学、植物生物技术、分子遗传与育种等。

Q3：农学专业的学生需要具备什么特质？

（1）富有责任感，心系国家农业发展、“三农”问题和粮食安全，有兴趣做农业相关的政务工作；

（2）对农业科研感兴趣，并立志成为一名农业相关的科研人员；

（3）对农业教育感兴趣，并立志成为一名农业相关的教育工作者；

（4）学农爱农，有钻研精神，耐得住寂寞，能不为外界的浮躁气氛所影响；

（5）有吃苦耐劳的精神，动手能力强。

Q4：农学专业有哪些对外交流项目？

农学专业与众多世界顶尖高校保持着长期的合作关系。如与康奈尔大学、爱丁堡大学的“2＋2”联合培养项目，与加州大学戴维斯分校、东京大学、瓦格宁根大学、墨尔本大学、新加坡国立大学、马来西亚博特拉大学的暑期短期交流项目等。这些对外交流项目促使更多学生亲身体验国外的教育教学体系，提高学生的创新实践意识和国际竞争力。

Q5：农学专业的深造与就业前景怎样？

从近年来的统计数据来看，农学专业学生一次学位获得率为100％，其中近50％的学生选择国内外继续深造（其中包括康奈尔大学等世界百强名校），绝大多数学生依然与农作物打交道，少部分学生会选择转向生命科学的其他领域，如细胞工程、基因工程乃至神经科学等方向。在工作就业方面，考公务员在我们专业特别热门，除了农业局、海关等机构外，银行等事业单位也是很多学生的选择；也有学生选择去制药、生物技术公司和企业等。

■ 农学专业最吸引我的——

在我国，农业、农村、农民问题是关系国计民生的根本性问题。没有农业、农村的现代化，就没有国家的现代化。我国农业与乡村领域发展不平衡不充分问题最为突出；实施乡村振兴战略，是解决人民日益增长的美好生活需要和不平衡不充分的发展之间的矛盾的必然要求，种植业的协调发展，是新时代农业发展战略中的一环，是实现“两个一百年”奋斗目标的必然要求。农学专业毕业生在乡村种植业领域大有用武之地，可以为实现全体人民共同富裕的目标做出贡献。

——蒋立希　教授

我热爱着大自然，从小就喜欢观察大自然，喜欢旅游和花草树木，小时候我在家门口的地里种过凤仙花，它们长得葱茏，花朵艳丽。我甚至种过丝瓜，那些丝瓜最后被端上餐桌，味道还不错。另外，我国那些有很大成就，获得成功的科学家，很大一部分是像袁隆平那样优秀的农学专业的科学家，我敬仰并敬佩他们，同时希望自己也能做一个对社会有用的人。然而我国的现代农业仍有着不足，我希望通过我们的努力农业也能完全实现机械化，用高科技造福农民，让农民也贴上"富裕"的标签。

——2018级本科生　陈睿

农学是农业科学领域的传统学科，涉及了农业环境、作物和畜牧生产、农业工程和农业经济等多门科学，具有很强的综合性；农业是基础产业，是全人类生活、生产的基本保障，在国民经济发展中具有非常稳定且重要的作用。传统的农业生产技术在一定程度上不能满足农业现代化的需要，同时人们对食品安全的要求越来越高，这就需要农业科研人员在农作物生长发育的规律、与外界环境间的关系等问题上进行更深入的研究，从而加快实现农业的现代化。我希望通过不断的学习、努力，实现自己的科研梦想，在农学领域中能够有所成就，为农学学科的发展做出力所能及的贡献，为国家农业的发展进步奉献自己的力量！

——2019级博士生　涂梦欣

专业名称:园艺
专业导游:滕元文教授

选择浙江大学园艺专业的N个理由

本专业历史悠久,综合实力强。自1927年建系以来,吴耕民教授、李曙轩教授等一批在我国园艺学界享有盛誉的名师为本专业的发展奠定了坚实的基础;所依托学科入选A+学科和国家“双一流”学科建设计划。

本专业拥有国际一流的师资力量和优质的教育环境。80%以上的教师有国外学习和从事科研工作的经历;现有包括中国工程院外籍院士在内的教授27人。与美国、荷兰、日本等国家的知名科研院所建立了科研合作关系,拓展了学生国际交流的渠道。

园艺为人类提供食物,带来健康和财富,美化我们的星球。园艺产业链长,近年来,园艺科学更是与人工智能和医学等学科相结合。因此,园艺专业的毕业生具有广阔的就业渠道。

Q1:园艺专业的学习(研究)对象是什么?

园艺学主要针对果树、蔬菜和观赏植物等园艺作物的性状遗传、生长发育、品质形成和维持等科学问题,阐明其内在的规律与机制;针对产业发展的瓶颈问题,研发并提出系统解决方案,支撑产业发展。

园艺学属于大农学的范畴,但不同于大家熟知的传统农学的研究对象如水稻、玉米等大田作物(粮食),园艺学的研究对象是种植在园子里的植物,包括果树、蔬菜、花卉等。大田作物和畜产品等是满足人类基本生存需求的,而园艺产品不仅提供人类所必需的营养,而且满足人类的视觉、味觉和嗅觉需要,在某种意义上还具有满足精神需求和生活情趣的作用,因此可以提高人们的生活质量。园艺学主要学习和研究园艺作物新品种的培育方法、栽培技术及园艺产品的贮藏和运输技术,分别对应园艺产业的产前、产中和产后。园艺学的研究范围涵盖了整个园艺产业链中的各个环节,涉及生物学基础(如植物生理学、分子生物学、生物化学、遗传学等)、信息技术(技术环节的自动控制),甚至工程学领域(如设施的建造等)的问题,学科交叉特征明显。

Q2:园艺专业本科核心课程有哪些?

园艺专业本科在课程设置上,开设了园艺植物育种学、园艺植物栽培学、园艺产品采后生物学与贮藏物流等三门核心课程及配套的实验/实习课程。从采前、采中、采后三个角度讲述园艺学知识,从种子开始到植物生长再到餐桌的合理营养消费等,全面讲授园艺学技能。另外,本专业还有特色专业课程:园艺产品营养与功能学、设施园艺学、园艺种苗工程学、园艺植物病理学、园艺昆虫学、园艺科学进展、园艺植物生物技术等。

Q3:园艺专业的学生需要具备什么特质?

园艺专业是一门实践性很强的专业,所以学习园艺专业的学生要喜欢动手。只有喜欢动手或有较强的动手能力,才能很好地掌握独特的园艺技术,如修剪和嫁接等。同时现代园艺学是建立在科学研究基础上的,学生只有具有良好的现代生物学背景,才能从科学的角度出发,开发新的园艺技术。此外,由于园艺学研究的最终目的是解决产业中存在的问题,园艺专业的学生还需要具备从产业中发现问题并进行研究的潜质,从而不断促进园艺学的进步和园艺产业的发展。

Q4:园艺专业有哪些对外交流项目?

园艺专业积极推进本科生国际化教育,与多所国际知名院校合作,通过“2+2”“3+X”等联合培养模式以及由学院自主设置的本科生对外交流奖学金资助开展的暑期科研训练、短期学术交流等方式到国际知名院校从事科研训练和学术交流。近年来,园艺专业本科生对外交流率达75%以上。

Q5:园艺专业的深造与就业前景怎样?

从近年统计来看,浙江大学园艺专业60%左右的毕业生会继续深造,其余40%左右的学生选择直接就业。就业主要有三个方向:科研方向、技术方向和其他。科研方向的毕业生是指毕业后继续深造,包括在国内和国外攻读园艺学或相关学科的硕士和博士学位,致力于科学研究,将来就业于科研单位、高等院校等从事园艺学或相关专业的科研与教学工作。技术方向的学生主要到国有企业、私营企业、外资企业等企事业单位从事园艺或相关产业的技术咨询和服务工作。除此之外,还有学生直接报考公务员或选调生等,或进行自主创业。

■ 园艺专业最吸引我的——

园艺最吸引我的就是园艺的研究对象:果树、蔬菜和花卉。就我本人从事的果树园艺来说,如何提高果实外观和内在品质从而满足消费者的精神和营养需求始终是我们追求的目标。而围绕此目标利用现代生物学手段和技术研究果实品质形成的机理,从而开发提高果实品质的技术及育成高品质综合性状好的品种始终是我研究的兴趣所在。另外，果园四季美如画的环境也是吸引我的地方。

——滕元文 教授

本专业为学生提供园艺种质资源、育种、栽培、采后生物学、营养品质及其经营管理等方面的训练，使其具备园艺作物种质资源搜集鉴定与管理利用、品种选育与良种繁育、栽培管理与病虫害防治、产品采后处理与经营管理等方面的技能，并结合化学、物理、数学、信息技术、生物学等基本理论知识，解决园艺领域的专业问题，并严格遵守职业道德理论和具体操作规范；能够理解农业活动尤其是园艺在社会中的重要角色，学习并正确解读政府颁布的农业相关政策，普及科学的农业常识；能够建立并保持主动学习、终身学习的习惯。

——向琦 老师

当初我在应生大类中的所有专业里一眼相中园艺的原因是，“就是想和果蔬和花卉在一起”。随着人们生活水平的提高，大众对美好生活的向往也越来越强烈，能和甜品相媲美的水果，能提供人体必需营养元素的蔬菜，能点缀生活的鲜花，园艺专业研究的对象充满了让人心神向往的自然美好。在浙大修习园艺专业最大的优势是，只要你有心，就可以全方位地了解这个领域的各方面信息，包括专业的基础知识、实用的生产技能、前沿的科学进展，还有“三农”社团和农学院的社会实践可以进一步拓展你的专业技能，将所学发挥其用，在青春岁月里为我国农村做一些有意义的事。除此之外，浙大是一所科研型大学，浙大的园艺专业更是拥有最好的科研平台和优秀的导师团队，本科生随时可以进实验室锻炼自己，在实验过程中培养严谨的科研逻辑和良好的实验习惯，了解各种生理活动的代谢机制，比如柑橘酸味的来源和产生机制、为什么番茄风味不断丢失。所有理所当然的现象的背后都是一整套完整的植物调控体系，研究这些机理让人着迷。

——2015 级本科生 方瀚墨

本专业最吸引我的地方在于它不仅属于农科这一对国民经济而言基础而重要的学科，并且还有广阔的发展空间与未来。在课堂里，我们学习植物，特别是农作物的基础生理知识和前辈们数十年经验总结出的栽培理念，站在巨人的肩膀上看世界；在实践中，我们走到果园中去，从树苗的移植到果树的整形修剪，体验园艺作物种植的历程，我们走进新兴的相关企业里，了解园艺作物生产的最新发展；在实验室内，我们学习尖端科技，利用技术手段使传统农业的不可能一项项成为可能。农业永远是经济命脉中最重要的一环，而科技与传统农业的结合必然是农业发展的趋势，我校园艺专业已然走在了这一道路上。园艺专业的每位老师都有自己的学术专攻方向和教学风格，但无论是针对课内学习内容还是课外拓展讨论，都对同学非常热心，耐心回答同学的每一个问题，博得广大同学的喜爱。

——2015 级本科生 童扬

园艺专业最吸引我的应该就是它的研究内容，以及理论教学与实践实习相结合的教学方式。在本专业的课程上，我们不仅能够学习到园艺作物生长的规律，掌握园艺作物高产优质的秘诀，而且能够去田间、工厂亲眼见证这些理论是如何指导实际的生产工作并将知识转化为经济效益的。同时，园艺专业的各项研究内容也深深吸引着我。在本专业的研究中，我们可以看到草本的番茄与木本的枸杞成功嫁接，能够看到本是一项工作的园艺作业成功与医学结合，转变为园艺疗法。园艺专业的迷人之处不仅在于它的研究内容与我们的生活息息相关，而且在于它拥有无限的研究可能以及与各种学科结合的能力。只要我们有足够的创新性和足够的能力，我们就能够将园艺与各种学科如医学、计算机、人文科学等结合，创造出令人惊叹的成果。

——2016 级本科生　杨洋

“园艺专业最吸引你的是什么？或者换个说法，为什么会选择园艺专业?”当被问到这个问题的时候，可能不同时期的我回答是不一样的。如果是刚刚面临专业选择与确认的大一时候的我，或许会不假思索地说，因为园艺是和甜甜的水果、新鲜的蔬菜和美丽的花卉打交道的，同时满足了视觉和味觉的双重需求，而它们又和我们的日常生活息息相关，现在学的很多知识将来一定是用得到的；如果是让已经体验过部分专业课的大二的我来回答，我大概会想一想之后说，因为园艺能让我们真切感受到大自然的力量，体验播种与收获的喜悦，见证基因与蛋白质的神奇，走进甚至参与那些可能对人类生活质量带来极大影响的科研项目；而现在的我，更觉得园艺是一门体现科学与艺术完美结合的学科，它既承载了历史的积淀，又探寻着未来的发展，既能高端大气上档次，又能通俗亲民接地气。在浙大这个广阔的平台上，我们拥有着最好最全的资源，帮助我们进一步探究藏在瓜果蔬菜中的“秘密”，再利用这些“秘密”去创造更多更优质的“艺术品”，更进一步提高人们的生活水平，是多么有意义和有价值的事呀！

——2017 级本科生　王溢捷

蔬菜、水果、花卉都是我们日常生活中再熟悉不过的事物，但其中又蕴藏着无数我们尚不知晓的秘密，等待着我们去揭开那神秘的面纱。在课堂上，我们学习着看似常识却又奇妙且深奥的知识；在实验中，我们攀登着一座座高峰，努力尝试在先人的基础上有所突破；在实践中，我们有了将所学所思所想付诸实际的机会，看着自己亲手播种的种子慢慢生根发芽，茁壮成长，直到收获，乐在其中。学习园艺必不可少的便是实习实践，除了种植技术，栽培管理也是重中之重。最让我乐此不疲的是修剪枝条，起初瞻前顾后不敢下手，生怕一剪刀下去坏了第二年的收成，到后来修剪却成了减压的“游戏”，老师只要求每两人一组修剪一棵果树，我却忍不住修剪了第二棵、第三棵，这也让我在老师的指导下学到了更多修剪的技巧。犹记得老师上课时多次提到“Horticulture is an art as old as Eden and a science as new as tomorrow”。园艺文化历史悠久，源远流长，但又日日革新，期待着明天又会有不一样的发现！

——2017 级本科生　胡玉屏

专业名称:植物保护
专业导游:刘树生教授

选择浙江大学植物保护专业的N个理由

历史悠久、享有盛誉。植物保护系创建于1936年,其前身是病虫害系。1952年更名为“植物保护系”,设植物保护专业,是我国最早建立的植物保护学科点之一。1952年以来已培养本科人才2600余人,很多已成为该领域的领导或高层人才。

依托学科具有一流师资队伍。植物保护学科现有专任教师55人,正高级28人、副高级20人,其中有长江学者特聘教授、国家“杰青”等各类人才40人次。建有国家精品课程4门,拥有国家自然基金委创新群体等科研团队9个。

依托学科在学科建设与支撑体系方面国内领先。植物保护学科是首批国家一级重点学科,是“211工程”、“985工程”及“双一流”建设学科。在2017年全国重点学科评估中获评A+。建有国家、农业部和浙江省重点实验室各1个。

Q1:植物保护专业的学习(研究)对象是什么?

我国是一个农业大国,粮食安全占有重要的地位。农作物易受到多种病虫草鼠害的危害,若无防治措施,产量损失率将达到30%～40%。植物保护专业的学习(研究)对象就是危害农作物的各种病虫草鼠等有害生物。目的就是通过研究病虫、杂草、鼠等各种有害生物的发生规律,研发安全高效的包括农药、生物防治、农业防治等在内的各种绿色防控技术,控制有害生物危害,保障农作物丰收和农产品质量安全,让老百姓吃得饱、吃得好、吃得安全。

Q2:植物保护专业本科核心课程有哪些?

植物保护专业本科核心课程有:基础昆虫学、基础植物病理学、农药学、应用昆虫学和应用植物病理学。

Q3:植物保护专业的学生需要具备什么特质?

学习植物保护专业的学生必须要明确自己的学习目的,对粮食安全以及农业生产有一定的认识，对粮食生产对于国家、社会的重要性有明确的认识。做基础科学研究的学生不仅要有从事科研的耐心和毅力，更重要的是要有学习研究的欲望和冲动，认识到自己在做的是一件对国家、社会非常有价值的事。

Q4：植物保护专业有哪些对外交流项目？

本专业与国外知名高校合作开展本科生“3＋X”“2＋2”联合培养，选派优秀本科生出国学习或深造。与国外名校开展暑期课程和寒假交流项目，已启动与东京大学、新加坡国立大学、加州大学伯克利分校等的暑期科研项目。同时，学校出资专程邀请国外知名高校、研究机构的专家来校进行全英文授课；学院每年邀请国外知名学者举行20余场面向本科生在内的学术报告会，对学生产生了很好的国际化教育熏陶作用。

Q5：植物保护专业的深造与就业前景怎样？

植物保护专业强调宽广和深厚的基础知识与理论学习。因此，与生命科学相关的海内外各大院校、科研单位都乐意接收植物保护专业的本科生作为研究生继续深造。目前的继续深造率达70％左右。

植物保护专业就业范围广泛。毕业生可进入与植物保护专业直接或间接相关的大型企业、高校、科研院所以及海关等政府事业单位（公务员以及相关事业编制人员），从事与本专业相关领域的基础研究、应用研究、技术服务、政策制定和科技管理方面等工作。目前本专业一次性就业率近100％。

■ 植物保护专业最吸引我的——

昆虫是世界上种类最多的一类生物，它们的世界是五彩斑斓的。每天潜心和虫子打交道让我不断有新的发现，并从中得到快乐，而这种快乐又不断促使我去更深入地探究，并开发新的兴趣源泉。同时，植物保护专业作为一个与老百姓日常生活、国家经济发展和生态安全息息相关的行业，也在不断地实现其对社会的价值。

——刘树生　教授

本科期间经历了专业实习和美国交流后，我看到了中外农业发展的情况，很大程度上提高了我对农业病虫害防治的兴趣。浙大农学院的雄厚实力也为我们的学习研究搭建了很好的平台。综合个人兴趣和学科实力，我在思政免试研究生确定专业时仍然选择了植物保护专业。今年是我在植物保护专业学习的第五年，本科基础学科的学习与现在的科学研究还是存在一定差别的，我也在更进一步地了解植物保护学科的实际应用。

——2013级硕士生　许霁玉

浙大植物保护专业在国内数一数二，师资力量雄厚，专业积淀深厚，就读期间可以学到更为丰富的专业知识。教学安排不局限于校内课堂之上，更有很多机会走进田间地头，调研、实践、学习。身为农学人，走进田地、走进农业实践是我们所应做的事，更是充满欢乐的经历。知识框架涵盖昆虫、病理、农药等，让我们在今后的就业和深造上有更多的选择，而科学合理的教学安排保证我们扎实的专业素养。植保的学习带给我们满当当的希望与憧憬，更带来丰沛的自信迎接未来的挑战。

——2016 级本科生　李安迪

一开始植保专业最吸引我的是植物和昆虫这些与人类息息相关的大自然的神奇生灵，然而在经过本科学习之后就会发现不光是它们，生活也随着植保地融入而更加有生气，因为身为植保人看自然万物都是含着亲切之感。或许专业简介里写着要学习昆虫吸引不到很多人，但是事实上有些同学从一开始不太敢碰虫，到实习时候转眼个个都能手擒各种虫子还感到兴奋。这就说明了在了解、接触之后，自然会觉得昆虫还是很可爱的，或者至少可以说是不讨厌的。现在回想起来，在多次集体实习活动中，我们的班级气氛一直都是十分欢乐与融洽的，我觉得这也是植保和植保班最有魅力的一点。

——2016 级本科生　董芝

专业名称:茶学
专业导游:陈萍副教授

选择浙江大学茶学专业的N个理由

浙大茶学历史悠久,领跑全球。浙大茶学是我国最早也最具实力的茶学专业之一,连续为全国唯一茶学国家重点学科,全国第一批硕士、博士学位授予点以及博士后流动站学科点,培养了我国茶学首位硕士、首位博士和首批海外留学生;是国家A十园艺学科重要组成部分。具有最全面的茶学人才培养体系,领全国茶学专业为先。世界茶学看浙大!

国际影响力强大,茶学专业发挥一流作用。自20世纪50年代起,为苏联、日本、美国、印度、肯尼亚等培养了一大批茶学专业人才。同时也输送了大批优秀学子,立足于世界各地为祖国发展贡献力量。作为一流大学的一流学科,浙大茶学专业在复兴中华茶文化、"健康中国"国家战略中展现着一流实力。

贡献人才力量,彰显人才担当。年轻的高端茶学人才是茶产业发展的中坚力量。围绕国家发展战略,振兴中国茶产业、建设中国茶业强国,需要浙大茶学贡献智力支持,彰显人才担当,也即"开物前民""树我邦国"的浙大担当!

Q1:茶学专业的学习(研究)对象是什么?

茶学专业是中国特色专业,也是世界独有专业。它跨越农、工、贸、文、理、医等多类学科,与医学、药学、营养学、食品加工学、机械、史学、文学等有着紧密的关联,最终形成了纵横并厚、交融汇聚的学科特色。茶学专业学习(研究)的对象可以说都是围绕"茶"这一株植物而展开的。小小一片茶叶中蕴含着1000多种生物活性成分,从茶的育种栽培到加工审评,再到茶叶化学成分和综合利用研究,以及茶产业经济学和文化研究,其知识体系涵盖茶叶产前、产中和产后农业,其产业链贯通第一、第二、第三产业。茶学专业方向则包括茶树生物技术与资源利用、茶叶化学与功能成分开发、制茶工程与品质鉴定以及茶产业经济与文化。因此,茶学的研究范围涉及生命科学、现代农业科学、信息科学、食品科学、现代医学和文学等诸多领域。

Q2:茶学专业本科核心课程有哪些?

茶学专业为农学领域、植物生产类的国家特设专业。本科一、二年级以自然科学通识类课程和学科基础课程为主,并加入茶学导论课、茶叶化学与综合利用等专业必修课程;本科三、四年级以专业必修课程和专业选修课程为主,其中包括三门海外教师全英文原味课程,另设立了丰富的实践教学环节。核心课程包括以茶叶产前为主的茶树栽培、茶树育种、茶树病虫害防治等内容,与茶叶加工相关的制茶工程、审评与检验、品质风味研究等课程,与茶叶成分利用相关的茶叶化学、深加工、综合利用等课程。此外,还包括与茶产业密切相关的茶叶经营管理学课程等。

Q3:茶学专业的学生需要具备什么特质?

与其他涉农专业不同的是,茶学学科产业链长且相对完整,极重视产前农业(第一产业)与产后农业(第二、第三产业)的融合,茶学可以说是一个产业链长、涉及面广、知识层次丰富的专业。如在茶叶品质鉴定、茶的健康功能研究和相关学习中,既要有较好的无机化学实验技能,又要有扎实的有机化学、生物化学、营养化学、食品科学等基础知识;如果对茶产业研究有兴趣,还要具备一定的文科知识、管理学知识和逻辑思维能力。另外,茶学专业与茶产业联系紧密,应用性非常强,实践机会非常多。茶学专业要求学生在学习现代农业与生物技术等理论和方法的同时,综合掌握生命科学、信息科学和管理科学等基本知识。此外,茶学专业重视优秀传统文化和中华人文精神教育,培养青年学生的优良品德、执着信念,并积极践行文化自信,德智体美全面发展。

Q4:茶学专业有哪些对外交流项目?

在学校和学院的对外交流项目之外,茶学专业与海外高校合作设立了一系列对外交流项目,主要包括静冈大学茶学科研与交流实训项目、韩国宝城茶产业创新合作发展项目、加州大学戴维斯分校茶与园艺植物科研实训项目、欧洲茶与葡萄酒科研交流项目等。同时,本专业鼓励本科生在海外参加毕业设计(论文)、科学研究等。茶学专业的庄晚芳茶学发展基金、华发教育基金主要用于浙江大学茶学教育的发展,并大力支持本专业各类人才培养项目。

Q5:茶学专业的深造与就业前景怎样?

据近5年统计数据,浙大茶学专业一次就业率在96%以上。从分类就业状况看,茶学专业有40%的学生继续深造,其中30%~50%到国外求学;从国内就业情况看,毕业5年后茶产业就业率在35%~65%,其中有到政府管理部门(与茶叶有关的农业、出入境检验等部门)的,也有到研究及文化相关机构(茶叶研究所、茶叶博物馆等)的,更多的毕业生就职于茶业产业链的各个环节。从基层的茶叶栽培管理,到茶叶生产加工,再到茶叶有效成分的提取及保健品或是食品饮料的开发,以及茶叶终端的销售环节,都可以见到茶学专业的毕业生。对教学及研究感兴趣的可以去开设茶学专业的各高校以及研究机构,在饮料、食品或是化妆品等行业都有茶叶的应用,相关领域产品研发工作也是当前的就业热点之一。

■ 茶学专业最吸引我的——

中国是茶的故乡，习主席“清茶一杯，手捧一卷，操持雅好，神游物外”一语意蕴深厚。茶是物质与精神、人文与自然、科学与艺术的完美融合，是最典型的中国文化符号，也是实施国家战略的重要推手。当今，中国茶学教学科研水平排名世界第一。浙大茶学泰斗云集。蒋芸生、庄晚芳、张堂恒等学科巨擘奠定基础，“茶多酚之父”杨贤强、“茶艺之母”童启庆、“茶树育种专家”刘祖生等开拓新篇，在各学科领域无论是茶树育种、栽培，还是制茶、评茶，抑或是茶叶生化与综合利用、人文艺术等均具世界特色优势并立前沿。茶学研究日益为经济产业、民生产业、生态产业、文化产业和富民惠民产业提供了重要支柱。

中国茶和茶文化已全面进入盛世兴茶、再创茶业强国辉煌的新时代。吾辈学子当立志为学，“振兴中国茶业”之时“既可清茗共西窗，也可论文满贯”。学茶，不仅是奋斗一生的好事业，更让你身心更健康，生活更美好！

——王岳飞　教授

茶学会引导你成为什么样的人？在此让我们以当代茶圣吴觉农先生名言共勉：要养成科学家的头脑，宗教家的博爱，哲学家的修养，艺术家的手法，革命家的勇敢以及对自然科学和社会科学的综合分析能力。

——陈萍　副教授

茶是一株非常特别的植物，她承载着中华民族五千年的历史与文化；她又是全球第一的无酒精饮料；她是与人类文明和健康相伴的植物。我们还有什么理由不为她奋斗一生？你的加入就是对人类最大的贡献！

——须海荣　副教授

乱世饮酒，盛世喝茶，如今盛世，正当饮茶之时！之于健康，茶中何物如此神奇？之于好茶，茶树的品种、管理、加工如何影响茶叶风味？之于未来，智慧茶园、机械化加工、电子鼻电子舌品鉴、神经网络等如何建构茶产业？他山之石，可以攻玉，茶学之锁，以你为匙！

——2013 级本科生　张星海

茶学，你可以在实验室里一心科研学术，也可以在茶田中下地劳作，还可以在茶室中品茗论道。小到成分研究，大到市场文化，这片普通而又特殊的叶子，给了踏入专业的我太多探索和尝试的可能。在茶学，我相信你一定可以收获一段不一样的有趣、有所得的大学本科之旅。

——2014 级本科生　林炜莛

茶学专业正如茶叶六大茶类一样丰富：她多彩，茶叶生化、茶树栽培育种、茶叶加工审评、茶业经济贸易都是她的领域；她用心，既可以让我们在理论学习中获得真知，也可以让我们在实践学习中积累经验；她多元，既需要我们静得下心来做研究，也需要我们放得开去参与茶事。学茶的过程中我常常被茶人眼中闪烁的光所感动，那闪烁里，茶已经不单单是一种植物、一种饮品，而是一种热爱和追逐。

——2015 级本科生　闫怡清

It's often the small things that really matter and that often even a tiny stir of a butterfly wing can move the stars. Tea and tea science means discovering this kind of world for me.

While studying tea science however, each day I realize more and more, that the world of tea is actually not tiny anymore, and that the butterfly already starts to grow into a tiger, with more and more studies in the pharmaceutical industry starting to acknowledge the healing power of plants, and more and more people in the whole world starting to discover the beauty, diversity and health benefits of our beloved plant: tea! Tea is a whole life style, tea is deciding to live healthy, full lives with a never-ending adventure of exploring the mysteries of this plant of thousand faces.

——2017 级捷克留学生　爱丽丝

A perfect cup of tea is the happiest thing in the world, as it can warm us or cool us down. This magical soothing feeling made me fall in love with tea. So there is nothing to surprise on pursuing the studies on tea science. Each and every tea produced in China has its own specialty that brings the best taste out of the brewed tea. Tasting different kinds of tea mesmerized me. This tea science helped me to see the best in others.

——2018 级斯里兰卡留学生　Hasitha

茶学学科是一个综合产学研的多元学科。在浙大茶学 10 年，领略到严谨的科研态度、幽默的教学风格和丰富的实践课程，而更吸引人的是浙大茶学教师们独有的人文关怀，以人为本，因材施教。浙大茶学给人的不仅仅只是一种工作与学习的氛围，更有一种家的体贴与温情，如沐春风，如饮甘霖。

——2018 年博士后　李清声

专业名称:园林
专业导游:夏宜平教授　陈云文博士

选择浙江大学园林专业的N个理由

理由一:园林追求理性的烂漫。园林专业是一门科学的艺术,是借助理性的科学方法与技术,营造人类实用而美观的诗意人居环境,保护自然生态环境的综合性专业,追求理性的烂漫。它既要传承民族特色,又要体现时代特征与需求。

理由二:行业发展方兴未艾。当今园林行业正处于迅猛发展的重要阶段,学科方向与技术发展日益拓延,园林建设事业在国家生态文明战略领导下方兴未艾,社会需求不断增升,专业发展潜力大,前景可期。

理由三:浙大园林办学历史悠久。浙江大学园林教育始于1927年,早在国立第三中山大学劳农学院改组成立园艺系,并分设造园组与果树组,由范肖岩、程世抚、储椒生等教授执教,是中国最早开始园林分组教学的院系;至1934年形成了花卉、观赏树木、造庭学、都市计划、种植制图、温室苗圃学等专业课程体系。

本专业在改革开放前培养了余树勋(1942届)、孙筱祥(1946届)等中国现代风景园林著名教育家和学科奠基者。其中孙筱祥教授曾在浙大任教10年(1946—1956年),并在1952年创建了浙江农业大学的"森林与造园教研室"并担任主任。浙大是孙筱祥教授中国风景园林学科理论思想和教育模式的发源地和创始地,也是其早期规划设计代表作的创作地。

理由四:复合两宜的人才培养模式与时完善。本专业坚持在"知识、能力、素质、人格"四位一体的人才培养体系的指导下,突出"口才、文才、画才"三才合一的专业特色培养目标,构建"四位一体,三才合一"的拔尖人才培养方案,致力于培养具有高度的社会责任感与生态文明意识,具备扎实宽厚的风景园林理论知识及专业技能,兼具国际视野与家国情怀,能从事风景园林规划、设计、保护、建设和管理及相关领域的复合应用型或拔尖研究型卓越人才。

在教学中强调园林规划设计与生态学、园林植物学的融合和交叉,注重风景园林的基础理论学习与实践应用,以学生的全面发展为核心,坚持探索教学、科研、实践三结合的交叉创新办学模式。

理由五:校企协同与国际化合作不断拓展,深造率高。近年来,园林专业还积极探索校企协同育人和国际合作办学模式,与美国哈佛大学、康奈尔大学、罗德岛设计学院,英国爱丁堡大学等世界著名院校风景园林专业开展合作办学与深入交流,并与浙江大学建筑设计研究院、意格国际、杭州园林设计院等国内外设计公司开展联合教学。多年来,本科毕业生进入世界排名前100高校深造率位居学院之首。

Q1:园林专业的学习(研究)对象是什么?

园林专业是一门综合运用科学与艺术的手段,属于研究、规划、设计、营造、管理自然和建成环境的应用型学科,以协调人与自然之间的关系为宗旨,以保护和恢复自然环境,营造生态和谐、环境优美的人居环境为根本职责。浙大园林专业主要以风景园林规划设计与理论、园林植物及其应用、风景园林创新研究方法为主要研学对象,修读内容将会涉及风景园林植物应用、园林与景观设计、地景规划与生态修复、风景园林历史与理论、风景园林遗产保护、风景园林技术科学等六个方向。

Q2:园林专业本科核心课程有哪些?

园林专业本科核心课程有:园林史与园林艺术、园林植物学、园林规划设计、园林建筑设计、园林工程等。支撑课程有:园林设计初步、城市绿地系统规划、风景区规划设计、植物造景、城乡规划与设计专题等。园林设计初步是每个进入园林专业的同学接触的第一门专业课,它通过理论学习与设计练习帮助同学们了解园林专业基本知识,并掌握构成与设计基础;园林植物学主要学习园林树木、花卉、草坪植物、园林生态方面的相关理论知识,并结合园林植物认知实习得到巩固;园林史与园林艺术是园林专业理论知识必修课,讲授园林发展与历史、艺术与设计原理,让学生在设计实践环节能够有理可循;园林规划设计、城市绿地系统规划、风景区规划设计、园林工程、园林建筑设计则侧重规划设计及其技能训练,通过规划设计作业来培养创作能力,积累设计经验,增强实际操作能力。

Q3:园林专业的学生需要具备什么特质?

我认为,学习园林专业的学生必须要明确自己的学习目的,这是一个为实现人类社会和自然环境可持续性发展,以创造一个安全、舒适、实用、优美的人居环境,保护人类赖以生存的大自然的事业。由于园林专业是多学科交叉的学科,涉及哲学、历史、地理、生态、建筑、土木、艺术和环境等7个学科门类21个学科,其中关系密切的一级学科有建筑学、城乡规划学、生态学。所以园林专业的学习需要较全面的知识结构基础,既要培养一定的文学艺术涵养,又要具备工程数理和生物生态知识;其中,尤其是要把自己的创意表现出来,就需要有美术、制图和各种电脑软件的应用技能。因此,园林专业的学生更需要有吃苦耐劳的精神,力求将自己培养为具有文才、口才与画才的合格园林人。

Q4：园林专业有哪些对外交流项目？

本专业秉承“求是创新”的校训，以一流学科为办学目标，致力于培养和造就具有远大抱负和国际视野，知识、能力、素质协调发展，具有求是创新精神和国际竞争力的复合型创新人才。近年来，园林专业相继与康奈尔大学、墨尔本大学、新加坡国立大学、慕尼黑工业大学、代夫特理工大学、东京大学、台湾大学等世界一流名校开展学生交流合作项目，并鼓励各年级学生积极参与对外交流与交换项目、联合培养项目、暑期项目和国际竞赛等活动，其中康奈尔大学“2＋2”项目、爱丁堡大学“2＋2”联合培养项目、东京大学暑期科研训练、千叶大学暑期科研训练、欧美园林景观暑期训练营等项目持续稳定开展。

园林景观暑期训练营项目是园林专业自主选拔的国际交流项目，是由浙大农业与生物技术学院与知名设计公司、国外著名大学共同策划的海外校企协同育人项目。自2016年始共选拔了68名高年级本科学生赴美国、德国、荷兰参与交流学习，由专业教师带队，每期约一个月，其中在国外15天左右，国内15天左右用于总结交流。该项目以国外优秀的园林景观作品为调研内容，以课堂授课、现场学习与工作营训练等多种形式，调查分析优秀项目的设计理念与建设经验，开拓学生风景园林视野，激发其专业研究与学习的兴趣。

Q5：园林专业的深造与就业前景怎样？

本专业培养身心健康，具有良好道德品质、社会责任感和环境意识，从事风景园林领域的规划与设计、工程技术研发与建设管理、园林植物研究与应用、城乡生态修复与资源保护等方面的复合应用型或拔尖研究型卓越人才。毕业生适合在自然资源、城市建设、园林管理等部门，或者园林、建筑、城乡规划设计、园林绿化、房地产等企事业单位和教学科研单位从事园林行政管理、园林规划与设计、园林植物生产与开发以及园林教学科研等工作。历年来，本专业的深造率达到70％以上。

■ 园林专业最吸引我的——

能够被“园林”选中是一种缘分，也是一种幸运。本科的四年里，我们游西湖、赏美景，我们拿着画板在冬日的启真湖畔写生，我们背着相机在烟雨朦胧的江南发现美，西湖的每一块青石板、每一片落叶都记录着我们在园林专业学习的点点滴滴。研究生阶段的学习让我进一步感受到了园林的魅力以及它在社会发展中起到的重要作用。园林是人工的第二自然，是关系人民生活水平的民生大事，是文化的产物，也是科技的产物。作为一个综合性的学科，它在感性与理性中取得平衡，既需要生物生态、土建、工程等科学技术的支持，也需要艺术的创新。当今社会的发展离不开生态文明的建设，园林景观环境是生态文明的重要载体，每个园林人都肩负着保护、美化环境及创造幸福家园的重任。

——2013级硕士生　黄玄

我从小在杭州这座园林城市长大，西子湖畔的美丽让我对园林的情结很深。因此学习园林专业对我来说就像是在研究自己身边最熟悉的东西一样，充满了亲切感。能将自己的兴趣与专业结合是幸福的，能将自己的理想和现实结合也是幸福的，我觉得这个专业就提供了这么一个平台，让我对于家乡、自然、地球的美好设想通过专业的理论体系转化成现实，甚至有机会看到自己的设计真正落地实施。这些都是我对这个专业的不断的热情的来源。

——2009 级本科生　蒋昕怡

动物科学学院

College of Animal Sciences

☞ 动物科学
☞ 动物医学

专业名称:动物科学
专业导游:刘建新教授

选择浙江大学动物科学专业的N个理由

本专业培养具有动物科学方面的基本知识、基本理论和基本技能;掌握动物科学与技术领域扎实的生物科学、数学、物理、化学和专业知识;具备动物科学类专业实践和专业综合应用能力;能够胜任动物科技领域生产、经营管理、技术研发、产品加工和贸易、教学和科研等工作;自学能力强,具有创新意识和国际视野;能以技术及管理骨干的角色与团队成员一起在创造性实践活动中取得成就的具有全球竞争力的高素质创新人才或领导者。

选择浙江大学动物科学专业的理由:

师资队伍强。本专业集聚了教育部长江学者特聘教授、国家杰出青年科学基金获得者和优秀青年科学基金获得者、国家万人计划等多位在国内外具有影响力的学术大咖。

科研实力强。拥有国家重点学科和省重点学科,第四轮学科评估为全国第三;承担国家重点研发计划重点项目、国家自然科学基金重点项目等;取得了多项国家科技进步奖和发明奖,在自然科学顶尖期刊 *Nature*、*Science* 等杂志上发表研究成果。

教学国际化。本专业有外籍教授2名,外籍讲座教授6名,开设多门英语原味课程、双语课程;100%学生能赴欧美等发达国家和地区参加国际交流。

培养质量高。本科毕业生一次性就业深造率在98%以上;培养了以舒惠国(原江西省委书记)、邵根伙(大北农集团董事长)等为优秀代表的杰出院友。

Q1:动物科学专业的学习(研究)对象是什么?

动物科学主要研究农业动物,也就是猪、牛、羊、禽等畜禽动物以及水产、蚕与蜜蜂的遗传发育、种质改良、营养饲料、产品加工等,通过培养优良品种,研发优质饲料,为人们提供肉、蛋、奶、丝、蜜等优质产品。

这是动物产业的一条链。"优良品种"靠育种,育种就是育出更优秀的品种和品系,比如如何让猪长得更快、让奶牛产奶更多、让蜜蜂酿出更优质的蜜等。"优质饲料"则是怎么给动物提供更好、更安全的饲料，以满足动物快速生长和高效生产的需要，同时生产出安全、优质和美味的肉、蛋、奶等畜禽产品以及水产和蜂产品。“优质产品”则是在具备优良品种的基础上，通过营养调控，并利用加工调制，使产品更符合人们的需求，比如生产更多的“五花肉”，生产更好的新鲜奶，将猪肉做成香肠，将牛奶做成奶酪、酸奶等。围绕这条产业链，还可以向外延伸很多。例如转基因中的抗病育种，使培育而成的动物品种对某些疾病具有特殊抵抗力，少生病甚至不生病。目前，这也是全世界科学家研究和关注的热点。

从营养饲料的角度来看，“养好”看似很简单，实际却奥妙无穷。动物它到底需要什么，我们怎样才能满足它的需要，是相当复杂的一件事情。比如，不同品种、不同年龄阶段、不同生产水平下，生猪对饲料的要求就很不一样；同样品种的猪、牛、羊、禽，在不同地方、不同季节所需要的营养也是不一样的。

从品种的角度来看，一个好的品种我们首先必须知道它的遗传基础是什么。自从人类基因组草图在2001年被公布起，科学家就已经研究出了更多动物的基因组。相比现在，早期的育种，主要是根据表型选种，一批动物在那儿，观察哪个长得快、哪个长得好，然后将好的留下来，但是这样做育种的周期很长，十几年乃至几十年才能取得好的进展。如今，我们进入了“后基因组时代”，只要研究它的遗传背景，检测一些指标，就可以更好地进行分子育种。这需要现代的人用现代的知识来完成，传统方式不能代替。

因为农业动物一般个体都比较大，为了便于研究，我们可以用“模式动物”来代替，比如小白鼠，“模式动物”同时也是人类医疗领域的主要研究对象。

Q2：动物科学专业本科核心课程有哪些？

首先是大类课程，如数学、物理学、化学、生物学，其次是大类基础课程，如生理学、生物化学、微生物学等。学好大类课程不仅可提高同学们的逻辑思维能力，还为今后开展动物遗传育种、分子生物学、营养调控等方面的研究和学习打下基础。当然更重要的还是专业课程，如动物遗传学、动物育种学、动物繁殖学、动物营养学、饲料科学、肉品加工学、乳品加工学等。

Q3：动物科学专业的学生需要具备什么特质？

首先一定要喜欢、热爱这个专业。

其次是掌握一些化学、数学的基础。特别是化学，无论是育种、营养还是饲料，都需要化学知识。通俗地说，普通化学研究的是静态的或者说“死”的物体，而在动物科学专业，其研究对象是动物活体，是生物体的化学，宏观上是动物个体，微观上是细胞、细胞器等。

建议从一开始就做好攻读研究生的准备，在国内外的著名大学继续深造。与传统农业院校不同，浙江大学开展大类培养与通识教育，注重基础知识的积累与综合素质的提高，特别强调科研创新能力的培养，学生的基础功底较为扎实、研究能力较强。学生通过更高层次的培养后，更容易出成果，更容易培养成为高素质的研究型、创新型人才。

Q4：动物科学专业有哪些对外交流项目？

动物科学专业设立的对外交流项目有很多，包括加拿大的阿尔伯塔大学，美国的哈佛大学、普渡大学、俄克拉荷马大学、马萨诸塞大学安姆斯特分校、弗吉尼亚理工大学，日本的静冈大学、北海道大学、创价大学等国际一流高校的暑期交流项目、短期访学项目等。目前，动物科学专业本科生的对外交流率超过100%。

Q5：动物科学专业的深造与就业前景怎样？

大概有1/3学生选择继续深造，在国内或者出国读研究生，大部分学校，甚至中科院也十分认可我们学生的能力，很喜欢我们的学生；另外有约1/3学生考上公务员，或者去了专业单位；剩下的约1/3学生则自己创业或从事其他行业工作。

■ 动物科学专业最吸引我的——

希望同学们对动物科学专业的理解，不要被这个名称所误导。与其他一般的学校不太一样，浙大的动物科学专业涉及的面更广，作为本科生，之后选择的余地也很大；浙大的动物科学专业在全国名列前茅，师资队伍力量雄厚。目前，动物科学学院共有4位老师获得国家杰出青年科学基金，其中动物科学专业就有3位，还有长江学者特聘教授、国家优秀青年科学基金获得者等。

这个专业其实是一个非常好"玩"的专业。活的动物，其过程变化非常多，在变化中寻求规律的过程更是非常有趣。我高考的时候也没报这个专业，填报的志愿都是数学相关专业，结果被录取到畜牧学。这个专业听起来更像养猪、养牛的，起初学习解剖等课程有点枯燥，随后接触到了生理学、生物化学等知识，我一下子就被吸引了。揭秘生命、理解生命，是一件相当令人兴奋的事情。喜欢了，就自然能做好。曾经有刚分专业进来的学生，感到迷茫，于是想来实验室看看。在领他们参观实验室并安排其与研究生师哥师姐一起做过实验之后，他们觉得这个专业十分有趣，一下就有了信心。大学生应该从好"玩"开始，觉得好"玩"了就会有兴趣，就会有动力，就能学好，并能做出一番事情来。

希望以后选专业时，同学们不要听信于别人，要眼见为实。如果有疑惑，那就自己亲眼来实验室看看吧。

——刘建新　教授

很多同学对于动物科学的认知仅仅停留在养殖这个层面，其实不然，动物科学包含动物营养与饲料、遗传育种与养殖、特种经济动物科学等学科，可以研究动物基因编辑、消化道微生物、生物饲料、产品加工等方向，是产学研结合的应用型专业，它与国民生活密切相关，值得我们花时间和精力去深入研究。动科院在本科阶段的培养模式让我们能够去各个实验室做SRTP项目，还有机会去海外高校做科研交流，不仅可以增长科研经历，还能在不断的科研实践中更好地找寻到自己未来致力于研究的方向，更好地选择自己的人生道路。我很庆幸当年选择了动物科学专业，我会在这条道路上继续走下去。

——2016级本科生　范埃米

动物科学是一门有趣的学科，也是一门非常有用的学科。浙大动科院有非常有趣的老师，既有学识渊博、风趣幽默的彭金荣教授，又有在儿童节送我们每个人一份礼物的罗丽健老师，还有帅气又风趣的李剑老师，能做各种食品的任大喜老师，还有很多非常有意思的老师。他们对待学生耐心真挚，和他们相处就像是和亲切的兄长、和蔼的长辈一般没有任何压力。他们知识丰富，在繁忙的科研之余还愿意耐心地为我答疑解惑，在动科院的日子让我收获很多。

浙大动科院具有丰富的资源和机遇，在动科院学习，除了能够遇到帮助我的老师，还有各种深造的机会，每个人都有机会出国交流，还有进入实验室科研的机会，有去各大企业实习和参观的机会，这些机会对我们学生来说都是非常有意义的，能够给我们成长的空间。我很喜欢浙大动科院，也很热爱动物科学，很庆幸在四年的时间里，在动科院遇到这么多亦师亦友的老师和同学，也希望有更多的人加入浙大动科院，相信你不会后悔自己的选择。

——2016 级本科生　陈国爱

大一选择专业时，动物科学是我的第一志愿。几年学下来，我非常庆幸当初的选择，理由有三：口径宽、师生比佳、机会多。

其一，口径宽。动物科学专业主要有三个方向——繁殖、营养和加工，涵盖了动物育种、饲喂到产品加工全产业链，选择面很广。一方面，专业和生产结合紧密；另一方面，在教学上基础生物与理化知识非常扎实。详细到各研究领域，如微生物、基因、营养物质等都是比较泛生物化的，给我们学生的再深造提供了非常广阔的空间。其二，师生比佳。老师多，学生相对较少，人均资源较多，竞争压力相对较小，实验条件极佳。无论是课程自主实验还是 SRTP、毕设，我们的想法和需求在动科院总是能实现，老师们非常亲切友好，很为学生考虑。其三，机会多。总体而言，动物科学专业的课程相对较少，我们可以选择提前进入实验室提升专业素养，或者尝试其他领域。学院也给予了很多资源，例如出国交流、专业竞赛、马术社团组织等等，帮助我们找到和达成目标。

非常感谢动物科学专业给予的绝佳学习平台，希望每一位学子都能在这里有所收获。

——2016 级本科生　魏奕乐

浙大动物科学专业在课程设置方面，前期以数理化的大类课程为主，意在提高思维逻辑能力，并为后续的专业学习、研究打下理论基础；从大二开始我们会陆续接触动物学、解剖学、生理学等生物基础课程，从宏观到微观，逐步深入学习遗传育种、营养调控、产品加工等各研究领域的基础知识。

从实践应用角度看，我们学习的内容包括整条动物产业链，从繁殖育种到营养调控，从养殖管理再到产品加工。在科研方面，动物科学的老师们学术水平高，研究方向广，有基础生物学方向、生产应用方向，也有学科交叉的前沿方向。老师和学长待人亲切，亦师亦友，我们可以通过实验室参观、科研训练、生产实习等环节确定自己的兴趣并深入发展。

其实，动物科学的相关知识非常贴近生活，从学会看牛奶的配料表，到用学过的营养学、生理学知识，调节饮食、健康生活，对涉及生物的报道研究有自己的判断。对于熟悉动物科学知识的人来说，在关键时刻总会有些奇思妙想：在新冠期间重庆市畜牧科学院院长，借鉴养猪场的防疫通道在小区门口设立消毒通道。熟悉掌握动物科学的这一套理论体系后，我们能学以致用，更能触类旁通！

在浙大的动物科学专业，我们能锻炼生命科学的实验技能和科学思维，掌握畜牧相关的生产理论和技能，更能学以致用，触类旁通，去遇见更好的自己！

——2017 级本科生　谢玲钰

两年前，我只是凭着自己的兴趣在动植物间选择了动物科学这一方向。而随着对动物科学相关知识和背景的进一步了解，我越来越能发现动物科学中的潜力。

动物科学并非老土，其中仍有诸多新颖、有趣的话题，如优质畜产品的生产、畜产品的加工、微生物的利用、饲料的加工等还需人们探讨和深入研究。同时近年来国家对于农业发展的重视，人民对于更高品质乳产品和肉制品的追求，无不证实了动物科学正处于时代潮流当中。

动物科学学院教学、研究资源丰富。你能在这里遇到富有激情的解剖学李剑老师，和蔼可亲的微生物学王佳堃老师，诙谐幽默的繁育学王争光老师等诸位良师。他们有着深厚的专业知识，且乐于答疑解惑。课程注重理论与实践相结合，课程中往往包含了自主实验、参观养殖场、社会调查等实践性的环节，既巩固了知识，又加深了我们对专业的认识。在继续深造、开阔视野方面，学院有诸多的实验室对本科生开放，我们可以根据自己感兴趣的方向，跟随导师，进入实验室提前体验科研工作。同时学院也提供了前往日本、美国、加拿大等诸多名校的交流机会，并且名额众多。我自己有幸参加了加拿大阿尔伯塔大学的暑期交流项目，度过了充实、难忘的两个月时光。

两年前的我或许还有一丝忧虑，但现在的我相信动物科学的未来，并对自己所选的道路充满了信心。

——2017 级本科生　邹瑜

如果问我为什么要选择动物科学专业，不得不提我与动科院的第一次相遇。那是一次新奇的实验室之旅：在大大小小的鱼房里，我们看到了一箱箱生动可爱的斑马鱼；在作为国家重点实验室的病毒实验室里，实验室老师介绍了检测病毒特性的形态各异的仪器；在生物材料实验室里，我们了解到蚕丝蛋白多样的使用价值与经济用途……这一切的见闻都让我感受到了与印象中截然不同的动物科学。

随着学习的深入，笼罩在动物科学专业上的那层面纱慢慢地被揭开，它不是传统印象中的“养猪、养牛”那么简单。它是一门集基础研究与现实应用于一体的学科，是事关我国粮食与动物食品安全的重要学科，涉及动物基因工程、克隆技术、动物遗传繁育、动物营养调控、饲养管理、动物产品生产、动物产品加工和贸易等等领域。只要你怀着一颗赤诚的心，一定能在其中找到那份属于自己的价值。

动物科学是一门有趣的学科。它涉及数学、化学、生物等各方面的知识，但它并不是一味地死磕书本。之后会逐渐接触到的解剖学、生理学、分子生物学等课程都是理论与实验的结合，让我们在亲手操作中感受到生命的奇妙。在课堂上，老师没有那些“生人勿近”的架子，更多的是和学生们打成一片，解决同学们提出的各式各样的问题。让同学们在愉快的氛围里提升实验技巧与理论素养，同时收获一段独特的师生情谊。

不知不觉间，我已经快在动科院走过了一半的大学时光，在跌跌撞撞中不断地追寻着人生路上的那一缕微光。希望大家也能和我一样，在动科院里丰富自己的本科历程，走出自己的人生路！

——2018 级本科生　金豪

专业名称:动物医学
专业导游:杜爱芳教授

选择浙江大学动物医学专业的N个理由

当禽流感、非洲猪瘟、食品安全事件来袭时,全社会告急,有一群人逆势而行,彻夜难眠,奋战在各级政府部门、科研院所实验室、发病现场、工厂,只为找到有效的防控手段,迅速控制疫情、舆情扩散,消除市场恐慌,保障食物安全,保护亿万生灵和人类安宁。这群人,他们坚守海关、政府执法机构,头顶国徽,牢牢把守住国门和交通要塞,严防带病动物、不安全食品传入和流通;这群人,他们医术精湛,与死神搏斗,挽救宠物的生命,慰藉主人心灵;这群人,他们活跃在自然保护区和动物园,呵护濒危动物的生命,维护生物多样性;这群人,他们活跃在医药卫生领域,为人类医学进步贡献力量。他们中有人做出了杰出的成就,成了科学家、企业家、政治家。他们是谁?他们是动物医学工作者!

选择浙江大学动物医学专业的六大理由:

(1)一支国际化、国内一流的教师队伍,教给你过硬的动物医学专业知识;

(2)一群学术造诣高的动物医学科学家,带你在科学的殿堂里翱翔;

(3)国内一流的实验室、教学医院,把你训练成科学家、合格的动物医生;

(4)100%的学生对外交流,带你遨游世界一流名校,拓展你的国际化专业视野;

(5)这里有动物保护者协会,满足你呵护生命的欲望;

(6)多学科交叉专业,就业前景广阔,毕业生供不应求。

Q1:动物医学专业的学习(研究)对象是什么?

动物医学是医学的分支,其内涵与人体医学相同,只是研究的对象和社会经济意义不同。动物医学的研究对象既包括涉及国计民生的食品动物(如猪、牛、鸡等),也包括与人类亲密相伴的伴侣动物(如狗、猫等),还包括珍稀的野生动物,目标是预防和治疗动物的各类疾病。

作为动物医学专业的学生,首先必须详细了解动物机体的解剖和组织结构及其功能;其次要学习引起动物疾病的各种致病因子,如生物性致病性因子(细菌、病毒、寄生虫等)、化学性致病因子(维生素和微量元素缺乏、毒素或有毒植物中毒等)的特性;最后要学会动物内科病、外科病、产科病、传染性疾病的诊断和治疗方法,学习动物疾病的预防和检疫、疫苗的制备、动物药品的开发等。

Q2:动物医学专业本科核心课程有哪些?

动物医学专业本科核心课程有:动物解剖学、动物组织胚胎学、动物生理学、动物病理学、动物免疫学、兽医药理学、动物分子生物学。关于疾病诊断治疗相关的核心临床课程有:兽医诊断学、兽医内科学、兽医外科学、兽医产科学、中兽医学、兽医微生物学、动物传染病学、动物寄生虫学、动物流行病学等。

动物医学专业特色课程有:动物生理学、动物病理学、兽医药理学、兽医公共卫生学等。

Q3:动物医学专业的学生需要具备什么特质?

首先,这个专业的学生至少不排斥与动物接触,并且具有良好的同理心和社会责任感。动物医学专业的学生面对的是各类患病动物,要从动物的视角来感受疾病的痛苦,为它们提供良好的治疗。动物医学专业承担着保障人类和动物健康的双重责任,动物医学专业学生必须理解并愿意承担这类责任。

其次,动物医学专业还必须拥有理论联系实际的能力,并具有较强的动手能力。因为动物医学专业相对来说是一门实践性较强的学科,所有课堂上的知识都需要在动物临床实践中加以练习与运用,才能够提高学习效果。

Q4:动物医学专业有哪些对外交流项目?

浙江大学动物医学专业秉承求是创新的校训,坚持"培养具有全球视野,具有创新能力、创业精神和社会责任感的高级专业人才与未来领导者"的办学宗旨,大力推动本科生培养国际化,设立了多个对外交流项目,包括加州大学戴维斯分校、普渡大学、哥本哈根大学、东京大学等国际一流高校的暑期交流项目,北卡罗来纳州立大学的本科生领导力提升项目,加州大学洛杉矶分校暑期课程训练项目等,实现了本科生对外交流全覆盖的目标。

Q5:动物医学专业的深造与就业前景怎样?

本专业学生毕业后可从事畜牧兽医行政管理(各级兽医局、动物疾控中心、兽医卫生监督所、兽药监察所等)、进出口动物及其产品的检疫检验(中国海关)、肉品卫生检验、饲料兽药工业、食品安全、珍贵动物保护、畜禽疾病的诊断与防治(驻场执业兽医)、伴侣动物医疗保健(宠物执业兽医)、实验动物、公共卫生及生物医学领域等方面的工作;可继续在国内、国外深造,成为动物医学、生命科学等相关学科的高级科研、教学人才。

■ 动物医学专业最吸引我的——

动物医学一直以来生源比较好，毕业生就业形势也好。主要原因：第一，社会经济发展的需要。现在大家非常关注的禽流感等人畜共患病防控、食品安全检测、进出口动物及其产品的检疫都属于动物医学范畴。我们经常开玩笑说，兽医除了不看人的病，其他动物病都由兽医管。第二，专业研究领域的拓展给动物医学专业带来新的发展机遇。在很多人的印象中，一说学动物医学专业，感觉以后都是去当兽医什么的，但随着社会的发展，现在动物医学的基本任务已经发展为有效地防治农业动物（畜禽）、伴侣动物、医学实验动物以及其他观赏动物疾病。大中城市养宠物的人越来越多，带动宠物医疗保健行业热起来，社会的巨大需求给这个专业带来了新的发展机遇。

虽然动物医学和人类医学针对的对象不同，但基本的知识体系相类似，学的课程也相近，比如都有传染病学、内科学、外科学、产科学、影像学等课程；相关知识可以运用于自身的日常生活当中，更好地了解自己的身体，更健康地生活。

——杜爱芳　教授

当我在高中生物课上第一次接触生理时，我对生命就充满了好奇。当我人生中第一次在医院看到医生挽救生命时，我感受到了医生的伟大。或许从那时候开始，我就决定做一个拯救生命的医生。

高考填志愿时，由于某些原因我选择了浙大的农学大类。一开始我有些沮丧，本来以为自己无法实现曾经的梦想，但是后来我发现在农学大类里有一个专业叫作动物医学，而这个专业也完全可以实现我成为一个医生的梦想。

在深入了解后，我更加坚定了选择动物医学的决心。首先，我发现与国外相比，中国宠物医院正处于起步阶段，没有制度支撑，宠物医院仍存在不少乱象，宠物治病常常成为主人最头疼的问题。其次，在动物疾病的预防和治疗方面，我国仍然处于落后地位，无法自主研制所有已知的疫苗或药剂。在浙大这个高平台上，我想，或许有一天我能以这个平台为起点，为国家的动物医学事业做出一份贡献。

——2017 级本科生　贾梦妍

记得当初选择这个专业的理由特别简单，我很向往医学专业，也很喜欢小动物，于是我毫不犹豫地把动物医学放在了第一志愿。很多朋友得知我的专业后，总会打趣说：“我的宠物以后结扎就交给你了！”“我的小乌龟怀孕了，你能帮我看看吗？”我不觉得尴尬，起码动物医学是一个特殊且重要的专业，但也不可否认，大部分人对动物医学这个专业的了解是浅薄的。不过我相信，当你穿着动物医学专属白大褂，在宣誓仪式上郑重念出兽医的誓词时，你会感受到这个专业的责任和意义所在。

动物医学的课程设置是有趣、丰富而实用的，可以说在专业课上我体会到了别的专业和基础课不曾拥有的乐趣与体验。当然更重要的是，扎实全面的理论基础、良好的实验操作技能以及优秀的导师指导、众多的出国交流机会等都是你能在这里获得的。虽然医学生终究还是逃不过要加倍努力的命运，但是当你意识到你能用自己的双手去保护另一个脆弱的生命时，当你发现你研究的公共卫生及传染病防控正是当下的热点时，你会意识到你的专业——动物医学是多么伟大！我很喜欢我的专业，那是一种涌上心头的热情，也是一份埋在心底的使命感！

——2018级本科生　胡雨桑

我从小对动物感兴趣，沈复的《幼时记趣》中描写的观察动物给我留下了深刻印象，于是进入大学后我选择了动物医学专业。四年的本科学习领我入了动物医学的大门。动物医学专业有丰富的师资力量，能提供给我们扎实的知识教学，解剖学、生理药理和病理学等基础科目向我展示了生物结构之巧妙、运作之精准。产科外科等临床科目，以及传染病公共卫生学等又让我看到了我可以发挥一长的地方。除此之外，动物医学专业还与多个实践基地有合作项目，同时也有丰富的海外实践活动。不仅能让我们向下扎根，从一线经历中精练实践知识，还能让我们向上开花，通过海外实践项目去见识更宽广的世界。本科毕业时可选择的方向很多，从宠物医生到畜禽养殖场驻场兽医，从各级动物疫病预防控制中心到海关进出口检疫都能看到动医人的身影。但我深觉自己所学所知尚浅，尤其是在两个月的畜牧场实习后更觉如此。我不愿做一个只在门口处徘徊，在路边为人鼓掌的人，所以选择继续精进深造，希望能在这个领域再走几步，发一份光，散一份热！

——2019级直博生　童丹妮

医学院

School of Medicine

- 基础医学
- 预防医学
- 口腔医学
- 临床医学

专业名称：基础医学
专业导游：王迪教授

选择浙江大学基础医学专业的N个理由

贯通学位，精英培养。根据教育部颁布的"基础学科拔尖学生培养计划2.0"和教育部批准浙江大学开展基础学科招生改革试点，创建基础医学求是科学班和基础医学强基班。学生前期在浙江大学竺可桢学院进行通识教育培养，后期开展与牛津大学等名校的合作，达到各类毕业要求后获得浙江大学学士学位（竺可桢学院荣誉学位）、牛津大学等世界一流大学硕士学位以及浙江大学博士学位。

多元培养，个性发展。实施珠峰计划，指导学生人格塑造和创新科学精神培育；采用探索式小班化授课模式，促进师生交流及学生自我导向性学习；全英文及双语课程，丰富海外交流内涵与国际化视野。未来从事医学领域交叉创新研究，成为健康领域的杰出人才（包括教学、医疗、科研、管理和产业等方面）。

课程体系，硬核配置。小班化教学，课程包括"竺可桢学院"优质课程、"基础—临床"融合课程、多学科交叉创新课程等，具备"重基础、融临床、辅交叉、强能力、高整合"特色，同时配备资深教授、年轻海归教师、全职外籍师资等。

Q1：基础医学专业的学习（研究）对象是什么？

基础医学乃医学之基，是研究生命和疾病现象的本质与规律的自然科学。其研究领域包括：恶性肿瘤、神经精神疾病、呼吸系统疾病、心血管疾病等重大疾病；衰老这一人类健康面临的巨大挑战；当今世界面临的重大公共卫生和健康问题，如2003年的SARS病毒和2019年的新型冠状病毒肺炎（COVID-19）等传染病。因此，基础医学研究仍有许多重要的、关键的领域和"卡脖子"问题亟待取得重大创新突破。

Q2：基础医学专业本科核心课程有哪些？

基础医学专业本科核心课程包含生物类课程、基础医学类课程、公共卫生和预防医学类课程、临床医学类课程、交叉性课程等。①生物类课程包含生命科学导论、医学科学素养、细胞与生物分子、遗传与发育等;②基础医学类课程包含人体结构与功能学、感染与免疫学、疾病基础、药理学与新药研发、神经科学等;③公共卫生和预防医学类课程包含实验动物与伦理学、临床流行病学与循证医学等;④临床医学类课程包含重要疾病的临床与研究专题等;⑤交叉性课程包含医学生物物理学、医学大数据与应用、干细胞与再生医学、肿瘤研究前沿、脑与脑机融合等。

Q3:基础医学专业的学生需要具备什么特质?

对基础医学有浓厚兴趣、有理想抱负、积极阳光(应变能力强、逆商高)、学习成绩优异、英语水平出色、自主学习能力强、善于沟通与团队协作、有强烈的社会责任感和领导力潜质、富有创造性思维和好奇心、有志于基础医学的创新研究。

Q4:基础医学专业有哪些对外交流项目?

基础医学专业培养具有国际化特色,对外交流100%覆盖,学校提供奖学金鼓励和资助学生积极参加对外交流与科研训练,同时学院为学生提供世界知名高校及科研机构的交流机会,包括哈佛大学、牛津大学、普林斯顿大学、墨尔本大学、爱丁堡大学等,学生可以根据个人兴趣进行选择,更有优秀学生获得前往海外名校进行毕业设计和实习的机会。

学院主推与牛津大学、新加坡国立大学、多伦多大学等世界一流大学合作办学项目。

Q5:基础医学专业的深造与就业前景怎样?

基础医学专业未来将进一步赴国内外知名大学深造。前期相关的生物医学专业培养成效显著,毕业学生中近60%被哈佛大学、剑桥大学、麻省理工学院、约翰斯·霍普金斯大学、普林斯顿大学等世界顶级大学以全额奖学金录取攻读博士学位。

服务国家重大战略需求,就业主要为学术方向,在医学、生命科学、健康领域相关研究机构或高等院校就职,成为科学家、教育家;其他方向则包括成为药物、诊疗研发机构的研发骨干及产业骨干,或者从事健康相关产业的管理及创业。

■ 基础医学专业最吸引我的——

基础医学是医学之基,也是医学理论与临床实践发展的重要引擎。基础医学最吸引我的是基础医学科研工作者通过长期深入的研究,能够将自己的研究成果应用到临床的诊断、治疗、和预防当中,造福人类!

——王迪　教授

基础医学,顾名思义就是医学的基础,我们以严谨的生物学研究性思维为临床问题提供新的解决方法。对于所有热爱医学和热爱科研的同学来说,基础医学绝对是你实现梦想的最佳选择。更重要的是，基础医学求是科学班注重个性化教育和精英培养，每月固定的温馨班会、各种有趣的参观活动、超多新奇的科研成果——别犹豫啦，快上车！

——2019 级求科班　黄滢霏

虽然进入基础医学专业才一个学期，但是通过这一学期的实验室参观、全程导师会议、专业课等，也逐渐了解了基础医学这一专业。基础医学与临床医学不同，选择基础医学，就是选择走科研这条路，是在学术方面做出贡献，是将研究成果紧紧围绕医学这一主题，延伸和拓展出去。而要在科研这一方面做出成就，不仅学业水平要好，展示、讨论等方面的能力也在本专业的专业课上被着重强调。基础医学对于我来说就是能让我不断拓宽自己的各方面能力、实现科研梦想、实现医学理想的一个完美平台。

——2019 级求科班　金辰莞

很喜欢基础医学这个专业，当时看到竺院开设了这样一个班级，我就觉得这再适合我不过了，无论是本硕“4＋1”联培模式，还是独特的小班教学，都很符合我的意向。真正到了这个班级之后，我发现导师们和“新生之友”都十分关心我们的学习生活，教学资源十分丰富。一段时间的学习下来，我觉得收获满满。

——2019 级求科班　廖炜杰

在备战高考的 2020 年 5 月，我得知浙大计划开展基础学科招生改革试点（也称强基计划）。我之前对于自己的专业兴趣乃至今后的职业方向都有了比较清晰的想法，又始终对浙大充满向往，所以在看到强基计划基础医学专业的招生消息后就毫不犹豫地来尝试了。强基计划的小行政班化教学，“4＋1＋X”的培养模式，极高的境外交流率，优秀的师资，较早接触实验室课题组的机会，以及导师制、新生之友等模式，越了解这些信息越让我庆幸自己抓住了这样的好机会。强基计划于 2020 年开始招生，希望我们这一届可以和它一起成长，相信未来的强基计划一定会更加完美。真正热爱基础学科的朋友们，强基计划基础医学值得你们拥有。

——2020 级强基班　鲁杨

基础医学是一个很特别的专业，是医学的基础，它虽然不直接诊治疾病，也不直接参与公共卫生事件的处理，却在实验室里研究着疾病、探寻着生命，默默为医学的进展、健康中国战略的实现做着贡献。强基计划基础医学给了我们一个很好的机会，贯通培养的模式让我们能够较早地接触科研，明确自己的方向并提前开始知识的积累，个性化教育让我们认识了许多和蔼可亲的教授、思维独特的科研大咖。我的梦想就是去做自己感兴趣而又有意义的事。强基计划基础医学给了我一个实现梦想的平台，它也是解决基础学科避免被“卡脖子”的一条有效途径，所以我觉得：强基基医，真的来对了！

——2020 级强基班　张钧丞

专业名称:预防医学
专业导游:吴息凤教授

选择浙江大学预防医学专业的N个理由

优秀的师资队伍。预防医学专业是融医学、管理学、环境科学等为一体的现代医学学科。近年来,学院引进美国得克萨斯大学MD Anderson癌症中心、哈佛大学、耶鲁大学等国际公共卫生领域顶尖专家、学者10余位,为培养具有发展潜力的高层次预防医学科学专门人才提供优秀师资。

顶尖的人才培养体系。本专业注重学生的国际视野培养,与海外10余所顶尖大学的公共卫生学院建立了紧密的联系,其中与耶鲁大学、麦吉尔大学建立本硕联培项目,为学生海外深造培养创造了有利条件。此外,还有多种形式的暑期交流项目,确保每位学生有出国交流访学的机会。

宽广的就业前景。本专业的毕业生社会需求量大,就业范围广,就业前景好,近5年整体就业率一直位居前列。毕业生能够在疾病监控部门、相关卫生行政机构或专业相关科研机构等单位从事预防医学和生命科学研究、开发和管理工作。

Q1:预防医学专业的学习(研究)对象是什么?

预防医学与临床医学、基础医学和康复医学共同组成现代医学科学的四大支柱。它是以“环境—人群—健康”为模式,以人群为研究对象,以预防为主要思想指导,运用现代医学知识和方法研究环境对健康影响的规律,制定预防人类疾病发生的措施,实现促进健康、保障人民健康、预防伤残疾病以达到控制疾病、延长人类寿命为目的的一门学科。其工作对象包括了个体和群体,工作重点为健康和无症状患者,对策与措施更具积极预防作用和人群健康效益,在研究方法上更注重微观和宏观相结合,重点研究预防疾病、延长寿命和健康促进的方法,具有实验研究和软科学研究相结合、基础性研究和应用性研究相融合的学科特征。

Q2:预防医学专业本科核心课程有哪些?

预防医学专业本科核心课程主要有:生物化学、医学微生物学、医学免疫学、生理学、病理学、诊断学、内科学、流行病学、卫生统计学、劳动卫生与职业病学、环境卫生学、营养与食品卫生学、卫生毒理学、儿少卫生学、卫生监督学、社会医学、全球卫生、卫生事业管理等。

Q3:预防医学专业的学生需要具备什么特质?

预防医学专业学生需要具备良好的职业道德和正确的职业价值观，有较强的人际交流能力、信息技术、学习能力以及科研能力。学生通过学习需要掌握较宽泛的自然科学基础知识和人文社会科学知识，扎实的预防医学基础理论知识和基本实践操作技能。

Q4:预防医学专业有哪些对外交流项目?

学院注重预防医学专业学生的国际视野培养，已与海外10余所著名大学的公共卫生学院建立了广泛联系，其中与耶鲁大学公共卫生学院建立暑期交流项目、"4＋2"本硕联合培养项目；与麦吉尔大学等建立暑期交流项目、"4.5＋1.5"本硕联合培养项目。此外，预防医学专业学生还可以申请参加国家留学基金委与耶鲁大学公共卫生学院设立的博士研究生培养项目。

Q5:预防医学专业的深造与就业前景怎样?

2020年新冠肺炎疫情肆虐，对我国公共卫生体系提出了新的挑战，社会将更加重视公共卫生人才队伍建设，预防医学专业毕业生将拥有更多展现自己的舞台。浙江大学预防医学专业的毕业生经过全面的培养，就业选择范围广，面向各级疾病与预防控制中心、卫生监督所、出入境检验检疫局等业务单位，或在政府卫生行政部门从事卫生事业管理、卫生经济政策的制定等工作，或到各级卫生保健机构从事医疗服务，等等。此外，学生也可继续深造，赴国内外攻读研究生，成为专家、学者。

■ 预防医学专业最吸引我的——

2020年，爆发了突如其来的新冠肺炎疫情，面对疫情无数公卫人奋战在抗击疫情的战场，守护人民群众的健康；此外，各种慢性疾病已严重威胁人们的健康和生命安全，人们对公共卫生服务提出了更高的要求，公共卫生事业的发展得到了全社会空前的重视。公共卫生与预防已不再是一个单纯的卫生问题，它已与金融安全、经济安全、信息安全并列为事关国家安危的公共安全问题。我们需要从宏观角度(如流行病学、医疗健康大数据、社会医学、卫生事业管理、医学心理学等)和微观角度(如分子流行病学、环境基因组学、分子营养学、分子毒理学等)去探索与人群健康密切相关的各种因素或状态，并深入了解其影响程度和可行的防治方法。预防医学专业正在进入快速发展时期，作为预防医学专业的教师和科研工作者，我感受到了自己肩上的责任，任重而道远！学院热忱欢迎有志于从事公共卫生与预防医学事业学生报考。

——吴息凤　教授

作为预防医学专业毕业的一分子，我感到深深的自豪与骄傲。2020 年一场突如其来的新冠肺炎疫情，无数奋战在抗疫一线的公卫人为守护人民群众的生命安全奉献自己的青春和汗水，给了我无尽震撼和感动。除了新发传染病对生命健康的威胁，慢性病、环境健康、抗生素滥用等问题依然频频影响我们的身体健康，作为公卫人的一分子我感觉到肩上的担子越来越重，发觉当年选择了预防医学是我一生最为正确的事。而且预防医学就业形势好，在经历新冠肺炎的阵痛之后，全社会更加重视公共卫生事业的发展，疾控中心、卫生监督、检验检疫等单位对人才的渴求，给予了我们一个展现自己的舞台。我们虽然不能直接影响某个人的身体健康，但是对于整个人类社会的持续高速发展，我们将会是极有影响力的一群人。

——2015 级本科生　俞林杰

专业名称:口腔医学
专业导游:王慧明教授

选择浙江大学口腔医学专业的N个理由

办学历史悠久,学科实力雄厚。2005年获批一级学科博士点,2009年获得口腔临床医学专业学位博士授予权。口腔颌面外科、牙体牙髓病学为国家重点专科,口腔临床医学是浙江省重点学科,口腔修复学是浙江省医学重点创新学科,基于医工信结合的口腔健康为浙江大学优势特色学科。

各类资源丰富,发展潜力强劲。拥有浙江省口腔生物医学研究重点实验室、浙江大学口腔医学研究所,参与建设省部级重点实验室4个,拥有浙江省教学实验示范中心1个、国家执业医师考试基地。拥有正高38名,副高70名,研究生导师47名,其中博士生导师12名。

创新融合培养,就业前景广阔。"5+3"将本科生、硕士研究生、住院医师规范化培训融为一体,学生毕业后将获得硕士研究生学位证书、毕业证书、执业医师资格证书、住院医师规范化培训合格证书。毕业生可在全国各省级及市级"三甲"医疗单位从事临床、科研等工作,部分学生赴国内外知名大学进行深造,就业率为100%。

Q1:口腔医学专业的学习(研究)对象是什么?

可能很多人对牙医的直观印象还停留在电视、电影里那种街边大洋伞下摆摊的牙匠形象,是个"手艺人"。但其实,我们现在的口腔医生与那个时候已经是完全不同的概念。以前的牙匠,主要是采用传统的师傅带徒弟的模式,只重学习操作。而现在,成为一名口腔科医生,需要学习与掌握系统的理论知识、扎实的临床技能。

Q2:口腔医学专业本科核心课程有哪些?

口腔医学专业的学生前期的基础课程与临床医学专业是一样的,需要同时学习公共卫生及临床医学的部分课程,在打好这个基础之后,才开始学习我们口腔医学专业的基础及临床课程。当前生物—心理—社会的医学模式,与传统的医学模式有很大区别。比如,口腔颌面外科医生需要有外科学、麻醉学、内科学等基础知识;口腔内科医生需要有心血管、皮肤病学等相关专业知识。

Q3：口腔医学专业的学生需要具备什么特质？

口腔医学专业有其一定的特殊性，需要较长时间的临床实践，因而体验“预备医生”的时间会比较久。尤其需要学生具有较强的动手能力以及良好的领悟能力，具有积极性、自觉性和主动的学习态度。此外，作为一名未来的医生，具备良好的沟通能力及协作能力也是十分必要的。

Q4：在口腔医学专业学习过程中，有可能遇到的困难是什么？

一般而言，在学习中，我们需要好好想想怎么处理好书本知识与临床实践之间的关系。我们的大多数学生，今后都是要当医生的。我们的工作对象主要是患者，那么如何从书本知识的学习、实验模具上的训练过渡到患者身上的实际治疗，这是最需要我们下功夫、使力气的地方，也是每位合格的医生都必须经历的过程。

Q5：口腔医学专业的深造与就业前景怎样？

浙江大学口腔医学专业从 1976 年开设招生以来，每年招生规模达到 30～50 人，部分学生继续深造，就业率始终保持 100％。实际上，近几年浙大的口腔医学专业录取分数都很高，这也是与社会对口腔医生的需求增大分不开的。随着人们生活水平的提高，大家对口腔健康的关注度只会越来越高。相信在不久的将来，我们与发达国家的差距也会越来越小，口腔科医生的社会地位及社会价值也将更加显现出来。

■ 口腔医学专业最吸引我的——

从开始接触口腔专业至今，转眼 30 多年过去了。我从一个“阴差阳错”学了医的学生一步步成长起来，感触很多。如果非要说最吸引我的地方，我想应该就是这个职业所带来的成就感，以及那种激励我永不懈怠的使命感。作为一个口腔颌面外科的医生，我做过很多例口腔肿瘤及颌面部畸形的手术，在绝大多数情况下，给患者带去的不仅是外观上的焕然一新，还有他们的人生转变。这种时候，是身为医生最幸福的时候。作为一个过来人，我也想给我们口腔专业的学生，未来的口腔医生们一点忠告：医学的道路没有捷径可走，如果你选择了学医，选择成为一名医生，那你就要做好不断思考、不断学习、不断进取的准备。

——王慧明　教授

Health is a state of complete physical, mental, and social well-being and not merely the absence of disease or infirmity. Being an essential part of your overall health and the well-being, dental and oral health greatly affect the quality of life. As angels in white who cure and save people, as well as dream makers who create beautiful smiles, stomatologists have an important mission in the future and will have a bright future.

——2013 级“5＋3”学生　徐建刚

在我当初选择成为一名口腔医生的时候，也曾质疑过是否背离了治病救人的学医初衷，而在求学的这几年中，我逐渐发现口腔医生不仅可以解除患者生理上的病痛，还能增强他们的自信。我们的每一句关心和每一次诊治，都体现口腔医生的初心和使命。此外，口腔医生让我离儿童时期那个“科学家”的梦想更近了，除了救治患者，我们还可以研发新型种植体、黏结剂等，曾经遥远的组织工程技术和生物疗法此刻就在我们的努力下向前发展。随着人们生活品质的提高，口腔医生这个职业的就业前景越来越美好，社会地位逐步提高，经济收入也逐渐增加。这就是口腔医学为我带来的物质和精神的双重富足。

——2017 级博士生　龚佳幸

专业名称：临床医学
专业导游：郑树森院士

选择浙江大学临床医学专业的N个理由

底蕴深厚的办学实力。临床医学专业创建于1912年，是国家级特色专业，是首批国家级一流本科专业建设点，是全国首个临床医学博士后培养项目试点单位（全国仅两家），同时浙江大学是教育部、卫生部批准的首批卓越医学人才培养项目试点高校。在教育部第四轮学科评估中获A+，在首次专业学位水平评估中获A。学科近百年的发展中培养了包括院士、长江学者特聘教授、国家"杰青"等在内的大批优秀医学科学家和临床专家。

拔尖创新的培养模式。学院坚持以学生胜任力为中心推进医学教育改革，在国内率先实施课程整合、"见一实习医生制"、SP（标准化病人）等教育教学改革，推行PBL（Problem-Based Learning）、TBL（Team-Based Learning）等研讨式教学方法，并强化科研创新能力贯通式培养，有效提高学生自主学习、终身学习能力，相关成果获国家级教学成果奖。

卓越不凡的学科典范。学院拥有国家重点学科4个、国家临床重点专科45个、国家重点实验室1个、国家临床医学研究中心2个和国家级创新团队2个，近20年获国家级科学研究奖励20项。李兰娟院士团队荣获2017年度国家科技进步特等奖，取得我国医药卫生行业和高等教育领域该奖项"零的突破"。

医学是自然科学与人文艺术的交叉融合，是严谨求实与开放创新的碰撞汇聚，是真、善、美的完美显现，更多精彩等你来"浙医"发现……

Q1：临床医学专业的学习（研究）对象是什么？

临床医学以"除人类之病痛、助健康之完美"为目的，因此，同学们除学习"人体"的结构形态、生理过程、病理特征、疾病发生发展等基础医学知识，疾病临床诊断、治疗等临床实践技能，预防疾病、促进健康等大卫生、大健康知识外，还要学习自然科学、行为科学、人文社会科学等知识，以提升包括人文素养、科学素养、临床能力、公共卫生素养、职业素养等在内的综合能力，树立自主学习、终身学习的观念，认识持续自我完善的重要性，不断追求卓越。

Q2:临床医学专业本科核心课程有哪些?

临床医学专业本科核心课程有:基础医学导论(含人体解剖学)、基础医学各论(组织胚胎学、生理学、病理学、药理学、病理生理学整合课程)、医学生物化学与分子生物学、诊断学、内科学、外科学、妇产科学、儿科学、神经病学、精神病学、传染病学等。

Q3:临床医学专业的学生需要具备什么特质?

临床医学是一门与生命对话、促进人类健康的学科。巴德年院士曾在浙江大学医学院“给新生的第一堂课”中讲到:医学是科学之真,人文之善,艺术之美,是自然科学与人文科学的统一,是科学与艺术最完美的结合。

如果你立志学医,需要你有“将他人健康系于己身,把别人性命托与我手”的担当和勇气,更要有为全人类的身心健康不懈奋斗的胸怀和决心,需要有一颗人文心、一个科学脑、正确的世界观和一双勤劳手;需要有乐于奉献的热情、耐心、爱心,临危不乱、冷静果敢的自制力,很强的综合分析能力和迅速的决断力。

也许你会担心自己目前尚未拥有这些优良的素质。为了培养优秀的医学人才,浙江大学建立了与国际接轨的临床医学专业培养体系,以帮助学生树立良好的职业道德和价值观,尽早完成医师角色的定位,培养宽泛的人文社科和自然科学素养,教授先进的医学基础和临床课程,训练扎实的实践操作技能;同时注重群体健康知识、人际交流、信息管理、终身学习能力的培养。只要你通过努力,达到学校的培养要求,就能成为一名合格的医学人才。

Q4:临床医学专业有哪些对外交流项目?

浙江大学医学院立足学生全球竞争力培养,融汇全球教育资源,现已形成开放发展的国际化办学新格局。学院设有国内首个“中—澳联合医学双学士学位项目”,与帝国理工学院合作建立本硕联培项目,并携手剑桥大学、布朗大学、加州大学洛杉矶分校(UCLA)等全球30多所顶尖大学开展临床实习、暑期交流等项目,为本科生提供近100%海外交流机会;同时也鼓励学生自主申请赴海外一流医学院校进行临床实习。学校和医学院全力支持学生进行海外交流学习,每年可用于海外交流的奖助学金总额约为1000万元。

此外,学院着力构建接轨国际、贯穿全程的英文教学体系,现开设多门海外教师主导的全英文课程,并邀请全球名师参加课程共建或加盟授课,让学生不出校园即可聆听国际名师授课,感受国际前沿的医学进展。

Q5:临床医学专业的深造与就业前景怎样?

临床医学专业的毕业生有着广阔的发展前景:临床医学五年制毕业后,部分同学可通过推荐免试或参加研究生入学考试,在本校或其他医学院校继续深造;临床医学“5+3”一体化培养专业毕业后,获得执业医师资格证书和住院医师规范化培训合格证书,可直接进入各大医院行医;临床医学八年制毕业后,可进入医学院在全国首设的临床医学博士后培养项目,该项目与临床医学八年制无缝衔接,实现胜任力导向型的高层次医学引领型人才的培养。

进入工作岗位的临床医学专业毕业生同样备受青睐:他们或到国内外各级医疗卫生机

构、医学科研单位、卫生行政部门从事临床、科研和管理等工作，也可进入互联网＋健康产业，响应“健康中国”号召，成为创新创业的弄潮儿。

■ 临床医学专业最吸引我的——

在浙江医科大学(现浙江大学医学院)上学时，给我们上课的一位外科学老师不仅手术做得好，而且讲课条理清晰，风度翩翩，非常儒雅。我当时就被吸引了，下定决心要成为像老师一样的外科医生。毕业后我选择了普外科。做了十年普外科医生后，我感觉普外科范围太广，现代医学术业得有专攻，否则无法做精做好。由于当时肝脏是外科手术的一个禁区，胰腺癌、胆管癌的手术都很难，很多病例都无法实行手术切除，于是我知难而上，1983 年读了肝胆胰方向的研究生。博士毕业后，我发现肝胆胰里最有挑战的是肝移植，所以 1990—1992 年我到香港大学玛丽医院做博士后，专门研究肝脏移植。1993 年开展了浙江省第一例肝脏移植。经过多年移植的经验积累，我们制定的肝癌肝移植杭州标准得到了国际移植界的认可，并成为国际标准，使更多的肝癌患者可以通过肝移植获得新生；我们率先将人工肝支持系统和肝移植联合应用于救治晚期重型肝炎，率先建立了肝移植围手术期管理技术新规范。我们每年选派一批年轻医生到欧美等国家进行对等的经验交流。以前每个月第四周的周二上午，我们跟美国最大的肝胆胰外科中心——UCLA 医学中心/肝胆胰外科中心一起进行疑难病例视频会诊，这体现了我们与西方发达国家医学专家平等学习、交流的现况。经过大家 20 余年的共同奋斗，2016 年浙大一院我和李兰娟院士团队的“终末期肝病综合诊治创新团队”项目荣获国家科技进步创新团队奖，2017 年我又非常荣幸当选为法国国家医学科学院外籍院士。可以这么说，30 年以前，我们是学生，30 年以后的今天，我们与西方发达国家平等而互相尊重地交流。未来我相信在国家“双一流”建设的号召下，经过几代人的共同努力，一定能把浙江大学医学院的临床医学专业建设为世界一流学科，引领世界潮流。

——郑树森　院士

下笔之前，腹中有万语千言，而真的起笔，却不知从何谈起，生怕自己苍白的表达无法准确地诠释临床医学原本的样子与深刻的内涵。临床医学是一个非常有吸引力的专业，究其原因，形形色色，因人而异。于我而言，可以概括为对话生命的神圣感和观尽世音的通透性。医生是与死亡最接近的职业，医生也是与生存最接近的职业，进入临床见习和实习阶段后我体会尤深，无论是把病患从死神手中抢回，还是把新生命从母腹之中捧出，当自己用双手去感受过生命的温度，去触碰人体的每一个角落时，就会真正明白对话生命的神圣意义。同时，医生又是一个无时无刻不在与人打交道的职业，这些人来自五湖四海，不仅疾病不同，更有着不同的性格特点，不同的家庭背景，不同的成长环境，不同的生活状态，亦有不同的就医目的，不同的预期结果。每时每刻，与医生对话的都只是一个人，但久而久之，医生能见到的，就是众生相，是一个世界的样子。而在我看来最艰难也最有魅力的一点，就是如何在理性地做出医疗专业判断的同时感性地结合患者本人的状态和诉求，进而做出临床决策。保持带有感性的清醒，是属于医生这个职业的难能可贵的品质。

正因如此，至今我都不后悔从社会科学转专业来学医。虽然在理论学习阶段课业繁重，在见习实习阶段任务颇多，与其他专业相比吃了更多苦、受了更多累，虽然目前医疗大环境并不十分理想，仍存在医患关系紧张、医疗改革尚未完成等情况，但始终有一群赤诚善良、满怀热血的人相互扶持着向前进，支持着我们的是情怀，是信念，是热爱，也是相信这个行业的意义与价值，医疗工作者值得也必定会受到更好的对待。在确定转专业学医的时候，我曾经写过这样一句话：不是因为它美好我们才选择它，而是因为我们选择了它，它才变得美好。我希望自己能在临床工作中始终保持如此的热情，若是有一天这热情终将褪去，那么便希望这一天来得迟一点，再迟一点。我也希望能有更多的人，怀着同样的热情加入这一行列，与我们一起对话生命、观尽世音。

——2014 级本科生　张馨月

坦白而言，学医纯属巧合，绝非我曾经的梦想。但通过这几年的学习，我内心深处真正喜欢上了医学。谈到学医，我不想用华丽的辞藻来讴歌它的神圣性和伟大性，我只希望能表达我的真情实感。

这几年的学医时光真真切切让我发现了我的人生价值。这份价值，在我看来，来自我拥有了呵护自身身心健康、悉心照顾亲人、尊重与关爱他人的利己与利他的能力，也来自在我看到患者恢复健康并且脸上重新洋溢笑容后自己内心油然而生的幸福感。接触医学科研的时光让我领略到了探索生命奥妙的愉悦。在医院见习过程中遇到的一段段感动的故事让我体悟到了人世间的真情与大爱。

这几年，那些恪守医德、兢兢业业、怀着仁爱之心努力挽救患者生命的老师们的言传身教，让我受益匪浅。在我的周围有许许多多不骄不躁、扎扎实实掌握医学知识的同学们做榜样，使天资并不那么聪颖的我充满了前进的动力。

选择了这条路，喜欢看路上的风景，纵使有风雨，我亦将微笑着坚定地向前，为健康事业贡献一份力量！

——2014 级本科生　刘玉芬

一方面，从职业的角度看，医生是一个与“人”本身密切相关的职业，与“人”打交道是一件很不容易的事情，有太多需要我们学习：基础知识的掌握，临床技能的训练，临床思维的习得，职业素质的养成，创新能力的培养……医学生的生活注定是充实的。但与“人”打交道更是一件创造价值、充满成就感的事情，剥丝抽茧地逐步明确诊断，病情的逐渐好转和痊愈，来自患者的感谢与真诚的微笑，都会让我们觉得一切付出都是值得的。“助人类健康之完美”，这一崇高的愿景，吸引着踏入医学殿堂的我，也敦促着我不断努力。

另一方面，从学科的角度看，临床医学是一个极其迷人的学科。临床医学有其内在创新性，一项项临床研究推动着医学知识的飞速发展，新观念、新理论、新方案层出不穷；临床医学也有外在汇聚性，临床医学与生物、工程、信息等学科密切交叉，为临床诊治提供了新模式、新材料、新设备。在浙大五年多的学习让我看到了临床医学的与时俱进，也让我明白这是一个终身学习的专业，需要始终以积极、开放的心态去不断学习。

我很庆幸自己选择了临床医学专业，也很感谢学校、学院提供的一流平台、一流资源。师长的谆谆教诲，同学的陪伴与帮助，让披荆斩棘的“医”路充满了欢声笑语，生机盎然。

——2017 级研究生　葛起伟

药学院

College of Pharmaceutical Sciences

☞ 药学

专业名称：药学
专业导游：范骁辉教授

选择浙江大学药学专业的N个理由

一流的学科。浙江大学药学专业在全国第四轮学科评估中被评为A类，入选国家“双一流”建设学科。药理学与毒理学学科在2020年1月国际ESI排名中位列全球第55位（美国耶鲁大学位列第191位，北京大学位列第61位），是浙江大学进入ESI排名前1‰的8个优势学科之一。

本专业在培养药学顶尖人才方面具有独特的优势：

一流的教育资源。本专业以创新药物研发过程为主线，培养兼具创新精神和全球竞争力的药学拔尖人才。学院不仅拥有国家地方联合工程实验室、国家科技重大专项“重大新药创制”平台、国家“一带一路”联合实验室、全军特种损伤防治药物重点实验室和浙江省实验教学示范中心等一流平台，还与美国普林斯顿大学、康奈尔大学、新加坡国立大学、美国加州大学洛杉矶分校和中国科学院上海药物研究所等海内外一流高校和科研机构合作开展本科教育。在学院部分资助下，所有学生在读期间均拥有出国（境）的访学机会。

一流的师资力量。本专业已形成了一支具有国际竞争力的高水平师资队伍，包括国务院政府特殊津贴专家、教育部长江学者特聘教授、国家杰出青年科学基金获得者、国家百千万人才工程入选者等多位具有重要影响力的学术大师。

一流的人才培养。药学专业毕业生国内外深造率超过60%，就业率为100%。大量毕业生已成为新药研发、药学教育、医药投资、药企管理等领域创新创业的国际化领军人才。

Q1：药学专业的学习（研究）对象是什么？

药物是保障人类健康的重要武器，药学涵盖了药物研发、生产、使用、管理等诸多方面，是一个多学科交叉、正在快速发展的学科。药学专业的学习内容包括：计算机和化学知识，用于设计与合成药物；生物学和药理学知识，阐明药物作用的原理；材料和药物制剂知识，开发适应临床需要的药物剂型；物理和仪器分析知识，检测体内微量的药物，对药品进行质量控制；基础医学和临床医学知识，指导临床合理用药；药品管理的法律法规，从事药事管理。

除了学习课堂知识之外，学生还将接受药学相关实验技能的系统训练，并进入国内外专业实验室参加药学科研活动。

Q2：药学专业本科核心课程有哪些？

药学专业的大类课程包括微积分、普通化学、有机化学、分析化学、大学物理等课程，专业基础课程包括生理学、人体解剖与组织学、细胞生物学、医学微生物与免疫学、医药统计学、药物波谱解析、天然药物化学、药物研发综合实验等课程，专业主干课程包括生物化学与分子生物学、药物化学、药理学、药物分析学、药剂学、药事管理等课程。其中，药物化学、药剂学为浙江大学精品课程；药理学为浙江省精品课程；药物分析学为国家精品课程，并于2013年入选国家级精品资源共享课。

我校药学专业还特别注重校外实践教学和对外交流。学院建有中国科学院上海药物研究所药学实践教育基地、西天目山药用植物野外采集基地，学生也有机会进入著名医药企业、三甲医院药房等基地进行实践训练。学院近年与美国、英国、澳大利亚、加拿大、日本、新加坡等国际知名高校建立了一系列本科生对外交流项目，本科生在读期间可被推荐至世界一流大学深造。

Q3：药学专业的学生需要具备什么特质？

浙江大学药学专业旨在培养医药行业的创新型高端人才，在重视学生知识传授的基础上，还注重对学生综合素质和能力的培养，包括自主学习和自我管理、口头和书面的表达、逻辑思维、文献查阅、动手操作、组织管理等能力培养。学院提供各类实践、出国交流和继续深造的机会，但需要学生提前准备并积极主动参与。我们希望的你是：喜欢药学专业，有追求，有梦想；有迎难而上的精神，不怕困难，执着专注；有豁达开朗的性格，帮助他人，快乐自己；有较强的动手能力，思维灵活，敢于创新；有较好的英语基础，乐于交流，彰显自我。

Q4：药学专业有哪些对外交流项目？

全球竞争力是我校药学专业的培养目标之一。为此，药学院近年来积极拓展，与境外一流高校合作开展本科生对外交流项目，大力支持本科生出国（境）交流学习。2018—2019年，学院连续开展麻省理工学院、悉尼大学、多伦多大学等毕业设计&实习，康奈尔大学、普林斯顿大学、首尔大学、香港中文大学暑期科研实习，新加坡国立大学、北卡罗来纳大学教堂山分校暑期课程等50余个境外一流高校交流项目，本科生境外交流率均超100%。同时，学院和悉尼大学药学院合作开展“3＋1＋1”本硕联合培养学位项目，入选学生可在5年内获浙江大学本科学位和悉尼大学硕士学位，2019年选派2位学生参加。学院承诺给予所有学生境外交流机会，交流费用的一半以上可通过奖学金获得。

Q5：药学专业的深造与就业前景怎样？

浙江大学药学专业的本科生和研究生近年来就业率均为100%。近3年来，60%以上本科生在国内外继续深造，攻读硕、博士学位。我院毕业生就职于国家政府机关、海内外高等院校及科研机构、药品检验监督部门、医院、知名医药企业、金融机构等单位，从事药学研究、教育、管理和投融资等工作。浙江大学药学院毕业生已成为众多国内外用人单位竞相追逐的人才资源。

■ 药学专业最吸引我的——

药学专业让我找到了人生目标，从本科、研究生、博士后，从讲师、副教授、教授，到担任药学院院长，对药学专业钻研得越来越深入，药学领域的光明前景和无限空间就越来越吸引着我。是人就会生病，生病就要吃药，所以药物是关乎人类健康、国计民生乃至国家安全的重大战略需求。而我国的医药产业与国际先进水平还存在较大差距，现阶段大量资本涌入医药产业，我国医药产业正面临着革命性的变革，国家急需大量的创新型高端药学人才。时代的召唤、国家的需求催人奋进，从事药学研究和药学教育，提高人类健康，从而实现自己的人生价值，这是药学专业最吸引我的地方。

——杨波　教授

（浙江大学科学技术研究院院长、原药学院院长、教育部高校药学类专业教学指导委员会副主任、国家杰出青年科学基金获得者）

当面对传染性疾病疫情时，一款兜底性的治疗药物或者预防性的疫苗，总能给人类以灯塔般的希望。而药学专业的我们正是这一伟大事业的一员。

无论毕业后的你从事科研、投资、管理还是其他相关工作，你的本科教育都决定了你的底层逻辑、发展方向和行业归属。药学专业的人，充满仁爱之心、富有科学精神、具备光明前景。你所从事的行业是救生命脱离痛苦的、是充满希望的、是朝阳的。这些都将在我们之后的人生中根植于心。

浙大药学本科的学习经历，让我具备了从事投资工作的行业背景和专业训练，让我有机会从资本的角度去推动行业发展、提升人类健康，真正实现“明德弘药”的初心。

——2004 级本科生　王勇

（现任广东民营投资股份有限公司（粤民投）总监，曾任易方达基金行业研究员/基金经理）

在我念中学期间，非典爆发，医护人员为守护我们的健康而奋战一线；医药学者和社会各界群策群力，严格防控并积极探索治疗方案，最终渡过了难关。我由此萌发了在医药领域有所学并能学以致用的初心。大学期间甲型 H1N1 流感在全球范围内大规模流行，更加坚定了我选择药学专业的决心：医护人员在帮助病患与疾病对抗时，药物是他们最为重要的武器，如果能开发出针对特定疾病（比如非典或流感）的有效药物，就能帮助整个患者群体，遏制疾病；如果能阐明该疾病的机制，就有望通过预防策略（比如开发疫苗等方式）避免或减少该病的发生。药学为人类健康保驾护航的重要作用和广阔的发展空间激励了我在相关领域不断学习新知识、拓宽眼界，在博士和博士后训练后，我非常荣幸回到了培养我的母校——浙大药学院，继续从事药学领域工作。人类的发展史可谓是人类与疾病的斗争史，民众的健康与国家稳定发展息息相关，有志之士携手共创药学未来，不断求是创新，提升我国新药研发能力，优化疾病诊断方法，保障人类健康，为国家培养高端人才，是对我自己不断的激励，更是我作为药学人的责任和使命。

——2007 级本科生（浙江大学“百人计划”研究员） 钱玲慧

在本科学习的过程中，我们理论结合实践，学习药物在体内的吸收代谢；学习传统和新型药用材料的演变；学习药剂的区别和适用范围；探索更为尖端的药物传递系统。我们还有幸进入药剂车间，感受了每一片片剂、每一颗胶囊的产生。感谢药学院为我们的本科学习创造了轻松积极的环境，老师们都是充满热情的实干家，幽默风趣，寓教于乐，这让学习和实验过程都充满了乐趣。药学是个充满魅力的专业，为我的未来铺平了一条崭新的道路。

——2012 级本科生（新加坡国立大学在读博士生） 陈佩诗

对药学的学习无时无刻不承载着使命感。在渐渐打开药学世界大门的这一年里，我越发理解罗素所谈的人生的三大激情：对爱情的渴望、对知识的追求，以及对人类苦难痛彻肺腑的怜悯。我选择药学并且一直以来刻苦学习提升自己，很大的原因是希望能为拯救饱受病痛折磨的人们献上一份力量。或许研发新药和科研的道路是漫长、寂寞而艰辛的，但我的内心清楚地知道，在这个世界上与我并肩作战的人有千千万万，我的老师、同学和无数的药学同行们，他们都在为人类的健康事业奋斗。能成为其中的一员我深感幸福，我也会在药学的道路上坚定地走下去！

——2015 级本科生（新加坡国立大学在读博士生） 林慈爱

从对药学专业的不甚了解，到逐渐窥得其真面目，四年的学习让我慢慢对这一领域有了自己的认识与理解。在我看来，与奋斗在一线的医护人员相比，药学工作者的存在虽然鲜为人知，但他们对于治愈疾病、开发新疗法的贡献不亚于这些医护人员。在科学研究方面还是初级生的我，已经可以体会到研究工作的不易，也更加能够想象到新药研发后拯救生命的重要意义。每每听到药学工作者们谈及新药研发，我总是深受触动，情不自禁地感动于大家眼神中那一份不约而同的坚定与赤诚。而今，我也将成为这浩浩大军中的一员，我相信，只要心中怀有同样的梦想与希望，万千溪流终能汇聚成江河。

——2015 级本科生（康奈尔大学在读博士生） 成姝媛

浙江大学爱丁堡大学联合学院

Zhejiang University-
University of Edinburgh Institute

- 生物医学
- 生物信息学

专业名称:生物医学
专业导游:欧阳宏伟教授

选择浙江大学生物医学的N个理由

入选国家首批一流学科。2012 年浙江大学是内地首个开创生物医学专业的高校(与香港大学同时),招收 4 届学生后,于 2016 年与英国爱丁堡大学深度合作建立联合学院,生物医学专业作为学院首个专业,依托了两校的优势和底蕴,汇聚国际一流的师资队伍和科研力量,共享两所世界名校资源。生物医学是浙江大学 36 个入选国家首批一流学科之一。

两个名校学籍,毕业获得两个名校学位。所有本科学生享有两校注册在籍学生身份,顺利毕业后将分别获得浙江大学的学士学位、浙江大学毕业证书和爱丁堡大学的学士学位。颁发证书与本校完全一致。

丰富的奖学金。学院设立新生奖学金、学业奖学金和海外交流奖学金。对高考成绩特别优秀者给予四年全额或一年全额新生奖学金支持;对大学期间品学兼优者给予学业奖学金鼓励;设立覆盖率为 100%的海外交流奖学金,鼓励和资助学生积极参加海外交流与科研训练。

Q1:生物医学专业的学习(研究)对象是什么?

广义上来讲,人类的身体健康,是我们生物医学的研究对象。因此,只要是与人类健康事业相关的,就在我们的研究范围内。2020 年年初突如其来的新冠病毒疫情引起全世界关注,如何对抗病毒和保卫人类生存就是本专业学习的对象之一。解密病毒,研制疫苗,研发治疗特效药,都是本专业学习的使命和未来。

生物医学专业是一门交叉学科,综合了医学、生物学、管理学、法学等多个学科,它适应了新形势下健康产业发展的需求,以培养创新型生物医学专业人才为目标。

Q2:生物医学专业本科核心课程有哪些?

生物医学专业本科阶段的核心课程主要有三大类:生命科学核心课程、基础医学核心课程和临床学相关核心课程。生命科学核心课程主要是生物学基础类的课程,如生命科学基础、细胞与生物分子、遗传与发育等;基础医学核心课程主要是涉及人体的一些基础课程,如人体结构与功能学、疾病基础、感染与免疫学、药理学与药物研发、神经科学等;临床学相关核心课程主要涉及人类常见疾病的预防治疗等,如重要疾病的临床与研究等。

Q3:生物医学专业的学生需要具备什么特质?

生物医学专业的培养目标是培养具有专业知识、创新能力、国际视野、远大理想、领导潜能的生物医学复合型人才。因此,理想和兴趣是第一位的,学本专业的学生首先应该具有引领生物医学专业领域的胸怀和理想,其次要有良好的综合素质,包括自学能力、自律能力、逻辑思维能力等。

本专业旨在建立知识、能力、视野和人文四层次兼备的生物医学本科人才教育新模式,因此,只要你具有创新精神、富于挑战,且有志于从事生物医学及相关领域,我们一定给你提供最好的发展机会。

Q4:生物医学专业有哪些对外交流项目?

作为全英文授课专业,学生具有较强语言能力和跨文化交流技巧,在申请面试等环节能轻松脱颖而出。国际化的师资队伍拥有丰富的境外交流资源,学院提供100%出境交流机会,且不断更新世界知名高校及科研机构的交流机会列表,设立覆盖率为100%的境外交流奖学金,鼓励和资助学生积极参加境外交流与科研训练。学生可以根据个人兴趣进行选择,包括爱丁堡大学、墨尔本大学、哈佛大学、普林斯顿大学和香港大学等等。优秀者可获境外名校毕业设计和实习的机会。

Q5:生物医学专业的深造和就业前景怎样?

根据本科阶段学生展现的个性化潜质与职业发展的自我需求,我们为学生设计全人培养和全球浸染的教育模式,学生可以自由选择本科后的多元化、多通道发展和培养,大部分学生选择赴境外继续深造,直接进入世界名校攻读博士项目。

自2012年本专业开办以来,以小班精英化教学为主,截至2020年3月毕业4届学生79人,继续深造76人(96%),60人(76%)就读于世界前20高校,出国直接攻读(全奖)博士学位51人(高达65%),并且保持每年都有学生被哈佛大学、麻省理工学院(MIT)录取的傲人记录。

学院2016级首届双学位学生17人将于2020年6月毕业,目前已有16人拿到offer,比例高达94%,其中境外名校深造13人,占比76%;境内外博士共11人,占比65%(以最终毕业报告为准)。

就业主要面向四大行业:医疗界、学术界、产业界和管理界。

医疗界方向,医疗健康研究领域发展飞速,如中科院肿瘤研究所、浙江大学医学中心、浙江大学医学院附属第四医院等;

学术界方向,生物医学相应学院比任何一个专业都多,如浙江大学医学院、西湖大学(西湖高等研究院)、浙江大学(余杭)基础医学创新研究院等;

产业界方向,进入生物医学高新企业就业,如基因公司、诊断公司、创新医药公司等,科技城里30%以上是生物医学类创新公司,生命高科技企业数量位居前列,在科创板上比重排名第二,学生就业选择面广;

管理界方向，从事大健康产业的管理、生物医学知识产权等相关法律事务的岗位，生命科技类专业的公务员岗位多于其他专业，如卫计委、药监局等。

■ 生物医学专业最吸引我的——

生物医学专业最吸引我的地方有二：

生物医学就是基础医学，为医学发展提供基础性研究。较生物学研究更接近成果转化，比如糖尿病、神经退行性疾病（老年痴呆）、癌症（免疫疗法等）等常见疾病都是生物医学的热门研究方向。学院提供广阔的知识背景，不仅讲授生物学的基本知识，还涉及人体系统、生理学、病理学的知识，为我们与各个领域专家交流（当面交流、听讲座等）铺平了道路，更为日后的学科交叉研究奠定了基础。

学院采取全英文教学模式，并积极训练同学们文献阅读、演讲、写作、小组讨论合作、批判性思维等能力。而在未来的科研道路上，收集信息（文献阅读）、展示成果（演讲、写作）、理性分析（批判性思维）、合作发展（小组讨论合作）都是非常基本而重要的能力。联合学院的学生相比其他专业同龄人有更多的锻炼机会，学术基础扎实，对未来进入研究领域大有裨益。

——2017 级本科生　罗凯闻

首先，我选择浙江大学爱丁堡大学联合学院（ZJE）是因为我个人对生物和研究的喜爱。科研是我深思熟虑后认为最能对人类做出贡献的方向。选择生物则是因为人体本身奥秘无穷。其次，我选择 ZJE 是因为这里能让我在享受到国际教育的同时，还可以感受到家庭的温暖。ZJE 提供完全“浙大”的教学质量和学习氛围，还能有国际文化的交融和英语学习的渗透，可谓是取二者之长而胜于各也！

——2017 级本科生　朱海宇新

I chose ZJE because of the opportunity to study a dual degree programme in an exciting collaboration between Zhejiang University and The University of Edinburgh, which are both renowned institutions of higher learning in their respective countries. I enjoy the friendly environment we have in the Institute and the healthy competition I have with my peers here. The International Campus also allows me to experience Chinese culture and cultures other than that of my native Malaysia. This institute brings out the best in Eastern and Western education, and I am glad that I have this opportunity to pursue my studies in this fantastic establishment.

——2018 级留学生　Chook Hou Wei

专业名称:生物信息学
专业导游:欧阳宏伟教授

选择浙江大学生物信息学的N个理由

强强联手,国际化一流学科平台。2016年浙江大学与英国爱丁堡大学深度合作建立联合学院,生物信息学专业是学院第二个双学位专业,依托了两校的办学优势和人文底蕴,汇聚国际一流的师资队伍和科研力量,共享两所世界名校资源。中国教育注重知识体系完整,英国教育注重探索创新能力培养,生物信息学专业融合中西方教育特点,共建一流学科平台。

两个名校学籍,毕业获得两个名校学位。所有本科学生享有两校注册在籍学生身份,顺利毕业后将分别获得浙江大学的学士学位、浙江大学毕业证书和爱丁堡大学的学士学位。颁发证书与本校完全一致。

丰富的奖学金。学院设立新生奖学金、学业奖学金和海外交流奖学金。对高考成绩特别优秀者给予四年全额或一年全额新生奖学金支持;对大学期间品学兼优者给予学业奖学金鼓励;设立覆盖率为100%的海外交流奖学金,鼓励和资助学生积极参加海外交流与科研训练。

Q1:生物信息学专业的学习(研究)对象是什么?

生物信息学专业的研究对象是与生物学和医学相关的数据,包括医学实践过程中患者的病史、病况、治疗手段和疗效的数据,以及为了更好地治疗患者而进行的各类临床和基础医学研究的结果数据。这个学科本质上是“数据科学”的一个分支,是“大数据研究”的一个分类,与“人工智能”紧密相关。

其学科目标是能够在生物医学大数据中挖掘解释疾病机理、提示治疗策略、证明临床效用的证据,用来指导医学实践的提升和改进。毫无疑问,生物医学信息学是一个交叉学科,它适应了新形势下健康产业发展的需求,以培养创新型生物信息学专业人才为目标。

Q2:生物信息学专业本科核心课程有哪些?

生物医学专业本科阶段的核心课程主要有三大类:生命科学核心课程、基础医学核心课程和信息科学核心课程。生命科学核心课程主要是生物学基础类的课程,如生命科学基础、细胞与生物分子、遗传与发育等；基础医学核心课程主要是涉及人体的一些基础课程，如人体结构与功能学、疾病基础、感染与免疫学、药理学与药物研发、神经科学等；信息科学核心课程主要涉及如何收集、处理、分析、评价生物医学数据，如 Python 使用、生物序列分析、自然语言及人工智能等。

Q3：生物信息学专业的学生需要具备什么特质？

生物信息学专业的培养目标是以深刻理解生物医学问题为基础，将大数据的宏观思维和方法与生物医学缜密的微观机制研究相结合，培养兼具宏观和微观思维、能够娴熟运用生物信息方法进行宏观大数据分析和微观生命机制实验研究的复合型人才。因此，理想和兴趣是第一位的，学本专业的学生首先应该具有引领生物信息学专业领域的胸怀和理想，其次要有良好的综合素质，包括自学能力、自我管理能力、批判性思维能力、学科交叉能力等。

本专业旨在建立知识、能力、视野和人文四层次兼备的生物信息学本科人才教育新模式，因此，只要你具有创新精神、富于挑战，且有志于从事生物信息学及相关领域，我们一定给你提供最好的发展机会。

Q4：生物信息学专业有哪些对外交流项目？

作为全英文授课专业，学生具有较强语言能力和跨文化交流技巧，在申请面试等环节能轻松脱颖而出。国际化的师资队伍拥有丰富的境外交流资源，学院提供 100%出境交流机会，且不断更新世界知名高校及科研机构的交流机会列表，设立覆盖率为 100%的境外交流奖学金，鼓励和资助学生积极参加境外交流与科研训练。学生可以根据个人兴趣进行选择，包括爱丁堡大学、墨尔本大学、哈佛大学、普林斯顿大学和香港大学等等。优秀者可获境外名校毕业设计和实习的机会。

Q5：生物信息学专业的深造和就业前景怎样？

根据本科阶段学生展现的个性化潜质与职业发展的自我需求，我们为学生设计全人培养和全球浸染的教育模式，学生可以自由选择本科后的多元化、多通道发展和培养，可赴境外继续深造，直接进入世界名校攻读博士项目。

学院 2016 级首届双学位学生 17 人将于 2020 年 6 月毕业，目前已有 16 人拿到 offer，比例高达 94%，其中境外名校深造 13 人，占比 76%；境内外博士共 11 人，占比 65%（以最终毕业报告为准）。

就业领域主要包括：科研岗、应用岗和管理岗。

科研岗位，主要是在科研机构、高等院校和医院等就职，运用大数据支持生物医学成果研发；

应用岗位，主要是在全球性医药公司和高薪信息类企业等，以信息学为手段，结合生物医学背景，研发新药和新治疗手段；

管理岗位，在政府职能部门、相关事业单位和高薪企业机构等从事大健康产业数字化管理。

■ 生物信息学专业最吸引我的——

众所周知，当前以基因组学技术和电子病历技术为代表的生物医学大数据技术飞速发展，给传统的以实验为主的临床医学研究和基础医学研究带来了巨大的机遇。生物医学研究正逐渐形成一个计算与实验紧密融合的新范式。

生物信息学专业的开设，使浙江大学爱丁堡大学联合学院的生物医学学科更加完整，能促进学科交叉和综合型人才的培养。

——陈新　教授

走进生物医学的领域，才发觉原来生命还有这么多秘密等待我们去破解，才发觉自己原来是如此的无知与幼稚。为了活下去，人类不断与黑死病、天花、疟疾展开斗争。每每想到还有多少父母因为遗传性疾病忍受丧子之痛，还有多少平静如你我的家庭因为肿瘤与癌症经历煎熬与绝望，心如刀割般疼痛。或许未来的某一天，我们能破译所有遗传信息；或许未来的某一天，我们能找到癌症的治愈之道；或许未来的某一天，我们能够平静地徜徉在午后的阳光里，静静地体会生命的喜悦……

“有试过用计算机吗?”造火箭的人说，“它强大得能计算出火箭飞行的轨道呢!”

我想了想：嗯，这个似乎可以试一试。

于是，我选择了生物医学信息学。

——2018级本科生　康建宁

生物信息学专业提供给学生高度交叉融合的发展平台。我可以拥有更为广阔的国际视野，以探索时下飞速发展的大健康与大数据产业。在医学与数据科学的碰撞中，我能够寻找引领人类健康事业前进的新发现。求知路上，学院提供了大量零距离接触科研工作者、参与科研实践的机会，鼓励我不断创新，挑战未知。

——2018级本科生　归逸凡

Studying in Zhejiang University-University of Edinburgh Institute has been life-changing. The teaching is great. Our lecturers are passionate about what they do and love to share their enthusiasm. The students are encouraged to think critically to form our own opinions. Tutorials have been a real perk of studying here. We have the opportunity to discuss with experienced lecturers and learn how to present information in clear and easy-to-understand manner. University life surrounds me with many motivated classmates whom quickly become my brothers and sisters. Although ZJE is committed to academic excellence, the university and Residential College ensure that we have a balanced life outside the classroom. I enjoy practicing my guitar skill in the band room and playing badminton with friends. I am also involved in various communities, such as Residential College Student Committee and The New Enlightenment student magazine. I strongly recommend ZJE!

——2018级留学生　Adele Valeria

教授带你“逛”专业

浙江大学伊利诺伊大学厄巴纳香槟校区联合学院

Zhejiang University-University of Illinois at Urbana-Champaign Institute

- 电气工程及其自动化
- 电子与计算机工程
- 机械工程
- 土木工程

专业名称:电气工程及其自动化
专业导游:李楚杉助理教授、研究员

选择浙江大学电气工程及其自动化专业的N个理由

理由一:浙江大学伊利诺伊大学厄巴纳香槟校区联合学院是中国排名前列的浙江大学与美国公立大学排名前列的伊利诺伊大学厄巴纳香槟校区(UIUC)强强联合组建的中外合作办学机构。其电气工程及其自动化专业更是各自学校王牌专业优势组合。

理由二:电气工程及其自动化专业面向电气、电子、通信等就业热门领域,致力于培养具有扎实的专业理论基础、具有出色的多学科交叉综合研究能力、兼具宽广国际视野与深厚家国情怀、具有全球竞争力的高素质创新人才与领导者。

理由三:本专业组建UIUC教师占比多于33%的国际化教学团队,采用全英文教学模式,毕业生拥有浙江大学和美国伊利诺伊大学厄巴纳香槟校区双学位,未来定位为赴国内外知名大学深造,或担任知名企业管理或技术岗。

Q1:电气工程及其自动化专业的学习(研究)对象是什么?

电气与自动化产业是我国国民经济的基础产业,在能源产业加速电气化的今天,本专业重点研究电气工程及自动化相关的电气装备、系统运行、自动控制、电力电子技术、电子器件、计算机应用等领域。其研究对象比国内常见的电气工程专业更加宽泛,涉及“强电”“弱电”“半导体器件”“控制与计算工程”等多个方向。

Q2:电气工程及其自动化专业本科核心课程有哪些?

本专业学生将学习电气工程核心课程(31学分)与专业选修课(32学分),其中包括模拟信号处理、电磁场与电磁波、半导体电子学、数据结构、数字信号处理、功率电路与机电能量转换、电子电路、控制系统、机器人动力学与控制、通信原理、电机学、电力电子技术、电力系统分析、模拟IC设计、数字IC设计、纳米技术、复合半导体与器件等。

Q3:电气工程及其自动化专业的学生需要具备什么特质?

本专业学生毕业后预期具备的能力为:拥有扎实的自然科学基础、强大的工程实践能力和宽广的专业知识,并且具有创新精神和跟踪掌握该领域新理论、新知识、新技术的能力,且更具有出色外语能力,国际视野和跨文化的沟通、交流、竞争与合作能力。

Q4:电气工程及其自动化专业有哪些对外交流项目?

本专业培养方案中包括海外交流环节。学院鼓励学生利用假期参加国内外交流、交换项目,开阔视野。目前已有学生成功申请参加了牛津展望计划、中东欧暑假实践学习项目、密歇根大学项目、哈尔滨工业大学国际暑期项目、新加坡国立大学暑期课程项目等。

Q5:电气工程及其自动化专业的深造与就业前景怎样?

本专业本科毕业生大部分将继续出国深造,攻读硕士、博士学位。国外高校不仅认可浙江大学、伊利诺伊大学厄巴纳香槟校区双学位的本专业毕业生,更高度认可毕业生的综合素质和能力。毕业生的预期去向包括伊利诺伊大学厄巴纳香槟校区、斯坦福大学、麻省理工学院、宾夕法尼亚大学、威斯康星大学等国外知名大学。同时,扎实的基础和宽广的专业知识也为毕业生提供了更广泛的选择,在浙江大学本校攻读硕士、博士学位,外推至清华大学等国内知名高校,以及选择进入跨国公司、国内外科研机构、企事业单位及部门从事电气工程及自动化领域相关研究、设计、开发和系统维护等工作均为可选途径。学生毕业几年之后有望成为国内外高校的研究精英、跨国公司等单位的高级技术骨干,担任复杂工程设计的项目主管,发展前景广阔。

■ 电气工程及其自动化专业最吸引我的——

现代社会的任何设备都很难离开电的参与,从我们身边的手机、电脑,到家里的各种电器,最后到各种工业设备、高铁、电动汽车,它们都离不开电机、控制器,还有无线通信等。在这个专业,我们不仅仅会学到传统电气领域的基础与专业课程,更有着丰富的选修方向,包括通信、控制、功率、电路、信号处理、电磁场、电子物理等。这让我能够真正接触到我所向往的科技前沿。

——李楚杉　助理教授、研究员

专业名称:电子与计算机工程
专业导游:王宏伟副教授、研究员

选择浙江大学电子与计算机工程专业的N个理由

理由一:随着信息与互联网技术的不断推广,人类全面进入了数字和智能经济时代。大数据、人工智能、智能机器人等技术与传统产业深度融合,产生了智能制造、智慧医疗、智能交通等改变人们生活的新领域,也意味着具备国际化视野和学科交叉运用能力的电子与计算机工程专业人才将是未来最为稀缺的。

理由二:浙江大学伊利诺伊大学厄巴纳香槟校区联合学院电子与计算机工程专业是国内首个“4+0”模式的专业,依托浙江大学和美国伊利诺伊大学厄巴纳香槟校区(UIUC)的优势学科打造,旨在培养具有国际化视野和跨学科工程应用能力的、具备高度科学工程素养的未来领军工程技术人才。

理由三:本专业依托浙江大学伊利诺伊大学厄巴纳香槟校区联合学院开设,引进师资力量100%具有境外学习和工作背景,采用全英文授课,按照最前沿的学科交叉领域划分专业方向。学生毕业后获得浙江大学和UIUC两所世界著名高校的学士学位,多数学生将到世界顶级名校继续深造。

Q1:电子与计算机工程专业的学习(研究)对象是什么?

本专业主要学习(研究)电子和计算机领域前沿知识,尤其是学习如何创新应用计算机知识来探索人类社会亟待解决的跨学科问题,从知识、能力、素养等方面培养学生成为新兴领域具有国际竞争力的未来领军科技人才。

Q2:电子与计算机工程专业本科核心课程有哪些?

电子与计算机工程专业本科核心课程有:①硬件类,如逻辑与计算机设计、计算机组成、计算机体系结构等,讲述嵌入式系统、实时系统和智能机器人系统;②算法与语言类,如算法分析、数据结构、C语言、Java等,讲述编制计算机程序所需的语言基础及方法;③系统类,如操作系统、计算机网络、并行计算、移动计算等,讲述不同级别的计算机系统的原理及方法;④人工智能和数据科学类,如数据库、人工智能、计算机图形学、计算机视觉等,讲述不同领域进行应用程序开发所需的计算机知识;⑤安全类,如操作系统安全、数据库系统与数据库安全、网络安全等，讲述保障计算机系统及数据安全所需的相关知识。

Q3：电子与计算机工程专业的学生需要具备什么特质？

学生首先应该对电子与计算机工程技术领域具有强烈的好奇心和浓厚的探索兴趣；人工智能和大数据等新兴领域不断发展，本专业技术更新速度远超过其他学科，学生也应该具有较强的学习能力和创新能力；学科交叉的培养方案强调问题解决能力，学生应具有较强的动手和实践能力；国际化的教育环境也要求下一代的领军人才具有较高的外语应用能力和交流能力。

Q4：电子与计算机工程专业有哪些对外交流项目？

本专业培养方案中包括海外交流环节。本专业的师资100%具有海外学习或者工作的背景，都是在国际化交流合作的模式下开展研究工作，具有丰富的海外合作资源，可以帮助学生建立与海外导师的联系，提供更多的海外交流学习和项目访问的机会。

Q5：电子与计算机工程专业的深造与就业前景怎样？

本专业依托浙江大学和伊利诺伊大学厄巴纳香槟校区的优势学科建立，培养具有国际化视野和学科交叉能力的学生。本专业毕业的学生因为国际化的学习背景、深受认可的两所世界著名大学的本科学位、丰富的交流项目资源等，多数毕业后都可以到世界顶级大学继续深造，有意在国内继续深造的学生也有很多机会免试推荐到国内专业领域最强的高校继续深造。本专业面向最前沿技术领域，设立学科交叉的专业方向，毕业生具有非常好的就业前景，可以到互联网、人工智能、大数据等热门领域就业，也可以依托这些技术领域与传统行业的深度融合，到传统行业锻炼成长为智能技术领军人才。

■ 电子与计算机工程专业最吸引我的——

电子与计算机工程作为新兴前沿学科，不断改变人们的生活并诞生了一个个创业神话，这也是吸引我选择计算机学科的主要原因。电子与计算机工程最大的特点就是无所不在的“创新性”。20年前我们还无法想象会有智能手机、平板电脑等便利我们生活的电子产品出现；20年前我们也无法想象我们的学生可以自己动手制作计算机、自己组建团队开发人工智能应用。创新带来的活力令我们的学习、研究项目丰富多彩：人工智能、智能终端、互联网技术等都渗透于我们的课程中；国际大学生程序设计竞赛、全球超级计算大会、全国大学生嵌入式设计大赛、全国大学生信息安全竞赛等都是最吸引同学们的课外活动。电子与计算机工程给予了我们尽可能多的创新机会，国际化视野和学科交叉的培养模式让我们更有能力抓住这些机会。

——王宏伟　副教授、研究员

专业名称：机械工程
专业导游：崔佳欢助理教授、研究员

选择浙江大学机械工程专业的 N 个理由

理由一：制造业是国民经济的主体，是立国之本、兴国之器、强国之基。《中国制造 2025》中明确提出了五大工程：制造业创新中心建设工程、智能制造工程、工业强基工程、绿色制造工程和高端装备创新工程。这五大工程都与机械工程专业息息相关。

理由二：浙江大学伊利诺伊大学厄巴纳香槟校区联合学院机械工程专业紧密结合国家与行业发展的趋势和目标，力争培养机械制造领域内国家乃至世界的领军人物。

理由三：作为一名联合学院的学生，你能接触到世界范围内最先进的教学理念、最一流的硬件资源和最顶尖的学术专家。

Q1：机械工程专业的学习(研究)对象是什么？

机械工程专业大致分为三个方向：动力学与控制方向、设计制造材料方向和流动传热方向。这三个方向涵盖了众多工业领域，如机器人控制、芯片加工与制造、增材制造、航空飞机设计及控制等。

Q2：机械工程专业本科核心课程有哪些？

机械工程专业的核心课程可以分为以下几大系列：①力学系列课程；②控制学系列课程；③流体传热系列课程；④设计加工及制造系列课程。

Q3：机械工程专业的学生需要具备什么特质？

机械工程专业本科阶段的训练最关键的是设计能力、独立思考能力、创新能力和团队合作能力的培养。我们为学生提供了多种形式的科研训练、设计实践和科技竞赛，让学生在自己动手的过程中，真正做到学以致用。

Q4：机械工程专业有哪些对外交流项目？

本专业培养方案中包括海外交流环节。本专业提供丰富的海外名校交流机会，让学生真正体验海外大学生活，拓展全球视野。

Q5：机械工程专业的深造与就业前景怎样？

机械工程专业涉及的工业门类众多，深造和就业前景十分广泛。凡是使用机械、工具，包括能源和材料生产的部门，无不需要机械工程的服务。毕业生就业的行业主要有：机器人行业、芯片制造行业、大飞机行业、能源行业、医疗器械行业等。

■ 机械工程专业最吸引我的——

机械工程专业既重视理论方法，又强调实际应用。机械工程专业给予学生的培养涉及产品设计研发和生产制造的全过程，这能让学生根据自己的喜好，明确职业方向，最终实现自己的人生理想。在学习了机械工程以后，你能从一个简单的想法出发，通过详细的计算设计，并对产品进行三维数字建模，最后用合适的方法完成加工组装。这一产品设计制造全过程在ZJU-UIUC联合学院的机械工程专业都能学到。掌握这些知识和技能后，你既能成为设计制造某一领域的专家学者，也能在掌握整个设计加工流程后，成为某个公司的高管。心有多大，舞台就有多大。希望在ZJU-UIUC联合学院机械工程专业见到你！

——崔佳欢　助理教授、研究员

专业名称:土木工程
专业导游:朱廷举副教授、研究员

选择浙江大学土木工程专业的N个理由

理由一:土木工程是支撑人类生活、构筑和保障人类社会文明发展空间的一门工程学科,包含建筑与桥梁结构、水资源、城市交通、环境等相关基础设施的规划、设计、建设和运行管理。

理由二:浙江大学伊利诺伊大学厄巴纳香槟校区(ZJU-UIUC)联合学院的土木工程专业是两所世界著名大学优势专业的强强联合。在全国第四轮学科评估中,浙江大学的土木工程学科获得A级;伊利诺伊大学厄巴纳香槟校区(UIUC)的土木工程专业长期在全美排名第一。

理由三:本专业采用全英文教学,旨在培养具有扎实理论基础、跨学科研究能力和宽广国际视野的未来工程领域领军人才。学生毕业后将同时获得浙江大学和UIUC的学士学位,多数毕业生将到UIUC和其他世界名校继续深造。

Q1:土木工程专业的学习(研究)对象是什么?

土木工程的研究对象是支撑人类生活的建筑、交通、水资源、环境等基础设施的规划、设计、建设和运行管理。它是一门古老而又年轻的学科,随着科技进步和人类文明的发展而不断被赋予新的内涵。

Q2:土木工程专业本科核心课程有哪些?

在ZJU-UIUC联合学院就读的本科生将学习UIUC土木与环境工程系的专业本科课程。核心专业课程包括系统工程与经济学、工程风险与不确定性、工程与科学计算、工程制图、静力学、动力学、固体力学、流体力学等课程,以及根据专业细分方向选修的专业课程,如材料行为、交通工程、建设工程、环境工程、能源与全球环境、水资源工程、结构工程和岩土工程等。

Q3：土木工程专业的学生需要具备什么特质？

除具备坚实的专业理论基础和突出的实践能力外，本专业学生需要能够从国民经济发展大格局的宏观视角看待和分析问题，要具备对与本专业相关的多学科知识融会贯通的能力、对新技术趋势敏锐的感知能力，以及从事和组织跨学科甚至跨行业协同合作的能力。

Q4：土木工程专业有哪些对外交流项目？

本专业培养方案中包括海外交流环节。此外，学院鼓励和帮助学生利用假期参加国际交流与实习项目，以增长知识、开阔视野，为毕业后进一步深造和工作做好准备。交流和实习活动包括参加世界名校的暑期实践学习项目、到多边国际机构访问交流以及到大型跨国公司交流与实习等。学业优秀的学生也有机会参加本学院教授的国际合作科研项目。本专业的师资全部具有在海外长期学习和工作的经历，与著名国际学术机构有广泛深入的联系和长期合作，可以帮助学生建立与海外高校导师的联系，取得海外交流学习和继续深造的机会。

Q5：土木工程专业的深造与就业前景怎样？

ZJU-UIUC联合学院的土木工程专业是两校优势专业的强强联合，大部分毕业生将赴UIUC或其他世界著名高校进一步深造，攻读硕士、博士学位。本科阶段的专业课程设置和四年的英语学习环境不仅有利于学生申请到海外名校学习和获取奖学金的机会，也有利于快速适应新的学习和科研环境。

浙大和UIUC这两所世界著名大学的土木工程专业校友遍布中、美两国本行业的各大机构，许多已成为行业的技术领军人物和大机构的领导者。参加就业的毕业生主要在著名企业或管理机构从事土木、建筑、交通、水资源、海洋工程和环境等行业的规划、设计、开发和管理。我国经济的持续健康发展、城市化进程的加快、“一带一路”倡议的实施以及进一步扩大开放重大举措为土木工程专业毕业生今后在国内和国际上的职业发展提供了广阔的发展空间和巨大的发展机遇。

■ 土木工程专业最吸引我的——

土木工程专业的课程涉及建模、统计、经济等多方面的内容。在讨论室里和同学一起建模直至深夜，当属于自己的房子出现在眼前的时候，我们第一次获得了作为一名工程师的成就感。在学习工程经济的时候，我们根据税率、膨胀率计算出了在一定时间内买房与租房哪一个更加便宜。每一门专业课都能够在实际生活中帮助我们解决问题，使我们受益匪浅。

土木工程的授课方式算是所有专业中最特别的了。在大一上学期，不同研究方向的7位教授从UIUC飞到海宁，为懵懂又迷茫的我们介绍了土木工程专业更加细节的分枝，让我们慢慢了解到不同领域土木工程师的研究方向，找到了自己的兴趣所在。由教授带领的隔周一次的外出考察把实践带进了课堂，自来水厂、在建地铁、上海塔上都有着我们美好充实的回忆。更重要的是，我们能够感受到教授们对我们的爱。教授们对同学大胆提问质疑的鼓励，对我们学习生活的关切，甚至是举办Pizza Party的承诺，都温暖着一名又一名土木人。

——2017级本科生　王煜棋